福間良明
FUKUMA YOSHIAKI

「聖戦」の残像

知とメディアの歴史社会学

人文書院

#「聖戦」の残像　目次

「聖戦」の残像——知とメディアの歴史社会学

プロローグ

「戦争」をめぐる言説変容——体験論とメディアの力学

戦後、七〇年が経過しようとしている。その間に多くの戦争映画が製作された。昨今でも大ヒットする戦争映画は少なくはない。だが、かつては少なからず見られたものの、近年はあまり見られないジャンルも、ないではない。いわゆる「戦争活劇」は、そのひとつであろうか。

たとえば、岡本喜八監督『独立愚連隊』(一九五九年)は、戦争末期の中国戦線を舞台に、はみ出し者の兵隊たちが悪虐冷酷な上官に抗いつつ、「敵兵」との派手な戦闘を繰り広げるフィクションである。「慰安婦」とのロマンスが描かれる一方で、軍隊組織への反感も織り込まれたこの映画は、大ヒットし、同じ監督による『独立愚連隊西へ』(一九六〇年)、『血と砂』(一九六五年)といったシリーズ作品につながった。

一九六五年には、『兵隊やくざ』(増村保造監督)が公開された。これも、学徒兵とやくざ上がりの兵隊が、悪辣な上官をやり込めつつ、「慰安婦」との恋情が描写される。ポスターに「軍歌のかわりに浪花節! 古参兵をブン殴り 上官の女も頂く 態度のでかい二等兵!」という惹句が付されたこの映画は、その後、シリーズ化され、一九七二年までに計九作品が製作された。

しかし、西部劇や刑事ものを連想させる戦争アクション・ヒーロー映画は、一九八〇年代以降になると、あまり見られなくなる。

この種の映画に、戦争を「活劇」として愉しむことの不謹慎さを読み取ることは容易であろう。また、コロニアルな欲望やジェンダー・ポリティクスを見出すことも可能である。これらに関する批判的な検討も重要ではあるが、他方で、戦争をめぐる認識や言説が、どのように変化してきたのか。その社会背景や議論を突き動かす認識は何だったのか。こうした点を解き明かすことも、また不可欠な作業である。

これまで、メディアや思想、文学等々において、戦争（体験）はさまざまに語られてきた。だが、これら膨大な言説や表象の変化をどう読み解くのか。そのためには、分析軸の整理や精緻化が必要となろう。

たしかに、「加害者意識の稀薄さ」は多く指摘されてきた。植民地主義やナショナリズムの暴力の批判的検証も、ますます積み重ねられてしかるべきであろう。だが、それらの作業とともに、なぜ、こうした議論が生み出されたのか（生み出されなかったのか）を社会学的に問う営みも重要である。この作業を通して、過去の議論のありように制約を生み出した社会的な力学、あるいは、過去にはあり得た議論の可能性を考察し、ひいては、今日の議論がいかなる社会的な磁場のもとで紡がれているのかを、相対化しながら考えることにもつながるだろう。

ここでは、メディア史研究や歴史（社会）学を見渡しながら、「戦争の記憶」「戦争体験」の言説史を読み解く方法論について整理を試みたい。

一　戦争観とメディア

戦後史と戦争観

「戦争観」という漠然とした社会意識を時系列的に整理することは、決して容易ではない。文献資料に限っても膨大な量にのぼるだけに、これらを捉え返すことには困難さを伴う。その困難に向き合いながら、戦後半世紀にわたる戦争観の変容を描写したものが、吉田裕『日本人の戦争観』（一九九五年）である。同書は、多くの戦記を見渡すのみならず、時代ごとのさまざまな世論調査結果、戦記マンガや『丸』などの戦記雑誌、ビジネス書における戦史記述を広く眺望したうえで、「日本人の戦争観」の変容過程を描いている。

占領期における「太平洋戦争史観」（アメリカの立場に立った戦争理解の受容）の成立、占領終結以降の「ダブルスタンダード」（対外的には戦争責任を認めることでアメリカの同盟国としての地位を獲得しつつ、国内的には戦争責任の問題を不問に付す態度）、高度経済成長や世代間ギャップを背景にした「戦争体験の風化」、教科書問題（一九八二年）や戦後五〇年問題を背景にした「ダブルスタンダードの動揺」や「歴史からの逃避」――こうした見取り図を通して、「戦争観」の戦後史が叙述されている。

「海軍史観」の指摘も重要である。「野蛮・横暴」な陸軍を批判し、「スマート・合理的」な海軍を賞賛する認識は、大ヒットした映画『連合艦隊司令長官　山本五十六』（一九六八年）に象徴されるように、一九六〇年代後半から一九七〇年代にかけて成立した。しかし、その海軍賛美は同時に「戦争批判」のロジックも内包していた。吉田は同書のなかで、「「海軍＝善玉」論が強調されればされるほど、その論者がどこまでそのことを意識しているかどうかは別にして、陸軍とそれが主導した戦争の価値は結果的にかぎりなく貶められる」と述べている。[1] 当時、高度経済成長の国民的な自信に支えられた「大東亜戦争肯定論」も見られたが、「海軍史観の台頭は、そのまま「大東亜戦争肯定論」の退潮を意味していた」のである。[2]

もっとも、吉田も指摘するように、「スマート・合理的な海軍」という認識も、一種の神話ではある。海軍では士官のエリート主義は甚だしく、兵を見下し、凄惨な暴力が振るわれることは一般的であった。中国戦線での無差別絨毯爆撃にも、海軍は熱心であった。「海軍史観」は海軍のこうした側面を削ぎ落とす一方で、「大東亜戦争肯定論」とは一線を画すという、入り組んだ論理を帯びていた。

記念日への着目

戦争観の時系列的な変容を辿るうえでは、「記念日」への着目も有効である。われわれはともすれば、記念すべき出来事があったがゆえに、その日を「記念日」として記憶しているかのように考えがちである。だが、ある出来事がなにゆえに「記念」の対象として見出されるのか。そこには、多くの場合、何らかの社会背景が関与しているものである。W・M・ジョンストンが指摘するように、記念日は「過去の権威を再評価する理想的媒介」であり、「ひとのアイデンティティをカレンダーに刻み込む人間の心理的、社会的必要を充た」そうとするものである。[3] その意味で、記念日は社会的に構築される。

記念日は往々にして、メディアが年中行事として取り上げることで、社会的に定着していく。終戦記念日はその好例である。佐藤卓己『八月十五日の神話』は、メディア・イベントとしての終戦記念日が成立するプロセスを詳述している。

終戦記念日と言えば、八月一五日とされることが多いが、「終戦」と呼べる日は、それに限るものではない。ポツダム宣言を受諾した日（八月一四日）や降伏文書に調印した日（九月二日）ではなく、なぜ、そして、いつから、「玉音放送」が流された八月一五日が「終戦記念日」として意識されるようになったのか。

戦後の初期においては、じつは八月一五日はさして記念される日ではなく、むしろメディアでは、九月二日がマッカーサーによる戦勝記念声明とあいまって、大きく扱われていた。それが八月十五日にシフトするようになるのは、占領終結から数年を経た一九五五年ごろからである。占領下の言論統制の箍《たが》が外されたことで、「降伏」を記念する必要がなくなり、「玉音放送」を通じた「終戦の儀式」への国民的な参加の記憶が創出・想起されるようになった。これは、単に記念される日が変わったというにとどまらない。「終戦」を記念することによって、「敗北」「降伏」に至ったプロセスや要因を思考することが遠のいてしまう。こうしたポリティクスが、「終戦記念日」の構築過程には浮かびあがっている。

「戦争の語り」の位相差

他方で、いかなる「戦争」がどのように語られてきたのか。それを時代ごとに比較対照する作業も、また必要であろう。たとえば、「沖縄戦」「原爆」「学徒出陣」「特攻」はこれまでに多く語られてきたが、言説の系譜や力学は、それぞれに異なるものであろう。たとえ同時代にあっても、戦争の語りは、さまざまな差異や軋轢を抱えている。こうした位相差も、見落とされるべきではない。

GHQの言論統制下においては、原爆に関する議論は抑え込まれる傾向にあった。被爆体験をテーマにしたもので話題になった著作や映画も皆無ではなかったが、原爆投下を「神の摂理」と捉えた永井隆『長崎の鐘』(一九四九年)に代表されるように、責任追及や当事者の困苦というより「情」に重きを置いた描写が多く見られた。ところが、占領が終結すると、一転して、『アサヒグラフ　原爆被害特集号』(一九五二年八月六日号)や映画『ひろしま』(一九五三年)のように、被爆者の困苦やアメリカ批判に軸足を置く傾向が顕著になった。

こうした傾向は、じつは他の「戦争」描写に比べれば、特殊なものであった。占領期に公開された映画『きけ、わだつみの声』（一九五〇年）は、学徒兵の戦争体験を描きながら、「情」よりも軍部批判のメッセージを強く打ち出し、そのことが社会的な共感を生んだ。しかし、占領終結後には、それとは対照的に、学徒兵（特攻隊員）の「殉情」「健気さ」を描いた映画『雲ながるる果てに』（一九五三年）が話題になった。この映画のもとになった同名遺稿集（一九五二年）の序文にも、映画『きけ、わだつみの声』（および原作遺稿集）への不快感が綴られていた。

さらに言えば、占領下の映画『きけ、わだつみの声』と占領終結後の映画『ひろしま』は、ともに共産党員でもあった関川秀雄の監督によるものである。いずれも責任追及を前面に掲げるものではあるが、学徒兵ものが占領期、原爆ものが占領終結直後に製作されているところに、ポピュラー文化における戦争イメージの同時代的なずれを垣間見ることができよう[4]。

同様のことは、記念日言説にも言うことができる。戦後初期の広島・長崎の新聞を眺めてみると、八月六日や八月九日の紙面には、祝祭的な行事が多く報道され、「祝・平和祭」といった文言にあふれている。また、広島・長崎を比べてみても、原爆被災日の祝祭性が高揚するピークには、数年のずれを読み取ることができる。占領下において、原爆批判が難しかった状況に加えて、「あんなイヤなことをいまさら想い出そうより忘れようとしてのドンチャンさわぎ、無理からぬ一種の逃避」「あんなけつたいな追憶と真正面から取つ組むことに、今でも何ほどかの心理的な努力がいるんだ」（金井利博）という被爆体験者の心性もあった[5]。そこにも、同時期の日本の被爆体験認識あるいは終戦認識との位相差を見ることができよう[6]。

また、佐藤卓己・孫安石編『東アジアの終戦記念日』（二〇〇七年）は、沖縄、中国、台湾、韓国、北朝鮮などの終戦記念日言説の変容過程を比較検証し、東アジア圏における終戦認識、ひいては戦争観のずれを浮き彫りにしている。

メディアの機能

戦争をめぐる認識の形成のうえで、メディアの機能も見落としてはならない。われわれは、往々にして、メディアが伝える「内容」ばかりを重視しがちだが、それぞれのメディアが、情報伝達の「器」としてどのような機能を果たしているのかに注意を払うことは少ない。この点に着目して、「メディアはメッセージ」というテーゼを打ち出したM・マクルーハンの議論は、戦争イメージの変容を考えるうえでも重要である。

たとえば、もともと「低俗」な雑誌『週刊少年ジャンプ』に連載されていた「はだしのゲン」は、単行本という「メディア＝器」に移し替えられることで、学校の図書室に置かれることが可能になり、（おそらく自らの小遣いで購入する児童などほとんどいなかったにもかかわらず）発表後四〇年近くが経過しても読者を生産し続けている。同名の実写映画（一九七六年）が製作されたことは、母親たちをもオーディエンスとすることで、「低俗なマンガ」でしかなかった「はだしのゲン」を、「子どもたちが読むべき作品」へと水路づけることになった[7]。

書籍というメディアのなかでも、機能はさまざまである。遺稿集『きけわだつみのこえ』（一九四九年）は発刊とともにベストセラーになったが、それが、初刊本がすでに書店から消えていた一〇年後以降にも広く読み継がれたのは、光文社カッパブックスという大衆的な新書シリーズに収められたことが大きかった。通常の単行本であれば、一定の時期を経ると店頭に並ばなくなるが、書店の専用棚に長期的に常備される新書というメディアに収められたことで、一〇年も前に刊行された遺稿集の読者が生産され続けることになった。一九八二年には、岩波文庫にも収められた。これによって、同書は「万人の必読すべき真に古典的価値ある書」（「読書子に寄す――岩波文庫発刊に際して」）とされ、正典化された一方、教養主義文化がすでに没落していた時期にあって、岩波文庫を手に取るようなエリート層のみに限定的に読み継がれるものへと転じていったのである。(8)

比較メディア論

個々のメディアの機能を浮き彫りにするうえでは、比較メディア論のアプローチが有効である。「戦争の記憶」や「戦争の表象」については、映画研究、文学研究、あるいはマンガ研究で一定の蓄積がある。だが、個々のメディアにおいて、「記憶」の生成や受容がいかに相違していたのか。映画、文学、マンガの間では、それぞれ「戦争の記憶」に対する向き合い方や読者の構え方は異なるだろう。個別メディアの研究に閉じることは、これらの相違を見えにくくする。

個々のメディアの時代変化によっても、人々の受け止め方は異なるものである。テレビが普及する以前の映画と、それ以後の映画とでは、観衆の層も異なれば、映画に求められるものも変わるはずである。「低俗」イメージが濃厚だった戦後初期のマンガと、そうした認識が希薄化した近年のマンガとでは、また同じく、「戦争もの」の受け止め方は相違しよう。

他方で、ひとりのオーディエンスに着目してみるならば、新聞・雑誌から映画、マンガ、小説等を横断しながら、「戦争の記憶」を消費することは、決して珍しいことではない。

これらを念頭に置きつつ、それぞれの時代におけるそれぞれのメディアの機能を考えていくのでなければ、社会的な戦争認識の動態を析出することは難しい。特定のメディアにおける戦争の表象を分析することは、個別のメディア研究・表現研究としては有意義だろうが、社会的な戦争認識の錯綜を捉え返すうえでは、やはり限りもある。個別のメディア研究に閉じないスタンスが求められるゆえんである。

二　体験記の系譜

戦記・体験記の社会学

マス・メディアにおいて「戦争」が多く語られてきた一方で、体験者による手記も膨大に刊行されてきた。体験記の出版とマス・メディアの動向は、相互に影響しあう側面は小さくない。ある体験記（群）の刊行が契機となって、マス・メディアの言説が盛り上がることもあれば、逆に、マス・メディアでの議論への共感や反発をきっかけとして、体験記が書かれることもある。

だが、体験記や戦記が、あくまで個人や特定の部隊・同期生による出版物であり、かつ、往々にして仲間内（戦友会など）への配布を前提にするのに対し、マス・メディアは不特定多数をオーディエンスとして想定するものである。だとすると、戦記・体験記が紡ぎ出される力学は、マス・メディアでの言説のそれと、必ずしも軌を一にするものではない。

高橋三郎『「戦記もの」を読む』（一九八八年）は、戦後に編まれた膨大な戦記・体験記の系譜をたどった先駆的な研究である。同書は終戦以降、一〇年ごとに潮流が変化するサイクルが指摘されている。昭和二十年代は、過半がGHQ占領下にあったこともあり、職業軍人や軍上層部を指弾する暴露・告発調の文献が目立つ傾向にあった。しかし、昭和三〇年代になると、高度経済成長下の映画やマンガなどのマス・カルチャーとの融合が見られる一方、生き残って豊かな生活を手にしたことへの後ろめたさや、過度に悲惨な体験を語ることへの躊躇が見られるようになった。昭和四〇年代になると、体験者のみならず非体験者もが過去を描く「ノンフィクション・スタイル」が定着し、全体像が一定の緻密さをもって俯瞰されるようになる一方、「原爆」「沖縄戦」「空襲」等のサブ・カテゴリーが成立するに至る。昭和五〇年代には、自費出版市場の整備を背景に、体験者の執筆動機が告発や贖罪から、「記録」を残すことへ移行する。体験記出版とマス・メディアや社会的な戦争認識との相互作用を、同書のなかに読み取ることができる。これらの変容プロセスを見渡したうえで、戦後初期の手記に見られたような「体験者の手記ならではの生々しさや凄味」がその後、退潮していったことの指摘は重要である。

成田龍一『「戦争経験」の戦後史』（二〇一〇年）は、体験者個々人に閉じた「戦争体験」を、他者にも通じる「戦争経験」として捉え返したうえで、「体験」「証言」「記憶」が戦後史の中で相互に折り重なりながらどう統御されてきたのかを分析している。戦後の比較的初期は、「戦争経験のある人びとが同様の経験を有する人びとに語りかける「体験」の時代」であったが、一九七〇年前後にもなると、「経験を有する人びとがそれを持たない人びとと交代の兆しを見せ」る「「証言」の時代」になった[9]。一九九〇年代以降になると、戦争の直接の経験を持たない人々が大多数を占める一方、帝国・植民地の問題を視野に入れた議論が展開される「「記憶」の時代」の色彩が濃くなった。こうした見取り図のもと、同書は、体験記の内容そのものというより、「経験」を語るモードの変容過程を析出している。

戦友会と体験者の「絆」

体験記録や戦記を生み出した母体として、戦友会などの旧軍人組織の存在は重要である。アンケート調査や参与観察を折り交ぜながら、戦友会という集団を社会学的に考察したものとして、高橋三郎編『共同研究　戦友会』（一九八三年）があげられる。なかでも、伊藤公雄「戦中派世代と戦友会」は、参加者（戦場帰還者）と戦友会組織との関係性を考えるうえで、示唆に富む。

伊藤は「過去の「所属」を再結合の主な契機とする集団の結合様式」と「過去の「体験」がより強調

されていると思われる結合様式」を区別し、前者を「所属縁」、後者を「体験縁」としている[10]。大部隊の単位で結成された戦友会であれば、体験の共通性は少ない。その下位区分である中隊や小隊レベルによって、遂行された戦闘行為が異なるためである。したがって、大部隊戦友会は体験ではなく、その部隊への所属を契機に結合する傾向があった。それに対し、小部隊単位の戦友会の場合、そこへの所属というより、共通の戦場体験、すなわち体験縁が結合の契機とされることが多かったという。

このことは戦死の捉え方の相違にもつながっていた。伊藤によれば、大部隊戦友会のように所属縁を結合の契機とする場合、あくまで「戦死した戦友との絆は、この「所属」をもとにした絆」であり、それゆえに「部隊全体としての戦死者たちは、小部隊戦友会と比べて、より抽象的な相で——つまり、より直接性・具体性を欠いた形で——把握されざるを得ない」。そこでは集団を維持し、戦死者たちとの連帯を表現するために、「儀式‐制度化された枠組」が必要となる。同書の調査によれば、大部隊戦友会は靖国神社国家護持に積極的であるケースが多かったが、それは「過去の所属という、より弱い再結合の契機が、靖国神社国家護持という新たな目標を設定されることにより、より強化される」ことを意味しており、それゆえに「戦友会は、「政治化」され、集団から一歩外へと踏み出」すことになる[11]。

それに比べて、体験縁に根差す小部隊戦友会の場合、「戦死した戦友は、部隊全体としても、より具体的な相で現前」し、「戦死した戦友との連帯は、集まること自体のうちに、過去の集団を一時的に再生させることのうちに、すでに表現」されている。そこでは、「かつて共に生き共に戦」った「死者の戦友」は「背後にじっとうずくまり列席している」のである。当然ながら、小部隊戦友会は大部隊のそれのように、「儀式‐制度化された枠組」を必要としない。靖国神社の問題にしても、小部隊戦友会は「国家護持」の必要性を認めながらも、それに向けて積極的に活動しようとする動きは少なかったという。伊藤はその要因として、これらの戦友会には「死んだ戦友と共有する過去の体験を、そして、生き残った者の戦後史を、集団の内部で「総括」する傾向」があったことを指摘している。[12]

証言抑制機能

末端の兵士の記録に焦点を当て、二〇一〇年代までの戦記・体験記史を描いたものとしては、吉田裕『兵士たちの戦後史』（二〇一一年）があげられる。同書は、戦後の社会変化に目配りをしつつ、旧軍人団体の結成や戦友会の隆盛といった旧軍人組織の成立・変容プロセスと戦記出版の相関が詳述されている。

重要なのは、膨大な戦記の読み込みを通して、戦友会組織内部の微妙な亀裂を読み解いている点である。旧軍人たちが集うということは、必然的に、往時の階級差が思い起こされる。かつての上級士官と下士官・兵が一堂に会するとなると、下級者はときに居心地の悪さを抱きかねない。それもあって、これらの会合や宴席では、「戦時中の階級による序列化は慎重に回避」され、「一種の平等主義の規範」が存在していた。[13]

また、仲間意識や結束が強かったのは、中隊戦友会など小規模なものであった。「それ以上の単位の戦友会になると、将校主導のものになってしまうという危惧を下士官や兵士が抱いていた」という。[14]「所属縁」と「体験縁」の相違を思わせる指摘である。

戦友会への参加を拒む者も少なくなかった。ある元兵士は、中隊戦友会の案内に対し、「あの戦時の中隊内は一生わすれない暴力の集団です。ですから中隊の会合又刊行等には不参加させていただきますので、今後一切便りをくれないで下さい」と綴っていたという。[15]古参兵から、執拗で理不尽な肉体的・精神的暴力にさらされ続けたまま、敗戦を迎えた初年兵は、戦友会へ参加する気になどなれなかったのである。

さらに、戦友会は、「加害証言などを抑制し、会員を統制する機能」を持っていた。かつての「戦友たち」が親睦を重ねていたことは、その延長で、「戦友会の構成員が戦場の悲惨な現実や、残虐行為、上官に対する批判などについて、語り、書くことを、統制し、管理」することにつながった。元兵士たちの親密圏の創出は、証言や記憶を引き出すというより、その吐露にブレーキをかける側面を有していたのである[16]。

「遺族への配慮」もまた、同様の機能を帯びていた。遺族に対しては、「凄惨で醜悪な戦場の現実」を伝えるべきではないという意識が、元兵士たちのあいだで共有されていた。それだけに、「遺族への配慮」は「客観的には、証言を封じるための「殺し文句」となってい」たのである[17]。

「体験」認識のゆらぎ

しかし、こうした状況も、その後、変化をきたすようになる。戦友会は、共通の体験に根差した親睦の場であるばかりではなく、慰霊碑・記念碑の建立をも志向した。これらモニュメントは、日本国内に設けられただけではなく、フィリピンや中国など、かつての戦場に設立されるケースも少なくなかった。だが、国外で記念碑を建てるとなると、当然、現地の役所や有力者等との調整が必要になる。戦友会側の関心は、「自分の戦友や身内がどこでいかに「勇敢」に死んだのか」であって、「日本軍があの地域で何をしたのか」ということではなかった。だが、現地の住民に接するなかで、「日本人に殺された中国人の供養がまだ済んでいないのに、日本人だけ供養するのはどういうことか」といった抗議にも直面することになる[18]。そのことは、彼らの「贖罪意識の芽生え」につながった。

戦後半世紀が経過すると、証言をめぐる状況が変化を見せるようになる。会員の死去や高齢化に伴い、かつて盛り上がりを見せた戦友会も解散・休会が相次ぐようになる。そのことは、元兵士たちに対する証言抑制機能の緩和を意味した。遺族の間でも世代交代が生じていた。戦没者の親や妻、兄弟たちが多く他界し、遺族の過半を遺児が占めるようになると、「鬼畜のような米軍に、かくのごとく勇敢に戦ったということより、叩かれっ放し、追い詰められる住民や日本軍の無念さ、あわれさ、死にたくない――そこに何があったか――を語りついでほしい」という遺族も見られるようになった[19]。

さらに、元兵士たち自身の高齢化を考えると、彼らの凄惨な体験を語る時間的余裕も、ほとんど残されていなかった。

これらの要因が重なり合いながら、「加害」の体験も含めて、多様な証言が語られるようになる。NHKが二〇〇七年八月に放送を開始した『証言記録　兵士たちの戦争』はその一例である。とはいえ、吉田は「それでも、やはり戦場における性暴力に関する証言がみられないこと」には留意を促している[20]。

三　体験を語る力学

「書く」ことの駆動因

「体験記・戦記の戦後史」をめぐる諸研究に対し、戦争体験を「書く」という営み自体の磁場やその変容を扱ったのが、野上元『「戦争体験」の社会学』(二〇〇六年)である。同書は、「戦争体験記が我々の分析の対象となる際に、まずそれがテクストとして存在したという契機について注目」し、それを通して、「戦争体験記が存在するその瞬間に働いた諸力をできごととして束ねる作用」を描いている[21]。戦争文学であれ体験記であれ、戦争体験を「書く」という行為は、「個的な見聞が、個的なものとして閉じてしまうのではなく、半ば強制的に公共性に接続させられる」過程を意味する[22]。

こうしたことを念頭に置きながら、野上は一九六〇年代半ばを境にするひとつの断絶を指摘する。

総力戦下の戦争遂行は、国民の誰しもが「戦争体験」を有する状況を生み出した。そこでは、「自分が生き残ったのは単なる偶然であるという生々しさこそが、書くことの原動力であった」一方で、誰もが戦争体験者であっただけに、大岡昇平『俘虜記』『野火』のように体験を「文学」の形に昇華させることが要請された。いわば、戦争体験は、「戦争が終わってもその来歴からくる凶暴さを失うということが一向になく、戦場での体験は、帰還後も彼らの自意識を激しく揺り動かし、荒ぶる心を押さえつけながら書くことに書くことを重ねるテクストの固まり＝「戦争文学」の空間を作り上げ」てきた。[23]

だが、戦後二〇年ほどが経過すると、「「生々しさ」は、テクストを表現させるものではなく、テクストのなかで表現されるもの[24]」となった。書き手の元兵士たちには、文学のような文章の装飾を施さないことが求められるようになり、非体験者を読者として想定しながら、戦争の「全体」を俯瞰・描写する傾向が際立つようになる。大岡昇平が一九六七年に『レイテ戦記』を著したことは、一つの例であろう。

野上は、この時期の変化を整理して、「戦争文学の書き手たちの自意識を突き動かしていた「誰でもよかった、しかし誰でもないこの自分が」という、書くことと実存を関わらせる強烈さ、書く当人による置換不能な動機付けは失われ、戦争の全体を再現するために先験的に設定された価値配分のなかで、有価な体験とそうでない体験の選り分けがなされて「隙間」を埋めるような戦争体験記が促され続ける。人々の「戦争体験記」は、書くことそのものよりも編集の機能が卓越してしまうなかで整理され、匿名の無数の人々による「戦争」という名の「一冊の書物」を作り上げてゆく」と述べている。[25]「体験者の手記ならではの生々しさや凄味」が失われていくことを指摘した高橋三郎の議論にも通じるものであろう。

世代の問題

こうした言説変容の背後には、明らかに世代の力学が作用している。近年の社会学では、世代ごとに状況を平準化するものとして、世代論はやや避けられる傾向にあるのかもしれない。だが、総動員体制による戦争遂行は、世代による経験の決定的な相違を生み出す。戦時下における青年男子層（戦中派）は、多くの場合、将兵として前線に投入され、多くの死者を出した。それに比べて、四〇代以上の世代であれば、戦場に送られた者の比率は高くはない。

前者の場合、そもそも幼少期より戦時下に置かれていただけに、「純粋」に「皇国」「聖戦」の理念を信じた傾向がつよく、それを相対化するような見方にふれることは限られていた。しかし、年長者（終戦時に三十歳以上の戦後派世代）であれば、大正デモクラシーの空気にふれた経験を有し、軍人の社会的地位が低かった時代を知っていただけに、戦時体制を相対化できた層もないではなかった。

そもそも、教育・教養体験の相違は、世代差と密接に結びついている。青年期にマルクスを読むことができた世代と、『資本論』を知らないだけでなく、読書と言えば日本浪漫派や日本主義哲学に限られていた年齢層とでは、戦時期における社会観・時代観は決定的に相違する。

他方で、戦時下において幼少であった者（戦後派）は、戦争の記憶がほとんどないか、あったとしても、飢餓体験・疎開体験・空襲体験がおもな戦争体験となる。だとすると、彼らと戦中派世代とのあいだにも、大きな認識のギャップが生じることになる。固有の実体験を有する戦中派に対し、戦後派以下の世代の戦場体験や軍隊経験への理解はどうしても限られてしまう。

むろん、世代だけが「戦争の語り」を規定する決定的な要因であるわけではない。どのような戦場でどのような経験をしたのか。軍隊ではいかなる階級にあったのか。学歴軌道はいかなるものであったのか。高等小学校卒なのか、大学進学まで果たしたのか。陸軍士官学校や海軍兵学校を終えたのか、さらに、陸軍大学にまで進んだのか。家庭の文化資本や経済資本はどうであったのか。世代の問題とともに、これらの要因も重なりながら、戦争体験やそれへの理解が作られていくことになる。(26)

「語り難さ」と政治主義

戦争体験（認識）の相違が、戦後の時代状況のなかで可視化されるに伴い、とくに戦中派世代の知識人には、自らに固有の経験に固執し、体験の安易な理解や伝承を拒む傾向が見られた。戦争末期に学徒兵として出征し、戦後は多くの戦争体験論をものした安田武は、その著書『戦争体験』（一九六三年）のなかで、次のように記している――「戦争体験は、長い間、ぼくたちに判断、告白の停止を強いつづけてきたほどに異常で、圧倒的であったから、ぼくは、その体験整理の不当な一般化を、ひたすらにおそれてきた」。安田にとって、戦争体験とは「ペラペラと」語れるようなものではなかった。それを語ろうとすると、「恥」「ためらい」「自己不信」「疲労感」、そして「「戦争体制」そのものに加担し協力したという自覚」といった感情が複雑にうずまいた[27]。それゆえに安田は、戦争体験や「死者の声」を政治的な主義主張に安易に結びつけることには、つよい反感を示した。以下の記述は、その思いを明示している。

戦争体験の意味が問われ、再評価され、その思想化などということがいわれるごとに、そうした行為の目的のすべてが、直ちに反戦・平和のための直接的な「行動」に組織されなければならぬ、あるいは、組織化のための理論にならねばならぬようにいわれてきた、そういう発想の性急さに、私はたじろがざるを得ない[28]。

六〇年代は、安保闘争やベトナム反戦運動など、反戦運動は盛り上がりを見せていた。当然、そこでは多く戦争体験が論じられた。しかし、安田にとって、こうした動きは、戦争体験を政治主義に流用するものに思えた。

他方で、戦争体験に固執することは、「死者の顕彰」に抗うことでもあった。安田は、靖国神社国家護持の動きを批判しながら、「「他人の死に感銘を受ける」というのは生者の傲岸な頽廃[29]」であると記していた。安田にとって、死者を英霊として称揚することは、死や体験の語り難さから目をそらし、生者にとって心地よい意味を紡ぐ傲慢さを意味するものでしかなかった。その意味で、「反戦」の政治主義と「英霊の顕彰」は等価であった。

だが、こうした姿勢は若い世代との軋轢を招くこととなった。安田ら戦中派世代が体験へのこだわりを公言することは、年少の世代にしてみれば、体験を振りかざす所作に思われた。年少世代が戦場体験を有しない以上、戦争体験を議論するとなれば、必然的に体験者の劣位に立つことになる。戦中派の言動は、若者たちにとって、体験を有する年長者への跪拝を強いるものに見えたのである。

しかも、彼ら一九六〇年代の若者たちは、安保闘争や大学紛争といった学生政治運動の担い手であった。当然、彼らには政治主義と戦争（体験）を接合しようとする志向が強くみられた。だとすれば、戦争体験と「反戦」の接続を拒む戦中派のスタンスは、若い層の政治への関心のあり方を否認するものに思われた。

「加害」「責任」のアジェンダ

こうしたなかで、戦後派以下の世代は、政治主義や政治運動の有効性を主張するとともに、年長者の「被害者意識」を問いただしていくようになった。この背景には、ベトナム反戦運動の隆盛があった。ベトナムへの空爆・侵攻を続けるアメリカを日本政府が支持していたことは、日本の加害責任を想起させ、さらには、戦時の日本のアジア諸国への加害が思い起こされた。同時に、アメリカによる空爆は、四半世紀前の空襲体験を思い出させた。そこから、被害と加害の絡み合いを問いただす「「難死」の思想」（小田実）が生み出された。

だが、年長者の「加害責任」を問うことは、ときに、彼らの発言を封じるものでもあった。年少者は、戦場体験を有しないだけに、「加害」の汚点を持たなかった。だとすれば、追及を行う若年層は批判や非難を受けることはなく、年長者が一方的な追及の対象となる。年長者への「加害」批判は、ある意味、自らが指弾されない安逸な位置にあることを前提にしたものでもあった。

とはいえ、批判の矛先を自らに向けたうえでなされる加害責任論もないわけではなかった。天皇の戦争責任を多く論じた渡辺清は、その延長で、「聖戦」を支持した戦時期の自分自身をも問いただしていた。渡辺は、『私の天皇観』（一九八一年）のなかで、「僕は天皇に裏切られた。しかし、裏切られたのは正に天皇をそのように信じていた自分自身に対してである。自分が自分の内部に蟠踞していた天皇に裏切られたのである」「無知だったこと、騙されていたことは、責任の弁解にはなっても、責任そのものの解消にはならないのではないか。知らずに騙されていたとすれば、そのように騙されていた自分自身にまず責任があるのではないか」と記している[30]。

渡辺にとって天皇批判とは、自らを非難されない安逸な場に置いたうえでなすべきものではなく、天皇を信じきっていた自己をも責めることでなければならなかった。それは、かつて「忠節」を尽くした対象を問うことであったのと同時に、「忠節」を尽くした自分自身を問い糾すことでもあったのである。

そのことは、同じ場に居合せたならば自分も同じ蛮行をなしたかもしれないことへの恐れをも喚起した。渡辺は、軍艦に乗り組み、海戦を経験した。そこでは、敵艦や敵機に銃口を向けることはあっても、陸軍兵士のように、自らの手で直接、現地の住民・兵士を殺害することはなかった。だが、渡辺自身、その場にいて同様のことを行為しないと言い切ることはできなかった。渡辺は、中国大陸での日本軍の加害責任を追及するとともに、その延長で、「自らがなしたかもしれない」ことへの責任も考え抜こうとした。

こうした渡辺の議論には、今日の戦争責任論を考えるうえで、示唆的なものがあるだろう。戦後七〇年が経過した今日、過去の「加害責任」を追及し、「侵略戦争」を批判することはある意味、たやすい。戦後生まれの者は、戦場で敵を殺し、現地住民に暴虐を振るうという「汚点」を持たないからだ。しかし、そうした「われわれ」が、類似の状況に置かれたときに、同じような暴虐を働かないと言いきれるかどうか。

さらに言えば、それは、「右」と「左」の架橋を考えることにもつながるのではないか。「死者の顕彰」「殉国の至情」を重んじる議論と、「加害責任」を追及する議論は、二項対立の状態にある。二〇〇〇年代前半の靖国論争が好例だろう。だが、渡辺の議論は、この硬直的な言説配置を解きほぐすものである。自らの「忠節」の念を徹底的に掘り下げる延長上に、天皇批判が導かれる。それは天皇個人を問責するばかりではなく、自らが率先して戦争に加担した過去をも問いただす。そこでは、「殉国」を突き詰める先に「戦争責任」「加害責任」が見出されていたのである。

比較の視点

体験を語る力学には、地域的な相違も見られた。たしかに、一九六〇年代後半には、日本であれ、沖縄であれ、広島・長崎であれ、ともに体験記の刊行が急増した。そこには、ベトナム反戦運動の隆盛に後押しされた側面があった。だが、体験記発刊の社会背景や担い手を詳らかに見て見ると、拙著『焦土の記憶』（二〇一一年）でも論じたように、幾多の力学の差異も見られた。

沖縄の場合、議論の主たる駆動因は、「本土への違和感」とでも言うべきものであった。旧日本兵による戦後初期の沖縄戦記、沖縄を切り捨てた形での本土の占領終結、米軍基地を存置したままの沖縄返還――これらに対する不快感が、沖縄の体験記や体験論を生みだす駆動因となっていた。

ことに、一九六〇年代末には沖縄戦記の発刊が大きな盛り上がりを見せたが、それをおもに担ったのは、従来の復帰運動を主導した年長者に批判的な戦後派世代の知識人であった。彼らの多くは沖縄戦体験を持たなかったが、戦前‐戦後の日本と沖縄のありようを批判的に問い返す糸口として、埋もれた沖縄戦体験の収集を積極的に推し進めた。若い世代のなかで「体験の語り」への不快感が見られた日本本土の状況とは、かなり異なっていた。

広島・長崎で議論を突き動かしていたのは、「継承の切迫感」であった。後遺症や遺伝の影響への懸念を考え合わせると、被爆体験は「過去」に閉じるものではなく、むしろ、当事者の戦後の生存を脅かす「現在」の問題でもあった。そのことが、政治的な問題解決への志向に結び付き、かつ、他の戦争体験の語りに比べれば、世代や体験の有無を超えた連携を可能にした。体験へのこだわりと「反戦」の政治主義が相容れないことも珍しくなかった日本の戦争体験論史に比べれば、それはやや異質であった。

もっとも、「広島」「長崎」「沖縄」の個別テーマを専門にする研究者であれば、また別の見方を有するむきもあろう。同時代をそれらの地で生きてきた人々も、また同様の感覚を抱くことがあるかもしれない。だが、沖縄なり広島・長崎なりで言説がいかに変化したのか。その背後には、他の戦争の語りと比較していかなる力学を見ることができるのか。こうした点について、十分な検証がなされてきたとは言い難い。

個々の言説の「評価」はさまざまになされてきたのかもしれないが、議論の通時的・共時的な位置づけについては、考察が限られていた。個別の地域に閉じるのではなく、たとえば、「沖縄」「広島」「長崎」「日本」等を共時的に比較対照し、その位相差を通時的に跡付けていくことでしか見えないものも、あるのではないだろうか。

「戦争の語り」の歴史社会学

本章の冒頭では、一九八〇年代以降、姿を消した「戦争活劇」映画に言及した。それを映画研究に閉じた形で思考するのではなく、「戦争の記憶の戦後史」を広く考える糸口として捉え返すことも、おそらく可能だろう。こうした動きは、「学徒兵もの」「沖縄戦もの」「原爆もの」等、他の戦争の語りの変遷と比して、いかに相違するのか。映画メディアと他のメディアとでは、取り上げ方がどう相違していたのか。世代間の受容はいかなる差異を孕んでいたのか。体験者はこの種の映画にいかなる思いを抱いたのか。そこには、戦争観のさまざまな変化や位相差、体験をめぐる幾多の軋轢が浮びあがるのではないだろうか。

マス・メディアでの言説であれ、体験者の思想や情念であれ、その戦後史を時系列的に精緻に整理し、複数の地域（戦争体験）の状況を比較対照する作業は、ある意味ではようやく始まったばかりである。それらをふまえつつ、自らが指弾されない後世の価値規範に依拠せずに、いかにその時代の限界や可能性に内在的に向き合うことができるのか。「戦争の語り」の歴史社会学は、これらの検証を通して、「戦争」を語る現代のわれわれの足場の問い直しを促すものである。

注

（1）吉田裕『日本人の戦争観』岩波書店、一九九五年、一四七―一四八頁。
（2）同、一四八頁。
（3）W・M・ジョンストン『記念祭／記念日カルト』小池和子訳、現代書館、一九九三年、八頁、五六頁。
（4）この点については、拙著『「反戦」のメディア史』（世界思想社、二〇〇六年）および『殉国と反逆――「特攻」

の語りの戦後史』（青弓社、二〇〇七年）参照。
（5）金井利博「二十世紀の亡霊──広島の一市民の述懐」『希望』一九五二年七・八月号、五〇頁。『中国新聞』（一九四六年八月六日）一面には、「広島市の爆撃こそ原子時代の誕生日」「けふぞ巡り来ぬ平和の閃光」という見出しが掲げられており、原爆被災日を原子力技術という最先端テクノロジーへの期待感に結びつける動きも見られた。それも、体験のあまりの重さゆえに、原爆被災日を「明るさ」「期待」でもって迎えざるを得ない広島住民の心性が浮びあがっているのではないだろうか。本書第四章参照。
（6）詳しくは、拙著『焦土の記憶』（新曜社、二〇一一年）参照。
（7）「はだしのゲン」の社会的な受容動向の変化については、本書第一章参照。
（8）拙著『「戦争体験」の戦後史』（中公新書、二〇〇九年）参照。
（9）成田龍一『「戦争経験」の戦後史』岩波書店、二〇一〇年、一九頁。
（10）伊藤公雄「戦中派世代と戦友会」高橋三郎編『共同研究戦友会』田畑書店、一九八三年、一五七頁。
（11）同、一五八―一六一頁。
（12）同、一五九―一六一頁。
（13）吉田裕『兵士たちの戦後史』岩波書店、二〇一一年、一〇八頁。
（14）同、一一〇頁。
（15）同、一六〇頁。
（16）同、一一一頁。
（17）同、一八七頁。
（18）同、一九七頁。
（19）同、二五九頁。
（20）同、二七五頁。
（21）野上元『「戦争体験」の社会学』弘文堂、二〇〇六年、六〇頁。
（22）同、六一頁。

(23) 同、二四一頁。
(24) 同、二四二頁。
(25) 同、二四二頁。
(26) 世代の問題と戦争体験を考察した近年の重要な研究としては、村上宏昭『世代の歴史社会学』(昭和堂、二〇一二年)があげられる。同書は、おもに近代ドイツにおける戦争体験を考察したものだが、社会学的な世代論を整理・援用しながら、世代概念の有効性(とその限界)について論じられている。
(27) 安田武『人間の再建』筑摩書房、一九六九年、六一、六二、七〇頁。
(28) 同、一三七頁。
(29) 同、一四二頁。
(30) 渡辺清『私の天皇観』辺境社、一九八一年、一七、七七頁。

第Ⅰ部　ポピュラー文化のなかの戦争

第1章　「はだしのゲン」のメディア史

原爆マンガの正典とも言うべき「はだしのゲン」は、一九七三年に『週刊少年ジャンプ』（集英社）に連載、一九七五年に汐文社より単行本化され、また、一九七〇年代半ばから八〇年代にかけて、雑誌『市民』『文化評論』『教育評論』に掲載された。

それは、一見、無味乾燥な書誌データにしか見えない。だが、よくよく考えてみると、いくつかの疑問に行きあたる。『はだしのゲン』の単行本化を最初に手がけたのは、なぜ、集英社ではなく汐文社であったのか。また、このマンガはなぜ、住民運動系の論壇誌である『市民』や日本共産党中央委員会の『文化評論』、あるいは日教組機関誌の『教育評論』に連載されたのか。

当然ながら、雑誌が変われば読者層も変わってくるし、単行本化においても、版元や収載するシリーズによって、その流通経路は相違する。少年マンガ誌の『週刊少年ジャンプ』と共産党系論壇誌『文化評論』とでは、その読者層はかなり異なる。もし、その両誌を併読する層があったとしても、少年マンガ誌に向き合うときと、共産党系総合雑誌に目を通すときとでは、その読みに相違があろう。また、集英社や講談社のコミック本と汐文社のそれとでは、流通チャネルは同じではない。汐文社は大手出版社のようなマス・セールスが難しい分、学校への直販ルートにも力を入れていた。そのことは、一般コミック本とは異なる読者や読まれる場の違いを生み出すことになる。

ともすれば、「はだしのゲン」は「マンガ」としてのみ議論されがちだが、テクスト内在的にその「メッセージ」を追うだけでは見えないことも少なくない。むしろ、そのテクストを載せた「器＝メディア」に着目することで、「はだしのゲン」の受容状況やこのテクストの社会的位置を捉えることができるのではないだろうか。(1)以下、本章では、「はだしのゲン」をメディア論的に考察し、その社会的な受容の変遷を検証する。

一　原爆マンガの成立

「はだしのゲン」前史

「はだしのゲン」は一九七三年より『週刊少年ジャンプ』に連載され、一九七五年に『はだしのゲン』(一 - 四巻)として単行本化された。これ以前にも、白土三平『消え行く少女』(一九五九年)、旭丘光志『ある惑星の悲劇』(一九六九年)といった原爆を扱ったマンガは存在した。しかし、若い層へのインパクトにおいて、『はだしのゲン』はそれらを凌駕していた。すでに単行本の発行部数は五〇〇万部を超え、二〇〇〇年のNHKの調査では、「戦争観に影響のあった映画・アニメ」の項目において『火垂るの墓』とともに『はだしのゲン』が群を抜いている。(2)その意味で、『はだしのゲン』は「原爆マンガ」を最も代表するばかりではなく、「原爆マンガ」というジャンルそのものを生み出した作品でもあった。

とはいえ、作者の中沢啓治自身は、マンガで原爆を扱うことにはもともと消極的であった。中沢は広島で被爆体験を持ち、父と姉と弟を原爆投下当日に、母をその後原爆後遺症で失っている。また、原爆投下直後に出生した妹も、胎内被爆がもとで、生後数ヵ月で死去していた。それは中沢にとって、思い出したくない過去であった。とくに、六〇年安保の翌年から東京に出ていた中沢は、東京住民の原爆に対する無知や被爆者差別を痛感していた。自らが広島で被爆したことを話すと、周囲の見る眼が「なんとも言えない冷たく異様な目つき」に変わっていくことを何度も経験していた。したがって、中沢は極力原爆の話題を出さないように努めていた。中沢はその当時を回想して、次のように語っている。

毎年、夏がくると「原爆！　原爆！」とマスコミ等が騒ぎたて、私の気持ちは落ち込んで暗くなった。嫌でも広島での体験がよみがえり、やりきれない気持ちにさせられた。そして、自分が被爆したことで、なにか悪事を働いたような錯覚を覚えた。世の中の迷惑人間のように見る東京人の目の嫌らしさには、本当に腹が立った。有楽町などで原水爆の禁止署名活動をしている被爆団体の人たちと出会い、「この人たちは、よく堂々と人前に出て行動できるものだ……」と敬服した。私には、とてもそんな勇気はなかった。(3)

中沢は、「唯一の被爆国」と自称される国の首都でのこうした状況に憤りを覚えながらも、自らが被爆者であることをひた隠しに生きようとしていた。(4) にもかかわらず、なぜ、中沢はマンガで原爆を扱うようになったのか。そのきっかけは、母の死であった。原爆症を患っていた中沢の母は、一九六六年に死去した。被爆直後の広島をともに逃げ惑い、その後の家計を母が支えたこともあり、母の死は中沢にとって大きなものであったが、中沢に衝撃を与えたのはそればかりではなかった。それにまつわる二つの出来事が、中沢のマンガの方向性を転換させた。

ひとつは、ＡＢＣＣ（原爆傷害調査委員会）の対応であった。この組織は、原爆被爆者の医学的・生物学的調査を目的として米国学士院が設立したものであったが、その職員が中沢の母の死を聞きつけ、

「医学の発展のために、ぜひお母さんの死体を解剖させてください」と執拗に迫ったという。内臓だけを標本として取り出し、綿を詰めて死体をきれいにして返そうというのであった。これに対応した中沢の兄は職員を追い返したが、それを聞いた中沢も怒りにふるえ、のちになっても「原爆者《（ママ）》にはなにひとつ救いの手を差し伸べるでなく、標本のモルモットとして扱い、自国の核戦争のためにとせっせと被爆者狩りをして、収集した資料をアメリカ本国に持ち帰っているＡＢＣＣを、私は許せなかった」「医学の発展のためにと美名の陰に隠れて、モルモットとしていつまでも監視されてたまるかっ！」と語っていた[5]。

もうひとつは、荼毘に付された母の骨の状態であった。中沢がそこで驚いたのは、のど仏も頭蓋骨も形状をとどめておらず、せいぜい三、四センチの骨片ばかりであったことであった。それは、原爆投下から二一年の間、骨にまで放射能の影響がつよく浸みわたっていたことを示していた。中沢は、そのとき、「母の人生を狂わせ、苦しみのた打ちまわらせ、地を這うようにして生きてきた母の骨まで奪っていくのか！」と怒りに震え、平静を装うのに苦労したという。

こうした出来事があって、中沢は「母を苦しめ骨まで奪っていった原因の、戦争と原爆を改めて突きつめて考え」るようになった。そこで行き着いたのが、「日本人の手で戦争責任の追及がされ解決されているか？」「日本人の手で原爆問題が追及されて解決されたか？」という問題であった。中沢は、「両方とも曖昧にされ、なにひとつ解決されていない」ことに気付き、「これらを徹底的に追及して解決させないかぎり、父、姉、弟、妹、そして母の死は犬死ではないか」「わが中沢家の怨みを晴らしてやる」と思ったという。そこから、「もう原爆という言葉や文字を嫌って逃げまわっている暇はないんだと、まるで憑き物が落ちたように気持ちがふっきれ」、自らのマンガのなかで原爆を扱うことを決意したという[6]。そこでは、「怨み」という情念から、「戦争責任」「原爆問題」を掘り下げて考えようとする公的な議論の生成が意図されていたのであった。

青年コミック誌のメディア特性

そうした思いから「怒りの丈を叩き込ん」で描きあげられたのが、「黒い雨にうたれて」であった。当時の中沢はどちらかというと遅筆で、読み切りの短編でも一ヵ月を要していたが、この作品は一週間で一気に書き上げたという。もっとも、これはのちの『はだしのゲン』のような自伝的体験を綴ったものではなく、被爆した主人公の青年と武器密輸業者のアメリカ人の抗争を描いたハードボイルド調のフィクションであった。

だが、この作品は、発表の場を得るまでに長い時間を要した。中沢は高校生層に広く読まれることをねらって、大手出版社の編集部に原稿を持ち込んだが、長く待たされた挙句、掲載不可となった。他の大手を回っても「内容はいいけど、チョットどぎついね……」と断られるばかりだった。中沢がそこでわかったのは「激しいセリフでの政治批判と原爆の重い告発テーマは、一般商業誌では無理」ということであった。それから一年以上たって中沢は、「三流や四流と言われる雑誌」での掲載に方向を転じるようになる。「発表されればだれかが読んでくれる。一人でも自分の作品を読んでくれて、自分の言いたい意志が伝わればそれで成功であり、作品の価値があるのだ。むしろ、三流と言われる場所こそ、発表する価値があるのかもしれない」と考え、「大手出版社の掲載ばかりにこだわ」ることを改めるようになった[7]。そこで原稿を持ち込んだのが、芳文社の『漫画パンチ』で、ようやく同誌で掲載されることになった。

当時、『週刊漫画アクション』(双葉社)、『ヤングコミック』(少年画報社)など、青年コミック誌が続々と創刊されていたが、『漫画パンチ』もそうした雑誌のひとつであった。一九六七年に『週刊少年マガジ

『漫画パンチ』表紙・目次
（1968年５月29日号、芳文社）

ン』が一〇〇万部を突破するなど、当時は少年マンガ誌が部数を拡大する傾向にあった。だがその一方で、出版社にとってはその後の読者数の確保が、焦眉の問題になっていた。

それまでのマンガ誌は、一九四七年から一九四九年にかけて出生した団塊の世代を主たるターゲットにしていた。一九六〇年には、『小学〇年生』（小学館）や『少年画報』（少年画報社）のような児童向け月刊誌がピークを迎え、その後、『週刊少年マガジン』（講談社）と『週刊少年サンデー』（小学館）が中高生にまで読者層を拡大して、部数を伸ばしている。一九五〇年代までは「マンガは小学生まで」というのが暗黙の了解事項であったが、最大の読者層である団塊の世代の加齢にしたがい、それに見合う雑誌を立ち上げることで、マンガ誌は部数を拡大していった(8)。

しかし、彼らが大学生となり社会人となると、エロティシズムや暴力シーンが制限された少年誌に物足りなさも覚えるようになった。それでも、後続する世代人口の維持・拡大が見込まれるのであれば、出版社としては現状路線の踏襲も可能であっただろうが、団塊の世代以降は、世代人口の減少が明確であっただけに、そのことは即座に市場の縮小を意味していた。かといって、彼らを従来の少年誌につなぎとめるべく、過剰な暴力描写や性描写を多くすると、PTAなどによる「悪書追放」や「不買運動」を引き起こしかねない。少年マンガ誌には、そのような越えがたい一線があった。そこで生まれたのが、『漫画アクション』や『ヤングコミック』のような青年マンガ誌であった。それらの雑誌は、少年誌では許容されないような描写を盛り込むことで、青年層の読者を獲得していった。じっさい、青年コミック誌の総発行部数は、一九六七年には七八〇五万部であったものが、一九七〇年にはほぼ倍の一億四〇四八万部に拡大している[9]。

さらに言えば、それは当時の映画に類似した状況でもあった。映画産業は一九五八年に観客動員数一億を記録し、ピークを迎えたが、その後テレビの普及に伴い、斜陽化した。そこで活路を見出したのが、暴力とエロティシズムであった。ポルノ映画や過剰な暴力シーンを多く織り込んだヤクザ映画は、一般家庭で視聴される「健全」なテレビ番組として放映することは難しく、そこに映画はマーケットを見出そうとしたのであった。もっとも、そのことで、青年男性以外の層の客足がいっそう遠のくことになり、映画はさらなる縮小のスパイラルに堕ちていくことになるわけだが、逆に言えば、従来のようなマス・マーケットではなくニッチなマーケットで、映画は生き残りを模索していった[10]。青年コミック誌も、当時の映画と同じく、少年誌やテレビのような「健全」な娯楽と競合するなかで、それらが扱い得ない領域を市場として開拓していった。

その意味で、『漫画パンチ』に掲載された中沢啓治の最初の原爆マンガは、当時においては、「不健全」な青年コミック誌に典型的な「残酷モノ」でしかなかった。だが、裏を返せば、それら「俗悪マンガ誌」は、「健全」な大手マンガ誌では不可能な創作実験を許容するメディアでもあった。「原爆マンガ」というジャンルが未だ成立していないなか、一般読者にはかなり灰汁《あく》が強く思われた中沢の「黒い雨にうたれて」は、そうした「不健全」なメディアでこそ、発表可能となったのであった。

　そして、一九六八年五月にこの作品が掲載されると、その反響は大きかった。中沢のもとにも、知人の漫画家や編集者からの好意的な感想が多く寄せられた。また、『漫画パンチ』の編集長は、ある漫画家から電話があったことを中沢に伝え、「あんたの作品を読み〝よくやった！〟と激励されたよ。その声は、涙声で震えていたよ」と語っていたという。[11] この作品の好評を受け、中沢は続けざまに「黒い川の流れに」「黒い沈黙の果てに」「黒い鳩の群れに」という〝黒いシリーズ〟を発表し、そのなかで「原爆の怨みを叩きつけ」ていった。

　もっとも、中沢が以後、「原爆もの」ばかりを扱ったわけではない。中沢自身、重苦しいテーマのマンガばかり描いていることに息苦しさを感じており、もともと児童マンガを志していただけに、比較的軽快な作品も多く発表していった。集英社の『週刊少年ジャンプ』に執筆の機会を得たのも、そうした作品であった。『少年ジャンプ』は一九六八年六月（六九年一一月より週刊化）に創刊された少年マンガ誌であったが、中沢はそこで、根性もの隆盛のマンガ界に背を向けるように、「グズでだめで弱い男」を主人公にした「燃えろグズ六」「グズ六行進曲」等を発表した。

　しかしながら、一九六〇年代後半から七〇年代はじめの時代状況は、中沢をそれで満足させなかった。当時、ベトナム戦争の膠着や沖縄返還問題、大学紛争、七〇年安保問題など、政治的アジェンダが折り重なっていた。とくに、ベトナム反戦運動の盛り上がりは、戦争体験を持つ者のみならず、若い層にも戦争に対する関心を呼び起こし、沖縄返還問題では、「核つき返還」を認めるか否かが大きな焦点となった。[12] さらに、その両者はアメリカに対する国民的な反感をも醸成した。そうした社会背景もあって、「原爆の怒りがムラムラとよみがえ」った中沢は、『週刊少年ジャンプ』の編集者に「原爆マンガ」の掲載をもちかけた。そこで中沢は「ある日突然に」という作品を六〇頁読切りとして試作し、下描きを編集長に手渡した。その場で読み終えた編集長は「下描きだけでこんなに感動させられたのははじめてだ」と目を潤ませて語り、二〇頁増しの八〇頁で掲載されることになった[13]。

大手出版社の少年マンガ誌でありながらも、中沢の「原爆マンガ」が掲載可能になった背景には、当時の『少年ジャンプ』の後発性があった。一九五九年に創刊された『週刊少年マガジン』（講談社）や『週刊少年サンデー』（小学館）はすでに著名な漫画家を押さえていた。集英社から週刊少年誌が創刊されることが業界内に知られるようになると、執筆中の漫画家のガードにいっそうの神経を尖らせるようになった[14]。後発の『少年ジャンプ』は大家と呼ばれる作家の作品を掲載することが難しく、必然的に若手・新人漫画家の作品を積極的に採用することになった。そのことは、斬新な作風が受け入れられる素地にもつながった。中沢啓治の「原爆マンガ」もそうした後発少年誌であったがゆえに、発表できたのであった。

一九七〇年四月に発表された「ある日突然に」は、被爆二世の原爆後遺症をテーマにしたものであったが、その反響は大きく、読者からの手紙は段ボール箱にいっぱいになったという。ただ、それらに目を通して中沢が実感したのは、「いかに日本人は原爆に無知か」ということであった。手紙の内容は「『ある日突然に』のなかで描かれている原爆のことは本当なんですか？　原爆があんなにすごい破壊とは知りませんでした」というものが大半で、それは社会人から小学生まで、どの年代にも共通していたという[15]。中沢は、これが「唯一の被爆国」と言われる国の状況かと、大きな違和感を抱いた。

「はだしのゲン」の誕生

だからと言って、中沢はその後、すぐに「はだしのゲン」を描くに至ったわけではない。中沢自身も

「はだしのゲン」の連載がスタートした『週刊少年ジャンプ』表紙
（1973年６月11日号、集英社）

「原爆漫画家」と決め付けられることは不本意であったし、また、中沢の社会的知名度があがるにつれ、中沢の妻も「被爆者の身内」として近隣住民から差別的な視線を向けられることも多くなっていた。そうしたこともあり、中沢には「原爆をテーマにした漫画はやめたい」という思いもつよかった。ただ、当時の政治状況は、たびたび中沢の「原爆に対する怨み」を掻き立てた。ことに一九七一年四月に天皇・皇后が広島の原爆慰霊碑に参拝したことが、そうした中沢の思いをいっそう昂ぶらせた。

原爆養護ホームで被爆者を見舞った天皇が「同情に耐えず、世界平和の続くことを思いましたが、今なお療養を続けている多数の市民のあることを聞き胸のせまる思いがします。今後は、互いに明るい気持ちを持って療養を続け、すみやかに元気な姿になることを希望してやみません」と談話を発表したことについて中沢は、「広島市の式典に参列することで原爆を過去のものとして押しやり、天皇の戦争責任の免罪符にさせんぞっ！」と怒りをおぼえ、「おとなしい被爆者を選んで天皇の前に座らせ、儀式を遂行する行政の小役人どもにヘドが出るほど腹が立った」と語っている[16]。こうした天皇に対する批判的な認識は、中沢の父の影響もあった。中沢の父は原爆の当日に家屋の下敷きとなり死亡したが、もともとは左翼系演劇集団にも所属し、特高に連行された経験もあった。家庭のなかでも天皇制や戦争遂行に対する批判を頻繁に口にしており、そのことは中沢の作品や自伝でも肯定的に描写されていた。

もっとも天皇（制）批判は当時の日本でも大きく議論される傾向にあった。そのきっかけは、天皇の訪欧であった。一九七一年九月二七日、天皇と皇后はイギリス、ベルギー、オランダなどヨーロッパ七ヵ国の親善訪問に出発した。天皇の外遊は史上初めての出来事であったこともあり、国民的関心は高く、テレビは連日天皇の動向を放映した。だが、そこで天皇ほか訪欧団が直面したのは、戦争責任を追及しようとするヨーロッパ大衆の声であった。オランダでは、元日本軍捕虜を中心とした二〇〇人が訪問阻止を叫び、ホテル前には「父を返せ」「この断末魔の声を聞け」などのプラカードを持つ数百人の若者が集まり、日章旗が焼かれた。ベルギーでは天皇・皇后の乗った自動車に生卵が投げつけられ、イギリスでは天皇が記念植樹した杉の木が翌日には切り倒された。各国政府は狼狽し、万全を期すために、天皇・皇后の血液型を知らせてほしいと日本政府に要望したほどであった。そうした状況が日本の報道機関でも報じられるにおよび、それまで深く追及されることの少なかった天皇の戦争責任や天皇制の問題が、日本のマスコミでも取り上げられるようになった。それはヨーロッパでの動きを逆輸入した格好ではあったが、それでも日本戦没学生記念会（わだつみ会）の機関誌が天皇制特集を組むと、書店流通していないにもかかわらず、何度も増刷がかかるなど、天皇の戦争責任問題は、主要な国民的アジェンダとなった。

そうした社会状況を背景に、中沢は自らの被爆体験と天皇の戦争責任問題を結びつけて「はだしのゲン」を構想し、一九七三年六月より『週刊少年ジャンプ』に連載を始めた。

リアリティと不快感の醸成

これは自伝的要素がつよい作品であっただけに、中沢はそこでリアリティを追求しようとした。中沢

丸木位里・俊『原爆の図』（講談社文庫、1980年）

は、映画や演劇で描かれる被爆直後の惨状シーンには嘘を感じていた。中沢が被爆直後にみたものは、人々が阿鼻叫喚し、もがき苦しむ状況ではなく、「なにひとつ感情のこもった言葉を発せず、黙々と本能的な動作をするだけ」で、「まるでサイレント映画を観ているように、音のない静まり返った光景」であった。[17]人々の既成概念を崩していくような中沢の描写の異様さは、担当編集者も「気持ちが悪くなる」と嫌がったが、中沢はそれでも脳裏に焼きついた状況を再現できず、もどかしさを募らせていた。「こんな甘い表現がそんなに真に迫っているのか」と逆に疑問にさえ感じていた。

中沢は、「戦争や原爆を甘い糖衣で包んで、子どもに見せれば、「戦争と原爆はこんなものか」と甘く考えてなめてしまう」ことを懸念した。さらに、「原爆の残酷な場面を見て、「怖いっ！」「気持ちが悪いっ！」「二度と見たくないっ！」と言って泣く子が、日本中に増えてくれたら本当によいことだと私は願っている」とも述べているが、[18]中沢はこのマンガを通して、わかりやすさや口当たりのよさを拒否した描写を、読者に突きつけようとしていたのであった。それは、既存の原爆表象に対する不快感の裏返しでもあった。中沢は、丸木位里・俊の有名な「原爆の図」に言及しながら、次のように語っている。

原爆を描いた文学はたくさんありますが、文章ですからどうしても抽象的になりますし、丸木位里さんの原爆の図は、ぼくにとっては、あまりにも構図が絵画的に整いすぎ、あのすさまじさにまだ迫っていないと思われたのです[19]。

だが、マンガという媒体であった以上、戦争体験の「語り難さ」に固執し続けることは不可能であった。いかにそれが「リアル」であろうとも、火傷にウジが這い回る描写や死体が腐っていく様子を書き進めると、読者はその描写に不快感をつよく抱いた。ある漫画家は、「はだしのゲン」を評して、「子どもには残酷で刺激が強すぎる！　情操によくないっ！」と言ったという[20]。中沢はそれにつよい反発を覚えながらも、リアリティの追求のうえで妥協を強いられることになった。中沢は「気味悪さだけで大事なストーリー展開を読んでくれなかったら、なんのために描いているか意味がなくなる」と考え、「かなり表現を甘く」せざるを得なかった[21]。

これもやはり、少年マンガ誌のメディア特性によるものでもあった。『週刊少年ジャンプ』がたとえ後発で、新人起用に積極的であったとしても、一九七四年夏には一六五万部を発行するまでになっており、また、一冊あたり平均三人が回し読みをしていたと考えると、読者は五〇〇万人ほどにのぼっていたことになる。そのことは、それだけの読者に許容されるものでなければならないことを意味していた。青年層に特化した青年コミック誌とは異なり、児童層から大学生までの幅広い層に読まれる少年誌では、そこで表現できる斬新さやリアリティには限りがあった。それは、後発の『ジャンプ』とて例外ではなかった。人々の予期し得ぬ異様さを徹底的に描き尽くそうとした中沢の意図が受容される素地は、そこではどうしても限られていた。

とはいえ、従来の連載企画には見られないものであっただけに、読者からの反響も大きかった。「戦争の苦しみを思い出し、二度と戦争は嫌だ」「親子で戦時中の会話がスムーズにできるようになった」という手紙も少なくなかったし、副編集長が『ジャンプ』を自宅に持って帰るとその母親は「ゲン」だけを読んでいたという。編集部や中沢啓治あての封書・ハガキも、数百通に及んでいた[22]。

ただ、『週刊少年ジャンプ』の読者全体からすると、そのような読者が限られていたのもまた事実であり、「はだしのゲン」は『ジャンプ』誌の人気投票では必ずしも上位にはなかった。そもそも、一九七〇年代に入ると、それまで輿論の盛り上がりを見せていた政治的アジェンダは、急速に消え去っていた。大学紛争に代表される全共闘運動は一九七二年の浅間山荘事件で国民的な支持を失い、七〇年安保問題も同条約が一九七〇年に自動延長されると、マスコミの主要議題からは外れていった。また、沖縄は一九七二年に「本土復帰」を果たし、ベトナム戦争では一九七三年のパリ和平協定成立にともないアメリカ軍は撤退した。むろん、だからといって、じっさいの状況が根本的に変わったわけではない。沖縄には広大な米軍基地が引き続き存続し、ベトナムでは依然、北と南で戦闘が続いていただけではなく、米軍が散布した化学兵器の人体的な影響が、現地住民や米軍兵士、およびその子どもにまで及んでいた。だが、それらは、ポピュラー文化においては、とくに大きな関心を引くほどのものとはならず、したがって、原爆や天皇制の問題を扱った「はだしのゲン」が若年層に受容されやすい状況にはなかった。

加えて、一九七三年一〇月に始まったオイルショックの影響で、紙が不足し、『ジャンプ』の頁数も抑えられるようになった。必然的に、必ずしも人気マンガではなかった「はだしのゲン」は、減頁や休載をたびたび迫られた。結局、連載開始から一年半ののち、中沢は「はだしのゲン」を未完のまま中断した。

二　単行本の発刊と学校への流入

書籍化と映画化

その「はだしのゲン」は、一九七五年五月に単行本全四巻として発刊された。だが、それは『週刊少年ジャンプ』の集英社からではなかった。

少年誌に掲載されたマンガが単行本化される場合、当然ながらその掲載誌を発行している出版社から出されることが多かった。一九六七年に始まった「講談社コミックス（ＫＣ）」シリーズがその典型で、当初は年間で実売五〇万部・売上高七〇〇〇万円であったものが、一九七四年には実売八〇〇万部、売上高二〇億円に急成長するなど、コミック・ブームのはしりとなった[23]。出版社にしてみれば、雑誌掲載作品を二次利用することで、制作原価を抑え、利益の確保が見込まれた。

しかしながら、「はだしのゲン」は当初、集英社から単行本化されなかった。また、それは中沢啓治のマンガ「オキナワ」も同様であった。

「オキナワ」は、沖縄戦や米軍統治下の沖縄の状況を描いたもので、一九七〇年五月から『週刊少年ジャンプ』に連載された。これはもともと集英社から単行本化される予定で印刷の直前まで進んでいたが、突如、発行は取りやめになった。週刊少年誌とは異なり、政治的なテーマを扱う作品が単行本になると、出版社のイメージが損なわれかねないというのが、その理由であった。週刊少年誌の場合、収載された作品は所詮、一週間で読み捨てられてしまうものでしかない。しかも、いかに政治的なメッセージが際立つ作品であっても、それはいくつものマンガが掲載されているなかのひとつに過ぎない。しかし、単行本化されると、長期間書店に並ぶだけに、それが出版社の政治的スタンスと取られかねない。

『はだしのゲン』表紙
中沢啓治『はだしのゲン』第1巻（汐文社、1975年）

つまり、週刊少年誌と単行本というメディアの相違は、発表可能なテクストそのものを選別したのである。

折りしも、一九六九年一一月の佐藤－ニクソン会談を契機に、沖縄返還問題が政治的焦点となっていた時期でもあった。「はだしのゲン」も原爆や天皇制批判、対アジア諸国の戦争責任を扱っていただけに、集英社が単行本化に二の足を踏んだのも当然であった。

そうした状況にあって、単行本化を働きかけたのは、『朝日新聞』の平和問題担当記者・横田喬であった。横田は、原爆という重苦しい題材とマンガの組み合わせが気になり中沢を取材し、また、『ジャンプ』に掲載された「はだしのゲン」をすべて読み通すなかで、このマンガに惹かれるようになった。そこで横田は、このマンガの紹介記事を書くのみならず、被爆者団体や革新団体にこの作品の良さや単行本化の必要性を説いて回った。

その背後には、既存の原水禁運動に対する横田の不満があった。日本原水協は一九六〇年から一九六三年にかけて、安保改定問題やソ連・中国の核開発をめぐって内部対立が激化、核禁会議や原水禁国民会議が分裂・独立した。その背景には、保守政党と左派政党の反目のみならず、ソ連・中国の核実験を「平和の核」として擁護しようとする共産党と、「あらゆる核に反対」を主張する社会党・総評との対立があった。そのように、原水禁運動が政党の主義主張に振り回され、党派対立の場に堕していることに、横田は苛立ちを覚えていた。

横田は雑誌『市民』（一九七五年九月号）に寄せたエッセイ「『はだしのゲン』との出会い」のなかで、「考えてみると、私が必要以上に力を入れたくなる気持の背後には、いまのおとなたちがリードする組織的な運動に対する無意識のうちの反発みたいなものがあるのかもしれない。手近なところでは、毎年のように国民的統一実現のかけ声がありながら、原水爆禁止の平和運動は未だに分裂したままだ」と記している。横田は続けて、「理屈や大義名分なんかいらない。核兵器自体をなくすように、みんないっしょに原点に帰ってやってほしい。その意味でも、子どものナイーブなこころに期待をかけたい」という中沢の言葉を好意的に引用している。[24]横田は、「大人」の「理屈や大義名分」ではなく、「核兵器自体をなくく」そうとする「子どものナイーブなこころ」を訴えるべく、かつて一週間で読み捨てられた「はだしのゲン」を、単行本の形で再び広い読者に提示しようとしたのであった。そのようななか、マンガ評論家・石子順の紹介もあり、一九七五年五月、『はだしのゲン』全四巻は汐文社より単行本化されることになった。

『ゲン』の受容

ただ、汐文社にしてみれば、そこには大きなリスクがつきまとっていた。野中一也『教育反動化と教育労働者』（一九七二年）、梅田勝『七〇年代の革新自治体』（一九七二年）など、左派系の書物を多く出版していた点では、『はだしのゲン』にも通じるところはあるわけだが、そもそも、この「原爆マンガ」が単行本としてはたして売れるものかどうか、見込みは立たなかった。なおかつ、汐文社は当時社員数五〜六名の規模であった。それだけに、「原爆マンガ」という特殊な本を、しかも四巻まとめて発刊することは、企業経営のうえではやはり一種の冒険であった。にもかかわらず発刊に踏み切ったのは、「は

映画『はだしのゲン』パンフレット
（山田典吾監督、現代ぷろだくしょん、1976年）

だしのゲン」のストーリーもさることながら、『ジャンプ』連載時の投書の多さであった。当時の担当編集者は、中沢の自宅で押入れを埋めるほどの投書を見せられるなかで、少年誌連載時の反響の大きさを改めて実感し、発刊の意義を強く感じたという[25]。

　公刊されると、汐文社の予期に反し、ベストセラーとなった。翌一九七六年八月には六四万部を売り上げ、一九八〇年には一〇〇万部に達している。そのうえでは、ひとつには、新聞報道の効果も大きかった。『朝日新聞』は、発刊に先立つ一九七五年三月一八日に、広告欄を除く三分の一ほどの大きなスペースを割いて、「原爆劇画、単行本に——少年マンガ誌連載『はだしのゲン』」と題した記事を掲載、その発刊を大々的に扱っていた。また、単行本発刊直後の一九七五年六月一八日にも、『朝日新聞』はこのマンガを大きく取り上げていた。これを契機に、『はだしのゲン』はテレビ（ＮＥＴ〔現・テレビ朝日〕・中国放送など）やラジオでも紹介され、その知名度を高めることになった[26]。

　加えて、映画化もそうした動きを後押しした。映画『はだしのゲン』は、単行本刊行の翌年一九七六年に、山田典吾監督により制作された。山田は、原爆映画の先駆と言うべき新藤兼人監督『原爆の子』（一九五二年）や同じく新藤監督の『第五福竜丸』（一九五九年）の制作にも携わった映画人であった。この映画『はだしのゲン』は、現代ぷろだくしょんという独立プロの制作で、配給も共同映画という反戦映画をおもに扱う小規模配給会社を通していた。当然ながら、興行成績には限界があったが、それでも制作過程や映画評が『キネマ旬報』や『朝日新聞』でも取り上げられ、独立プロ作品にしては堅調な成績であった。とくに広島市内で公開されたときには、観客動員五万三〇〇〇人を記録し、高橋昭博によれば、それは一九五二年の『原爆の子』以来の盛況であったという[27]。この好評を受けて、山田はその後、続編『はだしのゲン――涙の爆発』（一九七七年）、『ヒロシマのたたかい――はだしのゲンPART3』（一九八〇年）を制作した。

映画化は、『はだしのゲン』のオーディエンスを「子ども」から「大人」へと押し広げることにつながった。

当時、マンガは大学生層までもが読むものではあったものの、一般的に、それ以上の年長者に読まれるものではなく、また、マンガには不健全なイメージがつきまとっていた。一九七五年に雑誌『市民』に「はだしのゲン」が連載されたときにも、「『はだしのゲン』などという慢画《ママ》を三十全頁《ママ》を費して大衆にアピールなされることは反撥を覚えました。『市民』の読者に「慢画」など不要だと思います」という投書が編集部に寄せられていた[28]。つまり、単行本の形態に限定されるのであれば、より年長者にこの作品が受容されるには限界があった。

だが、山田典吾の実写映画化は、児童層のみならず、「大人」のオーディエンスをも少なからず獲得した。『文化評論』（一九七八年一二月号）には、この映画を観て「すっかりファンになり、原作を読みたくな」って、単行本を手にとった三児の母親の投書が紹介されていた。映画は、「子ども」とともに観ることができる「健全」な娯楽であり、子どもにはなるべく読ませたくはないマンガの「不健全」さは、そこにはなかった。『ゲン』が映画というメディアで扱われることで、中沢啓治の原作も「大人」にかなりの程度、受容されるようになったのである[29]。

もっとも、『はだしのゲン』をめぐる評価のなかには、批判的なものもないではなかった。『朝日ジャーナル』一九七五年九月五日号には、マンガ評論家の権藤普による書評が掲載されているが、そこでは「率直にいって、私はこのマンガ作品に感動をおぼえなかった」「被爆の様相などは、まさに身の毛もよだつ、といった克明な描写ではあるけれども、グロテクスな感じだけが残ってしまい、また作者が意図したであろう、悲しみや怒りは、その描法のゆえに弱められ、肉声を欠いたアジテーションの饒舌さが印象づけられる結果をまねいている」と批判されていた[30]。

だが、総体的には、好意的な批評が多く見られた。とくに、『ヒロシマ・ノート』(一九六九年)の著者である大江健三郎は、『はだしのゲン』のなかに、既成の原爆の意味づけを問いただすインパクトを見出していた。大江は、『図書』一九七五年九月号の「表現された子供」のなかで、次のように述べている。

原爆被災後の広島・長崎にはこの恐しい経験を語る数多くの民話ができあがりました。この大きい悲惨は人間がはじめて体験したことです。それに対する既成の概念的な意味づけはあり得ない。それがどのように酷たらしく恐しいことだったのかを、直接に原爆を受けた人たちがその経験と見聞を通じて語る話は、しだいに民話となっていった。〔中略〕その民話のような語り口であの経験を自分の言葉とする、そのように語ることによって原爆の経験を日々新しく認識し直していくということが広島・長崎の人々によって行なわれていることには、歴史的な大きい意味があるでしょう。そしてこの『はだしのゲン』は数かずのそのような民話に根ざして、それらの上に物語を成立させているのです[31]。

大江が『ゲン』のなかに読み込んでいたのは、「既成の概念的な意味づけ」に落ち着くのではなく、さまざまな体験と見聞とが多声的に重なりあいながら「原爆の経験を日々新しく認識し直し」ていく営為であった。むろん、先述のように、中沢啓治自身は、『ジャンプ』連載中より、自らの体験や見聞をありのままに表現できないもどかしさを感じていた。だが、中沢本人にとってはそうであったとしても、大江をはじめとする少なからぬ読者は、既存の原爆イメージを壊し、わかりやすさや心地よさへの回収に徹底的に抗おうとする中沢の姿勢をそこに見ていたのであった。[32]

学校への流入

では、主たる読者である児童層は、この単行本をどのように手にとったのだろうか。ひとつには、親の薦めがあった。『文化評論』誌でも、映画を観たり、評判を聞きつけて書店で原作を手にした親が、子どもに買い与えた事例が多く紹介されている。また、メディアでの高い評価もあって、日本生活協同組合連合会（日生協）が、児童向けの良書として『はだしのゲン』を取り扱うようになった。日生協は、「安全・安心」を謳い文句にその時々の取り扱い商品をカタログに掲載し、数世帯単位で共同購入を行なう一種の通信販売を行なってきた。一九六〇年代の水質汚染・食品公害の広がりが、生協に対する需要を拡大していった。その「健全」な日生協のカタログで紹介されたことにより、会員主婦層に対する「ゲン」の認知はさらに高まった。[33] 映画や新聞の特集記事、あるいは母親を主たるターゲットとする日生協のチャネルにより、『はだしのゲン』は母親にとって「健全」なものとなり、そこから子どもに手渡されたのである。

だが、子どもが『はだしのゲン』を手に取るうえで最も大きかったのは、この作品が学校図書館や学級文庫に入り込むようになったことである。「全国被爆教師の会」や広島平和教育研究所は、単行本発刊から間もない一九七五年六月に、小中学校用の平和教育教材として採用を決定、広島県の全小中学校図書室に、各学校のクラス分だけのセットを備えるよう、各校に働きかけた[34]。また、全国にもそのような動きは広がっていった。たとえば、東京都の中学教師・浅羽晴二は、勤務する中学で『はだしのゲン』を「平和学習」の教材として活用し、また、その有用性を雑誌『教育』（一九七六年一月、五月）のなかで説いている[35]。『毎日新聞』（一九七六年八月六日・夕刊）でも、「先生から生徒へ、母親から子どもへ」とこの本が手渡されることが多いこと、そして、「本来ならマンガを忌み嫌う」彼らが「率先して子供たちに読ませるという現象」とが、意外性をもって特筆されていた[36]。

もっとも、児童たちは主体的にこのテクストを手に取ったというよりは、『はだしのゲン』が学級文庫や学校図書室にある唯一のマンガであったがゆえに、この作品が読まれたというのが実状である。少なくとも、活字中心の一般児童書に比べると、図書室にほぼ唯一のこのマンガは、児童たちにとってはまだしも魅力的に思えた[37]。だが、それゆえに、児童たちのなかに『はだしのゲン』は広く知られるようになり、彼らは「マンガでありながら、学校でさえも安心して読むことができるテクスト」として、それを認知するようになっていった。

なおかつ、図書室にあるテクストが常備されるということは、その本が何年にもわたって児童たちに読み継がれることを意味した。つまり、このマンガが図書室に置かれたことで、それに接する児童が毎年継続的に生産されたのである。たとえ一時的なベストセラーの書物であっても、その賞味期限をすぎれば、いずれは書店から消え去り、その書物のことは忘れられていくようになる。しかし、学校図書室のように児童が頻繁に出入りする場に書物が置かれるならば、たとえ、その本が書店流通からすでに消えていたとしても、継続的な読者を生み出すことが可能であった。ましてや、図書館にはめずらしいマンガであれば、なおさらのことであろう。かくして、『はだしのゲン』は戦争を考えるうえでの「健全」なテクストとして知られるようになった。前にもふれたように、二〇〇〇年にＮＨＫが「「先の戦争」に関する考え方に影響があったメディア」について調査したところ、一六－三九歳の層にはアニメ『火垂るの墓』とともに『はだしのゲン』の影響が群を抜いていた[38]。彼らが児童期に学校で手に取ったマンガは、それから十数年を経てもなお、彼らの戦争観の基底をなしていたのであった。

ただ、何より『はだしのゲン』が母親なり学校なりに入り込むうえでは、その書籍化が必要条件であり、逆にそれがなければ、このテクストがその後、こうした形で社会的に受け入れられることもあり得なかった。そもそも、『週刊少年ジャンプ』のような少年誌は一週間で読み捨てられるものであり、その紙質・製本からして、学校・学級の多くの児童に貸し出されるにふさわしい造本ではない。また、「はだしのゲン」以外の多くのマンガが掲載されている以上、少年誌の形態で学校図書室や学級文庫に入ることはあり得なかった。つまり、このテクストが学校に入り込む前提として、書籍化は不可欠であった。

本というメディアに移しかえられることで、それは一定期間読み継がれるものとなる。たとえそれがソフト・カバーであっても、雑誌に比べるとはるかに頑丈な造りとなり、幾人もの手を経るに耐え得るようになる。また、少年誌から必要なテクストのみを抽出された単行本であれば、学校教師も安心して児童の前に差し出すことができる。「はだしのゲン」が「平和学習教材」となり得たのも、まずは、それが書籍という「メディア＝器」に移し変えられたことによるところが大きかった。

だが、単行本がこのように好評を得る一方で、この続編を発表できる雑誌媒体は容易に見つからなかった。一九七〇年代後半の時期においては、「戦争」「原爆」「天皇制批判」が若者の関心を引くテーマでもなく、『週刊少年ジャンプ』のような大手少年誌への連載は難しかった。結局、汐文社の斡旋もあって、「はだしのゲン」の続編は、『市民』(一九七五年九月－一九七六年八月)、『文化評論』(一九七七年七月－一九八〇年三月)、『教育評論』(一九八二年四月－一九八三年八月、一九八四年三月－一九八五年一月、一九八六年四月－一九八七年二月)に連載された。そして、そのことは「はだしのゲン」というマンガのさまざまな受容を促すことにつながった。

三　大衆マンガ誌から左派雑誌へ

市民運動雑誌への掲載

雑誌『市民』は日高六郎らを中心として、一九七一年三月に創刊された。この雑誌は、当時隆盛しつつあった市民運動の動向を紹介し、活性化することを目的とした論壇誌であった。

一九六〇年代に日本は高度経済成長を遂げたが、その反動として、四日市ぜんそく、水俣病など、さまざまな公害を引き起こした。住民は状況の改善を行政に訴えたが、官庁・自治体は産業育成の立場から、解決に消極的であった。そうしたことへの反感から、一九六〇年代後半以降、各地で住民運動が群発するようになり、革新系の首長が多く誕生した。また、ベ平連（ベトナムに平和を！　市民連合）のような市民レベルのベトナム反戦運動も、市民運動の活性化につながった。

それらの住民運動や革新首長運動に共通するのは、既成政党への違和感であった。政党は往々にして本部中央の意向を優先する傾向があり、地域住民の要望の実現に真摯であったわけではなかった。とくに原水禁運動にはそれが顕著であった。

前述のように原水禁大会は、ソ連や中国の核実験をめぐり、それを「平和の核」として擁護しようとする共産党系運動員と、「あらゆる核に反対」の立場をとる社会党・総評系メンバーの抗争の場と化していた。被団協（日本原水爆被害者団体協議会）理事を務めた高橋昭博の回想によれば、社会党と共産党のメンバーが互いに罵り合っているときに、ある被爆者の代表のひとりが「私たち被爆者の願いは、いかなる国であっても、核実験そのものに反対なのです」と口をはさんだ。それに対し、共産党メンバーは「被爆者づらをするな」と返したという。(39) その結果、社会党・総評系メンバーは日本原水協を離脱し、一九六五年に原水禁国民会議を設立した。もっとも、かといって、社会党系が被爆当事者の立場に近かったのかというと、必ずしもそうでもなかった。共産党との対立が激化していた一九六三年の第九回原水爆禁止世界大会では、社会党・総評サイドは、自分たちが狙っただけの代議員を確保できないことがわかるや、八月五日の開会総会のボイコットを当日の朝五時半になって決定している。そうした姿勢は、どう見ても、政党の既定路線に市民運動を従属させようとするものでしかなかった。(40)

雑誌『市民』は、特定政党とは一線を画するこれら住民運動・市民運動の動向を背景に発刊された。ちなみに常連執筆者のひとりである松田道雄は一九七五年九月号に「無党派革新のすすめ」という論考を寄せているが、それはこの雑誌の性格を言い表すものであった。そして、この雑誌に一九七五年九月から「はだしのゲン」の続編が連載された。

『市民』第2次1号の表紙
（『市民』編集委員会、1975年9月）

だが、そのことは同時に、中沢啓治の「原爆マンガ」の社会的な位置づけが微妙に変化したことをも示していた。中沢の最初の原爆マンガ「黒い雨に打たれて」は、「俗悪」なイメージがつきまとう青年コミック誌にしか掲載されなかったし、「はだしのゲン」が連載された『週刊少年ジャンプ』にしても、親が子どもに買い与えるようなものではなかった。それが、この時期には「無党派革新」の論壇誌に連載されるほどに「健全」になっていた。

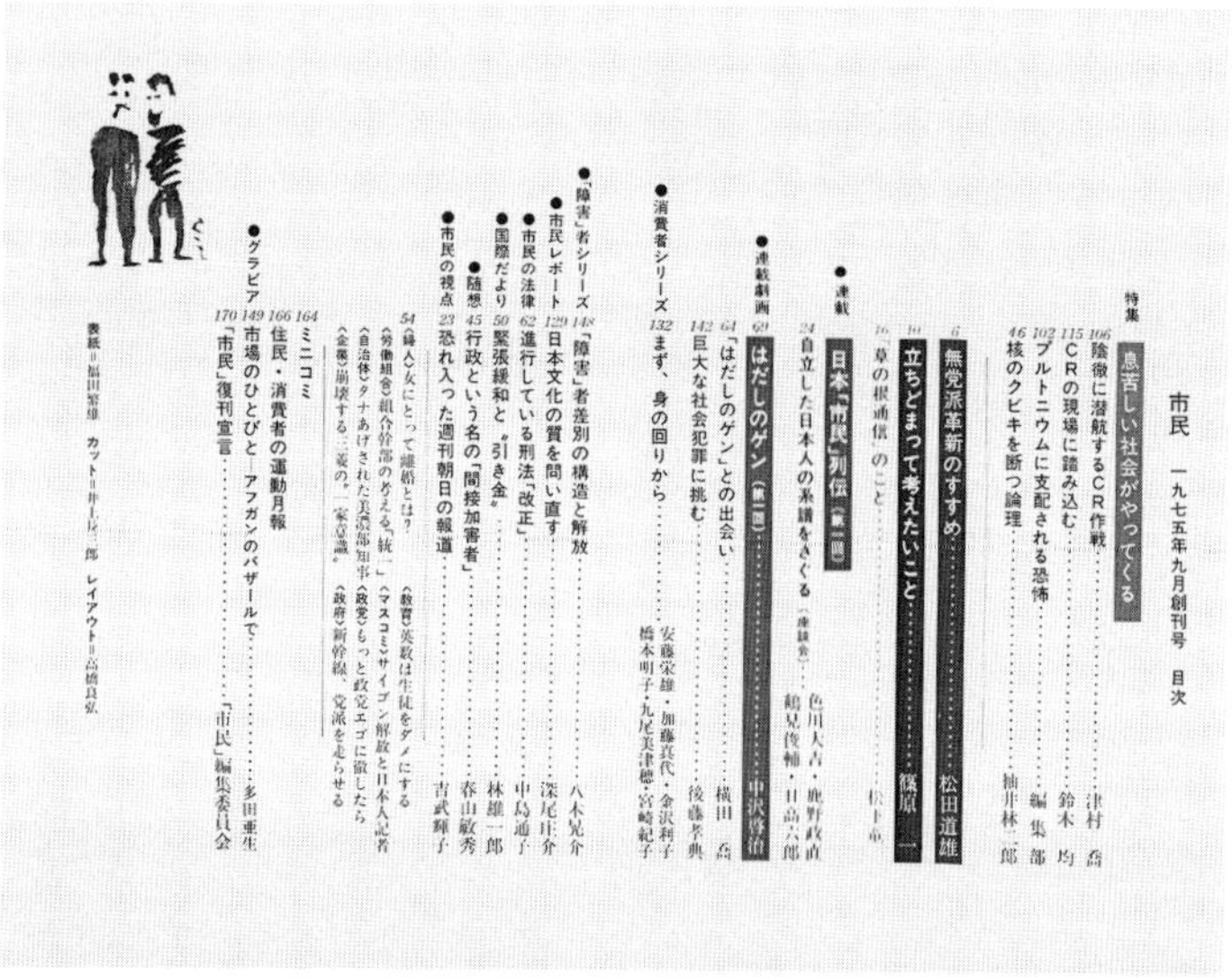

市民　一九七五年九月創刊号　目次

特集 息苦しい社会がやってくる
106 陰微に潜航するCR作戦……津村喬
115 CRの現場に踏み込む……鈴木均
102 プルトニウムに支配される恐怖……編集部
46 核のクビキを断つ論理……柚井林二郎

6 無党派革新のすすめ……松田道雄
10 立ちどまって考えたいこと……篠原一
16「草の根通信」のこと……松下竜一

●連載
日本「市民」列伝（第一回）
24 自立した日本人の系譜をさぐる（座談会）……色川大吉・鹿野政直・鶴見俊輔・日高六郎

●連載劇画 69 はだしのゲン（第一回）……中沢啓治
64「はだしのゲン」との出会い……横田喬
142 巨大な社会犯罪に挑む……後藤孝典
●消費者シリーズ 132 まず、身の回りから……安藤栄雄・加藤真代・金沢利子・橋本明子・九尾美津穂・宮崎紀子
●「障害」者シリーズ 148「障害」者差別の構造と解放……八木晃介
●市民レポート 129 日本文化の質を問い直す……深尾庄介
●市民の法律 62 進行している刑法「改正」……中島通子
●国際だより 50 緊張緩和と〝引き金〟……林雄二郎
●随想 45 行政という名の「間接加害者」……春山敏秀
●市民の視点 23 恐れ入った週刊朝日の報道……吉武輝子
54〈婦人〉女にとって離婚とは？〈教育〉英数は生徒をダメにする
〈労働組合〉組合幹部のおそえる「統一」〈マスコミ〉サイゴン解放と日本人記者
〈自治体〉タナあげされた美濃部知事〈政党〉もっと政党エゴに徹したら
〈企業〉崩壊する三菱の〝一家意識〟〈政府〉新幹線、党派を走らせる
164 ミニコミ
166 住民・消費者の運動月報
●グラビア 149 市場のひとびと―アフガンのバザールで……多田亜生
170「市民」復刊宣言……「市民」編集委員会

表紙＝福田繁雄　カット＝井上洋二郎　レイアウト＝高橋良弘

『市民』第２次１号の目次

もっとも、この雑誌は『世界』（岩波書店）や『中央公論』（中央公論社）のような大手総合誌ではなかった。むしろ、政党や大手出版社に帰属しなかったために資金難に悩まされ、たびたび休刊している。だが、それでもこうした雑誌に「はだしのゲン」が連載されたことは、このマンガが、「子どもが読むもの」「低俗なもの」ではなく、新たな政治動向を模索する「無党派革新」の大人たちにも受容され始めたことを、意味していた。

しかし、そもそも、なぜ、そのような市民運動系の雑誌がこのマンガを取りあげたのだろうか。

ひとつには、反原発運動があった。公害運動の隆盛を受けて、一九六〇年代より吹田市や大宮市では原子炉等の施設設置反対運動が起こり、さらに各地で原子力発電所建設反対運動が起きていた。『市民』でも反原発運動を支持する論考が度々掲載されたが、そうした住民運動に沿うものとして「はだしのゲン」が位置づけられたことは想像に難くない。

だが、このマンガは同時に「無党派革新」そのものを象徴するものでもあった。そもそも「はだしのゲン」では、町内会長や地方官吏・学校教師に迎合することなく、戦争批判を貫きながら、戦前と戦後を逞しく生き抜く主人公が描写されている。それは、既成政党や行政の官僚制に抗して状況を変えようとする一九七〇年代の市民運動とパラレルなものであった。前にも引いたように、朝日新聞記者の横田喬は、『市民』一九七五年九月号の「『はだしのゲン』との出会い」のなかで、「私が必要以上に「はだしのゲン」の紹介に」力を入れたくなる気持の背後」には、「いまのおとなたちがリードする組織的な運動に対する無意識のうちの反発みたいなもの」があったことを記していた。「はだしのゲン」のなかに、そうした既成政治組織への反感が読み込まれたがゆえに、このマンガは『市民』で連載されたのであった。

『文化評論』表紙
（1977年７月号、新日本出版社）

『文化評論』

しかし、「はだしのゲン」を連載した第二次『市民』は、一九七六年八月に終刊した。特定政党や大手出版社に拠らないため、購買者数が低迷を続けたことが原因であった。それに伴い、「はだしのゲン」もまた新たな連載先を探さねばならなかった。そして、約一年後の一九七七年七月、『文化評論』に連載が再開された。

『文化評論』は「日本共産党中央委員会思想

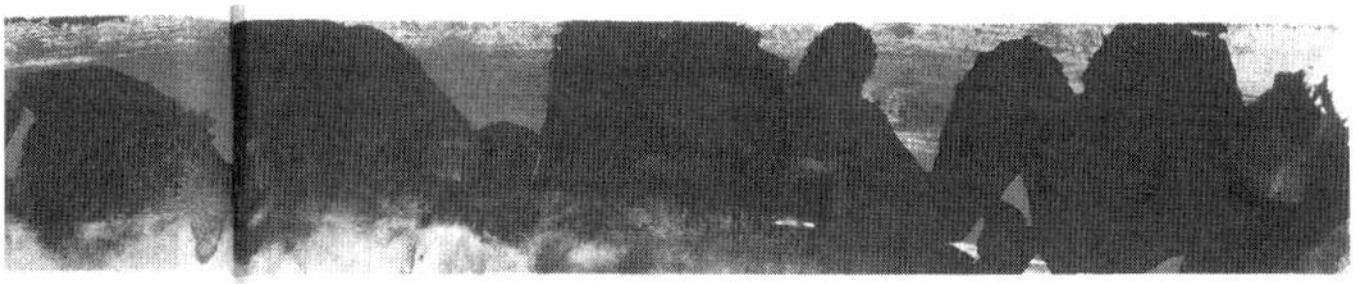

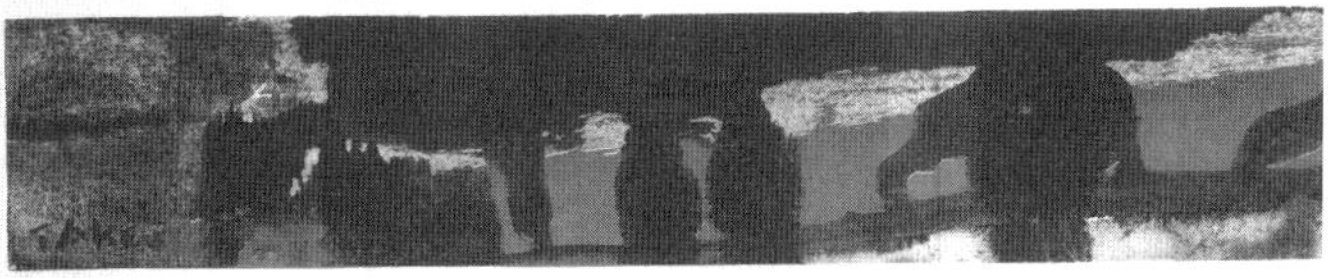

『はだしのゲン』が掲載された『文化評論』もくじ
（1977年7月号、新日本出版社）

文化誌」と銘打たれている通り、日本共産党系の論壇誌であった。そして、本来であれば、共産党と「はだしのゲン」は相容れないはずであった。

前述のように、日本共産党はソ連や中国の核実験を認める立場をとっており、ある党員は一九六三年の原水爆禁止広島大会の場で、「共産党としては、〈いかなる国の核実験にも反対〉という考えには賛成しかねる。なぜならソ連の核実験はアメリカとはちがって、戦争を防止するためのものだからである。したがってソ連の核実験による死の灰は、甘んじて受けます」と言い放っていた。[41] そうした共産党のスタンスは、「あらゆる核に反対」の立場に立つ「はだしのゲン」とは対立するものであった。

しかし、共産党は一九七三年にソ連・中国を含む核保有五ヵ国に対して、「核兵器の全面禁止、核実験の停止」を訴える書簡を送付するなど、従来の方針を転換するようになっていた。こうした態度変容の意図について、共産党は、中ソの対立やソ連のチェコ侵攻など、社会主義国家内部の亀裂を理由に挙げ、「社会主義国の大義に反した行動が起こり、(中略)中ソの行動がすべて無条件に防衛的とか、余儀なくされたものだとは簡単に言えなくなってきている」と説明していた。[42] それに伴い一九七七年ごろから総評と共産党との間で原水禁運動の統一に関する打ち合わせが持たれるようになり、紆余曲折はありながらも、かろうじて一九七七年から八四年までは、原水爆禁止世界大会は「統一」して開催された。『文化評論』誌では、「はだしのゲン」の連載を開始した理由をとくに明示しているわけではないが、少なくともそのことは、原水禁運動をめぐる共産党の「転向」に明らかに沿うものであった。

そして、『文化評論』には「はだしのゲン」の投書も積極的に取り上げられた。このマンガが掲載された計三二号中(休載号は除く)、投書が紹介されたのは四割を超える一三号に及び、ときには「ゲン」の投書だけを集めた特集も組まれていた。むろん、実際の投書の多さもあったのだろうが、掲載する投書の選別を編集部が行うことを考えると、意図的なものも見え隠れしないではない。少なくともそれは、ソ連や中国の核を「平和の核」と賛美していた共産党の過去を読者から覆い隠し、現在のスタンスを正当化するには有用であっただろう。

ただ、同誌での連載は同時に「子ども」の読者を生み出すことにもつながっていた。それらの投書には小学生や中学生からのものも多かったが、彼らは『文化評論』の読者である親や学校教師にすすめられて、このマンガを読んだことを記していた。なかには、兄妹三人が親の書棚から「はだしのゲン」が掲載されたバックナンバーを取り出し、数時間かけて一気に通読したケースもあった。また、当時三五歳のある読者は、「わが家の小学校二年生の子がゲンのファンで、喜んで読むのですが、かなりむずかしい漢字が使われていますので読めません。できることなら漢字にルビをふっていただければ、と思います」と書き送っている(43)。編集部はもともと「大人」を「はだしのゲン」の読者として想定していたにもかかわらず、予期に反して「子ども」にまで読まれるようになった状況が、そこにはうかがえる。そのことは、雑誌『市民』にも共通していた。『市民』一九七六年一月号には、生徒に「はだしのゲン」を薦めた小学校教師の投書が、その生徒の感想文とともに、読者投稿欄に掲載されていた。むろん、『市民』や『文化評論』の読者数は『週刊少年ジャンプ』に比べれば、わずかなものでしかなかったが、少なくともそこでは、このマンガは「進歩」的な「大人たち」が「子ども」に薦め得るだけの「健全」な作品として認知されていたのである。

だが、一九七九年一二月号を最後に、『文化評論』誌上に「はだしのゲン」の投書は掲載されなくなった。それは奇しくも、原水禁運動「統一」の綻びが明らかになりつつあったことと、軌を一にしていた。一九八〇年一月、自民党政権に代わる連合政権を構想していた社会党は、前年およびその前回の総選挙で進出した公明党や民社党との提携を実現すべく、共産党を排除する姿勢を明確にした。また、社会党に近い総評も一九八〇年以降、中立労連、新産別、同盟との共闘を推進し、共産党を除外した「労働戦線の統一」を推進していった[44]。当然共産党は反発し、『文化評論』誌上でも社会党・総評批判の論文が多くなっていった。

もっとも、「統一」の動き自体、原水禁運動に携わる人々の意思を汲むものでは必ずしもなかった。社会党・総評と共産党が「統一」をめざしたところで、それは原水禁運動当事者の頭越しに問題解決を図り、政党の意向を彼らに押し付けるものでしかなかった。池山重朗によれば、反原発運動や核開発がもたらす被害に向けた取り組みなど、「分裂」以降原水禁国民会議が独自に積み上げてきた課題に対して、社会党や総評はあまり関心を示さなかったという[45]。

そして、「統一」における幾多の亀裂が深まるなか、「はだしのゲン」の連載は、一九八〇年三月に終了した。『文化評論』編集部は、そのことに関するコメントはとくに発表せず、また、それまでの投書の多さからして連載終了を惜しむ声は少なくなかったと推測されるが、その後、そうした投書が紹介されることは、むろんなかった。

「教育マンガ」化

それから約二年後の一九八二年四月、「はだしのゲン」は『教育評論』で連載が再開された。『教育評論』は日本教職員組合（日教組）の機関誌で、六〇万人の組合員むけに発行されていた。日教組は総評傘下の組合組織であり、執行部はしばしば共産党と対立的であったが、それゆえにソ連や中国の核政策を支持することもなく、「あらゆる核に反対」の立場をとっていた。その点で、「はだしのゲン」は『教育評論』誌に適うものであった。

だが、総評のような上部団体ならまだしも、なぜ学校教職員を対象にした機関誌にこの「原爆マンガ」が連載されたのだろうか。じつは、このマンガは『教育評論』誌上においては、「原爆マンガ」であ

『教育評論』（1982年４月号、日本教職員組合情宣局）表紙

ると同時に「教育マンガ」でもあった。

たとえば、一九八二年七月号や一九八六年四月号には、レッド・パージで教壇を追われたゲンの担任教師が無試験で入学できる「寺子屋塾」を構想・設立する状況が描かれているが、それは日教組が一九六〇年代から取り組んでいた「高校全入運動」に沿うものであった。また、一九八六年四月号から翌号にかけて、卒業式での国旗掲揚・国歌斉唱にゲンが憤るシーンや、教師に集団暴行を加える中学生をゲンが一人で叩きのめす場面が描写されている。これは、明らかに、「君が代・日の丸」問題や校内暴力の頻発が背景にあった。とくに前者については、一九八五年八月二八日に文部省が国旗掲揚・国歌斉唱を教育委員会に義務づける通知を出して以降、反対する教職員への処分が増加するなど、問題が顕在化していた。

また、一九八〇年の衆参同日選挙で自民党が大勝するに伴い新保守主義が台頭、自民党機関誌『自由新報』は教科書批判キャンペーンを展開するようになった。そのことは、「侵略」「進出」をめぐって外交問題にまで発展した一九八二年六月の教科書問題にもつながっていた。[46]「はだしのゲン」は、こうした一九八〇年代の教育現場を映し出すものとして、『教育評論』誌上に位置づけられたのであった。

むろん、それは「はだしのゲン」が単に「教育マンガ」として見られたというのではなく、むしろ中沢啓治に対する『教育評論』編集部の要望が反映されたことも、想像に難くない。だが、「原爆マンガ」

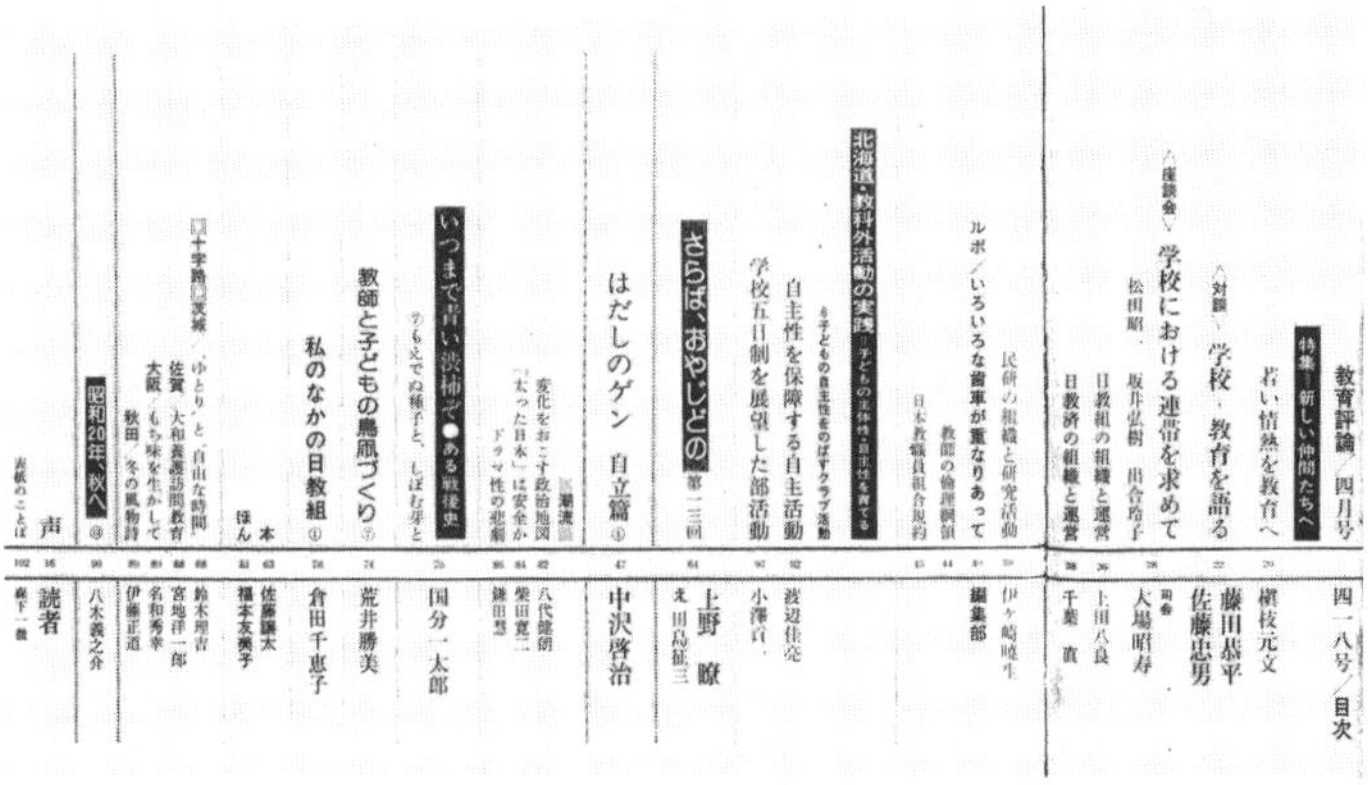

教育評論／四月号　四一八号／目次

特集＝新しい仲間たちへ
若い情熱を教育へ　20　横枝元文
〈対談〉学校・教育を語る　22　藤田恭平　佐藤忠男
〈座談会〉学校における連帯を求めて　松田昭・坂井弘樹・田合玲子　28　司会　大場昭寿
日教組の組織と運営　36　上田八良
日教済の組織と運営　38　千葉直
民研の組織と研究活動　39　伊ヶ崎暁生
ルポ／いろいろな歯車が重なりあって　編集部
教師の倫理綱領　44
日本教職員組合規約　45
北海道・教科外活動の実践＝子どもの主体性・自主性を育てる
(6)子どもの自主性をのばすクラブ活動
自主性を保障する自主活動　92　渡辺佳亮
学校五日制を展望した部活動　97　小澤貢
さらば、おやじどの　第二三回　64　上野瞭　え　田島征三
はだしのゲン　自立篇④　47　中沢啓治
潮流
変化をおこす政治地図　82　八代健朗
「太った日本」は安全か　84　柴田寛二
ドラマ性の悲劇　86　鎌田慧
いつまで青い渋柿ぞ●ある戦後史
⑦もえでぬ種子と、しぼむ芽と　70　国分一太郎
教師と子どもの鳥凧づくり⑦　74　荒井勝美
私のなかの日教組④　78　倉田千恵子
本　63　佐藤謙太
ほん　83　福本友美子
十字路
茨城／"ゆとり"と"自由な時間"　88　鈴木理吉
佐賀　大和養護訪問教育　88　宮地洋一郎
大阪／もち味を生かして　89　名和秀幸
秋田／冬の風物詩　89　伊藤正道
昭和20年、秋へ⑬　90　八木義之介
声　16　読者
表紙のことば　102　森下一徹

『教育評論』（1982年４月号）目次

教育マンガとしての「はだしのゲン」
（左：『教育評論』466号、1986年、66-67頁　右：『教育評論』421号、1982年、52-53頁）

であったものが同時に「教育マンガ」であったことも、このテクストの受容を考えるうえでは見落とすべきではない。

なおかつ、こうした動きは何も『教育評論』誌上に限るものでもなかった。たとえば、一九八六年二月二五日の『朝日新聞』(夕刊)は、当時制作中のアニメ映画『はだしのゲン・2』(平田敏夫監督・ゲンプロダクション)を「『いじめ』に答えます」という見出しのもと取り上げ、「いま、いじめや校内暴力が問題になっているが、それらすべてに答えられる作品になるだろう。つまり、生きる、とはどういうことか、を描いているから」という中沢啓治のコメントを紹介している。このアニメ映画は原爆孤児が戦後の混乱期を生き抜くさまを描いていたが、それは同時に一九八〇年代の教育問題に直接的に結びつくものであったのである。

「わかりやすさ」のアポリア

ただ、このように掲載誌が変わるに伴い「ゲン」に対する意味づけが微妙に変質する一方で、この作品は「わかりやすい」ものとして受容されていた点では、概ね一貫していた。たとえば、『市民』の投稿欄には、「戦争に協力しないものはすべて疎外してしまうおそろしさを知ってほしい」という理由で児童に「ゲン」を紹介した教師の投書が掲載されており、またそのすすめでこれを読んだ児童は「どうか中沢先生これからもはだしのゲンのような感どうするマン画をたくさん書いて下さい」というコメントを寄せていた。『文化評論』においても、小学五年生の児童が級友数人に『はだしのゲン』を貸したところ、彼らが涙を流しながら読んでいたことが、読者欄に掲載されていた。(47) つまり、このマンガは、「戦争のおそろしさ」を「わかりやすく」伝えるものであり、児童層もが感動し得るテクストであった。

だが、そのことは一面、中沢啓治の意図とは齟齬を来すものであった。前述のように、中沢は当初は、わかりやすさや口当たりのよさを拒絶した描写を、読者に突きつけようとしていた。「原爆の残酷な場面を見て、「怖いっ！」「気持ちが悪いっ！」「二度と見たくないっ！」と言って泣く子が、日本中に増えてくれたら本当によいことだと私は願っている」という中沢の言葉はそのことを裏づけていた。学徒出陣を経験した安田武は白鳥邦夫の言葉を引きながら、戦後の戦争の語りを批判的に評して、「「他人の死から深い感銘をうける」というのは、傲岸な退廃ではないだろうか」と述べていたが[48]、そのような思いは中沢にも通底していた。そこには、「戦争のおそろしさ」が「感動」に心地よく回収されることへの拒否感があった。

むろん、こうした中沢の意志は、少年誌のような多数の若年層を読者とする媒体には受け入れられず、中沢自身もその表現を読者に合わせていかざるを得なかったのは、先に記したとおりである。それでも大江健三郎などは、中沢のテクストに「既成の概念的な意味づけ」を壊していく多声的な描写を読み込んでいた。だが、多くの場合、そこに踏み込まれることなく、「はだしのゲン」は「感動」できるマンガであり、「教育マンガ」であり、あるいは左派政党の主義主張を下支えするマンガとして、受容されていった。「はだしのゲン」が母親や教師によって子どもに手渡され、また、左派論壇誌に連載されるほどに、「健全」で「進歩」的になっていく傍ら、その受容において、目を背けたくなるような「リアリティ」は掻き消されていったのであった。

四　「メディア＝器」が創る「正典」

正典化とメディアの機能

『はだしのゲン』は一九九一年に累計部数五〇〇〇万部を突破し、「平和学習」の格好の教材とされるだけの「正典」的な地位を得るに至った。だが、これまでに見てきたように、それはこのマンガの「内容＝メッセージ」だけではなく、それを載せた「器＝メディア」によるところも大きかった。

そもそも、「原爆」というおよそ娯楽マンガに似つかわしくないテーマは、当初、「不健全」な青年コミック誌でこそ、ようやく発表できる「残酷モノ」であった。その後、新人起用に積極的な『週刊少年ジャンプ』に「はだしのゲン」は連載されたわけだが、そこでは多くの若年層の読者を獲得しつつも、それを単行本化することは容易ではなかった。『ジャンプ』に掲載された一九七五年当時においては、一週間で読み捨てられる少年誌であればまだしも、長期にわたって書店や自宅の書棚に置かれる単行本で政治的メッセージの強い「原爆マンガ」を扱うことは、大手出版社にとってはリスクを伴っていた。それゆえに、『はだしのゲン』の単行本は、汐文社という小規模の出版社から発刊された。だが、この単行本化によって初めて、このテクストは「平和教材」としての価値を見出され、学校図書室や学級文庫に入り込むようになった。それはマンガでありながら教師が安心して生徒に読ませるものとして認知され、かつ、図書室という長期的に本が備えられる場に置かれることにより、児童のそうした認識を継続的に生産していった。

大人たちにこの作品の存在を知らしめるうえでは、映画化の影響も大きかった。実写版のこの映画が「大人」のオーディエンスを獲得し、彼ら経由で、その子どもや生徒に原作の単行本が手渡されることも少なくなかった。また、左派系の論壇誌や機関誌に連載されたことも、そのような傾向を助長した。『市民』『文化評論』『教育評論』というメディアに載せられることで、このマンガは「大人」の読者を獲得し、そこから彼らの子弟・生徒に紹介されていった。

しかしながら、そのようなかで「はだしのゲン」に読み込まれるものが微妙にゆらいでいたことも見落とすべきではない。雑誌『市民』『文化評論』『教育評論』に連載されたことからもうかがえるように、それは既成政党や行政の官僚制に異を唱える「市民運動マンガ」として読まれることもあれば、あるときは共産党の正当性を示唆するマンガともなり、また、「教育マンガ」として受容されることもあった。そして、それらは一九七〇年代の市民運動の盛り上がりや原水禁運動の「統一」の動きに連動し、また、一九八〇年代の校内暴力やいじめ問題、日の丸・君が代問題がその背景にあった。

「はだしのゲン」はこうしたプロセスを経て、「正典」となった。それは何も、「内容」のみによって規定されるのではなく、さまざまなメディアに移しかえられ、また、それによりその時々の社会状況に合わせた読みがなされた結果、構築されたものであった。

体験を「健全」に語る「不健全さ」

ただ、そのように「健全」な「正典」となる一方で、ともすれば、戦争体験の語り難さのようなものから、読者は遠ざかることになった。「はだしのゲン」は発行部数一〇〇万部を超える『週刊少年ジャンプ』に見合うものでなければならず、また、学校での「平和教材」や左派論壇誌にふさわしいものでなければならなかった。読者はそこに「感動」を求め、あるいは自らの政治的スタンスの投影を見ていた。だが、それは一面、戦争体験のおぞましさから眼を背けることでもあった。爆風で体中にガラスが突き刺さった青白い瀕死体の群れ、阿鼻叫喚すらない原爆投下直後の静寂の恐ろしさ——中沢が何とか描写しようと苦悶したそうした語り難い戦争体験が読み込まれることは稀であり、むしろ「感動」や「平和学習」の「健全」な語り口に、その読みは収斂されていった。

「正典」とは所与のものではなく、メディアの力学と読みを規定する社会的磁場の産物でしかない。そこには、往々にして、戦争体験を「健全」に語ってしまう「不健全さ」がつきまとう。「原爆マンガ」のメディア史は、そのことを如実に映し出していた。

注

（1）『長崎の鐘』『原爆の子』『黒い雨』といった原爆文学・原爆映画の社会的受容の変遷については、拙著『「反戦」のメディア史――戦後日本における世論と輿論の拮抗』（世界思想社、二〇〇六年）第四章を参照。「はだしのゲン」を扱った研究としては、本章の初出も収められている吉村和真・福間良明編『「はだしのゲン」がいた風景』（梓出版社、二〇〇六年）、田口ランディほか『「はだしのゲン」を読む』（河出書房新社、二〇一三年）などがある。

（2）牧田徹雄「世論調査リポート――日本人の戦争観と平和観・その持続と風化」『放送研究と調査』五〇‐九。

（3）中沢啓治『「はだしのゲン」自伝』教育史料出版会、一九九四年、一八五頁。

（4）いまだにしばしば誤解されることが少なくないが、日本は「唯一の被爆国」などではない。広島・長崎の原爆では、徴用された朝鮮人・中国人、収容所にいた連合軍捕虜も被爆しており、また、一九五四年のビキニ環礁での水爆実験では、近隣島民が多く被爆している。さらに言えば、日本で原水爆禁止運動が盛り上がったのは、一九五四年の第五福竜丸事件以後であり、しかもそれは、広島・長崎・（第五福竜丸の港があった）静岡から始まったのではなく、東京の食卓に「原爆マグロ」が出回る危機感より発したものである。「唯一の被爆国」という認識は、自国民以外の被爆者を不可視化し「平和」を高らかに謳う主体として自己を規定するナショナルな欲望に基づくものでしかなく、また、そうした自己規定すら、実際の被爆地ではなく東京から発したものであった。拙著『「反戦」のメディア史』（前掲）第四章および、岩松繁敏『反核と戦争責任』（三一書房、一九八二年）参照。

（5）中沢啓治『「はだしのゲン」自伝』（前掲）、一九一頁。

（6）同、一九三頁。

（7）同、一九五頁、一九七頁。

（8）中野晴行『マンガ産業論』筑摩書房、二〇〇四年参照。

（9）同、一〇八頁。

（10）佐藤忠男『日本映画史3　一九六〇―一九九五』（岩波書店、一九九五年）参照。

（11）中沢啓治『「はだしのゲン」自伝』（前掲）、一九八頁。

(12) ベトナム戦争と日本の戦争認識の変容については、小熊英二『〈民主〉と〈愛国〉』(新曜社、二〇〇二年)、および拙著『「反戦」のメディア史』(前掲)・『「戦争体験」の戦後史』(中公新書、二〇〇九年)参照。
(13) 中沢啓治『「はだしのゲン」自伝』(前掲)、二〇〇-二〇一頁。表智之「マンガ史における「ゲン」のポジション」吉村和真・福間良明編『「はだしのゲン」がいた風景』(前掲)。
(14) 西村繁男『さらばわが青春の「少年ジャンプ」』飛鳥新社、一九九四年。
(15) 中沢啓治『「はだしのゲン」自伝』(前掲)、二〇一頁。
(16) 『増補 ヒロシマの記録――被爆40年写真集』中国新聞社、一九八六年、二一五-二一六頁。中沢啓治『「はだしのゲン」自伝』(前掲)、二〇八頁。
(17) 中沢啓治『「はだしのゲン」自伝』(前掲)、五八頁。
(18) 同、二一一―二一三頁。
(19) 「戦後を問う2――中沢啓治さん」『朝日新聞』一九七六年八月六日夕刊。
(20) 中沢啓治『「はだしのゲン」自伝』(前掲)、二一一頁。
(21) 同、二一三頁。
(22) 同、二一一頁。横田喬「『はだしのゲン』との出会い」『市民』第二次一号、六五頁。
(23) 『クロニック講談社の90年』講談社、二〇〇一年、三六二―三六三頁。
(24) 横田喬「『はだしのゲン』との出会い」(前掲)、六八頁。
(25) 吉元尊則氏(汐文社会長)の回想による(二〇〇六年二月二〇日に行なったインタビューより)。
(26) 「原爆劇画、単行本に――少年マンガ誌連載『はだしのゲン』」『朝日新聞』一九七五年三月一八日、夕刊。横田喬「『はだしのゲン』との出会い」(前掲)。中沢啓治『「はだしのゲン」自伝』(前掲)、二一七頁。「マンガを平和教材に――「はだしのゲン」被爆少年描く」『朝日新聞』一九七五年六月一八日、夕刊。テレビでの報道については、一九七五年五月一一日の『朝日新聞』の記事(「『はだしのゲン』映画に」)で言及されている。
(27) 高橋昭博『ヒロシマ、ひとりからの出発』ちくまぶっくす、一九七八年、一九一-一九二頁。「『はだしのゲン』映画に」『朝日新聞』一九七五年五月一一日。なお『キネマ旬報』六七八号(一九七六年三月上旬号)には映画

『はだしのゲン』の紹介記事と映画評が掲載されている。
(28)「編集後記」『市民』第二次第三号、一九七五年一一月、一六八頁。
(29)一九七六年八月六日の『毎日新聞』（夕刊）の「学芸」欄でも、映画化を受けて、「被害者体験の継承とは？――『はだしのゲン』の作者 中沢啓治さんと考える」という記事が八段ぬきで大きく掲載されていた。
(30)権藤普「肉声を欠いた被爆体験マンガ――中沢啓治『はだしのゲン』全四巻」『朝日ジャーナル』一七－三八、六四－六五頁。
(31)大江健三郎「表現された子供」『図書』三一三号、一九七五年九月、一五頁。
(32)なお、大江は井伏鱒二『黒い雨』のなかにも同様のものを読み込み、それをめぐって江藤淳と論争を行なっている。大江健三郎『持続する志』文芸春秋、一九六八年。拙著『「反戦」のメディア史』（前掲）参照。
(33)吉元尊則氏の回想による（二〇〇六年二月二〇日に行なったインタビューより）。
(34)横田喬「『はだしのゲン』との出会い」（前掲）、六八頁。
(35)浅羽晴二「原爆マンガ『はだしのゲン』を読んで――平和学習を考える」『教育』三二五号、一九七六年。同「中学生の社会認識と映像文化――『はだしのゲン』『ベルサイユのばら』『新どぶ川学級』をめぐって」『教育』三二九号、一九七六年。学校に『ゲン』が流入する経緯については、伊藤遊「「はだしのゲン」の民俗誌」および四方利明「「境界」で出会った「他者」」（ともに吉村和真・福間良明編『「はだしのゲン」がいた風景』前掲）参照。
(36)「被害者体験の継承とは？――『はだしのゲン』の作者 中沢啓治さんと考える」『毎日新聞』一九七六年八月六日、夕刊。なお、『はだしのゲン』はマンガであったがゆえに、学校図書室によっては拒否されることも、決して少なくはなかった。そのような図書室での採用を可能にすべく、汐文社は絵本・児童書として『絵本はだしのゲン』『はだしのゲン・文芸版』（いずれも一九八〇年）を発刊している。
(37)伊藤遊「「はだしのゲン」の民俗誌」および四方利明「「境界」で出会った「他者」」（前掲）参照。
(38)牧田徹雄「世論調査リポート――日本人の戦争観と平和観・その持続と風化」（前掲）、一一頁。
(39)高橋昭博『ヒロシマ、ひとりからの出発』（前掲）、九五頁。

（40）道場親信『占領と平和――〈戦後〉という経験』青土社、二〇〇五年、四三〇頁。
（41）高橋昭博『ヒロシマ、ひとりからの出発』（前掲）、九五頁。
（42）中国新聞社編『ヒロシマ四十年――森滝日記の証言』平凡社、一九八五年、二七三頁。
（43）「読者からの手紙」『文化評論』一九八号、一九七七年、二七九頁。
（44）道場親信『占領と平和』（前掲）、五四〇頁。日本社会党五〇年史編纂委員会編『日本社会党史』社会民主党全国連合、一九九六年、八五三―八五六頁。
（45）池山重朗「原水禁運動に問われているもの――その歴史と実態」『現代の理論』一四‐一〇、一九七七年。道場親信『占領と平和』（前掲）、五三七‐五三八頁。
（46）黒古一夫は『月刊社会党』三六七号（一九八六年九月）の「反戦・反核・反天皇制」のなかで、『はだしのゲン』を次のように論評している。

被爆体験を特権視する意識と感性は、自らを戦争の被害者として固定する情念に通じる。よく言われるように、被害者意識に固執している間は、体験を思想化することに困難がともなう。すべての責任を〈敵〉、たとえば中沢啓治の場合、アメリカ軍、戦争遂行勢力、天皇に押しつけて、自らの責任を問わなくともすむからである。（一〇六頁）

たしかに、「はだしのゲン」の主人公は、いわば「正しい」観点から常に戦時期や戦後を眺めており、「自らの責任を問わなくともすむ」という側面はあるかもしれない。だが、それをすべて「被害者意識」と括るのは性急であり、このマンガではアジア諸国への加害責任や朝鮮人被爆者への対処の問題についても描写されている。また、「被爆体験を特権視する意識と感性」が単に被害者としての情念 popular sentiments に堕すばかりではなく、その固有の情念が「加害」や「責任」の問題を掘り下げる輿論 public opinion にも接合し得ることは、拙著『「反戦」のメディア史』（前掲）で論じている。

黒古は井伏鱒二『黒い雨』についても同様の観点から批判しているが（黒古一夫『原爆文学論』彩流社、一九九三年）、それらの問題意識は、一面「被害者意識」に偏りがちであった「反戦」の世論の問題点を衝く意義はあるものの、一九八二年の教科書問題以降、社会的なアジェンダとなった「加害責任」の政治主義的な輿論 public opinion の見取り図でテクストを捉えがちな面も、そこには垣間見られる。

（47）「読者から」『市民』第二次五号、一九七六年、一四－一五頁。「読む人・書く人・作る人」『文化評論』二二〇号、一九七九年、二八〇頁。

（48）安田武『人間の再建』筑摩書房、一九六九年、一四二頁。白鳥邦夫「書評 H・W・ベール編『人間の声』」『京都大学新聞』一九六二年五月七日号。

第2章　『男たちの大和』と「感動」のポリティクス

――リアリティのメディア論

S・スピルバーグ監督『ジュラシック・パーク』（一九九三年）を見たことがある読者は多いだろう。最先端のバイオ・テクノロジーによって恐竜たちを蘇らせ、放し飼いにしているテーマ・パークで、安全制御装置が停止し、その場に居合わせる主人公がパニックに陥る。そのなかでのドラマを描いた作品である。

この映画は何より、恐竜たちの動きのリアルさが高く評価された。従来のこの種の特撮映画であれば、しばしば、「いかにも着ぐるみ」と感じられる不自然さが見られたものだが、この映画では、最新のコンピューターグラフィクスを駆使して、真に迫った恐竜の動きが表現されていた。すでに二〇年以上前に製作された映画ではあるが、同様のことを感じた読者も多いのではないだろうか。

だが、ここで改めて考えてみたい。そもそも、なぜ、われわれは、スクリーンに映る恐竜の動きを「リアル」、つまり「本物っぽい」と感じることができるのだろうか。われわれが、実際に恐竜を見たことがあり、その動きを知っているのであれば、それとの対比で、スクリーンの恐竜の動作が「リアル」かどうかを判断することは可能だろう。しかし、われわれは誰も、何万年も前に絶滅した恐竜を見た経験を有していない。図鑑やテレビの教養番組などを通して、太古の恐竜のイメージを抱いているにすぎない。にもかかわらず、なぜ、われわれは『ジュラシック・パーク』のティラノサウルスを「本物っぽい」と感じるのだろうか。このように考えてみると、「リアリティは、はたしてリアルなのか」という疑問が浮かんでくる。

とはいえ、これが娯楽映画であれば、それはそれでよいのだろう。だが、たとえば戦争映画の場合はどうだろうか。

戦争映画も、リアリティが追求されるジャンルである。陸・海・空での戦闘シーンや爆撃シーンは、当然ながら真に迫った描写が求められる。だが、かといって、実際の戦場や戦闘を撮影することは困難である。軍艦や戦闘機を復元して用いるとなると、コストも莫大にかかってしまう。空襲シーンを撮影する場合でも、実際に都市を焼き尽くすわけにはいかない。それゆえに、戦争映画では、戦前期から現代に至るまで、特撮技術が多く駆使されてきた。今日であれば、CGが用いられて、よりリアルな戦場・戦闘描写がなされるようになっている。

しかし、そこでも『ジュラシック・パーク』と同様に、リアリティと実相のあいだに大きな距離があるのではないだろうか。もしそうだとしたら、リアリティが追求されるなかで、何か見えなくなっているものがあるのではないか。

こうした問題について、以下では映画『男たちの大和』を中心に、考えてみたい(1)。

一　リアリティと不可視化

戦場描写の精巧さ

映画『男たちの大和』は、二〇〇五年に公開された。製作を指揮したのは、『陸軍残虐物語』(一九六三年）でデビューし、『新幹線大爆破』（一九七五年）、『人間の証明』（一九七七年）、『野生の証明』（一九七八年）などで知られる佐藤純彌監督である。この映画は、世界最大級の戦艦であった大和が、一九四五年四月七日、呉港から沖縄に向かう途中、徳之島の北西二〇〇海里で米軍機に撃沈されるまでの経過と、激戦にのぞむ海軍上層部、士官、そして幼さも残る末端の海軍年少兵それぞれのドラマが描き出されていた。

　この映画は、観客動員数四〇〇万人、興行収入五一億円を記録、二〇〇五年の日本映画で第一位の大ヒットとなった。その要因としては、さまざまなものが考えられよう。反町隆史や中村獅童など人気俳優を多く起用したキャスティングも大きかっただろうし、長渕剛が主題歌を手掛けたことも話題になった。だが、なかでも特徴的なのは、そのリアリティであった。

　広島県尾道市の日立造船向島西工場敷地内に、総工費六億円をかけて、原寸大の戦艦大和ロケセットが建造され、全長二六三メートルのうち、艦首から一九〇メートルまでの部分が再現された。再現が難しい部分については、一〇分の一の大きさの模型を撮影し、そこにCGが施された。とくに圧巻だったのは、戦艦大和の戦闘シーンである。

　随所に激しい金属音がちりばめられていたほか、艦内の爆破や血しぶきが飛び散る様子がCGを駆使しながら、精巧に描かれていた。九州南西沖で戦艦大和が米軍機と交戦し、撃沈されるまでの場面では、こうした描写が二〇分の長さに及んでいた。なかには、爆弾の

『男たちの大和／YAMATO』パンフレット表紙

戦闘シーンのリアリティ
（『男たちの大和』パンフレットより）

破片で片腕が割かれ、飛ばされる場面もあった。その結果、製作費は二五億円に膨れ上がった。

こうした点は、映画評においても、高く評価された。『キネマ旬報』（二〇〇六年一月上旬号）では、「戦闘シーンに限れば、戦争映画のなかでも屈指である」「艦内だけでなく、甲板での訓練や、兵員集合のシーンなども、流石《さすが》、大和の実寸大のセットを造ったというだけのことがあり、見応え十分。（中略）実際の戦場も、このような状況だったのではないだろうか？　このような臨場感も、巨大な実寸セットがあってこその賜物だろう」といった作品評が掲載されていた。[2]

カメラの視線と戦場の視線

だが、そのような「リアル」な状況把握は、はたして戦場において可能なのだろうか。少し考えてみればわかることだが、戦場の「現場」では、決してその全体像を見渡すことはできない。現場においては、戦場を上から広く俯瞰することなどできるわけもなく、ただただ目先の状況に対処するばかりである。

たしかに、戦場の指揮官（戦艦大和であれば、司令長官や艦長）には、戦況に関する諸々の情報は伝えられる。だが、それも個々の現場から伝令や伝声管で伝えられるものであるし、伝令の戦死により、伝達されない情報も多い。

その意味で、戦場の体験とは、きわめて断片的で、整合性がなく、特定の全体像のなかに回収できないものではないだろうか。フィリピン・レイテ沖の海戦で撃沈された戦艦武蔵に乗り組んでいた元海軍兵・渡辺清は、当時の状況を次のように記している。

露天甲板に上がってみると、ここも逃げまどっている生存者でごったがえしていた。仄暗《ほのぐら》い夜の空気をゆり動かして、青ざめた顔や恐怖におののいた声が竜巻のようにどよめいていた。上衣を脱いだまま、思案にくれて舷側をいったり来たりしているもの、両手を口にあてて大声で班員をかき集めている下士官、下のハッチから釣床をひっぱりだしているもの、少しでも浮力をつけようと、カラの水筒を腰のバンドに巻きつけているもの、四、五人で一枚の道板を抱えて転げるように後甲板へ駈《か》けていくものもある。

そこにはもう軍規も階級もない。いまがいままで保たれていた艦の秩序はなかった。乗員を動かしているのは、もはや艦長ではなく、血も凍るような死の恐怖だった。(3)

かつて沖縄戦のなかをさまよった言語学者・仲宗根政善も、一九八一年に当時のことを以下のように回想している。

沖縄戦を体験した者同士が、集まって戦争のことを語るときに、三六年もたった今でも、耳新しい想像もつかない話が、必ず出て来る。行動をともにした者の間でもそうである。すぐそばの壕で、どんなことが起こったのか、鉄の暴風の吹きすさんでいた中では、さっぱりわからなかった。一人一人が、点と線を歩いたのであり、一人の戦争体験では、沖縄戦の実態を、想像することすら困難である。(4)

戦場ではときに秩序が失われ、個々の兵士がそれぞれに直面する恐怖に向き合う。また、同じ持ち場や同じ壕にいたとしても、圧倒的な爆音と恐怖のなかでは、個々の体験や見えているものはまったく異なる。つまり、戦場の「現場」にいる以上、必然的にその経験は断片的で整合性に欠けるものにならざるを得ない。

だとすると、戦争映画における「リアル」な視点は、いったい誰のものなのだろうか。それは、カメラの視点であり、さらにいえば、カメラが撮影した映像を自在に編集する製作者の視点ということができよう。戦場の上空からさまざまなシーンを撮影し、個々の将兵の体験を全体像のなかに位置づけ、一つのストーリーのなかに埋め込む。それを可能にするのは、戦場の現場で右往左往している者の目線ではない。ロケセットの上空に配置されたカメラのレンズ、あるいは、そこで撮影された映像を編集する製作者によって、はじめて、戦場の全体像が把握され、それが「リアル」に描写されるのである。

リアリティと不条理

そのことはいいかえれば、カメラによって再現可能なもの、「物語」に回収可能なものしか再現されないということでもある。たしかに、激しい機銃掃射や爆薬の炸裂、そして兵士たちの阿鼻叫喚は「リアルさ」に満ちあふれている。だが、そうした派手さでは表現し得ないものも決して少なくはないだろう。学徒兵として中国戦線に出征した経験を持つ評論家・安田武は、一九六三年の著書『戦争体験』のなかで次のように述べている。

アイツが死んで、オレが生きた、ということが、どうにも納得できないし、その上、死んでしまった奴と、生き残った奴との、この〝決定的な運命の相違〟に到っては、ますます納得がゆかない。――納得のゆかない気持は、神秘主義や宿命論では、とうてい納得ができないほど、それほど納得がゆかない。まして、すっきりと論理的な筋道などついていたら、むしょうに肚が立ってくるだけのことである(5)。

安田は、「玉音放送」が流れた一九四五年八月一五日、朝鮮最北部の戦場におり、ソ連軍と交戦していた。そのなかで、安田のほんの一〇センチメートル右にいた同僚が、ソ連狙撃兵の銃弾を受け、即死した。上記の記述は、そのときのことを回想して綴ったものである。安田はその体験から、自らの戦後の生と戦友の死とが「わずか十糎《センチ》の「任意」の空間、あるいは見知らぬ異国の狙撃兵による「恣意」の選択がもたらした、まさに言葉そのままの意味での、致命的な偶然」のうえにあることを実感していた。また、「終戦の詔勅」が出された日が一日でも前後していれば、安田とその戦友の生死は変わっていたかもしれないとも述べていた。

そこに浮かびあがるのは、生死を選び取る主体性がまったく奪われている状況である。ほんの一〇センチメートルの違い、あるいは「終戦」の告知の一日のずれ――こうした偶然が、しばしば生死を分かつ。その意味で、戦場での死には、不条理さがつきまとう。死はかなりの程度、偶然や恣意に規定されており、当事者の主体的な選択は一切、否認される。必然性や意味が入り込む余地は、そこにはない。戦後、安田が感じていたのは、そのことであった。

リアリティの逆説

しかし、必然性のない死を死ななければならない不条理さは、圧倒的なリアリティのなかでは、かえってかすむことになる。観客はカメラに映し出される戦場の華々しさに目が引きつけられ、壮絶さや悲壮さを感じ取る一方、悶々として言語化しがたい不条理さのようなものは遠景に押しやられてしまう。少なくとも、CGを駆使したリアリティあふれる戦闘シーンから、上記の安田武の「納得がゆかない」情念を見いだすことは難しいだろう。

そこには、リアリティの逆説が垣間見えるのではなかろうか。岡真理は『記憶／物語』のなかで、戦争とは「人が不条理な死を死ぬという〈出来事〉であ」り、「主体的な選択が根源的に否定される事実である」としたうえで、次のように指摘している。

物語が、その根源において実は〈出来事〉の暴力を否定、否認しているからこそ、映像は、過剰なまでのリアルさでもって、その暴力を再現し、補わねばならなかったのではないか。（中略）映像のレベル、物語の表面的なレベルでは、私たちは、その「リアル」な再現によって〈出来事〉の暴力性を追体験したような気持ちになる。しかし、語りの深層において、物語が否定しているのは、まさに〈出来事〉の暴力性そのものなのである。[6]

われわれは、劇映画やドキュメンタリーを通して、ある出来事を追体験した気になることが多い。戦争のような出来事は、その典型だろう。戦後七〇年を経た今日、戦争経験を持つ者は少なくなっている。かりにそうした経験があったとしても、それが実体験として脳裏に刻み込まれているのは、終戦時点でせいぜい一〇代後半以上、今日であれば、おおよそ九〇歳より上の世代でしかない[7]。したがって、現代の多くの人々は、映画やドキュメンタリーにおける戦争描写を通して、戦争の視覚的なイメージを形成する。だが、そこに描かれる「リアル」な暴力に引きつけられる一方で、じつは、「不条理な死」という出来事の深層にあるものから、目をそむけることになっているのではないか。

言うなれば、われわれが、戦争の語りや描写に共感したり感動したりできるのは、その「出来事」の暴力がわれわれに到来する心配がまったくないからであろう。われわれオーディエンスは、暴力を安心して見ることができる位置にあり、暴力のリアルな体験は、じつは拒否されている。われわれには、そうした安心感があるがゆえに、スクリーンに映されるリアリティに引きつけられ、感情移入できるのではないか。『男たちの大和』では過剰なまでにリアリティが追求されたが、そこにもこうした逆説含みの問題性が潜在していたように思われる。

二　物語への回収

死の意味づけ

とはいえ、『男たちの大和』で興味深いのは、戦場での死の不条理さや意味の欠如がほのかに描き出されていることである。それは、そもそも、戦艦大和を扱うことに起因するものであった。

日本海軍は、一九四五年四月、戦艦大和と護衛艦に沖縄への出撃を命じた。これは、米軍が上陸した沖縄での戦闘支援を直接の目的にしていたが、その成果はほとんど期待できないものであった。すでに九州南から沖縄近海にかけて、米軍は制空権・制海権を掌握しており、戦艦大和が沖縄に到着できる見込みは皆無に近かった。

このことは海軍中枢も承知しており、しかも出動数日前までは、そうした計画自体が存在しなかったという。出撃決定のきっかけになったのは、軍令部総長が、特攻隊による沖縄出撃を天皇に上奏したことであった。その際、天皇は「航空部隊丈の総攻撃なるや」と質した。窮した総長は、「全兵力を使用致す」と奉答した(8)。こうして、何の成算も準備もないままに、戦艦大和の出撃が決定された。

この作戦は「水上特攻」と位置づけられ、燃料積載も片道分の二〇〇〇トン以内と指示された(9)。また、戦闘機の護衛も付けられなかった。結果的に、米軍機の一方的な攻撃にさらされ、戦艦大和は何の戦果もあげることなく、四月七日に沈められた。そのときの死者は三〇〇〇名近くに及び、生存者は三〇〇名にも満たなかった。

大和出撃に至るこのようなプロセスは、『男たちの大和』のなかでも描かれていた。「一機の戦闘機の護衛もなく、この作戦が成功すると思うのか」「それでは無駄死にではないか」と会議で詰め寄る伊藤整一第二艦隊司令長官や、「連合艦隊最後の戦いと仰せであれば、なぜ、軍令部総長や連合艦隊司令長官御自ら陣頭で指揮をお執りにならないのか」と海軍トップを詰問する有賀幸作艦長の言葉が、それを象徴していた。その意味で、この映画では、大和出撃、およびそれに伴う死の「無意味さ」が示唆されていた。

だが、その「無意味さ」もほどなく、特定の物語に収斂されることになる。映画のなかでは、戦艦大和に乗り組む部下たちに対し、伊藤司令長官が、「要するにわれわれは一億総特攻のさきがけとなって戦う」と諭す。それによって、自分たちの死は無駄死ににになるのではないかと感じていた彼らは、そこに意味を見いだし、出撃命令を受け入れる。

つまり、明らかな「無駄死に」が「一億総特攻のさきがけ」「国のための意義ある死」へと変換されることによって、観衆は、その後の大和の出撃・戦闘の場面にドラマを見いだすのである。

もっとも、これも史実とそう遠いものではない。戦艦大和の出撃命令に疑問を抱いていた伊藤司令長官が最終的にそれを受け入れたのは、「要するに、一億総特攻のさきがけになってもらいたい」という軍参謀の言葉であったという[10]。

また、戦艦大和に士官として搭乗した経験を持つ吉田満も、出撃直前に煩悶する青年士官たちが、上官の以下の言葉に納得したことを記している。

進歩ノナイ者ハ決シテ勝タナイ　負ケテ目ザメルコトガ最上ノ道ダ
日本ハ進歩トイフコトヲ軽ンジ過ギタ　私的ナ潔癖ヤ徳義ニコダハツテ、真ノ進歩ヲ忘レテヰタ　敗レテ目覚メル、ソレ以外ニドウシテ日本ガ救ハレルカ　今目覚メズシテイツ救ハレルカ俺タチハソノ先導ニナルノダ　日本ノ新生ニサキガケテ散ル　マサニ本望ヂヤナイカ[11]

「一億総特攻のさきがけ」になるか、あるいは「日本ノ新生ニサキガケ」るかはさておき、無駄死にとしか思われない状況に何とか意味を見いだそうと煩悶する当事者の心情はうかがえよう。だが、当事者が意味を見いだそうとすることと、後世の者がそこに意味があると解釈することとのあいだには、じつは大きな距離がある。

当事者が自らの死に何とか意味を見いだそうと煩悶することには、そもそも、意味の欠如が前提とされている。つまり、当事者が死の意味を求めてもがくのは、死の意味が「ない」ことの裏返しにほかならない。当事者としてみれば、死の意味を創出することは、死を前にした苦悶・恐怖から逃れる唯一の手段であり、そのことをことさらにあげつらうべきではあるまい。

それに対し、後世の者が死者の死に意味を見いだすことは、そもそも、意味の存在を所与の前提にしている。それは死者に寄り添っているようでいながら、じつは死者とのあいだに大きな距離があるのではなかろうか。少なくとも、意味の存在を前提とすることは、意味の欠如に煩悶した死者たちの思考とは、かなり趣を異にする。

先にあげた安田武も、「「他人の死から深い感銘をうける」というのは、生者の傲岸な頽廃」であるということを強調していた[12]。安田は前述のような体験を通して「あらゆる死は無意味であり、意味のある死などというものはこの世に存在しない」と考えるに至った[13]。安田にしてみれば、死者の死に感銘を見いだすことは、生者に心地よい意味を創出しようとしているにすぎず、そのことは死者への冒瀆以外の何物でもなかった。同様のことは、『男たちの大和』に感動のドラマを見いだすわれわれにも、当てはまることであろう。

絆の美学化

この映画では、死者たちの死を意味づける物語として、「男同士の絆」も随所にちりばめられていた。とくに、主人公級の森脇二等兵曹（反町隆史）と内田二等兵曹（中村獅童）の関係は、それを象徴するものだろう。

一九四四年一〇月、戦艦大和がフィリピン・レイテ沖海戦に出撃した際、内田二等兵曹（中村獅童）は左目に重傷を負い、海軍病院に長期入院する。翌一九四五年の春に、森脇二等兵曹（反町隆史）が病院に内田を見舞う。森脇も大和に乗り組んでおり、内田とは互いに切磋琢磨しあう親友であった。とはいえ、それは単なる見舞いではなかった。戦艦大和の沖縄出撃が近いことを感じていた森脇は、内田にそれとなく最後の別れを告げにきたのである。他方、森脇の様子から大和の出撃を察した内田は、病院を抜け出し、戦艦大和に潜り込む。「あほう、なんでわざわざ死にに来たんや」「お前には生きといてもらわなあかんのや」と涙ながらに慷慨する森脇らに対し、内田は「わしはお前らと死にたかったんや」

と笑みを浮かべながら答える。

そのほかにも、大和沈没直前に、「お前はおれの代わりに生きろ」と自らを犠牲にして若い二等水兵を救う森脇の行動が描写されている。これなども、「男同士の絆」を観衆に印象づけるものであった。

いささか余談になるが、森脇二等兵曹の艦内業務は烹水所班長、つまり乗組員のための調理の担当であった。調理という「女性」性を帯びた軍人が主人公になることは、戦後の戦争映画では皆無に近かったが、この映画はあえて「調理する軍人」を主人公にしていた。だが、逆にそこに浮かび上がるのは、「女性的な仕事」も含めて、一切を男がこなさなければならない軍隊の存在であった。それは「女」の入る余地のない空間であり、いわば「ジェンダーの逆転」が「男だけの世界」をスクリーンに現出させていた。

『男たちの大和』と「男同士の絆」
(同映画パンフレットより)

かといって、そこで描写される「男同士の絆」が同性愛を連想させることはない。随所で主人公たちの恋人(＝「女」)が描かれ、彼女らとの別れの切なさが強調される。だが、裏を返せば、それによって、主人公たちの異性愛志向が浮き彫りにされている。そこでは、「男同士の恋愛」とは異質な「男同士の絆」が表現されることになる。

そして、「男同士の絆」はリアリティの過剰のなかで、いっそう際立つことになる。砲弾と爆発・爆音が飛び交い、兵士たちの血しぶき、咆哮、叫喚が映し出されることで、「絆」に命を賭す「男」の華々しさやマッチョさが描写される。つまり、兵士の血や肉片をも描くリアリティは、「男同士の絆」の美学化を促し、彼らの死に「意味」を充塡するのである。

「敵の顔」の不在

一方で、この映画では戦争を扱うものでありながら、じつは「敵の顔」が一切映されていない。戦争とはいうまでもなく、「敵」と戦うものだが、『男たちの大和』にはその敵が描写されることはない。敵戦闘機は随所に登場するが、それも「憎むべき相手」として扱われるわけではなく、ただ、自分たちに攻撃をしかける「モノ」として表現される。なぜそれらと戦っているのか、なぜ彼らを敵にしなければいけないのかという理由づけは、皆無に近い。

もっとも、「敵の顔」の不在は、この映画に限ったことではなく、戦後日本の戦争映画、さらにいえば、戦時期の戦意高揚映画（たとえば、『ハワイ・マレー沖海戦』など）にも共通していた。「反戦」に重きを置こうが、「好戦」「聖戦」に重点を置こうが、日本の戦争映画では、「敵」の描写は抑制される傾向があった。

「敵の顔」が描かれないだけに、そこでの戦争描写は敵愾心を煽ることには直結しない。しかし、それゆえに、かえって「敵が何者か」にかかわらず、自分たちの仲間うちの「絆」に殉じることの美学が強調される。そこでは「敵」はもちろんのこと、「敵」でも「味方」でもない存在、つまり、占領地や戦闘地域の住民は視野に入らない。「絆」が強調されるなかで、観衆は「日本のために流された血」の感動に浸ることができる。だが、「日本のせいで流された血」には、結果的に目をつぶることになってしまう。

もっとも、そのことは『男たちの大和』が海戦を主題にしているがゆえに、避けられない面もあったろう。陸戦を扱うものであれば、敵や現地住民の人物描写もそれなりに可能だったかもしれないが、海戦であれば、どうしても戦艦あるいは戦闘機という「モノ＝機械」との闘いを描かざるを得ない。

とはいえ、見方を変えれば、海戦に焦点を絞ることではじめて、「絆」の美学に特化できるということもいえよう。そもそも、戦艦大和の沖縄出撃であれ、フィリピン・レイテへの出撃であれ、本来の作戦目的としては、陸戦部隊との連携が意図されていた。だが、こうした側面を扱わないことで、海戦を主題にした物語は「絆」の美学を前面に押し出すことが可能になったのである。

三　物語への抗い

リアリティの問題性

以上、戦争を語るリアリティが、出来事の〈深層〉をしばしば切り捨てながら、観衆に心地よい「感動」の物語を紡ぐプロセスを見てきた。これに関し、先述の岡真理は、次のような問いを提起している。

戦争というような、暴力的な出来事を「リアル」に表象したいという欲望――それは、そのような出来事が「リアル」に表象されうるという信念に支えられていよう――そして、それを完結した物語として提示したいという欲望――戦争という出来事の総体をひとつの物語として眺めるという視点とは、神でないとすれば、それはいかなる者の視点だろう――が、何に奉仕するのか、私たちは考えてみなくてはならないだろう。[14]

われわれは、リアリティに迫力や真正さを感じ、戦場を追体験した錯覚にしばしば陥る。しかし、リアリティはしばしば、出来事の語りがたい深層を見えにくくし、そこから観衆に心地よい感動の物語が紡がれる。渡辺清や安田武が指摘したように、戦場での経験は不条理に満ちており、一つの意味や物語に回収することは難しい。しかし、それが「「リアル」に表象」され、「戦争という出来事の総体」が「ひとつの物語として眺め」られることも多い。そこからしばしば「男同士の絆」や「一億総特攻のさきがけ」といった感動が導かれるのは、先述のとおりである。

だが、「他人の死に感銘を受ける」ということは、ときに「生者の傲岸」でもある。それは、言葉にしがたい深層の不条理や不安・不快から目をそむけることで成立する。換言すれば、感動や感銘とは、観衆や読者が求める心地よさを投影したものともいえよう。

リアルさ、つまり「本物らしさ」が強調されればされるほど、逆にそこでは見えないものがかすみ、見る者に心地よい物語が一人歩きしてしまう。そのような逆説を、リアリティは孕んでいる。

物語への抗い

では、こうした問題は、戦争を語ったり描いたりするうえで不可避なのか。必ずしもそうではないだろう。[15]ここでは一例として、一九五五年の映画『人間魚雷回天』（松林宗恵監督、新東宝）をあげよう。

この映画は、津村敏行『人間魚雷回天』（大和書房、一九五四年）を原作にしていた。回天とは、大量の爆薬を前部に搭載した一人もしくは二人乗りの潜水艇（魚雷艇）である。これは、敵大型戦艦に体当たりして撃沈させることを意図したもので、いわば海の特攻機であった。津村は元海軍中佐で、回天搭乗員の教育を担当していた。そのときのことを回想して書かれたのが、この書物であった。当然ながら、回天作戦の意義や搭乗員の殉国の情を称賛していた。

しかし、映画のストーリーはそれとはまったく異なっていた。脚本を担当した須崎勝彌は、原作を換骨奪胎し、むしろ、感動の物語に回収し得ない回天搭乗員の死を描こうとした。それは、とくにラスト・シーンに顕著にあらわれていた。

　回天艇とその搭乗員たちは、潜水艦に搭載されて、戦闘目的地域まで運ばれつつあった。そして、艇に乗り込もうとする直前、大本営より帰還命令を受け、回天特攻が中止になる。出撃が即、死を意味するだけに搭乗員たちは極度の緊張のなかにあったが、中止命令を受けて、一気に放心状態になる。だがそこでは、安堵というよりもむしろ、死に向き合う恐怖を実感した彼らの様子が描かれていた。彼らのなかには、まえに一度出撃命令を受けたものの、艇のエンジン・トラブルで帰還した者もいた。彼に対して、ある搭乗員は、「お前は二度もこんな恐怖を味わったのか」と漏らしていた。

　だが、潜水艦はほどなく敵艦隊に遭遇し、艦長は三名の搭乗員に回天出撃命令を下す。そのうちの二人は敵戦艦の撃沈に成功したが、残る一名は回天艇のエンジン・トラブルにより、航行が不能となり、海底に沈む。

　そこで映画を閉じてもよさそうなものだが、そのシーンはさらに続く。海底に沈んだ回天に、接合部の隙間から海水が少しずつ浸透する。艇内の搭乗員は何とか対処しようと焦るが、回天は艇内からの脱出が不可能な構造になっているため、なす術もない。観念した搭乗員は、静かに座して、ただ海水のかさが増えるに身を任せていた。

　ところが、彼は思い出したように、艇内に持ち込んでいた

映画『人間魚雷回天』のラスト・シーン
（DVD『新東宝名画傑作選　人間魚雷回天』松林宗恵監督、株式会社 IMAGICA、2005年）

短剣を取り出し、鞘を抜く。だが、それで自決を遂げるわけではない。彼は剣先で壁にこう刻み記した──「昭和十九年十二月十二日一五三〇［＝一五時三〇分］我未ダ生存セリ」。それを終えて、彼はふたたび腕を組んで操縦席に座り、目を閉じた。すでに海水は、彼の胸元まで及ぼうとしていた。

特攻を描いた戦争映画の多くは、基地から出撃するシーンで終わることが多い。そこでは、特攻隊員の死の直前が描写されることはなく、飛行機が大空に飛び立つ華々しさで物語は閉じられる。だが、この映画は、回天艇の故障のゆえに、何ら戦果をあげることなく、無為に死ななければならない搭乗員の姿を描いている。しかも、そこでは、なす術もなく溺死するまでの長い時間が表現されていた。「我未ダ生存セリ」という文言は、華々しさからは程遠い彼の死のプロセスを、死の直前まで観衆に見せつけようとするものであった。

この一連のシーンは、『男たちの大和』のような派手なリアリティに満ちているわけではない。爆発や轟音、金属片の飛散などはまったくなく、主人公は暗い艇内に水が満ちてくるのを座して待つ。ただ、それだけの静寂なシーンである。だが、そこにかえって、死を何らかの心地よい意味に回収することを拒もうとする製作者の意図が浮かびあがっているのではないだろうか。

ちなみに、この脚本を手がけた須崎勝彌は、元学徒兵で特攻隊員であった。出撃する前に終戦を迎えたので、辛くも生き延びることができたが、彼の戦友のなかには、特攻死した者も多かった。須崎は、一九九三年の文章のなかで、当時を振り返りながら、「特攻には安楽死はな」く、「離陸してなお三時間余りも死の決意を持続」しなければならなかったことの重さを記している。[16]

心地よい感動を誘うのとはまったく異質な映画『人間魚雷回天』のラスト部分も、須崎のこうした思いが投影されていたのかもしれない。

注

（1）映画『男たちの大和』を映画研究として扱ったものに、中村秀之「儀礼としての特攻映画――『男たちの大和／YAMATO』の場合」（『前夜』（第一期）七号、二〇〇六年）がある。その他、ジェンダー論の切り口からこの映画を読み解いた若桑みどり「ジェンダーの視点で読み解く戦後映画――『男たちの大和』を中心に」（『東西南北2007』二〇〇七年）、歴史学の観点から扱ったものに、山田朗「無謀・無意味な〈特攻〉作戦と「男たちの大和」」（『歴史地理教育』、二〇〇六年）、佐藤宏治「『男たちの大和』をめぐって――歴史学の視座から」（『戦争責任研究』五六号、二〇〇七年）がある。それらに対し、本章は、この映画を素材にしながら、物語や「感動」によって、戦争体験をめぐるいかなる側面が見えにくくされるのかを、メディア論の観点から考察する。

（2）黒田邦雄「作品評② 戦争ヒューマニズムのむずかしさ」『キネマ旬報』二〇〇六年一月上旬号、五九頁。鶴田浩司「作品評① 実際の戦場を思わせる〝混乱〟の臨場感」『キネマ旬報』二〇〇六年一月上旬号、五八頁。

（3）渡辺清『戦艦武蔵の最期』朝日新聞社、一九七一年、二七九頁。

（4）仲宗根政善『石に刻む』沖縄タイムス社、一九八三年、一七七頁。初出は、仲宗根政善「沖縄戦の戦場体験」『世界』一九八一年六月号。

（5）安田武『戦争体験』未来社、一九六三年、三四頁。安田武や渡辺清の戦争体験論については、拙著『「戦争体験」の戦後史――世代・教養・イデオロギー』（中公新書、二〇〇九年）参照。

（6）岡真理『記憶／物語』岩波書店、二〇〇〇年、四〇―四一頁。

（7）戦争経験者のあいだでも、その体験はさまざまである。南方の激戦地と、空襲もなかった国内の農村部とでは、当然ながらまったく状況が異なる。したがって、戦時期を生きていた者であっても、彼らが経験した「戦争」は、その一部でしかない。

（8）宇垣纏『戦藻録』原書房、一九六八年、四八八頁。

（9）ただし、実際にはタンクの底に溜まっている重油をかき集めるなどして、沖縄まで往復可能な分の燃料が積まれた。栗原俊雄『戦艦大和』岩波新書、二〇〇七年。

（10）栗原俊雄『戦艦大和』（前掲）、六九頁。

(11) 吉田満『戦艦大和の最期』創元社、一九五二年、三四頁。
(12) 安田武『戦争体験』(前掲)、一四二頁。
(13) 同、一一一頁。
(14) 岡真理『記憶/物語』(前掲)、二三頁。
(15) リアリティや物語とは一線を画した戦争の記憶の描写としては、一九八五年のドキュメンタリー映画『ショア』(クロード・ランズマン監督)がよく知られている。これは、ナチス・ドイツのユダヤ人強制収容所の生存者・関係者へのインタビューを集めたものである。ここには音楽もなく、淡々と九時間にわたって、インタビュー映像が流されている。ただ、それだけではあるが、リアリティに満ちた戦争描写とはまた異質なものが感じられよう。
(16) 須崎勝彌「時の流れの中で」『海軍十四期会報 学徒出陣五十周年記念号』一九九三年、六頁。同誌では総じて、出陣学徒の殉国の至情を賛美する記事が多かったが、そうしたなか、須崎のこの記述は異彩を放っていた。

第3章　「軍神・山本五十六」の変容
――映画『太平洋の鷲』から雑誌『プレジデント』まで

戦後の大衆文化における「海軍史観」の存在は、しばしば指摘される[1]。戦争映画や戦記ものでは、「スマートで合理主義的な海軍」と「悪逆・粗暴で精神主義に凝り固まった陸軍」が対比的に描かれてきた。それによって、陸軍が主導した「大東亜戦争」が否定される一方で、陸軍とは対照的な海軍が称賛される。こうした見取り図がなかでも顕著なのが、連合艦隊司令長官・山本五十六を描いた映画である。

山本五十六は、一九三六年に海軍次官に就任し、日独伊三国同盟に反対した一方、一九三九年には連合艦隊司令長官に転じ、ハワイ・マレー沖海戦やミッドウェー海戦など、太平洋戦争初期の作戦を指揮した。一九四三年四月、ソロモン方面で前線視察途中に米軍機の攻撃を受け、戦死した。

山本五十六の軌跡は、戦後の戦争映画のなかで、頻繁に描かれてきた。『太平洋の鷲』（一九五三年）、『軍神山本元帥と連合艦隊』（一九五六年）、『連合艦隊司令長官 山本五十六』（一九六八年）は、山本を主人公とする代表的な映画である。また、『連合艦隊』（一九八一年）では、山本五十六を主人公とするわけではないものの、その後半生が大きく扱われている。だが、山本五十六が戦後映画のなかで幾度となく取りあげられた一方で、その社会的な受容状況には、さまざまな相違が見られた。では、それらにおいて、山本はいかに描かれ、オーディエンスはそれをどのように評したのか。そこから、大衆的な戦争観のいかなる変容を見ることができるのか。そして、そこには「男らしさ」をめぐるいかなる力学が関わっているのか。

これらの問題について、以下に考察していきたい。

一 「軍神」というアジェンダ

『太平洋の鷲』

一九五三年一〇月、山本五十六を主人公にした戦後初の映画が公開された。本多猪四郎監督『太平洋の鷲』（東宝）である。東宝の宣伝誌『一〇月の東宝』（一九五三年一〇月）では、「大東宝が放つ戦後最高の本格的戦記映画」と銘打たれていた。[2]

この映画では、円谷英二が特殊技術を担当した。円谷は、戦前期からの特撮映画のスペシャリストで、『ハワイ・マレー沖海戦』（東宝・一九四二年）をはじめとする多くの戦意高揚映画で特撮を指揮した。[3]『太平洋の鷲』でも、『ハワイ・マレー沖海戦』の戦闘シーンが多く流用された。

『太平洋の鷲』では、その後の山本五十六像の原型となるような描写が見られた。日独伊三国同盟と対米開戦に徹底的に反対する山本は、陸軍軍人の非難を受け、右翼壮士につけ狙われる。対米決戦が不可避の状況になると、真珠湾を戦闘機で奇襲攻撃するという「博打」のような作戦を立案し、旧来的な艦隊決戦に固執しがちな海軍守旧派を含め尻込みする幕僚たちを説き伏せる。そこには、短期決戦で一時的に米軍の優位に立ち、それを機に有利な条件で早期和平を実現しようとする山本の狙いがあった。

真珠湾攻撃では緒戦の勝利を収めるも、敵空母はハワイ海軍基地を出払っていたため、損傷を与えることはできなかった。そこで、一九四二年六月のミッドウェー海戦を指揮し、米空母の撃滅をめざす。

『太平洋の鷲』広告（『キネマ旬報』1953年10月1日号）

だが、そこで山本は四隻の空母を失う大敗を喫する。敵機動部隊の発見に手間取り、連合艦隊の空母では、搭載機の爆装を対艦装備から対地装備に変更し、さらに対艦装備に変更するという混乱状況にあった。そのさなか、米急降下爆撃機の急襲を受け、装備転換のために散乱していた魚雷・爆弾に引火、出動していた四空母すべてを失う結果となった。『太平洋の鷲』では、対地装備のまま敵空母に攻撃をかけるという決断をできなかった部下の判断ミスが暗示されている一方、それを自らの責任として引き受ける山本の「男らしさ」も描かれていた。

そして、一九四三年四月、山本五十六は前線の将兵たちを激励しようと、一式陸上攻撃機に搭乗し、ブーゲンビル島上空で米軍機に撃墜された。映画のなかでは、そこには、命の危険を顧みず、部下を慮る「慈父」としての山本五十六像が浮き彫りにされていた。

こうした山本五十六の描写は、少なくとも直接的には、戦争遂行や旧日本軍を賛美するものではなかった。この映画のラスト・シーンでは、「幾万幾十万の人もまた帰らない国と国とが精かぎり戦って何を生み出そうと云うのか　破壊の外……それは何ものも生み出さない」という文言が映し出されていた。また、粗暴な右翼壮士や陸軍軍人に立ち向かう「平和主義者」像が強調されていたことも、前述のとおりである。

「海軍史観」の萌芽

そこには、冒頭に述べた「海軍史観」を見出すことができる。「海軍史観」は、一九六〇年代半ば以降に顕著な傾向とみなされることが多い。ベトナム戦争を機に焦点化され始めた「加害責任」の議論と、高度経済成長に伴うナショナルな自負心を背景に、「海軍史観」が広く流通したのは事実である。陸軍批判が結果的に戦争批判や加害責任の問題に接合する一方で、海軍への評価がナショナル・アイデンティティの充足につながっていた(4)。しかし、そうだとしても、この種の歴史認識が、すでに一九五〇年代前半に芽生えていたことも見落とすべきではない。

もっとも、海軍が必ずしも「合理的」で「スマート」であったわけではない。たしかに、士官に対してはエリートとして遇する傾向があった一方で、水兵には過剰な暴力が日常的に振るわれていたのは、かつて最末端の水兵であった渡辺清が『海の城』(朝日新聞社、一九六九年)に詳述したとおりである。また、首相・海相を歴任した米内光政や山本五十六ら海軍上層部が対米開戦に消極的であったとしても、中国大陸への空爆に対しては、彼らは熱心であった。そして、そのような山本五十六像は、じつは戦時期には広く流通していた。たとえば、大木雄二『少国民伝記山本元帥』(大本営海軍報道部海軍少佐・濱田昇一監修、大日本雄弁会講談社、一九四四年二月)は、一九三七年八月の南京渡洋爆撃にふれながら、以下のように記している。

［山本五十六］中将の目は、いつも支那地図の上に、きびしくそそがれてゐました。

今です、今こそ、きたへにきたへた海の荒鷲が、手なみのほどをあらはすときなのです。
八月十四日、わが海軍航空隊は、東支那海をわたつて、最初の渡洋爆撃に向かひ、杭州、広徳の敵陣地に爆弾の雨を降らせました。つづいて翌十五日には、ちやうどひどいあらしでしたが、このなかを大編隊でつっきり、敵の都、南京をせめたのであります。(5)

しかしながら、こうした側面は、『太平洋の鷲』で描写されることはなく、「平和主義者」「早期和平論者」という新たな人物像が前景化された。

このような山本五十六イメージには、じつは綻びを見出すことも可能であった。たとえば、山本五十六が緒戦の勝利を機に早期和平をはかろうとしたところで、その実現可能性は危ういものでしかなかった。工業生産力に富むアメリカが和平に応じるかどうかは措くとしても、世論が緒戦の勝利に熱狂するなかで和平交渉が困難を極めることは、ポーツマス条約調印直後の日比谷焼打ち事件を思い浮かべれば、容易に想像される。また、制空権を奪われつつあったなか、山本は米軍に「ワンショット・ライター」と揶揄されるほどに燃料タンクの防御性能に欠ける一式陸攻で前線視察に赴いたわけだが、連合艦隊トップのそうした行動にどれほどの合理性があったのかも疑わしい。だが、こうした論点はそぎ落とされた形で、「平和主義者」「慈父」といった「軍神・山本五十六」のイメージが構築されていった。(6)

「映画界の再軍備」

では、この映画は社会的にどのように受け止められたのか。配給収入は一億六三一八万円で同年度(一九五三年四月 - 一九五四年三月)の日本映画第四位と、売行きは好調であった。しかしながら、映画評全体としては批判的な評価も多かった。読売新聞(一九五二年一一月一四日)のコラム欄「編集手帖」

では、「山本五十六も個人としては相当立派な人物であったことはたしかである。しかしそれだからといって、戦争を代表する立場にあった個人を英雄視してスクリーンに再現するということはあの悲劇を正当化することに役立ち、再びあのような狂熱を国民の間にまき起すおそれがある」「映画が、個人の英雄化をめざし、軍国主義を正当化するような形においてつくられるという傾向は、逆コースと右翼化への突破口をひらくものにほかならない」と記していた(7)。『キネマ旬報』(一九五三年一一月上旬号)の「日本映画座談会」のなかでも、軍指導者を「立派な人間として描くことによつて、戦争肯定の方に行つてしまうという危険があ」ることが指摘されていた(8)。

こうした批評の背後にあったのは、占領終結直後の社会状況であった。GHQ占領下の日本では、アメリカ批判や占領批判、国家主義的言説は抑え込まれていた。しかし、一九五二年四月に占領が終結すると、その反動傾向が見られた。『日本無罪論』といった東京裁判批判の書物が話題になったほか、戦記ものの発刊も急増した(9)。

映画界でも軍人を好意的に描く映画が多く作られた。『戦艦大和』や『山下奉文』などは、その代表的な例であった。それまでの戦争映画は、職業軍人に批判的なものが目立っていた。『きけ、わだつみのこえ』(一九五〇年)は、「聡明な学徒兵」と「悪虐・横暴な職業軍人」の二項対立図式でビルマ戦線を描いた。占領終結直後の映画でも、『雲ながるる果てに』では、特攻隊員を消耗品に過ぎないものとして扱う部隊上層部を批判的に描いていた。しかし、占領終結に伴い、それらの描写への反感も目立つようになった。『太平洋の鷲』が封切られたのは、こうした状況下であった。

他方で、当時は再軍備や憲法改正や政治的争点になっていた。一九五〇年八月に創設された警察予備隊が、占領終結直後の一九五二年一〇月に保安隊に昇格されるなか、本格的な再軍備と、そのために必要な憲法改正が多く議論されるようになった。一九五三年四月の総選挙では、鳩山一郎率いる分派自由党が、憲法改正と再軍備を公約に掲げた。この背景には、朝鮮戦争の膠着状態や冷戦の激化といった国際情勢が絡んでいたわけだが、反対論も大きかった。徴兵制が復活したり、日本が再び戦争に巻き込まれかねないことへの社会的な懸念は大きかった。『中央公論』や『世界』といった総合雑誌も、こぞって、再軍備批判や改憲批判の特集を組んだ。

『太平洋の鷲』に対する批判的な映画評も、こうした輿論を反映したものであった。さらに、山本五十六を企画として取り上げることにも、否定的な意見も目立っていた。三好十郎は、「［東宝が企画した］理由は、理屈としてはある程度理解出来るけれど、私は賛成出来ない」としたうえで、次のように述べている。

問題はそんな理屈でなくて、彼らの本当の理由は現在再軍備必至の情勢を中心として、再び日本が右翼的になるような気運に便乗した映画をこしらえて金もうけをしようとするところにあるからだ。[10]

そこには、映画の内容そのものというよりも、企画として取り上げること自体に違和感を覚えていることがうかがえる。同様の議論は、ほかにも散見された。映画評論家の井澤淳は、この時期の戦争映画全般を評した文章の中で、次のように語っている。

われわれは、いつも軍人をたたくことを、それほど喜んでいていいのではない。しかしルネッサンスがあの輝やかしい人間解放をやつたうらには、当時の文学が坊主を徹底的にやつつけたからである。しかも当時の批評家は、坊主にも、いい坊主がいたなどという俗論は、誰一人もいわなかった。われわれはよくそれを考えて見たい。[11]

この記述には、軍人を批判的に描く以外の描写を嫌悪する姿勢が明瞭にうかがえる。言うなれば、『太平洋の鷲』は、描写の内容そのものを論じる以前に、企画として扱うにふさわしいかどうかという点で批判される傾向があった。そして、それは再軍備をめざす政治動向への懸念に根差したものであった。

ちなみに、「〝軍神映画〟をどう考える」(『読売新聞』一九五二年一一月一二日、夕刊)のなかで、東宝の企画本部長・森岩雄は、その企画意図をこう述べている。

無力を省みず騎虎の勢いで動いている人のなかで、戦争を反対、抵抗しつゞけながら、筋道を通してゆこうとする信念に生きた山本元帥に敬服、再軍備必至のこの秋《とき》、今度出来る軍人はせめて山本元帥のごとき人でありたく、自分の力を忘れて途方もないことをすると、こんな立派な人でさえもこうなるという事実を、日本人に二度と悲劇をくりかえすなと強調したいがための映画化だ(12)。

企画者側でさえ、山本五十六に「敬服」しつつも、反面教師として語らざるを得ない言説構造が、そこには浮かび上がっていた。

『軍神山本元帥と連合艦隊』の逆説

『太平洋の鷲』公開から約三年を経た一九五六年一〇月、新東宝で山本五十六に題材をとった映画が製作された。志村敏夫監督『軍神山本元帥と連合艦隊』である。この映画の企画意図について、新東宝社長・大蔵貢は次のように語っている。

『軍神山本元帥と連合艦隊』広告（『キネマ旬報』1956年11月上旬号）

『軍神山本元帥と連合艦隊』は、山本五十六という偉人を通じて、太平洋戦争について日本に対する誤解を一掃したいと考えた。

太平洋戦争については「パールハーバーを忘れるな！」というアメリカ側の巧みな宣伝で、真実はわい曲され日本人でさえそう考えているものが多い。そこで私は、ＡＢＣＤライン包囲によって日本が戦争に追い込まれた経過、開戦時における山本元帥の堂々たる措置などをありのまま描き、これを世に訴えたいと思った。(13)

そこからもうかがえるように、この映画は、たとえば『きけ、わだつみの声』（一九五〇年）のような軍隊批判・戦争批判を前面に出したものとは異なる戦争観を表現しようとした。

映画の冒頭では、靖国神社を背景に「この映画を謹んで山本元帥並びに連合艦隊戦没将兵の御霊に捧げる」という文言が「海ゆかば」の楽曲とともに映し出され、その後すぐに、軍艦マーチをバックにはためく旭日旗の映像が挿入されていた。当然ながら、「反戦映画」との対称性は際立っていた。タイトルについても、「題名のトップに〝軍神〟とつけるのは困るから削除してほしい、と映倫から強い要望があった」らしいが、大蔵は「靖国神社があり軍人がまつられている以上、〝軍神〟といっても決しておかしくない」と押し切ったという。(14)

もっとも、そこでの山本五十六の描写は、『太平洋の鷲』に重なり合うところが多かった。映画のなかでは、ドイツとの同盟締結を訴え、山本五十六に短刀を突き付けようとする右翼壮士四名に対し、山本が落ち着いて彼らを説き伏せようとする場面が描かれていた。真珠湾攻撃の勇躍は大きく扱われてはいたが、他方で、山本がもともと対米開戦に反対し、早期和平を主張していたことが描写されていた。

その意味で、この映画にも『太平洋の鷲』同様の「海軍史観」を見ることができる。映画のラストの「若《も》しも山本元帥健在なりせば日本の歴史の一頁はあやまりなきを得たであろう」というタイトルは、これを象徴するものであった。

大蔵は「「パールハーバーを忘れるな！」というアメリカ側の巧みな宣伝」「太平洋戦争について日本に対する誤解」を覆すことを狙ったわけだが、「軍神山本元帥」を賛美すればするほど、「大東亜戦争」の誤りを確認することにつながっていた。山本の「敗北の予見」「和平の必要性」に「過去の正しさ」が見いだされていた一方で、そのことは、それを理解し得なかった「右翼」の「至情」や「大東亜戦争」を遂行した軍人・為政者たちへの批判につながる。「軍神」をタイトルに冠したほどに「太平洋戦争について日本に対する誤解」を覆そうとしたこの映画は、逆にそれゆえに、戦争の誤りを訴えかけるものになっていたのである。

軍神映画への共感

この映画は、興行面では一定の成績をあげた。配給収入の詳細は不明だが、大蔵貢はのちに、「関係者は口をそろえてその興業価値を危ぶんだが、私は成功疑いなしと確信してやった。結果はこれまた私の予想通りの興行成績を樹立した」と述べている[15]。『読売新聞』（一九五六年一一月一日、夕刊）の映画評欄「シルバー・ウィークスクリーン採点（下）」では、『殉愛』（東宝）、『飢える魂』（日活）とともに『軍神山本元帥と連合艦隊』が取り上げられていたが、この映画はその記事の冒頭に、かつ最も多くの分量を割いて紹介されていた。そこでは、「話はロンドンでの第二次軍縮会議予備交渉から二・二六事件、日独伊三国同盟、太平洋戦争と、ハバは広い。［中略］膨大な材料をうまくアレンジしながらまとめている。また山本元帥になる佐分利信が適役好演、よくこの作品を効果づけている」と評されていた[16]。これらの好評の背後には、『太平洋の鷲』が封切られた一九五三年ごろとは異なる社会状況があった。サンフランシスコ講和条約発効直後の日本では、再軍備や憲法改正をめぐって議論が過熱し、それが『太平洋の鷲』をはじめとする戦争映画の評価にも影響していた。

しかし、それから約三年を経た一九五六年当時、世論の状況には微妙な変化も見られた。冷戦構造下にあったことは変わらないにしても、すでにソ連首相・スターリンは死去し、米ソの「平和共存」が進められつつあった。朝鮮戦争も停戦協定が成立して三年ほどが経過した時期であり、日本が戦争に巻き込まれる懸念も、相対的に低下した。すでに保安隊は自衛隊に昇格していたものの、改憲論は政治的な議題から遠のいていた。そうしたなか、戦争映画には勇壮さのようなものが求められる傾向も見られるようになった。映画評論家の滝沢一は、同時期に公開された『日本かく戦えり』を観た際、「神風特攻機が体当りを試みる部分では観客席に拍手さえおこ」っていたことを記している[17]。小説家の武田泰淳も、「ある特攻映画」を観たときの観衆の様子を、以下のように書き留めている。

> 先日、ある日本映画で、何回特攻機で飛び立っても死なないで帰ってくる飛行士を主人公にしたものがあった。看客《ママ》は、臆病者はきらいであるからして、その飛行士は、勇敢ではあるが死にたがらないという性格にしてあった。それが、なにかふんぎりのつかない感じを、お客さんに与えた様子だ。自分の息子さんや兄弟は戦死してもらいたくないのが人情であるのに、戦争映画の主役には勇ましく死んでもらいたいような、奇妙な心理もある。また、冒険映画あるいはスポーツ映画の代用品として

興奮をそそる、無邪気な戦争映画もある[18]。

「ある日本映画」というのは、おそらく、『殉愛』（東宝・一九五六年）と思われる。『雲ながるる果てに』（一九五三年）、『あゝ同期の桜』（一九六七年）、『あゝ回天特別攻撃隊』（一九六八年）で勇敢な特攻隊員を演じ、また、六〇年代後半には高倉健とともに任俠映画のスター俳優であった鶴田浩二が、この映画の主役を務めていた。「その飛行士は、勇敢ではあるが死にたがらない」という物語は、かつてであれば「反戦の正しさ」を感じさせるものとして好意的に評されたのかもしれない。一九五〇年に大ヒットした『きけ、わだつみの声』は、兵士としての勇猛果敢さではなく、むしろ戦争遂行への違和感を打ち出していた。しかし、一九五六年当時においては、「自分の息子さんや兄弟は戦死してもらいたくないのが人情であるのに、戦争映画の主役には勇ましく死んでもらいたいような、奇妙な心理」も垣間見られた。

志村敏夫監督『軍神山本元帥と連合艦隊』が一定の興業成績をあげたことにも、同様の背景があったものと思われる。『読売新聞』（一九五六年九月二九日、夕刊）では、「志村監督の大きえん」を以下のように紹介している。

いまもって日本人は、もと日本の軍隊は非科学的で、実力もなかった、愚劣だった、と一方的にきめつけている。虚脱状態から脱けきっていないのだ。こういうときにぼくはあえて、日本艦隊は優秀だったと叫びたいのだ。戦争は否定すべきだが、戦争をせざるをえなかった日本人まで否定することはないだろう。はっきりいうが、これは日本人肯定の映画だ[19]。

前述のように、東宝の企画本部長・森岩雄は、『太平洋の鷲』の企画意図として、「自分の力を忘れて途方もないことをすると、こんな立派な人でさえもこうなるという事実」にふれていた。その躊躇は、「日本艦隊は優秀だった」「戦争は否定すべきだが、戦争をせざるをえなかった日本人まで否定することはないだろう」という志村の言い切りようとは、まったく異質であった。そこには、占領終結直後の時期と、それから二、三年が経過した「戦後一〇年」との世論の相違が浮かび上がっていた。

軍神の拒絶

とはいえ、この映画に対するつよい反発も少なからず見られた。たとえば、映画評論家の戸田隆雄は、『キネマ旬報』一九五六年一二月上旬号に寄せた映画評のなかで、以下のように記している。

根本は、やはり作者の物の考え方の問題だと思う。何しろ僕たちは戦争を経験してからもう十年も経っている。当時を追想する時の心の状態は冷静、客観的で、例えば、真珠湾の勝報に浮かれて、花電車の行列するシーンの如きを見ると、その軽佻さに、心の寒くなるのを覚える。従って、この種の映画は、往時の情勢批判が絶えず行われるよう製作すべきではなかろうか。[20]

「膨大な材料をうまくアレンジしながらまとめている」「山本元帥になる佐分利信が適役好演」と評した『読売新聞』（一九五六年一一月一日、夕刊）の映画評でも、同時に以下のようなコメントを添えていた。

だが、果して現在の日本にこのような映画が必要かどうか？　まかりまちがえば勝ったであろうという印象さえうけるこの太平洋戦記が、再び日本人の一部に〝戦争〟への夢をいだかせたらどうなるのだ。[21]

そこには、「軍神」を映画として取り上げることへの違和感が垣間見られた。それは「軍神」の描き方の問題ではなく、むしろ「軍神」がアジェンダとされること自体が問題視されていたのであった。『読売新聞』（一九五六年一〇月三〇日）に寄せられた投書にも、この映画について「〝軍神〟などという言葉を平気で題名に使用して戦争を賛美し、［中略］戦争そのものを美化しようとする意図は、あまりにひどい時代逆行である」としたうえで、「みんながこの種の映画を見ぬくらいの強い自覚と良識をもつべきだと思う」と書かれていた。[22]

こうした拒否感は、やはり「軍神」映画ならではのものであった。拙著『殉国と反逆』でも論じたように、一九五〇年代半ばの当時、戦争映画に対する社会的評価の軸は、「反戦の正しさ」から「殉情の美しさ」へと転換しつつあった。阿川弘之『雲の墓標』を原作に取った特攻映画『空ゆかば』（一九五七年）についても、「心のさらに奥底に流れる彼らの苦悩を見つめている点は、従来のイデオロギー的な戦争映画よりもずっと深い味わいをたたえている」と評されるなど、「かつての『きけわだつみの声』調のわざとらしい誇張ではな」い点が評価されていた。[23]

しかし、「軍神」が主題にされると、「心のさらに奥底に流れる彼らの苦悩」よりも「かつての『きけわだつみの声』調のわざとらしい誇張」の必要性を感じ取るむきも少なくなかった。占領終結から三年が経過し、「戦後一〇年」を経た当時においても、「軍神」は映画での描写の対象にされることすら忌避される傾向が見られた。それは、同時代における他の戦争の語りとは、ややずれたものであった。

占領終結直後に比べれば、まだしも「軍神映画」への評価も散見された一方で、特攻映画などよりもはるかに戦争賛美を想起させ、そのゆえに拒絶感も大きかった。「軍神映画」にはじつは、その延長で過去の戦争遂行を批判する逆説が込められていたわけだが、そこに着目する以前に、「殉情の美しさ」を拒み、「反戦の正しさ」に回帰しようとする傾向が見られた。タイトルに「軍神」が冠されていたことも相まって、「山本五十六」は社会的な共感と反感の拮抗の中に位置づけられたのであった。

二　教養としての「連合艦隊」

『連合艦隊司令長官　山本五十六』

だが、一九六〇年代後半になると、この「軍神」に対する共感が目立つようになってくる。そのきっかけとなったのが、丸山誠治監督『連合艦隊司令長官　山本五十六』（東宝）である。

東宝は一九六七年八月に「8・15シリーズ」第一弾として岡本喜八監督『日本のいちばん長い日』を公開した。ポツダム宣言受諾をめぐる政府首脳の葛藤と宮城事件（玉音放送前夜に陸軍青年将校が玉音録音盤の奪取を企てたクーデター未遂事件）を描いたこの映画は、同年日本映画第二位を記録するヒットとなった。この「8・15シリーズ」第二弾として製作されたのが、『連合艦隊司令長官　山本五十六』であった。

この映画は、『太平洋の鷲』で特撮を手掛けた円谷英二が特技監督を務め、「豪華なスペクタクル」が謳われた[24]。また、この映画の主人公であった山本五十六のイメージも、従来とさほど大きな相違はなかった。三国同盟締結への反対姿勢と、それによる陸軍・右翼との対立、「早期和平」をめざしながら真珠湾攻撃やミッドウェー海戦を戦うさまは、従来の「海軍史観」を踏襲したものだった。この映画のパンフレットでも、「日本海軍が生んだ史上最大の英雄、山本五十六の人物像」について「最も勇敢に日米開

『連合艦隊司令長官 山本五十六』パンフレット

戦に反対し、しかも最も勇敢に戦いぬいた男——その壮烈な生涯は日本の運命そのものであった」と記していた[25]。

そして、この映画は前年の『日本のいちばん長い日』と同じく大ヒットし、配給収入三億九八七万円で同年邦画第二位を記録した。映画評のなかでも高い評価が多かった。『キネマ旬報』一九六八年九月下旬号に掲載された映画評では、以下のように書かれている。

おきまりの悲惨や悲愴の訴えのないのが、かえって皮肉にも気持のいい映画になっている。［中略］客観的な戦争映画が出はじめたのを歓迎したい。戦争へのうらみつらみが、今次大戦を、古びた歴史観で粗雑に裁断したり、お涙頂戴の反戦観で色づけたり、東京裁判のキーナン検事の口真似で解釈したりするのを見るのは、愉快ではなかった。[26]

「おきまりの悲惨や悲愴の訴えのない」ことに評価の重点が置かれているところには、『太平洋の鷲』や『軍神山本元帥と連合艦隊』が公開された一九五〇年代半ばとの相違が浮かびあがる。かつては「軍神」を映画の俎上にあげることすら反感が見られ、まずは「戦争批判」を訴えることに力点を置くべきだとする議論が多かった。しかし、ここでは、「古びた歴史観で粗雑に裁断したり、お涙頂戴の反戦観で色づけしたり」しない「軍神」描写が好意的に評されている。さらにそこには「客観的な戦争映画」さえ見いだされていた。

一九六〇年代末の戦記ブーム

これらの動きの背後には、当時の戦記ブームがあった。この時期には、『あゝ同期の桜』(毎日新聞社、一九六六年)や『人間魚雷――回天特別攻撃隊の手記』(同、一九六七年)、『青春の遺書――予科練戦没者の手記』(同、一九六八年)といった遺稿集や、小泉信三『海軍主計大尉小泉信吉』(文藝春秋、一九六六年)、阿川弘之『山本五十六』(新潮社、一九六五年)が発刊され、いずれもベストセラーとなった。映画界でも、また同様の傾向が見られた。東映が前記遺稿集をもとに中島貞夫監督『あゝ同期の桜』(一九六七年)や小沢茂弘監督『あゝ回天特別攻撃隊』(一九六八年)を製作し、いずれも同年日本映画ベストテンに入る興業成績をあげていた。

戦後二〇年余を経て戦記ブームが生じた背景には、拙著『殉国と反逆』でも記したように、戦争体験をめぐる世代間のギャップがあった。

少なからぬ学生たちが、大人たちを問罪する。いやなら何故、戦場から逃亡しなかったのか。どうして銃を捨てなかったのか。そうしなかったところをみると、みんなファシストだったに違いない――彼等の論理は飛躍する。[27]

一九六九年五月二一日の『朝日新聞』社説には、このような記述があるが、こうした若い世代の「無理解」が、戦場体験者のアイデンティティ形成を促し、遺稿集や体験記の発刊へとつながった。『連合艦隊司令長官　山本五十六』もそうしたなかで受容された。先述の映画評の「興業価値」欄には「戦争を体験した年代には受けようが、「山本五十六」を判読すらできぬ年代にどうアピールするかが問題」と記されていた(28)。実際にどの程度「戦争を体験した年代」に「受け」たかはさておき、ともすれば若い世代が「いやなら何故、戦場から逃亡しなかったのか」と体験者を突き上げるなか、戦中派が世代のアイデンティティを確認しながらこの映画を見たことは想像に難くない。

「お勉強映画」

だが、これらの映画は戦中派世代ばかりではなく、若い世代にも少なからず受容されていた。『読売新聞』(一九六九年八月一六日)には「戦争映画大当たり」という記事が掲載されているが、そこでは、『日本海大海戦海ゆかば』(『日本のいちばん長い日』『連合艦隊司令長官　山本五十六』に続く東宝「8・15シリーズ」第三作)や『あゝ海軍』(大映)など同年の戦争映画を評しながら、これらの映画が「緊張感とカッコよさ」で「若者を酔わせ」ていることを指摘していた(29)。前年公開の『連合艦隊司令長官　山本五十六』でも同様の受け止め方がなされたものと思われる。

それは同時に、彼らの「知的好奇心」をくすぐるものでもあった。当時二〇歳前後の若者たちは、一九六〇年代前半に少年期を過ごしたわけだが、そのころは戦争マンガの絶頂期であった。少年雑誌でも、ちばてつや「紫電改のタカ」(『少年マガジン』連載、一九六三年)や辻なおき「0戦はやと」(『少年キング』連載、一九六三年)をはじめ、戦争マンガが多く連載されていた。これらにふれて育った彼らのなかには、軍艦や戦闘機に興味を抱く「戦記大好き少年」は少なくなかった。そのような少年期を送った彼らにとって、一九六〇年代末に流行した戦記映画は、ある種の「お勉強映画」だった。映画評論家の秋本鉄次は、『連合艦隊司令長官　山本五十六』をはじめとする「8・15シリーズ」について、一九八一年の文章のなかで以下のように述べていた。

かつて〝8・15〟シリーズありき。ほぼ年一回、太平洋戦史を描いた東宝のこのシリーズは、当時、小・中学生だった私には、不遜な言葉でいえば〝夏の風物詩〟でもあった。何しろ、その頃はというと、戦記雑誌『丸』を愛読し、マンガなら『紫電改のタカ』から『0戦はやと』とか、プラモデル作りも趣味で、長門・陸奥型戦艦と大和・武蔵型戦艦との違いは、とか各艦船・軍用機などを、最近のスーパー・カー大好き少年と同じくソラんじていて喜々としていた、という〝戦記大好き少年〟だったのだ。（中略）そんな少年にとって〝8・15〟シリーズは絶好の〝お勉強〟映画だった。戦争の悲劇やいたましさ、という製作サイドの〝思惑〟をすり抜けて、この一連の〝戦記物〟を〝堪能〟してしまっていた、というのが正直なところだ。[30]

一九六〇年代前半の彼らは、一九八〇年前後の少年たちが「スーパー・カー」に熱狂するのと同様に、戦艦や戦闘機につよい興味を示した。六〇年代末に青年期にさしかかろうとしていた彼らは、その延長で『連合艦隊司令長官　山本五十六』をはじめとする戦争映画を消費し、堪能した。彼らにとって、連合艦隊と山本五十六を主役としたこの映画は、彼らの「趣味」の知識を充実させてくれるものであったのである。

『連合艦隊』と『プレジデント』

その一三年後に公開された松林宗恵監督『連合艦隊』（東宝・一九八一年）も、また一種の「お勉強」「教養」として受容される傾向が見られた。

この映画は、必ずしも山本五十六を主人公としているわけではなく、戦争に翻弄される若者と家族に焦点を当てつつ、真珠湾攻撃から戦艦大和の撃沈までを描いている。しかし、山本五十六をはじめとす

「連合艦隊の名リーダーたち」を特集した『プレジデント』1981年5月号

『連合艦隊』広告
（『キネマ旬報』1981年7月下旬号）

る連合艦隊上層部も大きく扱われていた。

この映画は配給収入一九億円で同年日本映画第一位を記録したわけだが、その反響は映画雑誌や新聞に限らず、ビジネス雑誌や大衆歴史雑誌にも及んだ。とくに、この映画における山本五十六像については、『プレジデント』誌で多く言及されていた。

『プレジデント』（一九八一年五月号）は「連合艦隊の名リーダーたち」という特集を組み、山本五十六をはじめ、栗田健男、小沢治三郎、草鹿龍之介、山口多聞など、真珠湾攻撃やミッドウェー海戦を戦った日本海軍将官が取り上げられていた。当然、この特集は、映画『連合艦隊』を意識したものであった。特集の主要エッセイ「山本五十六暗い時代の唯一の灯」は、『連合艦隊』で脚本を手掛けた須崎勝彌によるものであり、最初の見開きページには、紙面の約半分のスペースを割いて、この映画のスチル写真が掲載されていた。

映画『連合艦隊』のスチル写真を配した『プレジデント』誌面

この須崎のエッセイでも、三国軍事同盟への反対、早期和平志向といった従来の人物像は踏襲されている。だが、ここで特徴的なのは、「指導者」像への着目である。須崎のエッセイの冒頭には以下のように記されている。

広く世の指導者を分類すると、知の人、情の人、そして意の人という三つのタイプになるだろう。知の男は人を魅了し、情の男は人を慕わせ、意志の男は人を従わせる。知将、名将とうたわれた連合艦隊司令長官山本五十六の場合、時とともに、知の人から意志の人へ、意志の人から情の人へと変化している。時代状況が彼を追い詰めるのと軌を一にして……。[31]

山本五十六が「知の人」「意志の人」「情の人」であったかはさておき、ここでは明らかに「指導者」のあり方を考える手がかりとして、山本五十六が論じられている。

もっとも、それは掲載誌が『プレジデント』であったことを考えると当然ではあった。『プレジデント』は、一九六三年四月にビジネス・リーダー層をターゲットとして創刊された。当初は、提携していた『フォーチュン』誌（米国TIME Inc. 発行）の記事紹介や経済・経営の動向紹介に重点が置かれていたが、一九八〇年ごろから、歴史上の人物を取り上げながら、「リーダーの人間学」を多く取り上げるようになった。一九八〇年八月号の特集「「終戦後」の研究」では、D・マッカーサー、吉田茂、徳田球一が論じられ、一九八三年五月号では「現代の「参謀学」」を特集し、土方歳三、黒島亀人（連合艦隊先任参謀）、満鉄調査部が取り上げられた。プレジデント社はさらに、「ザ・マン」シリーズというムックを一九八〇年代初頭に刊行し、戦国武将や幕末志士、明治期の軍人を「リーダー学」の観点から紹介していった。

『プレジデント』（一九八一年五月号）の特集「連合艦隊の名リーダーたち」も、こうした流れのなかで生み出されたものであった。前述のように、『連合艦隊』は必ずしも帝国海軍の上層部のみに焦点をあてたわけではなく、むしろ、時代に翻弄される若い男女の悲哀に重きが置かれていた。しかしながら、『プレジデント』はこうした映画のなかから山本五十六をはじめとした海軍首脳を選び取り、「指導者論」と絡めて議論を展開していった。

「リーダーの人間学」としての「山本五十六」への着目は、ある意味、教養主義の芳香を漂わせるものでもあった。

大正期から一九六〇年代にかけて、旧制高校・大学キャンパスには、読書を通じた人格陶冶の規範が存在し、学生たちは文学書・歴史書・哲学書を多く手にした。こうした文化は、何も大学生に限られたものではなく、庶民レベルでもしばしば垣間見られた。拙著『「戦争体験」の戦後史』でも言及したように、『葦』『人生手帖』といった一九五〇年代の人生雑誌の流行や、一九五〇・六〇年代の光文社カッパブックスの売れ行きにも、大衆層の「読書を通じた人格陶冶」がうかがえる側面が多く見られた。

八〇年代の『プレジデント』もそれに通じる面があった。過去の偉人について書かれたものを読み、その偉人に学ぶことによって、「リーダー」としての人格を陶冶する。企業のトップ層・中堅層のためのそうした「教養雑誌」が、『プレジデント』であった。そして、「山本五十六」はこの流れのなかで、ビジネス・リーダーのための「教養」の対象として位置づけられたのである。

三 「軍神」の蘇生と正典化

「山本五十六」の変容

一九五〇年代半ばには「再軍備」「軍国主義の再来」を連想させ、社会的なアジェンダとしてさえ忌避される傾向もあった「軍神・山本五十六」は、かくして一九八〇年代に入ると、社会的中堅層がビジネス世界を生き抜くための「教養」とみなされるようになった。そこには、五〇年代と八〇年代の戦争観の相違を見ることもできよう。ただ、その経由地として、若者たちに「お勉強映画」として戦争映画が受容された一九六〇年代後半があったことは見落とすべきではない。

少年期に戦争マンガに興じた彼らは、『連合艦隊司令長官　山本五十六』を知的好奇心をくすぐる「お勉強映画」として受け止めた。社会的中堅層に差し掛かりつつあった彼らは、その関心をふまえながら、一九八一年の『連合艦隊』にあるべき「ビジネス・リーダー」像を読み込もうとした。

もっとも、『プレジデント』が主要読者層を四〇歳代としていたことを考えれば、これらの世代はやや若い年代ではあった。だが、逆にいえば、『プレジデント』の若手読者層（あるいはその予備軍）であった彼らにしてみれば、「戦記大好き少年」の「お勉強」があったがゆえに、同誌での「山本五十六」イメージは受容しやすいものであった。

そもそも、『プレジデント』でしばしば扱われた旧日本軍将官についての論評は、一定の知識がなければ決して読みやすいものではない。少なくとも「運命の五分間」（ミッドウェー海戦で、一度は魚雷から陸用爆弾に装着変更したものを、再度、魚雷に付け変えようとした時間が勝敗を分けたこと）程度の知識は前提にされている。それを戦場体験（あるいは戦争体験さえ）がない読者に提示可能であったことの背後には、『プレジデント』の若手読者たちが、少年期に『連合艦隊司令長官　山本五十六』などの戦争映画を「お勉強」も兼ねて受容してきたことがあった。こうした経緯を経て、かつては「軍国主義の再来」を連想させた「軍神」は、ビジネス・リーダーたちの行動規範と目されるに至ったのであった。

「正史」への収斂

他方で、このころを境に、戦争映画の語りの幅が狭まってきた。このことも、「軍神」の正典化を考えるうえで、示唆的であろう。一九七〇年代前半ごろまでは、良くも悪くも戦争映画のテーマは多様であった。『連合艦隊司令長官　山本五十六』や『日本のいちばん長い日』のような軍・政府上層部に焦点を当てたものが作られる一方、「アクション・ヒーロー」ものも少なくなかった。命令をものともしない下級兵士が、ときに上官に反抗したり殴りつけたりしつつ、仲間の戦友を助けるために奮闘するというストーリーである。なかには、日本人もしくは朝鮮人の「慰安婦」と恋が芽生えるという展開も少なくなかった。『兵隊やくざ』シリーズ（一九六五－七二年、計九作品）や『血と砂』（一九六五年）、『独立愚連隊』シリーズ（一九五九－六〇年、計二作品）などが代表的なものである。

しかし、一九八〇年代に入ると、この種の「アクション・ヒーローもの」は姿を消した。そして、『二百三高地』『連合艦隊』『日本海大海戦海ゆかば』といった日露戦争・太平洋戦争の「史実」に題材をとった大作映画が多く製作され、日本映画の配給収入上位を占めていった。言うなれば、「お勉強」に値する「正史」が前景化し、娯楽として楽しむだけの架空の戦場アクション・ストーリーは後景に退いていった。

むろん、そのことの是非はいかようにも考えることができよう。往々にしてコロニアリズムと「男」の欲望が垣間見えるこれら「戦争アクション・ヒーローもの」が退潮したことは、それなりに肯定的にとらえるむきもあろう。だが、それは裏を返せば、自らがその場に置かれたら同様の欲望を抱いたかもしれないことを見えにくくし、かつての提督の「偉大さ」に寄り添うものとも言えるのではないだろうか。「正しい史実」に基づく理想のリーダー像からは、コロニアリズムやジェンダー・ポリティクスにまみれたかもしれない自己の醜悪を連想することは難しい。その「リーダー」がかつて、三国軍事同盟に反対し、開戦後も早期和平を目指していたとなれば、それはなおさらであろう。

『兵隊やくざ』（増村保造監督、1965年）ポスター。コピーには「軍歌のかわりに浪花節！　古参兵をブン殴り上官の女も頂く　態度のでかい二等兵！」とある。

かつて軍国主義の再来を批判された「軍神」は、戦後四〇年を経て、「ビジネス・リーダー」の理想として蘇生した。そこには、『プレジデント』に代表されるビジネスマンたちの教養主義も大きく作用していた。だが、「軍神」に「教養」が読み込まれ、戦争をめぐる「正史」「偉大さ」が際立つ一方、戦争を「単に楽しむだけのアクションもの」として消費する文化は、良くも悪くも消失していった。こうした戦争の受容は、見方によっては、戦争をめぐる醜悪さ（および自らもそれを楽しんでしまうかもしれない危うさ）を見えにくくしていったのではないだろうか。

注

（1）吉田裕『日本人の戦争観』岩波書店、一九九五年。

（2）「太平洋の鷲」『一〇月の東宝』東宝株式会社関西支社宣伝課、一九五三年一〇月、五頁。

（3）本多猪四郎も、山本嘉次郎監督『加藤隼戦闘隊』（一九四三年）のチーフ助監督を務めたほか、のちに『ゴジラ』（一九五四年）、『モスラ』（一九六一年）といった特撮映画の監督を務めている。

（4）吉田裕『日本人の戦争観』（前掲）のほか、拙著『「反戦」のメディア史』（世界思想社、二〇〇六年）、『殉国と反逆』（青弓社、二〇〇七年）でも同様の指摘をしている。

（5）大木雄二『少国民伝記山本元帥』大日本雄弁会講談社、一九四四年二月、一一九－一二〇頁。ちなみに、同書にミッドウェー海戦の記述がないことは、言うまでもない。

（6）『太平洋の鷲』には「女」がほとんど登場しないことも、その特徴のひとつであった。女性が見られるのは、数秒のみ映される電話交換手だけであり、それは山本五十六の軌跡を描く物語のなかで、ごく枝葉のシーンに過ぎない。このことは、当時の映画評のなかでも、指摘されていた。上野一郎は、『キネマ旬報』（一九五三年一一月下旬号、六九頁）に寄せた映画評のなかで、この映画が「女性の出演は電話交換手ひとりという徹底した男性映画である」ことに言及していた。

（7）「編集手帖」『読売新聞』一九五二年一一月一四日、一面。

（8）日本映画座談会」『キネマ旬報』一九五三年一二月上旬号、四一頁。

（9）この詳細は、拙著『殉国と反逆』（青弓社、二〇〇七年）参照。

（10）「〝軍神映画〟をどう考える」『読売新聞』一九五二年一一月一二日、夕刊、四面。

(11)井澤淳「日本映画に描かれる人間——軍人にもいい人がいた?」『キネマ旬報』一九五三年一月上旬号、五五頁。
(12)軍神映画をどう考える」『読売新聞』一九五二年一一月二二日、夕刊、四面。
(13)大蔵貢「よみうり演芸館——興業(二六)」『読売新聞』一九五八年八月六日、夕刊、四面。
(14)同。
(15)同。
(16)「シルバー・ウィークスクリーン採点(下)」『読売新聞』一九五六年一一月一日、夕刊、四面。
(17)滝沢一「日本かく戦えり」『キネマ旬報』一九五六年一二月上旬号、六七頁。
(18)武田泰淳「戦争映画のむずかしさ」『キネマ旬報』一九五七年新年特別号、三九頁。
(19)「戦争映画攻勢の秋——製作者のご意見拝聴」『読売新聞』一九五六年九月二九日、夕刊、四面。
(20)戸田隆雄「軍神山本元帥と連合艦隊」『キネマ旬報』一九五六年一二月上旬号、六九頁。
(21)「シルバー・ウィークスクリーン採点」『読売新聞』一九五六年一一月一日、夕刊、四面。
(22)高橋栄二「ひどい戦争礼賛の映画」(「気流」欄)『読売新聞』一九五六年一〇月三〇日、九面。
(23)田山力哉「空ゆかば」『映画評論』一九五七年二月号、九五頁。
(24)映画『連合艦隊司令長官　山本五十六』パンフレット、東宝、一九六八年、二頁。
(25)同、二頁、表二。
(26)杉山平一「連合艦隊司令長官　山本五十六」『キネマ旬報』一九六八年九月下旬号、七六頁。
(27)社説「戦没学生に声あらば……」『朝日新聞』一九六九年五月二一日。
(28)杉山平一「連合艦隊司令長官　山本五十六」『キネマ旬報』一九六八年九月下旬号、七六頁。
(29)「戦争映画大当たり」『読売新聞』一九六九年八月一六日。
(30)秋本鉄次「連合艦隊——〝端正〟に描かれた帝国海軍の興亡」『キネマ旬報』一九八一年七月上旬号、一五二頁。
(31)須崎勝弥「山本五十六暗い時代の唯一の灯」『プレジデント』一九八二年五月号、四二頁。

第Ⅱ部　焦土の思想とメディア

第4章　戦後初期の「八・六」イベントと広島復興大博覧会

――「被爆の明るさ」のゆくえ

二〇一一年の福島原発事故以降、「ヒロシマからフクシマへ」という惹句を頻繁に耳にする。そこでは、「反核・反原発」という理念のシンボルとして、広島の被爆体験が想起されている。だが、そうした「ヒロシマ」像は、はたして戦後の広島でどれほど、あるいは、いつから見られたのだろうか。

終戦後間もない時期の広島では、原爆被災日（八月六日）はしばしば祝祭的な雰囲気を帯びていた。仮装行列、盆踊り大会、花火大会、花電車運行がおこなわれていたことは、拙著『焦土の記憶――沖縄・広島・長崎に映る戦後』（新曜社、二〇一一年）で記したとおりである。だとしたら、「八・六」の体験は、広島でどう位置づけられ、いかに変容したのか。そこには、今日の「ヒロシマ」イメージとのいかなる偏差が見られるのか。それを問うことは、戦後日本における「広島」「被爆」の語りが何を見落としてきたのか、さらに、「ヒロシマ」を論じることがいかなる危うさを孕みがちなのかを示唆するのではないだろうか。

本章では、戦後広島における原爆被災日の報道や関連イベントを跡づけながら、「八・六」をめぐる言説変容を検証したい。(1)

一　「八・六」と祝祭

「被爆の明るさ」

一九四六年八月五日から七日にかけて開かれた広島平和復興祭では、ブラスバンドや花電車、山車が市内を巡回し、演芸大会が催された(2)。翌年八月六日の平和祭でも、「広島中心部新天地の娘さんたち七十余名」が「あでやかな衣しょうに花がさをかざ」し、「ピカッと光つた原子のたまにヨイヤサー、飛んで上がつた平和の鳩よ」(平和音頭)の囃子に合わせて、銀座通りを練り歩いた。山車や仮装行列も繰り出されたほか、商店街は「平和ちょうちん」を下げて、福引き付きの「平和大売出し」をおこなった(3)。『中国新聞』(一九四七年八月七日付)では、「至るところで盆踊が行われ休みどころか徹夜で踊りまくろうと息ま」く人々の姿が報じられていた(4)。同日付の『中国新聞』には、「祝平和祭」を大きく掲げた企業広告も掲載されており、平和祭は前年以上に盛り上がった。「八・六」は祝祭の対象でもあったのである。

とはいえ、こうした風潮への違和感もいくらか垣間見られた。『中国新聞』(一九四六年八月六日付)のコラム欄「放射線」には、「「まるでお祝ひのやうですね。死んだ者が一番可哀さうだ」と嘆息する人がある」ことに触れながら、「平和を祝ふ前に平和を購つた莫大な生命を想起してほしい」と記されていた。一九四七年の平和祭の際にも、「あのようなお祭りさわぎをするのはもってのほか」「厳粛な祭典はひとつもみられなかった」という投書が主催団体(広島平和祭協会)によせられた(5)。

だが、裏を返せば、一部の反対論がありつつも、大勢としては祝祭的な「八・六」が選び取られていたとも言えよう。広島では、広島市・広島商工会議所・広島観光協会の三者が広島平和祭協会を設立し、その主催で先述のような「八・六」イベント（広島平和祭）を挙行し、五〇余の行事が執りおこなわれた。また、中国新聞社もそれに合わせて、市民芸能コンクール（一九四六年八月八日）や平和復興コドモ祭（同年八月七日－九日）を主催した。(6) これらのイベントは、広島の行政・財界・メディアが一体となって、おこなわれていたのである。

占領下の言論統制

今日の目からすれば、こうした原爆被災日のありようは、何とも奇異に映るだろう。しかし、これには相応の要因があった。何より、連合軍の占領下に置かれていたことが大きかった。

ＧＨＱは一九四五年九月一九日にプレス・コードを発表し、国家主義的な言説や米軍批判、占領軍批判を取り締まる姿勢を明らかにした。原爆をめぐる議論も、その制約を受けた。原爆による一般市民の大量殺戮の事実が議論されることで、米軍批判が強まることを、ＧＨＱは懸念していた。それゆえに、原爆に関する報道・出版はかなり抑え込まれる傾向にあった。

1947年８月６日の広島平和祭
（『夕刊ひろしま』1947年８月７日付）

広島の文学者が集《つど》った中国文化連盟は、一九四六年三月に雑誌「中国文化」を立ち上げ、創刊号を「原子爆弾特集号」と銘打った。しかし、福岡の第三地区民事検閲部（第三ＣＣＤ）での事前検閲では、部分的な削除命令がなされたうえに、事後検閲で呉のＣＩＣ（対敵諜報部隊）から呼び出しを受け、「原爆の惨禍が、原爆以後もなお続いていると言う表現は如何なる意味でも書いてはならない」と厳重に言い渡された[7]。原民喜「夏の花」（一九四七年）や大田洋子「屍の街」（一九四八年）のように、原爆を扱った文学作品も皆無ではなかったが、それらも発表にあたり、検閲で大幅な改変・削除を要求された。

言論統制は、実際の削除・発禁処分のみならず、作家や報道機関、出版社が自己検閲をおこない、発言を自ら抑制する状況をも生み出した。広島詩人・栗原貞子は、一九四六年に詩集『黒い卵』を出版したが、そこでは、「原爆投下の日」などの連作短歌の一部を自主的に削除していた[8]。

そのような言論状況下では、必然的に、原爆投下批判ととられかねない表現は避けられた。一九四六年八月六日付の『中国新聞』には、「この広島が世界平和を招来する因となり時代の波にのり〝アトミツクシテイ・ヒロシマ〟として一躍世界史上に登場した」「広島市民が犠牲になつたゝめにこの戦争が終つた。よいキツカケになつたことがどれだけ貴い人命を救つたか知れない」と記されていた[9]。そこでは原爆投下は、戦争終結と平和をもたらしたものとして肯定的に位置づけられている。こうした「前向き」な原爆認識は、前述の「八・六」イベントの祝祭性にもつながるものではあるが、同時に、占領軍の言論統制の影を見ることも可能だろう。

「忘れようとしてのドンチャンさわぎ」

だが、「八・六」が「明るさ」をともなっていた要因は、そればかりではない。被爆体験の重さも、そこに関わっていた。広島市民にしてみれば、「八・六」は、筆舌に尽くしがたい悲惨な光景を目の当たりにし、そのなかで肉親を失い、生活基盤を奪われた日であった。なおかつ、被爆の後遺症に苛まれ、いつ訪れるとも知れぬ死の不安に怯える者も多かった。それだけに、こうした体験を日常生活のなかで直視し続けることには、相当な心理的負担を強いられた。毎年めぐってくる八月六日は、ともすれば目をそむけたい過去を露骨に想起させかねない。だとすると、そこでの人々が「逃避」を選択したとしても不思議ではない。中国新聞記者の金井利博は、一九五二年のエッセイのなかで、戦後初期の「八・六」を振り返りながら、以下のように述べている。

原爆七周年記念日がやつてきます。ご承知のように「地元ヒロシマ」では戦後二、三年目まで、この記念日がくるたびドンチャン空さわぎに明け暮れして心ある人の眉をひそめさせました。近年はさすがに自重しはじめたようです。

しかしこれを原爆体験者の身になつてみれば、あんなイヤなことをいまさら想い出そうより忘れようとしてのドンチャンさわぎ、無理からぬ一種の逃避、いや或意味の心理的な抵抗でさえあつて、とやかく見識ぶつて説教するものこそ、人類史の共同便所の蓋を人まえはばからずあける厚顔な無作法者、あれを体験した者は、あんなけつたいな追憶と真正面から取つ組むことに、今でも何ほどかの心理的な努力がいるんだ、と口をゆがめるでしょう。[10]

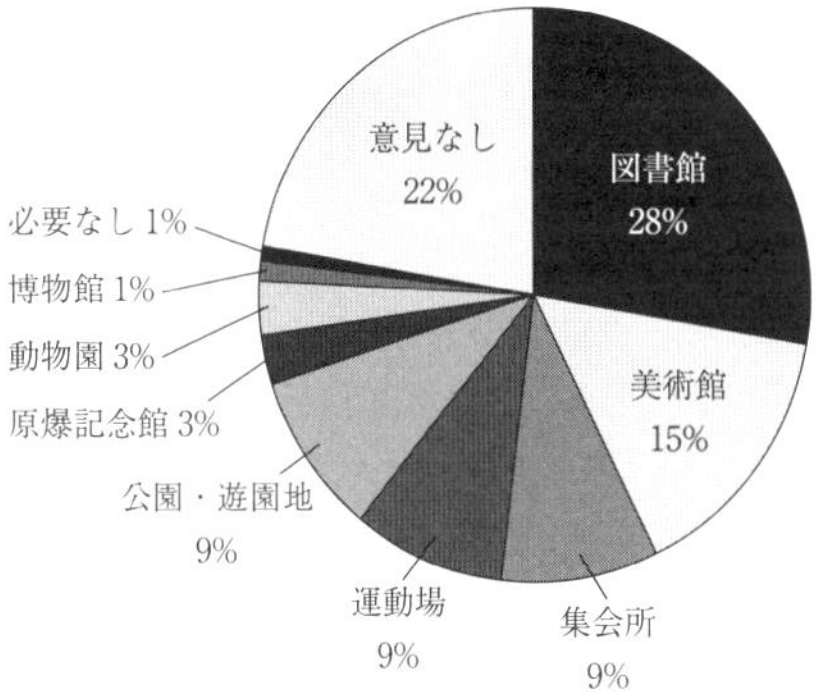

「市民の望む広島市にふさわしい平和記念施設」調査結果
(広島市『広島市政についての調査』[広島市、1951年] をもとに作成)

後述するように、占領終結期にもなると、祝祭的な「八・六」イベントに対する批判が広島輿論のなかでも高まってくる。だが、金井はそうしたなかで、あえて、「この記念日」が「原爆体験者の身になつてみれば、あんなイヤなことをいまさら想い出そうより忘れようとしてのドンチャンさわぎ」であったことを指摘する。原爆被災日イベントについては、「あのようなお祭りさわぎをするのはもってのほか」という感情ばかりではなく、「無理からぬ一種の逃避」「或意味の心理的な抵抗」からその祝祭性を消費するむきもあったのである。

ちなみに、広島市は一九五一年に市民を対象にした「広島市政についての調査」をおこなっている。そこでは、「市民の望む広島市にふさわしい平和記念施設」について質問がなされているが、その回答は多い順に、「図書館」（二八パーセント）、「美術館」（二五パーセント）、「集会所」（九パーセント）、「運動場」（九パーセント）、「公園・遊園地」（九パーセント）となっており、「原爆記念館」を挙げたのは三パーセントにすぎなかった。[11]「平和」を記念するシンボルとして被爆体験を位置づけることの違和感を、そこにうかがうことができよう。

「原子力時代」への期待感

とはいえ、「八・六」を祝祭の対象としたのは、言論統制や「無理からぬ一種の逃避」といった「消極的」な理由ばかりではない。むしろ、「積極的」な要因もあった。それは、原爆投下によって切り拓かれた新時代への期待感である。

一九四六年八月六日付の『中国新聞』には、「けふぞ巡り来ぬ平和の閃光」という見出しのもと、「ミリタリズムの基地たりし広島は、過去の繁栄を瞬時にして消滅した。封建主義とその制度下における物と人は、焦土と瓦礫の中に喪はれた。かく物心両面から過去を清掃しつくした広島は、こゝに新生の第一歩を力強く踏み出したのである」という記述がある。[12]

THE CHUGOKU　中國新聞

けふぞ巡り來ぬ平和の閃光

廣島市の爆撃こそ原子時代の誕生日

資産の評價は時價
企業整理の範圍縮小

貴院の再修正

熱烈な努力祈る
吉田首相本社に寄す

『中国新聞』1946年8月6日

広島市長・濱井信三も、一九四八年八月六日の声明（「広島市平和宣言」）のなかで、こう述べている。


　一九四五年八月六日午前八時十五分、広島に投下せられた一発の原子爆弾は二つの面から史上に特筆せらるべき偉大な力を発揮しました。

　その一つは現に進行しつゝあつた戦争そのものを終息せしめる力として、他の一つはその偉大な破壊力を前にして全人類に改めて永遠の平和への熱望をよびさました建設の力としてゞあります。

　われわれ広島市民はそれを身をもつて体験しました。[13]

原爆投下は第二次世界大戦の終結を導くと同時に、その破壊力の大きさゆえに、その後の戦争をも抑制する。それはすなわち、「永遠の平和への熱望をよびさま」す「建設の力」たりうるものであった。

そもそも、「戦後」への期待は、広島でも少なからず見られた。栗原貞子は、「どきゅめんと　私記「占領」」(一九七三年)のなかで、当時をこう振り返っている。


敗戦当時、広島には七十五年間草も生えないと言われ、身近かなところで被爆者たちが次々と死んで行き、とめどのない死の不安に囚われていた私たちだったが、長い戦争の年月重く垂らした黒い防空幕をとりはずし、被っていた防空カバーを電燈からはぎとってパッとつけた明るい輝きは今も忘れることはない。暗い戦争の谷間で抑圧されていたものが一時にあふれるような思いであった。

うちつづく十五年戦争の、非合理を合理とし、合理を非合理として、聖戦完遂の名の下に、弾圧され、自由を奪われていた人間にとって、占領軍の非軍事化政策と民主化政策は、自身の要求として深い共感をもって受け止められた。国家のもっとも暗黒な暴力装置である軍隊と陰惨な特高警察が解体され、「兵士は速やかに復員して、家庭にかえって平和な生活をいとなむように」と布告されたことは驚異にも似た強烈な感動だった。(14)


栗原は、雑誌「中国文化」創刊の中心メンバーの一人であった。検閲のために雑誌を自由に発行できず、自らの詩も自己検閲せざるをえない状況にありながらも、同時に、戦後の「平和」に解放感を見いだしていた。栗原にとって、占領軍が創りだした戦後は、少なくとも戦時に比べればはるかに眩しいものであった。そこでは、敗戦が解放感とともに抱きしめられていたのである。

「原子力時代」への期待感も、こうした心性に支えられていた。原爆を「戦争そのものを終息せしめる力」「その偉大な破壊力を前にして全人類に改めて永遠の平和への熱望をよびさました建設の力」とする認識は、敗戦の解放感や歓喜に裏打ちされていたのである。

先端科学としての原子力

そこには、「平和利用」への期待も色濃く見られた。『中国新聞』(一九四六年八月六日付)一面トップには、その冒頭に、米国科学者連盟会長の談として、以下の発言が紹介されていた。

われわれは八月六日の広島爆撃は原子時代の誕生日だつたと考へてゐる。一年後の大衆が依然原子力を兵器としか考へてゐないことは注意を要する。原子力を利用した薬剤がすでに数万の人命を救つたことと、今後五年も経てば原子力が巨船を動かすやうになつてゐるかもしれない、二年も経てばテネシー州のオークリツヂで原子力発電が実現するだらうといふやうな事実を大衆は未だに本当に信じてゐない。[15]

原爆投下一周年の広島地方紙をアメリカ科学者のこうした文言が飾っていることは、占領下という時代状況を強く印象づける。だが、それが占領軍の一方的な意向であったとも思われない。この記事の見出しには「広島市の爆撃こそ原子時代の誕生日」とされている。そこには、原爆に用いられたテクノロジーが原子力発電や原子力船舶へ転用されることへの夢が示唆されている。「原子時代」は、これまで考えもつかなかったような輝かしい未来を実現するものであり、その起点として、広島原爆が位置づけられていたのである。

同様のことは、先の広島市長声明にもうかがうことができる。濱井信三は、「昭和二三年広島市平和宣言」のなかで、「我等は神意を信じ歴史を信じ、平和を愛する諸国民の公正と信義に信頼し、原子力時

第３回広島平和祭（1949年８月６日）の絵はがき（広島市公文書館所蔵）

代をして恒久平和と新なる人類文化創造の輝かしい時代たらしめねばならない」と述べている[16]。広島原爆によって幕開けとなった「原子力時代」は、「恒久平和と新なる人類文化創造の輝かしい時代」となることが期待されていたのである。

　ちなみに、第三回広島平和祭（一九四九年八月六日）の絵はがきには、原子核を回る電子運動の図柄に、地球の絵と「Peace Forever」の文字が重ねられていた。広島の被爆体験と原子力科学への憧れ、そして「平和」志向の共存を、そこにもうかがうことができよう。

　被爆の経験が、反原子力どころか、「平和利用」を後押しする論理に結びつくのは、今日からすればいささか奇妙に見えるかもしれない。だが、当時、原子力科学は最先端のテクノロジーであった。そのことを考えれば、原子力平和利用への強い期待は、ある意味、避けがたいところがあった。

　それは、広島のみならず、日本の言説にも往々にして見られるものであった。湯川秀樹は、一九四七年八月六日の講演のなかで、広島原爆にも言及しつつ、「原子力の使用法を一歩誤れば人類の破滅であるし、順調に進めば幸福な世界が実現される見込が充分あるといふ大きな岐路に人類は立つてゐます。大きな危険、大きな希望の両方が我々の目の前に存在し、而も人間はそれを選択し得る立場にあります」と語っていた[17]。同志社大学神学部長の有賀鐵太郎も、その編著『原子力時代に於ける基督教』（聖光社、一九四八年）の序文において、次のように記している。

原子爆弾の出現は人類の文化のみならずその存在をすら危機に立たせてゐる。原子力は世界を滅ぼすか、それとも新しい世界創造の機会を提供すべきものであるか。第二次世界大戦を経験したわれわれにとつて、その問に対する答は余りにも明白である。[18]

湯川にせよ、有賀にせよ、共通するのは、最新科学の原子力をいかに用いるべきかという問題意識であった。「世界を滅ぼす」ほどの原子力の力を、いかに「幸福な世界の実現」や「世界創造」の方向に使用するのか。それが彼らの関心であった。そこには、原子力を軍事利用するのか、「平和利用」するのか、という問いはあっても、軍事利用と平和利用をともに認めないという論点は見られない。

原爆投下は、原子力という最先端技術がはじめて「実用化」された瞬間であった。それから五年も経ていない時期において、そのすさまじいエネルギーを「幸福な世界の実現」に向けて用いようと夢見たことは、不思議なことではない。むしろ、非軍事の方向で原子力を用いないという選択肢は、想起すらしがたいものであった。

だとすれば、戦後初期の広島で「平和利用」の言説が少なからず見られたことは、ある種、必然的なものだった。人類史上はじめて原子力が「実用化」された地であっただけに、広島こそが原子力の「平和利用」を率先して叫ばなければならない。原爆投下一周年の『中国新聞』に見られた「けふぞ巡り来ぬ平和の閃光」「広島市の爆撃こそ原子時代の誕生日」という見出しには、そうした広島輿論が浮かび上がっていた。

「八・六」の雑種性

以上からうかがえるのは、戦後初期の「八・六」言説の多様性である。原爆被災日の言説は、祝祭性を帯びていたわけだが、そこには、悲惨な過去から目をそむけようとする心理的葛藤ばかりではなく、広島こそが「原子力時代」を切り拓いたという「自負」があった。「平和利用」を通じて、広島の体験が人類の輝かしい未来の創造に資する――そういう思いが、そこには内包されていた。むろん、占領下の言論統制の影響もあったが、同時に、原子力という先端科学を語りうる主体としての広島アイデンティティのようなものも垣間見えた。

その意味で、この時期の「八・六」の語りは、いたって混沌としたものであった。「ヒロシマ」という言葉で連想される反戦・平和主義に連なるものもないわけではないが、それも祝祭性、「平和利用」志向、「原子力時代」の先端性と分かちがたく絡まりあっていた。

ところが、その後、そうした状況は徐々に変化を見せるようになる。そのプロセスを、以下に見てみよう。

二　「祝祭」の翳り

祝祭への違和感

一九四八年や四九年の「八・六」イベント（広島平和祭）でも、水泳会、ボートレースや音楽会、新音頭発表会といった催しはおこなわれていた(19)。しかしながら、それへの違和感も徐々に目立ち始めていた。

前述のように、すでに一九四七年の広島平和祭では、「あのようなお祭りさわぎをするのはもってのほか」「厳粛な祭典はひとつもみられなかった」という投書が主催団体に寄せられたほか、アメリカの「ライフ」誌も「アメリカ南部の未開拓地におけるカーニバルだ」と酷評していた[20]。その後、そうした批判はいっそう際立つようになった。

　市長の濱井信三は一九四九年の「八・六」イベントについて、「このたびの平和祭は平和都市法施行の意義深い日でもあった」としながらも、「〝平和〟〝平和〟といっている市民の一部の考え方がややうわついてきている感じをうけないでもなかった」「平和運動は決してはでやかなものではなく、地味でしかもねばり強い精神力がいる。わたくしは平和祭はもっとどっしり大地についたものでありたいと思う」と述べている[21]。市議会議長・任都栗司も、「六日は対外的な立場から各種行事があっても結構だが、私はこの日一日だけは深い反省と祈りの日にふさわしい静かなそしてしめやかな行事で盛られてほしかった」「全市民がうちそろってたのしめ、あまりお金のかから（ママ）ない行事が催されると一段と苦難のなかに平和の希望をもとめて起ちあがる広島市民の姿がほんとの姿としてうけとれたであろう」とコメントしていた[22]。行政や立法のトップも祝祭イベントに消極的であったことがうかがえる。

　それは、広島平和記念都市建設法に関する輿論動向にも重なるものであった。

平和記念都市建設法

　一九四九年八月六日、平和記念都市建設法が公布された。これは原爆罹災からの復興のために、広島市に対して国庫支出などを認める特別立法であった。

　この法律は、もともと、広島市が国に旧軍用地の早期無償払い下げを請願したことに端を発する[23]。市街地が広く被爆した広島市は、深刻な財政危機に陥っていた。多くの市民が家屋・財産を失い、担税力が極度に低下していた。そのことは、市の税収の悪化に直結した。大規模な復興事業が必要であったにもかかわらず、それが可能な財政状況ではなかったのである。そこで広島市は、終戦後、大蔵省の管轄下に置かれていた旧軍用地の払い下げを国に陳情した。第五師団が置かれていた広島市には、西練兵場跡や東練兵場跡、基町の旧陸軍病院・広島偕行社の敷地など、六百ヘクタール余の旧軍用地が存在していた。それらを、公有地（小中学校用地など）や土地区画整理の元地にしたり、あるいは土地売却により財源に充当すべく、無償払い下げを国に訴えた。(24)

しかし、日本政府としては、全国各地で多くの都市が被災していた以上、広島だけに優遇措置をとることはできなかった。そこで、広島市は、請願・陳情活動に見切りをつけ、被爆都市の特殊事情を訴えつつ「平和都市」建設の理想を謳った特別立法の制定をめざすようになった。これは、国会審議に先立ちＧＨＱの内諾を得たことが功を奏し、一九四九年五月に衆参両議院でいずれも満場一致で可決された。同法は広島市のみを対象とする特別立法であったため、憲法第九五条と地方自治法第二六一条に則り、七月七日に住民投票が実施された。そこで有効投票の過半数の賛成票を得て、同年八月六日に公布の運びとなった。

平和記念都市建設法制定に対し、広島メディアには好意的な論調も多かった。『中国新聞』（一九四九年七月九日付）の社説では、平和記念都市建設法の制定によって「封建都市であり、また軍都としての過去をもつ広島市が世界的な平和の象徴都市として生まれ代《ママ》る」と記している。(25)また、同紙（一九四九年七月一日）の社説でも、平和記念都市建設法が「多くの市民が終戦後夢に描いていた世界の平和都市「ヒロシマ」が現実に建設出来るという端緒をつくることになる」とされていた。(26)

だが、他方で同法施行への違和感も見られた。それは、復興事業にともなう市民の税負担増や平和記念公園整備（平和記念都市建設法に基づく都市整備事業）のための立ち退きへの懸念であった。『中国新聞』（一九四九年七月三日付、二面）掲載の座談会「平和都市ヒロシマかく建設せん」では、ある出席者は「この法律に予算の裏づけが規定してないため、一部では市民の負担が多くなるのではないかとの疑問をもっているときいている」と発言していた。『中国日日新聞』(一九四九年五月一二日付)では、平和記念都市建設法による公園・道路整備により住居が奪われることを懸念した住民が、計画変更要請の町民大会を開催したことを報じている[27]。同紙は一九四九年六月二日の紙面でも、「広島平和記念都市建設事業の進展によつて、局部的に、また個人的に利害関係の生ずる」ことを指摘している[28]。

石丸紀興の指摘によれば、そこには広島における労働争議の頻発や雇用不安の増大も関わっていたという。広島では一九四九年六月頃から日本製鋼所広島製鋼所における労働争議が発生し、七月には国鉄広島管区内で人員整理が発表された。労使対決の雰囲気や労働者の生活権擁護のための闘争が、平和記念都市建設法への危惧を醸成することとなった[29]。

おそらくは、そうした状況の反映もあったのだろう。一九四九年八月一四日付の『中国新聞』では、「平和の体現」と題した社説のなかで、以下のように記されていた。

平和祭のもろもろの行事ももちろんよい。[中略]しかし年に一度の行事や、どの地方のものとも決して変らないようなお盆の、そして降伏の日のむかえ方に、と迷いするのである。戦争が終って四年もたってそして広島の平和運動的価値が世人の平和への関心が高まるほど一層喧伝せられて世界的な注目をひいている時であるだけに、その災害から起上った広島人が果して平和に対してどのような反省なり、生活設計をしているかをみてみたいのである。[中略]

平和運動がたまたま広島にピカドンがおとされたという過去の事実の思い出だけであったり、降伏の日が盆踊りや活劇ものに暑気を散ずるというだけでは余りにも悲しいと思う故である[30]。

ここには、平和記念都市建設法に関する直接的な言及はないが、少なくとも、八日前に同法が公布されたことへの高揚感は見られない。平和記念都市建設法の成立があっても、かつてのように祝祭的に盛り上がりきれない「八・六」が、そこには垣間見られた。

長崎との温度差

広島のこうした状況は、同時期の長崎と比較すると、より鮮明に浮かび上がる。長崎でも、ほぼ同趣旨の国際文化都市建設法が、一九四九年八月九日に公布された。長崎国際文化都市建設法は、広島平和記念都市建設法とあわせて国会で審議され、衆参両議院で可決された。だが、同法に対する長崎での受け止め方は、広島の場合とはまったく異なっていた。

長崎では、国際文化都市建設法の公布を記念して、八月九日をはさみ、前後一一日にわたり、祝祭的な行事が多く開かれた。花電車運行、花火大会、盆踊り大会はもとより、仮装提灯行列、ダンス・パーティー、ミス・コンテスト、素人のど自慢大会、新長崎音頭発表会などが繰り広げられた[31]。

また、当時の『長崎民友新聞』『長崎日日新聞』を見る限り、国際文化都市建設法施行による税負担増への懸念はほとんど見られなかった。『長崎民友新聞』(一九四九年六月二九日付)に掲載された投書には、「然し巷間ややもすれば、文化都市になれば税金が高くなるとか、或いは甚だしきに至つては文化都市になれば日本人と犬は入れなくなるのではなかろうかと言い出す者さえある」ことに言及されてはいるが、投書者はそれに対して、「全く無智な誤解である」「増田官房長官の談話によれば、米国から原爆都市の復興には一切の資材を送つて来、それを政府の予算の中から特別にお金を出して呉れ、こちらはただ労働力だけを出せばよいのである」と反駁している。そこには、教会、学校などの公共施設の建設により、長崎が「開ける」ことへの期待感が綴られていた[32]。

しかしながら、そうした長崎輿論のありようは、広島の場合と比較してみると、奇妙なものにも見える。広島では、広大な旧軍用地の無償払い下げがあってもなお都市再建にともなう増税が懸念されていた。長崎の場合、かつて軍需工業都市であったとはいえ、第五師団が置かれた広島や鎮守府があった佐世保に比べれば、無償払い下げを期待できる土地は限られていた。だとすると、長崎では税負担増への懸念が広島以上に大きくなったとしても不思議ではない。しかし、実際の輿論状況は、むしろその逆であった。

では、それはなぜだったのか。そこには、国際文化都市建設法が制定されるまでのプロセスが関わっていた。

もともと、広島市と長崎市は、国に復興策を要望するうえで、共同歩調をとっていた。一九四六年八月には、両市共同で広島・長崎の復興に関する特別援助を国会に請願していた。しかし、その具体的な進展が見えないなか、両市の連携は薄れていった。結果的に、広島市は、平和記念都市建設法制定に向けて、単独でＧＨＱや国会議員と交渉を重ねることになった。それだけに、この法案の成立が現実味を帯び始めたときの長崎の狼狽は大きかった。一九四九年五月七日付の『長崎民友新聞』では、「長崎も「平和都市」だ――又も広島に出しぬかれて大あわて」という見出しで、以下のように報じている。

〝ノー、モア、ヒロシマ〟で有名な広島を平和記念都市にしようという「広島平和記念都市建設法案」が参議院運営委員会で協議され、国会に提出されようとしているが、これに出し抜かれた同じ原爆都市長崎でも議会と長崎市が起ちあがつた。この法律案は国家があらゆる援助を与え、平和記念建物、文化施設を建設してくれるという願つたりかなつたりの有難い法律で、長崎が置きざりにされたとすると、お先真暗の悲さんな状態も予想されるので、同法案がわが長崎にも適用されるよう、官民一致の猛運動が要望されている。

だいたいこの問題は長崎と広島とが同一歩調で対国会運動を進めていたところ、地元民の不熱意のためか、広島に出しぬかれた形になつたもので、本県選出代議士はじめ県、市当局その他文化人、経済界、一般市民を打つて一丸とする運動が遅まきながらはじまつたものである。[33]

長崎県選出の国会議員は、平和記念都市建設法が長崎にも適用されるよう、「広島・長崎平和記念都市法」への変更を広島関係者に要望した。それは結果的に受け入れられなかったが、民主自由党（当時の与党）所属の長崎選出議員は、平和記念都市建設法案に賛成しないばかりか、民自党を連袂離党すると公言し、法案成立を阻止しようとした。民自党顧問の大野伴睦は「ひとにせっせとご馳走を用意させておいて、いよいよお膳ができるときになって、そのご馳走がオレにも食べる権利がある、といって駄々をこねるような政治がどの世界にあるか。食べたかったら自分でこしらえたらいいではないか」と憤り、広島市関係者を擁護したとされるが[34]、最終的には、長崎を対象にしたほぼ同趣旨の法案を別途作成することで決着した。これが、長崎国際文化都市建設法成立のおおよその経緯である。

広島へのコンプレックス

こうしたなかで、広島に対する長崎のコンプレックスは、幾重にも累積されていった。『長崎民友新聞』（一九四九年五月一七日付）には、「長崎は広島に負けた――〝文化都市〟審議を省みて」という論評が掲載された[35]。同紙一九四九年六月二三日付の社説「自力で文化都市を作れ」でも、「三年来の用意周到な広島市の計画と、広島市の計画を知り、あわて丶計画を作った長崎市の場合はそもそも根本の出発点が違う。当局に熱意がないというよりも市民に熱意のないことが問題である」と記されていた[36]。

もっとも、原爆投下の状況を考えれば、広島と長崎の間で「市民の熱意」に違いが生じたとしても、不思議ではなかった。

広島の場合、市内中心部の細工町（現・大手町）が爆心地であったが、それは三方が山に囲まれた平野部のほぼ中央であった。したがって、被害は同心円状に市域全般に及んだ。

それに対し、長崎の場合、市街地は標高二〇〇メートル程度（最高三六六メートル）の丘陵によって、中島川流域と浦上川流域とに分かれていた。そのうち行政や商業の中心は中島川流域であった。浦上川流域は並行して南北に走る二つの丘陵に挟まれており、工場が比較的多い地域だった。そして、原爆が爆発したのは、浦上川地域ほぼ中央の松山町上空五〇〇メートルであった。そのため、熱線や爆風による被害は、ほとんど浦上川地域に集中していた。市の中心街である中島川地域は丘陵で遮られていたため、その余波は軽減された[37]。それゆえに、「原爆は長崎に落ちたのではなく浦上に落ちた」という市民の声もしばしば聞かれたという。そもそも、浦上は近世より隠れ切支丹が多く在住し、宗教差別の対象とされてきた。郷土史家・越中哲也によれば、それもあって、「原爆が浦上に落ちたので〝ほっと〟した、という一般市民の感情」もあったという[38]。

これらが「平和都市建設」に対する関心の低さにつながっていることに、当時の長崎メディアは自覚的であった。先の『長崎民友新聞』（一九四九年六月二三日付）の社説でも、続けて以下のように書かれていた。

長崎市の戦災復興が如何に遅々たるかは、既に自他共に確認するところである。これは何も復興が不可能なほど戦災の打撃を受けたというよりも、市民が消極的で復興の意欲が希薄な為である。また復興の意欲が希薄なのは、市中心部は殆ど大した被害もなく郊外の浦上だけが被害を受けたからともいえる。[39]

だが、そうだとしても、長崎にとって広島は相当に意識せざるをえない都市であった。『長崎民友新聞』（一九四九年五月二二日付）の社説「建設的意欲を燃焼せよ」では、「同じく原爆の投下を受けながら広島に比べて、長崎が復興の熱意の乏しい」ことを指摘しつつ、「全滅した都市でさえ復興するのに、わずか一部しか全滅しなかつた長崎市の如き、戦前と面目を一新する画期的の大都市たり得ないわけはなかろう」と記されている。[40]

また、「ノーモア・ヒロシマ」という言い回しへの不快感も垣間見られた。『長崎民友新聞』（一九四九年五月一六日付）の投書欄には、「長崎こそ原子爆弾の洗礼を受けた最後のものであるはずであるのに——即ち広島のあともう一発の広島が長崎であつたのであるから、広島のノーモアヒロシマズは本当は当たらぬことになる。ノーモアヒロシマズはノーモアナガサキズでなければならない理くつだ」との意見が寄せられた。[41] 今日にいたる慣用的なスローガンの自明性を問う指摘である。

そのことは、「国際文化都市建設法」という法律名称への不快感にもつながっていた。同じ投書では、そのことについて以下のように綴られていた。

〝文化都市〟と〝平和都市〟と恩典は同一であつても、この言葉から受ける世界の人の印象はどうか。広島のねらつているものはもつと大きいところにある。即ち広島を一つの世界的な都市とし、広島を世界の特別地域とし、全世界に宣言し、将来は平和の聖域として認めてもらう——国連などへお願して——肚であるように思われる。

長崎は〝文化都市〟と決定しただけでそれも人のふんどしで相撲をとり特典がもらえたとぬかよろ

こびに酔いしれている。なぜ広島と同様、〝平和〟の文字を押さなかったのか。郷土出身の代議士はわが世の春の民自党出身者で占められている。政府はどうか。同じ民自党の天下である。それなのに〝文化〟でなだめられて左様御尤もで引退るとは一年生議員連中だとはいえ、あまりと言って能なしである、政治力の貧困さである。[42]

たとえ内容的には平和記念都市建設法と大差がなくとも、その名称が国際文化都市建設法とされてしまったことに対する屈辱感を、そこに読み取ることができる。

住民投票をめぐって

こうしたコンプレックスがあっただけに、せめて住民投票では広島以上の法案賛成率を上げようという長崎の意欲には、強烈なものがあった。前述のように、平和記念都市建設法と国際文化都市建設法は、それぞれ広島・長崎に限定的に適用される特別立法であった。そのため、国会の議決だけではなく、住民投票で有効投票の過半数を獲得する必要があった。住民投票は一九四九年七月七日におこなわれることになったが、長崎市は投票率・賛成票率において、広島市を上回ることに熱を上げた。市長の街頭放送や宣伝ビラ配布、啓蒙ポスターの募集・審査のほか、新長崎音頭（文化都市長崎音頭）の歌詞募集などがおこなわれた。[43]投票日当日の『長崎民友新聞』（一九四九年七月七日付）の社説「住民投票と棄権の防止」でも、「広島市でも同じくきよう住民投票があるが、広島市民と長崎市民と果してどちらが、平和都市と文化都市の建設に対する熱意があるか、きようの投票成績によつて決定する。長崎市民はこの点においても広島市民には負けてはならない」と記されている。[44]住民投票で法案が成立するかどうかということよりも、広島に勝るかどうかが、ここでは主要なアジェンダとして扱われている。

平和記念都市建設法の住民投票のポスター（広島市公文書館所蔵）

	投票率（%）	賛成票率（%）
広島	64.9	91.1
長崎	73.5	98.6

平和記念都市建設法・国際文化都市建設法の住民投票結果
（長崎市議会編『長崎市議会史』記述編第3巻、長崎市議会、1997年）

開票結果は、投票率、賛成票率、いずれにおいても、長崎が広島を上回った。広島では投票率六四・九パーセント、賛成票率九一・一パーセントであったのに対し、長崎では投票率七三・五パーセント、賛成票率は九八・六パーセントに達した。しかも、投票日は広島は晴天であったのに対し、長崎市では雨に見舞われ、投票への出足が心配される状況であった。ちなみに、直近におこなわれた選挙（第二十四回総選挙、一九四九年一月二三日）の投票率は、広島市で六八パーセント、長崎市で五六パーセントであった。[45] 広島市の投票率がほぼ横ばいであったのに対し、長崎では悪天候であったにもかかわらず、投票率を大幅に伸ばし、そのほぼすべてが賛成票を投じていた。

当然ながら、そのことに対する長崎の歓喜は大きかった。投票結果を報じた『長崎民友新聞』（一九四九年七月九日付）の一面では、「広島に勝った――今後も負けないで」という見出しのもと、長崎市長・大橋博の以下のコメントが掲載された。

ただ今浜井広島市長と電話で話しました。市民投票の結果は、長崎が断然広島に勝ちました。投票率において約一割近く長崎が多かつたのであります。これひとえに市民各位の協力一致の涙ぐましいご努力の結果でありまして、まことに感謝感激に耐えません。(46)

法案成立の可否そのものよりも、投票率・賛成率で広島を上回ることに主要な関心が払われていたことがわかる。何より「広島に勝つた」という見出しに、そのことが浮かび上がっていた(47)。長崎における同年の「八・九」イベントの盛り上がりも、こうした状況を受けたものであった。そして、それとは裏腹に、広島では、原爆被災日の祝祭性は衰退傾向にあったのである。

平和記念都市建設法の住民投票を呼びかける広島市の宣伝トラック（1949年7月4日、中国新聞社所蔵）（被爆50周年記念史編修研究会編『街と暮らしの50年』広島市企画総務局公文書館、1966年、59ページ）

平和祭禁止処分への共感

そのことは、翌一九五〇年の広島平和祭をめぐる議論からもうかがうことができよう。

一九五〇年六月に朝鮮戦争が勃発すると、GHQはレッド・パージの方針を打ち出すなど、共産党関係者への弾圧姿勢を強めた。その余波は広島の「八・六」イベントにも及んだ。同年八月三日、広島市警察本部は「反占領軍的または非日的と認められる集会、集団行進、あるいは集団示威運動を禁止する方針を決定」し、平和祭は中止された。折しも、ソ連の影響を受けたストックホル

長崎民友
文化都市法成立す
投票に示した長崎市民の熱意
建設に衆知を結集
廣島に勝つた
今後も負けないで
長崎 賛成率九九%
廣島 賛成率九二%

負けましたよ
廣島市長から電話
肩の荷を下して一息ついた
大橋市長会心の笑み

国際文化都市建設法の成立を報じた新聞記事。「広島に勝つた」ことが大きく報じられている。
（左：「長崎民友新聞」1949年7月9日付　右：「長崎日日新聞」1949年7月9日付）

ム・アピール署名運動（世界平和評議会）が盛り上がりを見せつつあり、広島でも広島平和擁護委員会や「われらの詩の会」などによる運動が活発化していた[48]。八月六日には、警察官三〇〇〇人が、非合法集会を警戒して、市内外で待機した[49]。原爆投下日に開催される集会は、「平和祭に名を借りる不穏行動」を引き起こし、反米・反占領軍の議論を惹起しかねないと考えられたのである。

　しかし、平和祭中止命令は、広島市民に歓迎される側面もあった。『中国新聞』（一九五〇年八月六日付）には、以下のような投書が掲載されていた。

　五度原爆記念日を迎えるに当り、記念行事としてのお祭り騒ぎ的なことがすべて取り止めになったことを知り、思わず安心した気持になりました。私は満州からの復員者ですが、毎年迎える記念日の行事があまりお祭り騒ぎに過ぎるので、これが肉親を失ってあとに残った人々なのかと意外に感じていました[50]。

私は子供の安否を尋ねて市内を彷徨したが、あの状況はまさに地獄絵、われわれは平和祭と銘打ってのお祭り騒ぎは絶対に反対である。むしろ在りし日を偲んで、敬けんな祈りをささげることが、亡き人と遺族へのせめてもの思いやりであると思う[51]。

GHQの意向を汲んだ平和祭禁止措置は、市民に好意的に捉えられるむきもあったのである。こうした議論状況は、「八・六」言説から祝祭性が削ぎ落とされるようになったことを浮き彫りにしていた。かつて「お祭り騒ぎ」の様相も見受けられた「八・六」イベントは、一九四〇年代末以降、徐々に祝祭性から距離をとるようになった。平和記念都市建設法が公布されたときでさえ、長崎とは異なり、終戦後一、二年のような高揚は見られなかった。

前節で述べたように、戦後初期の「八・六」の語りには、「平和」志向のみならず、「原子力時代」への期待感、先端科学への信頼、そして祝祭性といったものが混濁していたわけだが、一九四九年頃になると、そこから祝祭性が欠落していくようになったのである。言い換えれば、それは、原爆被災日言説から反戦・平和主義的な「ヒロシマ」が前景化するにいたる通過点であった。さらに数年後、こうした傾向はいっそう加速するようになる。

ただ、そこで見落としてはならないのは、ある種の「明るさ」がその後も持続していたことである。「ヒロシマ」と「明るさ」が結び付きながら、いかなる議論が紡がれていったのか。その点を以下に見ていきたい。

三 「平和利用」への希望

被爆体験記ブーム

一九五二年四月二八日、サンフランシスコ講和条約の発効にともない、連合軍の日本占領が終結した。このことは、原爆をめぐる言説空間を大きく変容させた。

占領が終結すると、それまで抑え込まれていた原爆関連の報道・出版は急激に増加した。一九五二年八月六日に出された「アサヒグラフ 原爆被害特集号」（朝日新聞社）は、原爆の惨禍についてほとんど知らされていなかった国民に衝撃を与え、五二万部を売り上げた。同様に広島の原爆被害の写真を収載した『岩波写真文庫広島』（岩波書店）も、五二年のベストセラー第一三位の売れ行きを記録した。

広島でも被爆体験をテーマにした作品が多く世に出された。一九五二年四月には、画家の丸木位里・俊子夫妻が『原爆の図』を第五部まで完成させ、青木文庫（青木書店）より刊行した。同年六月には、同じく青木文庫より、峠三吉『原爆詩集』が出されている。

また、占領終結に先立ち、講和条約発効前後の時期には、広島文理大学教授の長田《おさだ》新《あらた》が児童・生徒たちの被爆体験記を編纂した。これは『原爆の子』と題して、一九五一年一〇月に岩波書店より刊行された。五一年八月には、大田洋子『人間襤褸』『屍の街』が河出書房から出されるなど、この時期には原爆体験の手記・文学の出版が相次いだ。

もっとも、その背後には、再軍備や朝鮮戦争をめぐる懸念があった。一九五〇年六月に朝鮮戦争が勃発し、在日米軍が出兵する事態になると、米軍基地が多数存在する日本も攻撃を受ける危険性が懸念された。さらに、トルーマン大統領は朝鮮半島での原爆使用を示唆しており、報復として日本に三度目の原爆が投下されることさえ、危ぶまれた。他方で、五〇年八月、GHQの意向で警察予備隊が組織され、五二年一〇月には保安隊に拡充された。それにともない改憲をめざす動きも見られた。広島知識人にとって、こうした状況は憂うべきものであった。

これらの不安が、原爆体験の手記発刊を後押しした。長田新は『原爆の子』の序文のなかで、「依然として世界は不安につつまれ、またしても新たな戦争への脅威が身近に感じられる」なか、「世界中の一人一人をして「吾々は戦争を欲しない」「吾々は平和を求める」という力強い意志表示をさせる」ことが求められていると述べている。占領終結、あるいはそれを目前に控えた言論状況とともに、朝鮮戦争や再軍備をめぐる懸念が、原爆をめぐる出版物の相次ぐ発刊を促したのである。

一九五四年三月に第五福竜丸事件が起きると、そうした傾向はさらに加速された。ビキニ環礁におけるアメリカの水爆実験が、日本の漁船乗組員の死亡を招いただけでなく、海洋や大気の放射能汚染が日本列島の食を脅かしかねないことが明らかになった。杉並区の主婦たちが始めた原水爆禁止署名運動は全国に広がり、五五年八月の第一回原水爆禁止世界大会開催、そして同年九月の原水爆禁止日本協議会（日本原水協）設立につながった。

こうした状況のなか、「八・六」をめぐる言説も必然的に、原水爆禁止を強く打ち出すようになってくる。『中国新聞』（一九五四年八月六日付）の社説「九たび原爆記念日を迎えて」では、こう記されている。

現在世界のあらゆる国々の人たちへ、心の不安と動揺を与えているものは、原爆であり水爆である。実際に頭上に落されることは、今後あるいはないと仮定しても、それを保障するものはなにもなく、そのため原・水爆が実在すること、それだけの事実によって、人類の不安と動揺は免れないのである。

ことに身をもってその効果を体験した広島人の原・水爆禁止の要望は、心からなる真の叫びである。[52]

翌年八月六日付の同紙社説「原爆十周年を迎えて」でも、「そのノロわしい影響力は人体に長く残存して十年の歳月を経た今日なお人々を悩まし、そのために倒れてゆく者が次から次へと続いている。これこそ人類が自らの手で地上にもたらした最大の不幸、最大の悲惨事でなくしてなんであろう」と書かれていた。[53] 被爆当時の悲惨さやその後の後遺症による苦悩と恐怖――それらに立脚した原水爆禁止の主張が、そこには明示的に打ち出されていた。

「平和利用」の願望

とはいえ、そこでめざされていたのは、あくまで「原水爆の禁止」であって、「原子力の禁止」ではなかった。先の『中国新聞』(一九五四年八月六日付)の社説「九たび原爆記念日を迎えて」では、原水爆禁止の主張とともに、「科学の成果を、幸福に奉仕せしめるか、人類の破滅に使用するかは、人間自らがきめることである」と記されていた。[54] 同紙一九五五年八月四日の社説「八・六大会と良心問題」でも、三村剛昂《よしたか》(広島大学理論物理学研究所長)の論文を引用しつつ、「原子力の平和利用が盛んになって地上に楽園ができる態勢になっても、原・水爆の製造、所有、使用の禁止に成功しなければ、地上の楽園は噴火山上の舞踏と同じ」であることに言及されていた。[55] いずれも、原子力の「平和利用」を否定するものではない。むしろ、原水爆禁止への切迫感が、「平和利用」を希求する強い訴えにつながっていた。少なくとも、軍事・産業のいずれにおいても原子力を使用しないという選択肢は念頭に置かれていない。その時期の広島において、原水爆禁止を訴える延長で、「平和利用」が模索されていたのである。

当時、原水爆禁止運動が高揚し、広島で第一回原水爆禁止世界大会が開かれようとしていた。その時期の広島において、原水爆禁止を訴える延長で、「平和利用」が模索されていたのである。

そのことは、社説のみならず、一九五五年八月の国際原子力会議をめぐる報道からもうかがうことができる。国際原子力会議は、国連主催のもと、「原子力を平和と人類の福祉のために利用する目的」で組織された[56]。その第一回会議は、五五年八月八日から二〇日まで、ジュネーブで開催された。そこには、アメリカ、イギリス、フランス、ソ連、日本など六六ヵ国から、原子力科学の専門家ら二〇〇〇名が参加した。『中国新聞』は、その模様を「文明の火を原子力で」(一九五五年八月九日付)、「火、水力に充分対抗」(同年八月一〇日付夕刊)などの見出しのもと、連日、一面で大きく報じた。「〝世界の悪夢〟に光明」と題された記事(同年八月一〇日付夕刊)では、そのリード部にこう記されていた。

きょう注目の米・ソ発表
原子力会議 経済発電を討議
〝火、水力に充分対抗〟
ソ連、操業経験を報告
〝世界の悪夢〟に光明
水爆の平和利用を予告

『中国新聞』(1955年8月10日付夕刊)における国際原子力会議の報道

国際原子力会議の開幕の辞で、バーバ議長(インド)が「今後二十年以内に水爆のもつ巨大な力は動力化され、電力とエネルギーに対する要求を永遠に解決するだろう」と予告したことは二十世紀後半の原子力の行方を大胆に指向するとともに、原・水爆による〝生か死か〟の岐路に直面している世界人類に一条の光明を投げ与えたものと言えよう[57]。

原水禁運動が盛り上がり、「原・水爆による〝生か死か〟の岐路に直面している」ことが実感された当時、原子力の「平和利用」に「一条の光明」を読み取っていた広島輿論がそこにうかがえよう。

だが、それにしても、なぜ「平和利用」も含めた原子力の廃絶が、社会的な主要議題とならなかったのか。被爆死した死者たちや、その後の後遺症に苛まれる人々の存在を考えると、軍事か「平和利用」かを問わず、原子力利用への拒絶感が生じてもおかしくない。にもかかわらず、なぜ、そうした議論が前景化しなかったのか。それはむしろ、「被爆体験の重さ」や「死者への思い」があったがゆえのことであった。広島県議会議長の林興一郎は、『中国新聞』（一九五六年五月二七日付）のなかで、「わが広島人は人類として最初に、その破壊力による惨害を経験したのであるが、それゆえに、また平和的利用による人類の幸福を祈念することも峻烈である」と語っていた[58]。

一九五七年八月六日付の『中国新聞』は、日本原子力研究所（東海村）の研究用原子炉稼働が間近であることを報じているが、そのなかで以下のように被爆した死者たちが想起されている。

原子力が悪魔のツメとなって、広島、長崎にきえぬ傷跡を残してから満十二年。悲しみを新たに、平和への祈願をこめる記念式典が行われるのと期を同じくして、茨城県那珂郡東海村、日本原子力研究所に完成したJ・R・R－一号（日本研究用原子炉一号）が、原子力平和利用へのスタートとして、静かな、目に見えぬ「第三の火」を燃やしはじめようとしている。その火は熱出力わずか五〇キロワットのかすかなものであるとはいえ、原子力が今度はわれわれを果しない希望と光明の新しい時代へ導くまばゆいかがり火であり、原爆犠牲者に対する何よりの法灯だといえよう[59]。

そこでは、死者の死が「原子力平和利用」の礎として意味づけられている。換言すれば、「平和利用」

は死者の霊を慰めるものとして見いだされていたのである。

また、被爆者たちの生の意義や彼らの主体性を強調する文脈で「平和利用」が語られることもあった。『原爆の子』を編纂した長田新は、「原爆をつくる人、こわす人」(『改造』第三四巻第一四号、一九五三年一〇月)のなかで、「原爆の衝撃に打ちのめされた虚脱・痴呆の状態をただいたずらに誇大」するのではなく、「原爆の惨事にもめげず、雄々しく起ち上りつつある原爆の子らの姿」を強調しつつ、以下のように述べている。


有史以来人間によつて発見され、人間によつて利用されてきた他の諸エネルギーと同様に、平和的建設のために利用できるすばらしいエネルギー源としての原子力の本質についての無理解――これが原爆の悲劇を受動的に単に悲劇としてのみ描き、平和運動の手段としてせっかちに取りあげる結果となつている。[60]

長田がめざしたのは、「原爆の悲劇を受動的に単に悲劇としてのみ描」くのではなく、「原爆の惨事にもめげず、雄々しく起ち上りつつある原爆の子らの姿」を訴えることであった。そこでは、「平和的建設のために利用できるすばらしいエネルギー源としての原子力」を飼いならすことは、被爆者たちの能動性・主体性を表すものとして位置づけられた。

広島大学教授(歴史学)の今堀誠二も、近い議論を展開していた。今堀は、その著書『原水爆時代(上)』(一九五九年)の「あとがき」において、「原子力は人間を自然から解放するために役立てるべきもので、人類絶滅の手段として使うべきではない」としたうえで、そのためには「すべての人間が被爆者の身になって考えることが大切」であるとする。つまり、「「被爆者をこれ以上ふやすな」という声が、みんなのものとなった時、原水爆時代は終」わり、「原子力時代が明るい光に包まれたバラ色の夜明けを迎え」る[61]。

一九五〇年代半ばの広島では、総じて、「原子力平和利用」は「人間を自然から解放する」ものとして位置づけられていた。その実現は、被爆死者を慰めることであり、「被爆者の願い」でもあった。彼らの死や戦後の困苦は、広島原爆に起因するものではあったが、それを何とか「明るい光に包まれたバラ色」の「原子力時代」の創造に接合することが、そこでは模索されていたのであった[62]。

「水爆の平和利用」の夢

かといって、「原子力平和利用」に不安がないわけではなかった。当時においても、放射性廃棄物の処理については、懸念するむきがあった。『中国新聞』（一九五五年八月一三日付）は一面トップで、「原子力から熱核エネルギー時代へ」と題し、ジュネーブでの国際原子力会議での議論を報じていたが、そのなかで、「放射性廃棄物（死の灰）の処理問題の報告で米国のウォルマン教授が「高度の放射能を浴びた放射能灰の処理は的確な処理法は近いうちには見つかりそうもない」と率直に述べたことは各国代表から好感をうけたが、同時に脅威感を新たにさせた」と伝えている[63]。

しかし、そのことは「平和利用」を構想することへの足枷となったわけではない。むしろ、「死の灰」が出ない「平和利用」に希望が託されていた。そこで議論されたのが、「水爆の平和利用」であった。前述の記事では、国際原子力会議の場において、「〝死の灰〟の出ない水素エネルギーの平和利用に一そうの注目が集った」ことが報じられているが、それを受ける形で、翌々日の八月一五日付の『中国新聞』家庭欄には、「水爆の平和利用は可能か」と題した記事が掲載された。

そこでは、「ウランなどの核分裂による場合、死の灰が出るためその処理が極めて難渋だが、水爆利用の場合はほとんど放射性の灰が出ない。要するに水爆利用は、原子力時代の一大革命であり、人類のエネルギーについての不安はこれによって一掃され、世界は根本的に生れ変るとみられている」と記されていた(64)。しかも、それは天然資源をめぐる各国間の不均衡をなくすことができるとも考えられた。原子力利用の場合、ウラン資源の埋蔵量に左右される側面があるが、水素エネルギー利用の場合、そこで用いられるのが水素、重水素、リチウム、窒素など、容易に入手可能なものであるため、「水爆利用の原子力時代には、旧来のウラン資源およびその工業は一切不要」になる。「水爆の平和利用」は、埋蔵資源の不均衡と廃棄物処理問題を一気に解決するものとして、捉えられていたのである(65)。

当時は、言うまでもなく、第五福竜丸事件や原水爆禁止運動の高揚など、水爆の危険性が強く認識されていた時期であった。しかし、そうした輿論は、水爆禁止のみならず、「水爆の平和利用」をも後押ししたのである。

私の原子力平和利用

漫画家氏の夢

女児男児お好みしだい

八頭身も意のままに

たちまちにして若返る

てるてる坊主はお払箱

鉱石のままタクアン石

「私の原子力平和利用」
（『中国新聞』1955年８月15日付）

ちなみに、『中国新聞』（一九五五年八月一五日付）の紙面には、「私の原子力平和利用――漫画家氏の夢」と題した囲み記事が掲載されていた。これは、原子力や放射線の「平和利用」による「男女の産み分け」「若返り」「身体の八頭身化」「雨雲の除去」といった「夢」をマンガ家たちが語り、イラストを添えたものである。むろん、これらは荒唐無稽な冗談として書かれたものではある。だが、第五福竜丸の無線長の死（一九五四年九月二三日）から一年もたたない時期に、これらの「夢」を冗談混じりで、かつ、マス・メディアにおいて語ることができた事実には、当時の広島における「平和利用」への強い期待感、およびそれを疑う論点すら想起されない輿論状況をうかがうことができよう。

原爆資料館と「平和利用」――広島復興大博覧会

被爆体験の重さに裏打ちされた「平和利用」志向は、広島復興大博覧会でも際立っていた[66]。

広島復興大博覧会は、広島市の主催で、一九五八年四月一日から同年五月二〇日まで開催された。第一会場には平和記念公園が、第二会場には平和大通りの一部が用いられたほか、第三会場には広島城が充てられた。広島城は、かつて第五師団司令部が置かれ、原爆により倒壊・焼失したが、博覧会の開会に合わせて再建された。

この博覧会は「広島市復興の現況ならびにその産業と観光とを広く江湖に紹介するとともに、近代科学産業、貿易、文化の粋を展示し将来わが国産業文化の振興に寄与することを目的」とするものであった[67]。だが、なかでも強く意識されていたのは、「原子力平和利用」の促進であった。広島市長・渡邉忠雄は、『広島復興大博覧会誌』（広島復興大博覧会誌編集委員会編、広島市役所、一九五九年）の「発刊のことば」において、こう述べている。

> 世界が正に「第三の火」といわれる原子力時代を迎えようとしている時、広島の教訓を再確認し、原子力の在り方を再検討して、核兵器の使用を断固禁止し、原子力をして、平和利用一本に絞ることの如何に緊要切実であるかを痛感せざるを得ないのであります[68]。

原爆を受けた広島の「教訓」に立脚しつつ、「核兵器の使用」の拒絶の延長で「平和利用一本に絞る」ことが、そこでは模索されていた。

この博覧会は、会期五〇日間で来場者数（入場券総売上数）が九三万人に及ぶなど、地方の博覧会としてはかなり盛況であった。なかでも、多くの来場者の関心を引いたのが、主要パビリオンである原子力科学館であった。『広島復興大博覧会誌』によれば、「押すな押すなで原子力科学館などは入口で入場制限を繰り返し、このため入れる入れないで、口論まではじまる騒ぎ」すらあったという[69]。

このパビリオンには、毎日新聞社とともに、日本原子力産業会議が協賛していた。日本原子力産業会議は、一九五六年の創設以降、原子力の産業利用に関する広報活動をおこない、全国各地で展覧会や博覧会を手掛けていた。この原子力科学館への協賛も、その一環であった[70]。

興味深いのは、このパビリオンとして用いられたのが、広島平和記念資料館（原爆資料館）だったことである。被爆のおぞましさや後遺症の悲惨さを伝える施設が、「平和利用」を訴える場として用いられたのである。『広島復興大博覧会誌』には、原子力科学館の趣旨がこう記されている。


「原子」「放射能」「アイソトープ」等原子科学の基礎知識を平易に解説し、人口四十万の雄都広島市を一瞬にして廃墟と化した原子力の脅威的破壊力を実存の資料によって示すと共に、その平和利用の姿を世界各国から集めた貴重な資料により産業、農業、医学等の各分野にいかに応用され人類文化の発展に寄与しているかを示す[71]。

この記述のとおり、原子力科学館には、被爆体験の重さと「平和利用」の未来とが併存していた。来館者は、入り口付近で、まず「原爆馬」を目にした。この馬は、原爆投下の際、御者とともに被爆しながら生き延びたものの、右半身のケロイドが痛ましく、また、被爆の後遺症のため、使役にとても耐えられないほど、体力が衰弱していた。持ち主は、平和記念資料館長・長岡省吾に相談し、この馬の剝製を同館に寄贈する予定であった。しかし、博覧会開催に際して、「生きた原爆資料」として出品されることになった。ちなみに、この馬は、博覧会終了後、「体力も限界に達し、飼料代もかさむ」との理由で屠殺された[72]。

原子力科学館に入館すると、「原子砂漠のパノラマ」のほか、「日赤と原田外科病院から提供されているホルマリン漬けのケロイド」などが展示されていた。『広島復興大博覧会誌』には、これに関して、「単なる興味を越えて、悽愴な妖気をあたりに漂わせている」「原爆戦争はもうこりごりだという気が

原子力科学館として用いられた原爆資料館（広島市公文書館所蔵）

原子力科学館の展示（広島市公文書館所蔵）

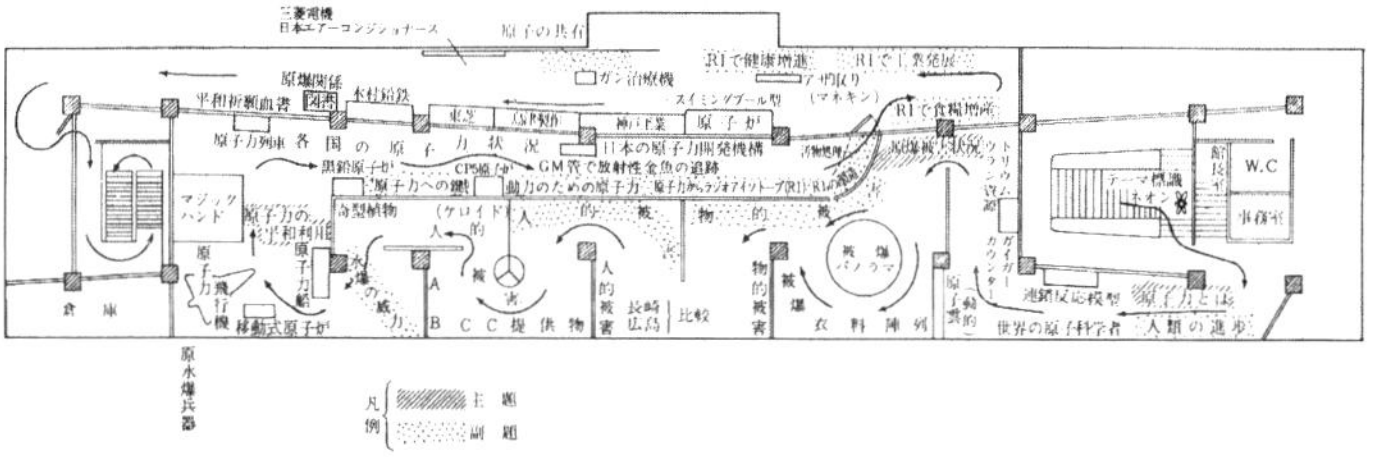

原子力科学館の配置図（広島復興大博覧会誌編集委員会編『広島復興大博覧会誌』広島市役所、1959年、179ページ）

身内にむらむらと起ってくるのをどうしょう《（ママ）》もない」と記されている。(73)

そのほか、「水爆実験の模様」「現実に被害の当事者となった日本人漁夫の写真」「水産資源と海水汚染の問題」等々の展示がなされていた。(74)

しかし、それらの展示場を抜けると、一転して、テーマは「平和利用」に切り替えられた。そこには、「近い将来実現可能な原子力飛行機、原子力船、原子力列車などの想像模型」や「日本の原子力開発状況や東海村の原子力研究所の諸資料」が展示されていた。『広島復興大博覧会誌』では、「こうして原水爆の被害部門を見て通り、罪深い人間自身を省みて暗然となった人々は次の段階に移って、ようやく愁眉を開くようになる」と書かれていたが、(75) おそらく来館者の多くは実際にそのような感覚を抱いたものと思われる。原子炉で遠隔操作をおこなう「マジック・ハンド」も置かれていたが、「女子操作員が思いのまゝに遠隔操作でいろんなこまかい作業をやってみせる」さまには「囲んで見ている者のあちこちから思わず感嘆の溜息が上って」いたという。(76)

この博覧会を訪れた広島市内の小学生は、その見学記を以下のように綴っていた。

> 今度はいよいよ第一会場です。会場の入口には原爆にあったかわいそうな馬がいました。その後には三階建ての建物があり、その中に沢山の原爆やケロイドの写真がならべてありました。それを次々に見て

原子力科学館付近につながれた「原爆馬」
(広島市公文書館所蔵)

いるとなんだかこわくなってゾーとした気持がしました。頭に毛の生えていない少女やせなかのどろどろになった人の写真、その一枚一枚に人々の苦しみがみなぎっているような気がして気分が悪くなるくらいでした。戦争のおそろしさをこんなに感じたことはありません。(略)見学で一ばん印象に残ったのは原爆館でした。(77)

そこにあるように、原子力科学館は、被爆体験の重さや凄惨さを見る者に強く印象づけた。だが同時に、それは、原子力という先端科学の「平和利用」の可能性を訴えるものでもあった。『広島復興大博覧会誌』でも、「この館を辞するに当り、近代科学の素晴しさを十分認識できたし、同時に人類の幸福と科学の発達との関連について深く考えさせられた」「吾人の脳裏にいつまでも残る印象は、一言にしていえば、科学はあくまでも人類の平和と幸福のためにのみ追求されなければならないと云うことである」と記されていた。(78)

「被爆の記憶」と「平和利用の夢」の接合は、原爆の子の像にも見ることができる。原爆の子の像は、中学一年生の女子生徒(佐々木禎子)が原爆投下後一〇年にして突然、後遺症を発症して死去したことをきっかけに、設立されたものである。この像は、一九五八年五月五日に平和記念公園内に建立された。つまり、広島復興大博覧会の会期中に、その主要会場において、除幕式がおこなわれたのである。これは決して、偶然ではあるまい。もし、建立者団体(広島平和をきずく児童・生徒の会)が広島復興大博覧会に嫌悪感を抱いていたのであれば、設置地や除幕式日程の変更が考えられてもおかしくない。だが、そのようなことはなされなかった。むしろ、原爆の子の像と広島復興大博覧会には、明らかな親和性がうかがえた。

『広島復興大博覧会誌』の冒頭のグラビア・ページには、「〝原爆の子の像〟のある風景」という見出しで、この像の風景画が見開きで掲載されている。そのキャプションには、「折柄、本会開会中の五月五日盛大な除幕式が挙行され、引続いて市への贈呈式が行われた」ことが記されていた。[79] また、除幕式に参列すべく集まった全国各地の生徒代表たちは、その前日にバス二台で広島復興大博覧会に招待されており、そのことは『中国新聞』(一九五八年五月五日付)でも報じられていた。[80] 原爆の子の像とこの博覧会は、何の齟齬もなく、同居可能だったのである。

被爆体験と「平和利用」――これらは単に、広島復興大博覧会や当時の言説空間で共存していただけではない。むしろ、被爆体験の重さのゆえに、「平和利用」の夢が声高に語られていたのである。原爆資料館が原子力科学館として用いられ、広島復興大博覧会第一会場で原爆の子の像の除幕式が挙行されたことは、そのことを如実に浮き彫りにしていた。

四 「ヒロシマ」の生成と変容

体験と平和利用の齟齬

一九六〇年代末以降にもなると、被爆体験と「平和利用」の親和性は失われるようになる。六九年の原水禁大会(原水禁国民会議)では、はじめて「原子力の「平和利用」問題」が取り上げられ、翌々年には「安全の保障されない原子力発電所、核燃料再処理工場設置には反対しよう!」というスローガンが掲げられた[81]。日本被団協理事長を務めた森瀧市郎も、この頃から「平和利用」を問いただす運動を精力的に展開するようになった。広島原爆で右眼を失った森瀧は、五六年八月、日本被団協結成大会宣言を起草した際、「破壊と死滅の方向に行くおそれのある原子力を決定的に人類の幸福と繁栄の方向に向わせるということこそが、私たちの生きる限りの唯一の願いであります」と記していた。だが、それから一〇余年が経過した頃には、立場を改めていた[82]。

『中国新聞』でも、一九七四年の原爆被災日の紙面には、「再燃した原子力発電ブーム――問題点を探る」「軍事利用と紙一重――安全確保にも課題を残す」といった記事が大きく掲げられた[83]。翌年八月一日付には「原発は原爆につながる」と題したインタビュー記事が掲載された。

これらの背景には、原発設置反対を訴える住民運動の高まりがあった。一九七三年八月に伊方原発訴訟が起こされるが、それに先立ち、反公害運動とも連動しながら、反原発運動が盛り上がりつつあった。原子力空母エンタープライズの佐世保寄港問題（一九六八年一月）や同じく佐世保での米原子力潜水艦ソードフィッシュ放射能漏れ事故（同年五月）も、そうした動きを刺激した。さらに、米国スリーマイル島原発事故（一九七九年三月）が起きると、原子力発電の是非が社会的なアジェンダとなり、同年八月二日付の『中国新聞』でも、これをめぐる論争が大きく扱われた[84]。

今日のような「ヒロシマ」イメージは、おおよそ、この頃に誕生したのではないだろうか。拙著『焦土の記憶』でも述べたように、広島（および長崎）の被爆体験論は、ベトナム反戦運動の影響を受けつつ、一九六〇年代後半から「加害責任」の問題にも議論が及ぶようになり、在韓・在沖被爆者問題が多く扱われるようになった。

体験の重さと「被爆の明るさ」

被爆体験、原水爆禁止、反原発、戦争責任追及——これらすべてが結びつくまでには、戦後四半世紀を要した。だが、それは裏を返せば、「ヒロシマ」がいかにさまざまな力学のなかで紡がれてきたのかを示唆するものであった。われわれは、被爆体験から導き出されるものとして、核兵器の廃絶や戦争批判を想起する。「ヒロシマからフクシマへ」というときには、さらに「反原発」「反原子力」も含意されている。しかし、本章で論述してきたとおり、そうした「ヒロシマ」像は、戦後の初期から見られたものではない。

戦後二、三年の間は、原爆被災日は祝祭的な雰囲気さえ帯びていた。そこには、被爆体験をめぐるさまざまな意図や情念が絡んでいた。原爆の実戦使用そのものは肯定しないにしても、広島への原爆投下は「原子力時代」の幕開けとして捉えられた。原子力は当時の最先端科学であり、それが人類の幸福を導くことに疑いの余地はなかった。そのエネルギーの膨大さを示すものが広島原爆であり、破壊力の凄まじさが、逆に「平和」の方面に用いられることへの希望を喚起した。広島は、夢に満ちた「原子力時代」を拓いた地であり、また、そのための尊い犠牲であった。そうした被爆体験解釈は、当時はめずらしくなかった。

むろん、そこにはGHQの言論統制のために、原爆投下への露骨な批判ができないことも関わっていた。だが、決してそればかりではない。往時の「八・六」の体験を直視することは、当事者に相当の心理的な苦痛と負担を強いるものであった。それだけに、どうしても当時の状況を思い起こしてしまう原爆被災日には、かえって祝祭的な明るさに逃避せざるをえないという社会心理も見られた。こうしたなかで、被爆体験言説は、祝祭や「平和利用の夢」といった「明るさ」との親和性を強めていった。

もっとも、一九五〇年代にもなると、祝祭性には嫌悪感が示されるようになる。四九年の広島平和記念都市建設法公布の際も、同時期の長崎に比べれば、盛り上がりは明らかに抑制的であった。その後、朝鮮戦争勃発、占領終結、第五福竜丸事件を経て、原水禁運動が隆盛するようになると、かつてのような「お祭り騒ぎ」の様相は、少なくとも新聞紙面からは遠ざかり、「八・六」には原水爆禁止の輿論が込められるようになった。それは、雑多なものが入り混じった被爆体験の語りのなかから、祝祭性が削ぎ落とされ、徐々に「ヒロシマ」が抽出されるプロセスでもあった。

しかしながら、そこで浮かびあがりつつあったものは、決して後年の「ヒロシマ」と同一のものではなかった。被爆体験に裏打ちされた原水爆禁止の広島輿論は、明らかに「平和利用の夢」に親和的であった。原水禁運動や被爆者運動の盛り上がりは、軍事利用批判の延長で、「平和利用」を強く後押しした。原爆投下という形で「応用」されてまだ一〇年余しか経過していない先端科学を、軍事であれ「平和」であれ、「利用しない」という選択肢は、現れていなかった。原爆資料館が広島復興大博覧会の原子力科学館として用いられたことからもわかるように、被爆体験から導き出された「ヒロシマ」の理念は、「平和利用への希望」を掻き立てるものだったのである。

とはいえ、そこで考えるべきは、かつての「ヒロシマの限界」などではない。むしろ、体験の語りに何を託さざるをえなかったのか――そこに浮かびあがる力学をこそ、問い返すべきであろう。被爆体験は、祝祭性であれ「平和利用の夢」であれ、しばしば何らかの「明るさ」に仮託しなければ、向き合いがたいものであった。裏を返せば、そうしたなかで、「ヒロシマ」が導き出され、叫ばれていったのである。

祝祭性や科学への憧憬など、さまざまなものが混沌と入り混じっていた戦後初期の被爆体験言説は、のちに、原水爆禁止の政治主義とともに、「平和利用」への希望を打ち出していくようになる。そのことの限界を、今日の観点から批判するのはたやすい。だが、そこに透けて見えるのは、「明るさ」や「夢」

に仮託せざるをえないほどの体験を論じることの困難だったのではないだろうか。
「3・11」以降のわれわれは、以前にもまして、「ヒロシマ」を想起し、論じつつある。だが、そこで想起されがちな「ヒロシマ」は、何かを削ぎ落としてはいないのか。さらには、「フクシマ」の語りが何かの力学を内包していないのか。「ヒロシマ」の戦後史は、これらを問い返す一つの参照点であるのかもしれない。

注

（1）戦後の広島・長崎における被爆体験論の変容プロセスについては、拙著『焦土の記憶——沖縄・広島・長崎に映る戦後』（新曜社、二〇一一年）で詳述している。そこでの議論も踏まえたうえで、本章では、被爆体験論や「ヒロシマ」の語りと先端科学としての原子力への憧憬、「平和利用」への希望がいかに接合していたのかを検証する。
　戦後の科学者・文学者の核エネルギー言説（および「平和利用」言説）の変容については、山本昭宏『核エネルギー言説の戦後史1945-1960——「被爆の記憶」と「原子力の夢」』（人文書院、二〇一二年）、および同「科学雑誌は核エネルギーを如何に語ったか——一九五〇年代の『科学朝日』『自然』『科学』の分析を手がかりに」（『マス・コミュニケーション研究』第七九号、二〇一一年）、同「原爆投下以後、反原発以前——戦後日本と「平和」で「安全」な核エネルギー」（『現代思想』二〇一一年五月号）で詳しく分析されている。二〇一五年には、同じ著者による『核と日本人——ヒロシマ・ゴジラ・フクシマ』（中公新書）が出されている。原子力平和利用をめぐるメディア環境と戦後史を分析したものとしては、吉見俊哉『夢の原子力』（ちくま新書、二〇一二年）があげられる。本章は、これらを参考にしつつ、戦後初期の広島に見られた被爆体験の語りの「明るさ」が、その後、いかに変容し、「平和利用」言説にどう接合したのかを考察する。また、広島の言説の特質を浮き彫りにすべく、適宜、長崎の議論と比較対照しながら、論を進めていく。

（2）「盛沢山な広島市復興祭」『中国新聞』一九四六年七月六日、二面。「悲涙かみしめて進まん」『中国新聞』一九四六年八月七日付、三面。なお、戦後初期の「八・六」「八・九」の祝祭性については、すでに前掲の拙著『焦土の記憶』に詳述している。ここでは、同書での内容をふまえつつ、「先端科学への憧憬」「平和利用への期待感」がいかに同居しえたのかを記述する。

（3）『中国新聞』一九四七年八月七日付、中国新聞社編『ヒロシマの記録――年表・資料編』未来社、一九六六年、二二六頁。

（4）「歓喜でもみくちゃ――こぞり讃う巷の晴姿」『中国新聞』一九四七年八月七日、二面。

（5）「放射線」『中国新聞』一九四六年八月六日、中国新聞社編『ヒロシマの記録』（前掲）、二一九頁。

（6）拙著『焦土の記憶』（前掲）、四六八頁。これらイベントの主催は夕刊ひろしま社だが、同社は一九四六年に創立された中国新聞社子会社である。用紙割り当てにあたり、GHQは自由化推進をねらって、新興紙の育成・優先の方針を打ち出した。そのため、全国的に既存新聞社を親会社とする夕刊新聞社が多く設立された。中国新聞社史編さん室編『中国新聞社百年史』中国新聞社、一九九二年、二二一四頁。

（7）栗原貞子『ヒロシマの原風景を抱いて』未来社、一九七五年、二〇九頁。GHQ第三地区民事検閲部（九州および広島、山口、島根を管轄）が発表した「新聞雑誌検閲手続きについて」には、「出版物創刊の際には事前に当事務所の検閲手続を経ること」「完成後、一部を照合のために当事務所へ提出すること」「創刊号の提出後、此後の原稿に付いては事前検閲を申請すべきや、或は、発行の都度其の一部を事後検閲として提出すべきやは、検閲官がこれを決定する」「出版物の各版は（創刊号を除く）、事後検閲のため当事務所へ提出のこと」と定められていた（堀場清子『禁じられた原爆体験』〈岩波書店、一九九五年〉の巻末資料に所収）。『中国文化』創刊号が、事前検閲とともに事後検閲を受けなければならなかったのは、こうした規定によるものであったと思われる。

（8）好村冨士彦「プレス・コードとヒロシマ」、被爆50周年記念史編修研究会編『街と暮らしの50年――被爆50周年　図説戦後広島市史』広島市総務局公文書館、一九九六年、三二六頁。

（9）「この一年――広島復興局の計画総ざらへ」『中国新聞』一九四六年八月六日、三面。「放射線」『中国新聞』一九四六年八月六日、一面。

(10) 金井利博「廿世紀の怪談——広島の一市民の述懐」「希望」一九五二年七・八月号、五〇頁。
(11) 広島市『広島市政についての調査』広島市、一九五一年八月、広島市公文書館所蔵(藤本千万太文書)。
(12) 「けふぞ巡り来ぬ平和の閃光」『中国新聞』一九四六年八月六日、一面。
(13) 「世界一六〇市長に宛つ濱井市長のメッセージ」『中国新聞』一九四八年八月七日。
(14) 栗原貞子『ヒロシマの原風景を抱いて』(前掲)、二〇九‐二一〇頁。初出は『安芸文学』一九七三年一二月号、安芸文学同人会。
(15) 「広島市の爆撃こそ原子時代の誕生日」『中国新聞』一九四六年八月六日、一面。
(16) 濱井信三「昭和二三年広島市平和宣言」広島市編『広島新史 資料編Ⅱ』広島市、四一一頁。
(17) 湯川秀樹「現代科学思想」有賀鐵太郎編『原子力時代に於ける基督教』聖光社、一九四八年、一七一‐一七二頁。
(18) 有賀鐵太郎「序」同書所収、一頁。
(19) 『夕刊ひろしま』一九四八年八月七日、一面。『夕刊ひろしま』一九四九年八月七日、一‐二面。
(20) 中国新聞社編『ヒロシマの記録』(前掲)、二九頁。
(21) 「「市民のものに……粘り強く」と濱井市長」『夕刊ひろしま』一九四九年八月九日、一面。
(22) 「「もっと金のかからぬ行事を」任都栗議長談」『夕刊ひろしま』一九四九年八月九日、一面。
(23) 平和記念都市建設法の制定過程については、石丸紀興「「広島平和記念都市建設法」の制定過程とその特質」(『広島市公文書館紀要』第一一号、一九八八年)、広島市公文書館編『広島平和記念都市建設法の制定の当時を振り返って』(広島市公文書館、一九八七年)、寺光忠『ヒロシマ平和都市法』(中国新聞社、一九四九年)などに詳しい。
(24) 石田紀興「「広島平和記念都市建設法」の制定過程とその特質」(前掲)、七頁。
(25) 社説「平和都市法の確定」『中国新聞』一九四九年七月九日、一面。
(26) 社説「平和建設の住民投票に期待」『中国新聞』一九四九年七月一日、一面。
(27) 「平和都市建設と広島市民」『中国日日新聞』一九四九年五月十二日、一面。

(28)「広島市民を組織化せよ」『中国日日新聞』一九四九年六月二日、一面。
(29)石田紀興「「広島平和記念都市建設法」の制定過程とその特質」(前掲)、四九頁。
(30)社説「平和の体現」『中国新聞』一九四九年八月十四日、一面。
(31)一九四九年の「八・九」イベントの詳細については、前掲の拙著『焦土の記憶』の第四章「祝祭と燔祭――占領下の被爆体験言説」を参照されたい。
(32)「文化都市への誤解をとけ」(「よろん」欄)『長崎民友新聞』一九四九年六月二九日。
(33)「長崎も「平和都市」だ――又も広島に出しぬかれて大あわて」『長崎民友新聞』一九四九年五月七日、二面。
(34)濱井信三『原爆市長――ヒロシマとともに二十年』朝日新聞社、一九六七年、一四九頁。
(35)「長崎は広島に負けた――〝文化都市〟審議を省みて」『長崎民友新聞』一九四九年五月一七日、一面。同記事末尾に「五月十一日国会第四控室にて坪内代議士」とあることから、この論説記事は長崎県選出の衆議院議員(民自党)・坪内八郎によるものと思われる。
(36)社説「自力で文化都市を作れ」『長崎民友新聞』一九四九年六月二三日、一面。
(37)長崎市原爆被爆対策部編『長崎原爆被爆五十年史』長崎市原爆被爆対策部、一九九六年、三六頁。
(38)調来助編『長崎――爆心地復元の記録』(日本放送出版協会、一九七二年)一一頁より重引。
(39)社説「自力で文化都市を作れ」(前掲)一面。
(40)社説「建設的意欲を燃焼せよ」『長崎民友新聞』一九四九年五月二十二日、一面。
(41)「文化都市とは何か――長崎と広島は違つている」(「よろん」欄)『長崎民友新聞』一九四九年五月一六日、一面。
(42)同。
(43)長崎市議会編『長崎市議会史』(記述編第三巻)、長崎市議会、一九九七年、二七一－二七三頁。
(44)社説「住民投票と棄権の防止」『長崎民友新聞』一九四九年七月七日、一面。
(45)石田紀興「「広島平和記念都市建設法」の制定過程とその特質」(前掲)、三一－三二頁。
(46)「広島に勝つた――今後も負けないで大橋市長語る」『長崎民友新聞』一九四九年七月九日、一面。

(47) なお、長崎に対する広島の優越感のようなものも見られないではなかった。広島市の広報誌「お知らせ」(一九五二年九月一日)には、「碑文について」と題した記事がある。そこでは、平和記念公園の碑文(「安らかに眠って下さい過ちは繰返しませぬから」)をめぐる論争に言及しながら、「過ちは繰り返さぬという決意は長崎と共に広島がなし得る特権である」と記されている。しかし、その下書き草稿には、「過ちは繰返さぬという決意は、長崎と共に、長崎に先んじて、広島がなし得る特権である」と書かれており、「長崎に先んじて」の部分に朱筆で削除の指示が入れられている(広島市公文書館〔藤本千万太文書〕所蔵)。おそらく、長崎関係者への刺激を懸念して削除されたのだろうが、逆に言えば、広島の長崎に対する暗黙の優越感のようなものがうかがえよう。

(48) 今堀誠二『原水爆時代――現代史の証言(下)』三一書房、一九六〇年、五五-六〇頁。

(49) 中国新聞社編『ヒロシマの記録』(前掲)四八頁、五三頁。

(50) 「平和祭の取り止め」(「民声」欄)『中国新聞』一九五〇年八月六日、三面。執筆者名欄には「広島市・一官吏」とある。

(51) 同。執筆者名欄には「梶原一貫」とある。

(52) 社説「九たび原爆記念日を迎えて」『中国新聞』一九五四年八月六日、一面。

(53) 社説「原爆十周年を迎えて」『中国新聞』一九五五年八月六日、一面。

(54) 社説「九たび原爆記念日を迎えて」(前掲)。

(55) 社説「八・六大会と良心問題」『中国新聞』一九五五年八月四日、一面。

(56) 「国際原子力会議開く」『中国新聞』一九五五年八月九日、一面。

(57) 「〝世界の悪夢〟に光明　水爆の平和利用を予告」『中国新聞』一九五五年八月一〇日、夕刊、一面。

(58) 「広島原子力平和利用博に期待」『中国新聞』一九五六年五月二七日、九面。

(59) 「火入れ待つ原子炉一号東海村の原研」『中国新聞』一九五七年八月六日、三面。

(60) 長田新「原爆をつくる人、こわす人」『改造』第三四巻第一四号、改造社、一九五三年一〇月、五五頁。

(61) 今堀誠二『原水爆時代――現代史の証言(上)』三一書房、一九五九年、二四七頁。

(62) この点において、長崎メディアは広島とは大きく異なっていた。一九五五年八月の国際原子力会議について、

『中国新聞』が連日大きく報じたのに対し、『長崎民友新聞』『長崎日日新聞』では、それぞれ八月九日、一一・一二日に報じられている程度であり、それらにしても一面トップを飾るような大きな扱いではなかった。そこには、広島とは対照的な長崎メディアの国際原子力会議に対する関心の低さがうかがえる。その理由は定かではないが、一つには、広島の場合とは異なり、長崎では被爆が市民に共通の経験ではなかったことが関わっていたのではないだろうか。丘陵地の関係で、浦上地区に比べれば、市街地の被害はまだしも軽微であった。それもあって、先述のように、「原爆は長崎に落ちたのではなく浦上に落ちた」という認識も見られた。そのことが、「平和利用」を希求することで被爆体験を意味づけようとする言説の生成を、抑制していたのかもしれない。

(63) 「原子力から熱核エネルギー時代へ」『中国新聞』一九五五年八月一三日、一面。

(64) 「水爆の平和利用は可能か」『中国新聞』一九五五年八月一五日、五面。

(65) 同。

(66) 広島における平和利用言説を検証した重要な著作として、田中利幸＋ピーター・カズニック『原発とヒロシマ——「原子力平和利用」の真相』（岩波書店、二〇一一年）が挙げられる。同書は、「「原子力平和利用」という名の下に原子力発電技術を日本に売りつけるために、核兵器の人類初の被害者である広島の被爆者たちが、いかにアメリカの宣伝工作のターゲットにされたか」（同書八頁）に重きが置かれ、その問題意識から、広島原子力平和利用博覧会や広島復興大博覧会をめぐる言説が整理されている。しかしながら、単に「アメリカの宣伝工作のターゲットにされた」というばかりではなく、広島の人々やメディアが「平和利用」に希望を託さざるをえなかった社会的力学があったのではないだろうか。本章では、こうした問題意識のもと、戦後初期の「八・六」イベントの祝祭性（およびそこにおける「原子力」への希望）との連続性も考慮に入れながら、広島復興大博覧会や関連する「平和利用」言説を検証する。

(67) 広島復興大博覧会誌編集委員会編『広島復興大博覧会誌』広島市役所、一九五九年、九頁。

(68) 渡邉忠雄「発刊のことば」、広島復興大博覧会誌編集委員会編『広島復興大博覧会誌』（前掲）所収。

(69) 広島復興大博覧会誌編集委員会編『広島復興大博覧会誌』（前掲）、二二九頁。

(70) 「躍進！　新年度の構想」「原子力産業新聞」一九五八年一月一五日、三面。なお、広島復興大博覧会に先立ち、一九五六年には広島市で原子力平和利用博覧会が開かれている（会期は五月二七日から六月一七日、広島県・市、広島大学、中国新聞社、広島アメリカ文化センターの共催）。ここでも、その名称のとおり、「原子力平和利用」が打ち出され、かつ、広島平和記念資料館（原爆資料館）が会場として用いられた。その点で、広島復興大博覧会と重なる点も多い。ただ、本章では、広島市が単独で主催したことと、規模の大きさ（一九二九年に広島市主催で開かれた昭和産業博覧会に匹敵する来場者数）を考慮し、広島復興大博覧会を重点的に扱うこととする（なお、一九五六年の広島原子力平和利用博の入場者数は、会期二〇日で一〇万九五〇〇人）。原子力平和利用博覧会は、五五年一一月から五七年八月にかけて、東京、名古屋、京都、大阪、福岡、札幌、仙台など、全国一一ヵ所で開かれた。主に地元新聞社が主催したほか、ＵＳＩＳ（米国大使館広報文化局）や読売新聞社が主導的な役割を担った。これについては、井川充雄「原子力平和利用博覧会と新聞社」（津金澤聰廣編『戦後日本のメディア・イベント――一九四五‐一九六〇年』所収、世界思想社、二〇〇二年）、有馬哲夫『原発・正力・ＣＩＡ――機密文書で読む昭和裏面史』（新潮社、二〇〇八年）、吉見俊哉『夢の原子力』（ちくま新書、二〇一二年）に詳しい。

なお、一九五〇年一〇月五日から一一月三〇日にかけて開かれた広島こども博覧会（於広島市基町児童公園、広島市・県教委・国鉄・中国新聞社の共催）でも、「原子科学館」というパビリオンが設けられていた。本章第一節でも述べたような戦後初期の広島メディアの報道から察するに、「平和利用」「原子力科学」への憧憬を謳ったものと推察されるが、広島市公文書館や広島市議事課所蔵の資料を見る限り、展示内容の詳細は不明である（広島市編『島新史市民生活編』広島市、一九八三年、八一頁）。

（71）「主要施設」広島復興大博覧会誌編集委員会編『広島復興大博覧会誌』（前掲）。
（72）同、二三五頁。
（73）同、一〇〇頁。
（74）同、一〇〇頁。
（75）同、一〇一頁。
（76）同、一〇一頁。

(77) 上原公子・山岡千恵子(広島市立古田小学校六年)「広島復興博覧会を見学して」広島復興大博覧会誌編集委員会編『広島復興大博覧会誌』(前掲)、二七九頁。
(78) 同、一〇二頁。
(79) 「〝原爆の子の像〟のある風景」広島復興大博覧会誌編集委員会編『広島復興大博覧会誌』(前掲)、一七九頁。
(80) 「「原爆の子の像」を除幕――全国の代表、広島に集う」『中国新聞』一九五八年五月五日、八面。
(81) 森瀧市郎『核絶対否定への歩み』原水爆禁止広島県協議会、一九九四年、二〇‐二一頁。ただし、国民レベルで「平和利用」への疑義が高まっていたとは言いがたい。一九六八年三月に内閣総理大臣官房広報室が実施した調査(標本数三千名、調査員による面接聴取)では、「原子力の平和利用を進めることは、国民生活の向上に役立つと思いますか、役立たないと思いますか」という質問に対し、「役立つ」が六六パーセント、「役立たない」が二パーセント、「一概に言えない」が八パーセントとなっている(そのほか、「不明」が六パーセント、「平和利用無関心」が一八パーセント)。「原子力」という言葉のイメージ」については、「平和利用」「科学の進歩」などを連想する者が一七・四パーセントであるのに対し、「原子爆弾」「恐ろしさ、悲惨さ」「核戦争」などを連想する者が六七・五パーセントにのぼるなど、ネガティブな印象を抱くケースも多い。だが、それでも、「平和利用」を支持する輿論の根強さは際立っている。内閣総理大臣官房広報室編『原子力平和利用に関する世論調査』内閣総理大臣官房広報室、一九六八年、五頁、一〇頁。
(82) 森滝市郎『核絶対否定への歩み』(前掲)、一〇頁。
(83) 『中国新聞』一九七四年八月六日、二面。
(84) 「原発論議推進・反対スレ違い――原水禁世界大会の討論集会」『中国新聞』一九七九年八月二日、二面。

第5章　戦後沖縄と「終戦の記憶」の変容

――「記念日」のメディア・イベント論

「終戦記念日」というと、八月一五日を思い浮かべる人が多いだろう。それは国民的な「常識」に近い。だが、じつはその日に「終戦」したわけではない。ポツダム宣言を受諾して、連合国に無条件降伏を告知したのは一九四五年八月一四日（二三時）、大本営が全軍に停戦命令を発したのは八月一六日一六時、日本の政府と軍の代表が実際に降伏文書に調印したのは、九月二日である。

では、八月一五日はどんな日かというと、一九四五年の同日正午に放送された「玉音放送」で終戦の事実が国民に知らされた日である。これは、ポツダム宣言受諾にあたって作成された終戦の詔書を天皇が読み上げたものである（正確にいえば、八月一四日の夜半に録音したものが放送された）。ちなみに、そこで読み上げられた終戦の詔書の日付は、当然ながら八月一四日である。

戦争が敵国と戦うものである以上、終戦も交戦の相手への通知や合意によって初めて成立するものである。だとすると、八月一四日や九月二日のほうが、「終戦記念日」にふさわしいかもしれない。だが、なぜか自国の国民のみにポツダム宣言受諾を告知した八月一五日が終戦記念日として記憶されている。

その経緯や社会背景については、佐藤卓己『八月十五日の神話――終戦記念日のメディア学』（ちくま新書、二〇〇五年）に詳しいので、ここでは繰り返さないが、本章では、やや視点を変えて、戦後の沖縄で終戦にまつわる記念日がどのように創られていったのかを見ていきたい。

戦後の沖縄の歩みは、日本本土とはかなり異なっていた。終戦後は、本土とは切り離された形で米軍政下に置かれていたし、一九五二年四月二八日にＧＨＱ（連合国軍最高司令官総司令部）による本土の占領が終結したのちも、約二〇年にわたって沖縄は米軍統治下に置かれた。一九七二年に日本復帰がなされたのちも、多くの米軍基地が沖縄に集約されている。

こうしたなかで、沖縄の終戦記念日はどう変容したのか。そこにはいかなる社会背景が存在したのか。逆にそこから、戦後日本のいかなる姿が浮かびあがってくるのか。それら記念日の構築プロセスに映るさまざまな問題について、以下、考えていきたい。

一　戦争終結と記念日

玉音が届かない島

一九四五年四月一日、米軍は沖縄本島への上陸を開始、沖縄住民を巻き込んだ地上戦が始まった。日本軍は激しく抵抗したものの、火器・物量に勝る米軍が終始圧倒し、六月二三日未明、沖縄守備軍司令官・牛島満は自決した。いまとなっては、この日をもって沖縄戦の終戦ととらえるむきもあり、今日では「慰霊の日」とされている。だが、事実はそれとは異なる。組織的な戦闘はこれで終わったが、牛島は自決に際し、「爾今各部隊は各局地における生存者中の上級者之を指揮し最後迄敢闘し悠久の大義に生くべし」という軍命令を発していた。以後、指揮命令系統が不在のまま、ゲリラ戦が展開された。

それから約二ヵ月を経た八月一五日正午、「玉音放送」がなされ、ポツダム宣言受諾を天皇自ら国民に発表した。それまでは、天皇がラジオを通じて国民に語りかけるということはなかった。「勅語、御言葉をマイクロフォンを通じて拝するはあまりに恐れ多い」というのがその理由であった。[1]「玉音放送」はあえてその封印を解くものであった。国民は、ラジオの前で直立不動の姿勢をとり、「玉音」を「拝聴」した。いうならば、ラジオを媒介にしながら、一般国民は天皇を司祭とする終戦の儀式に参加していたのである。[2]

しかし、その「玉音」は沖縄にはほとんど届かなかった。日本本土とは異なり、地上戦が繰り広げられた沖縄では、新聞社や放送局は破壊され、灰燼に帰していた。つまり、住民に一斉に情報を伝達する「マス」なメディアがそもそも存在していなかったのである。必然的に、「玉音放送」の中継は物理的に不可能であった。

「焼跡でラジオを囲む四谷某町内会の隣組」

（『毎日新聞』東京本社版1945年８月16日、『一億人の昭和史４　空襲・敗戦・引揚』毎日新聞社、1975年、117頁）

ラジオ放送がまだしも可能であった本土の場合、佐藤卓己の指摘にもあるように、玉音放送を媒介にして、国民は天皇が司る終戦の儀式に参加することができた。そして、その「全員参加の直接的な感覚」が「忘れられない集合的記憶の核」となることで、「八月一五日＝終戦」という神話が創られた。[3]だが、沖縄はその「儀式」には参加できず、したがって、「玉音体験」も存在しなかった。

もっとも、当時、米軍の収容所にいた住民のなかには、玉音放送を聴くことができた者もいた。米軍が住民の代表者を呼び出し、短波で受信した玉音放送を聴かせるということがあったらしい。だが、その経験も本土の「玉音体験」とは異なっていた。本土の国民が、玉音放送を通して「終戦の儀式」に参加したとすれば、沖縄住民は、米軍に「玉音」を与えられたのである。それは、「勝者」による一種の布告であった。しかも、その場に居合わせることができたのは、ごく一部の沖縄住民にすぎない。

沖縄近代史家・大田昌秀とマスコミ研究者・辻村明の共著『沖縄の言論』では、このことを念頭に置きながら、「日本の降伏が「玉音放送」というラジオによってみごとに収束されたという事実は、爆撃によって焦土と化したとはいえ、本土においてはなお放送が健在だったことを物語っている」と記されている。「玉音による終戦」という戦後の神話は、沖縄を排除して成り立つものであった。[4]

では、沖縄ではどのように「終戦」が伝わったのか。戦火を生き残った住民は米軍のキャンプに収容されたが、そこでは『ウルマ新報』という新聞が発行されていた（一九四五年七月二五日創刊、一九四六年五月二九日に『うるま新報』に改題、現在の『琉球新報』）。同紙一九四五年八月一五日付では、「渇望の平和　愈々到来‼　日本条件を受理」という見出しで、ポツダム宣言受諾が報じられていた。[5]だが、『ウルマ新報』は発行部数も少なく、収容所内の広報紙の域を出ていなかったので、沖縄住民に一斉に終戦の事実を伝えることができたわけではない。

そもそも、沖縄では戦争がその時点で終わっていたわけでもない。残存する日本軍は散発的な抵抗を続けていたし、沖縄住民への襲撃もたびたび発生していた。沖縄守備軍の代表が無条件降伏文書に調印したのは、日本政府・軍のそれに遅れること五日の一九四五年九月七日であった。それでも、喜屋武半島の洞窟地帯では一二月ごろまで残存兵が出没し、付近住民の恐怖の的になっていた。

その意味でも、沖縄における終戦体験は、玉音放送を通じた日本本土のそれとは、かなり様相を異にしていた。

うるま新報
一九四六年九月六日
南西諸島産物を
輸入見返り品に
近く肥料千噸を日本から輸入
濠洲が同一
地位を要求
日本管理機構
擴大か
國聯加入審
議紛糾
所得税中心
世界史に比類なき
戰後日本の大變動
マ元帥回顧一年の聲明書
平和會議
日獨軍事專門
家の締出し
封建制の奴《れい》
少數支配者の專制

「降伏」1周年を報じる『うるま新報』1946年9月6日

「降伏」記念日

では、その後の沖縄では、「終戦」はどのように記念されたのだろうか。終戦から一九四九年ごろまでは、八月一五日や六月二三日が「記念日」として扱われることはあまりなかった。それに対し、九月二日の紙面には「降伏」を記念する記事が多く掲載された。連合国軍最高司令官マッカーサーは、一九四五年九月二日の降伏文書調印を記念して、毎年声明を発表していた。それは、沖縄メディアでも大きく報じられた。「世界史に比類なき戦後日本の大変動　マ元帥回顧一年の声明書」（『うるま新報』一九四六年九月六日）、「占領政策　日本人の見解変わる」（同、一九四八年九月三日）などの記事が毎年、紙面で大きく扱われるなかで、九月二日が一種の記念日と化していった（当時の『うるま新報』は日刊ではないので、九月二日以後で直近の発行日に「降伏」記念の記事が報じられている）。

GHQ占領下の日本でも、「八月一五日＝終戦」とする記事は少なく、九月二日に連合国軍最高司令官による「降伏記念声明」が毎年のように報じられていたが(6)、その点では沖縄メディアも同様であった。

それに対し、「九・七＝沖縄の降伏」を扱う記事は見当たらない。本土の降伏は記念されても、沖縄の降伏はとくに言及されなかったのである。その理由については、判然としない。ただ、連合国側からすれば、「九・二」に比べて「九・七」の比重が小さかったことは想像できる。「九・二」は、日本という枢軸国を降伏させた日であり、かつ、第二次大戦の終結を見た日でもある。それに対し、「九・七」は、日本の最南端の島々での出来事でしかない。もっとも、沖縄戦では、米兵戦死者は一万二五〇〇人に及び、米第一〇軍司令官も戦死している。それでも、敵の一国の降伏文書調印に比べると、その最南端の島々での調印式は、特段記念に値するものではなかったのだろう。統治者たるアメリカにとって、「九・二」こそが「戦勝記念日」であった以上、その占領下にある沖縄メディアが「九・七」をとくに取り上げなかったのも、当然といえば当然であった。

二　帰属論議と土地闘争

八月一五日の発見

ところが、一九五一年ごろから、「八・一五」は記念日として取りあげられるようになる。『沖縄タイムス』では、一九五一年八月一五日に「終戦の日を迎えて」と題した社説が掲げられた。一九五二年八月一五日には『琉球新報』（一九五一年九月に『うるま新報』から改題）でも、社説が「追悼式と遺族援護」という題で書かれ、同日の『沖縄タイムス』社説も「戦没者慰霊と平和希求」というタイトルであった。

その語りは「平和」「反戦」のみならず、帰属問題と絡めて論じられた。当時、サンフランシスコ講和条約締結に向けて議論が活発化していた。沖縄の占領統治は、日本本土を切り離して行なわれ、琉球軍司令部による軍政が敷かれていたが、講和条約締結により、沖縄が日本に復帰できるかに、人々の関心が集まっていた。一九五一年三月から四月にかけて沖縄青年連合会による青年世論調査が行なわれたが、その結果は日本復帰支持が八六パーセント、信託統治支持が七パーセント、独立を主張する者は二パーセントであった。八月一五日の議論も、こうした動向を反映していた。

一九五一年八月一五日の『沖縄タイムス』は「終戦の日を迎えて」と題した社説のなかで、「琉球の政治的地位が住民の希望を容れて決定されることを切に希求してやまない」と記していた。この社説の冒頭には、「八月十五日！　日本が無条件降伏した此の日を六度迎えて感慨無量という平凡なる言葉では言い現わせない複雑微妙なる感慨を抱かずには居れない」とあるが、日本の「終戦の日」を迎えながらも、帰属問題をめぐって「感慨無量」に浸ることができない状況が、そこには綴られていた。

とはいえ、終戦直後より復帰論が根強かったのかというと、そうではない。戦時下には日本軍による住民への暴虐が頻発していただけに、日本復帰よりは米軍統治（あるいはアメリカとの協調関係を前提にした独立）を支持する動きのほうが目立っていた。

にもかかわらず、なぜ一九五一年ごろから、復帰論が大勢を占めるようになったのか。一つには、米軍基地建設の本格化があった。一九四九年一〇月に中華人民共和国が成立すると、アメリカ議会は一九五〇会計年度に五〇〇〇万ドルを上回る本格的な沖縄基地建設予算を組んだ[7]。そこから、土地の収奪が加速した。米軍はしばしば武装米兵を動員し、農民の抵抗を排して、強制的な土地接収を実施した。「銃剣とブルドーザー」が、これら措置への一般的な形容であり、一九五三年には沖縄本島の面積の一三パーセントが軍用地とされた。そのうち四四パーセントは農耕地であった。伊江島に至っては、全島の六割が接収され、農業従事者の生活基盤が奪われた。米軍支配に起因するこうした状況を打開すべく、沖縄では日本復帰論が盛り上がった。

もっとも、一九五〇年一一月にはアメリカは「対日講和七原則」を発表し、沖縄を信託統治する方針を打ち出していた。それでも、最終的な講和締結では日本復帰を実現させようとするのが、沖縄輿論の大勢であった。逆にいえば、帰属をめぐる不安と焦燥のなかで、日本の終戦記念日は、沖縄の戦後が本土のそれとはあまりに隔たっていることを実感させていた。八月一五日は、沖縄を含む日本が連合国に敗北し、終戦を迎えたことを連想させる日であった。それゆえに、その日は沖縄にしてみれば「本土とともに戦い、ともに敗れた」ことを思い起こさせた。にもかかわらず、なぜ沖縄だけが切り捨てられているのか。そうした情念が、八月一五日という終戦記念日には込められていた。

加えて、八月一五日の記憶には、遺族援護の問題も絡んでいた。一九五二年八月一五日の『琉球新報』では「追悼式と遺族援護」と題した社説が掲げられ、琉球政府主催の戦没者合同追悼式にふれながら、沖縄住民に遺族援護法を適用することが主張されていた。日本では、軍人恩給制度はＧＨＱの指令により一九四六年にいったん廃止されたが、一九五二年四月、戦傷者や遺族の援護を目的として、遺族援護法（戦傷病者戦没者遺族等援護法）が制定された。しかし、当初は沖縄が日本の施政権外であるため、適用が見送られていた。また、沖縄守備軍は住民を末端の戦闘要員や軍属として根こそぎ動員したわけだが、正規の軍人・軍属ではなかった彼らへの傷病者援護や遺族援護は、当初支給されないことになっていた。この社説は、その状況を念頭に置いて書かれたものだが、そこには、本土の「終戦記念日」が、遺族援護における日本と沖縄の断絶を思い起こさせていたことが、浮き彫りにされていた。

そのことは、「九・二」の忘却にも重なっていた。「九・二＝降伏」を記念するのであれば、それは勝者としてのアメリカを想起することになる。その勝者が講和の主導権を握る以上、沖縄が日本復帰を唱えたところで、それはアメリカの意向しだいであろうことが必然的に意識される。ましてや、アメリカはすでに信託統治の方針を打ち出し、軍事基地建設を進めつつあった。それだけに、そこでは日本復帰の困難ばかりが浮かび上がる。それよりはむしろ、日本とともに戦争を戦い、ともにそれを終えたことを力説するほうが、まだしも復帰要求に説得力が感じられた。日本復帰をめぐる沖縄の要求は、「九・二」に比べれば、「八・一五」のほうがまだしも親和性があったのである。

「八・一五」の変質

一九五二年四月二八日、サンフランシスコ講和条約が発効し、占領終結した本土とは対照的に、沖縄は引き続き米軍政下に置かれることになった。講和条約第三条では、アメリカは、国連に沖縄の信託統治を提案するまで、沖縄の施政権が認められることになっていた。だが、アメリカは国連安全保障理事会でソ連の拒否権発動が見込まれるため、信託統治の提案をすることはなく、米軍による統治を以後二〇年にわたって継続した。そのようななか、記念日の語られ方は微妙に変容した。

「八・一五」は引き続き、新聞の一面や社説で大きく扱われることが多かった。だが、帰属問題や遺族援護など、政治的な議論は影をひそめ、どちらかといえば、「平和への祈り」の心情に重点が置かれるようになっていた。例えば、一九五七年八月一六日の『沖縄タイムス』社説「「終戦記念日」無為に過ごしてよいか」は、「戦争をにくみ、平和の永久化を祈念する心からの叫びを、何らかの方法で表明することは、凄烈悲惨、最大の戦渦をこうむった沖縄人にとって当然であ」ることを強調しているが、講和条約への批判については、とくに言及はない。

もっとも、一九五五年八月一五日の『沖縄タイムス』社説「十年目の反省」には、次のような本土への恨みが見られなくもない――「昭和二十年の八月十五日は、［中略］われわれの沖縄が本土から引き離され、戦争孤児としてアメリカの管理にゆだねられることになった日でもあつた。そして、日本が独立国になった今日なおわれわれは被管理者として存在している」。しかし、そこから明確な政治的主張が展開されるわけではない。むしろ、そこには現状に対する諦めや屈折のようなものが垣間見える。

現在の沖縄はなっていない。特に政治面は然りだとはよく耳にすることであるが、主権が住民になく、行政主席すら公選になっていないといつて投げやりになるのはやめねばならぬ。なっていなければ、これから努力してなるように馬力をかける外ない。駄目だと何べん腹を立ててみても、一向によくはなるまい。

ここで前面に出されているのは、「投げやりになる」のではなく、「なっていなければ、これから努力してなるように馬力をかける外ない」という屈折した前向きさでしかなかった。この社説はさらに続けて「きようの十年目は、これからどうするというところに問題を発見していきたいものだ」と述べている。過去を直視するよりはむしろ、それから目をそむけるかのような鬱屈が、「八・一五」には浮かび上がっていた。

土地闘争の激化

こうした議論の変質の背景には、土地闘争の高揚があった。土地の収奪はその後も苛烈さを増し、一九五四年には、軍政府は、永久使用を意図した土地買い上げ・地料の一括払いの方針を提示した。住民代表は米下院議員に窮状を訴え、その結果、調査も実施されたが、結果は既成方針を追認するものでしかなかった(プライス勧告、一九五六年)。住民はついに不満を爆発させ、全人口の二割から五割の住民が参集した大衆示威運動が引き起こされた。いわゆる「島ぐるみ闘争」である。土地問題は、軍用地所有者固有の問題ではなく、全住民の問題としてとらえられたのであった。

だが、他方で、復帰運動はどちらかといえば衰退傾向にあった。一九五一年に結成された日本復帰促進期成会は、翌年四月に講和条約が発効すると自然解体した。一九五三年一月には、沖縄教職員会が中心になって、沖縄諸島祖国復帰期成会が結成されたが、軍政府はその活動に執拗に圧力をかけた。米軍は、沖縄基地によって太平洋から極東の広い範囲を軍事的圧力下に置き、共産主義勢力の伸張を抑えようとしていただけに、復帰運動を「共産主義」として、摘発したのである。そもそも、アメリカにとって、沖縄を無期限に統治することは既定の方針であった。一九五四年一月にはアイゼンハワー大統領が一般教書演説のなかで、沖縄基地の永久確保を明言していた。

高揚する島ぐるみ闘争（1956年6月）
（沖縄タイムス社編『写真に見る戦後沖縄史』沖縄タイムス社、1972年）

また、復帰運動は沖縄住民からも敬遠されがちだった。住民にとって、永続的な米軍統治は覆しようのない「現実」であり、差し迫った土地問題に比べれば、日本復帰は夢物語のように映った。加えて、復帰運動が「共産主義的」であるとして弾圧の対象になっていたとなれば、祖国復帰促進期成会による募金活動や署名活動に消極的なのも当然であった。この組織も、一九五四年四月ごろに、自然消滅するに至った。

いいかえれば、当時の沖縄では、目前で展開されている土地収奪にどう抗するかが急を要する課題であり、日本復帰などは、「非現実的」な問題でしかなかった。だとすると、そうした状況を招いたアメリカや日本を批判する議論は、とくに共感されるものではなかった。むろん、人々の内面にはそうした思いもあっただろうが、沖縄の輿論としては、そもそも米軍統治は既定の事実であり、そのうえに立った「現実的」な議論こそが求められた。「八・一五」の語りに、本土批判や講和条約批判が影をひそめるようになり、「平和の祈り」と現実への諦めや屈折が垣間見られるようになった背景には、こうした社会状況があった。

このことは同時に、「四・二八」が語られないことの理由でもあった。サンフランシスコ講和条約が発効した「四・二八」は、沖縄が日本本土から切り離された「屈辱の日」であった。だが、一九五〇年代には、新聞での言及は皆無に近い。本土から切り離されて米軍政下に置かれた「屈辱」を思い出してもなす術がない、この当時の沖縄の「現実」を、「四・二八」の不在は浮き彫りにしていた。

三　復帰運動の隆盛と「反復帰」

「四・二八」の発見

ところが、一九六一年ごろから、沖縄メディアにおいて、四月二八日は「記念日」として大きく扱われるようになってくる。一九六一年四月二八日の『沖縄タイムス』社説は「講和発効の日に際して」と題し、「四・二八」を初めて大きく扱った。そこでは、「われわれが、とくにこの日［一九五二年四月二八日］を銘記したいという裏には、なにがあるのかといえば、やはり、われわれを祖国から政治的に断

THE OKINAWA TIMES 1962年4月28日

沖縄タイムス

祖国復帰へ新たな誓い

総決起大会ひらく

復帰協 市中デモで気勢

きょう講和条約発効十周年

〝各地で沖縄返せ〟

集会―国会請願も

代表団東京入り

施政方針を検討

復帰をさ

現実的に

社説 講和条約発効から十年

オリオンビール

『沖縄タイムス』1962年4月28日・1面

ったという歴史上の意味があるからである」と記されていた。それまでとくに記念されることのなかった「四・二八」はこの時期になって初めて見いだされ、「われわれを祖国から政治的に断ったという歴史上の意味」に着目されるようになったのである。以後一〇年間、『沖縄タイムス』『琉球新報』といった沖縄主要メディアでは、四月二八日には必ずこの「講和発効の日」が扱われた。

「四・二八」の記念日化の背景には、復帰運動の盛り上がりがあった。一九六〇年四月二八日、沖縄教職員会と沖縄県青年団協議会（沖青協）、沖縄官公庁労働組合協議会（官公労）の三団体を中心に政党や教育・福祉関係一七団体が参加して、沖縄県祖国復帰協議会（復帰協）が結成された。復帰協は、講和条約が発効したこの日を「屈辱の日」と位置づけ、毎年この日に大規模な復帰集会を開いた。沖縄メディアもその動向を大きく報じ、復帰をめぐる輿論を高揚させた。「四・二八」はこうしたなかで、記念日として定着していったのである。

復帰運動が盛り上がり始めた要因としては、土地問題が解決の方向に進んでいたことが大きかった。島ぐるみ闘争にてこずった米軍は、沖縄の政情安定を図るべく、賃貸契約や賃料の面で大きく譲歩するとともに、軍用地問題の解決を前提にした日本政府の沖縄援助もなされるようになった。だが、他方で、基地の存在に伴う犯罪や事故は続発していた。米兵による暴行や殺人は頻発していたうえに、一九五九年には小学校に米軍ジェット機が墜落した。授業中であったこともあり、職員生徒あわせて一三八名の死傷者を出し、近隣民家三十余軒も火災に見舞われた。しかも、これらの事件で被害住民が得られる補償は微々たるものであった。犯人や責任者に対する米軍の処置も軽微なものでしかなく、住民の意向が汲まれることはなかった。

こうしたなか、土地問題の次の段階として、米軍統治や基地の問題に目が向けられるようになった。逆にいえば、土地問題の改善だけでは状況がよくはならないことが、広く了解されるようになったともいえるだろう。

「八・一五」と「六・二三」

このような社会状況は、「八・一五」の語りをも変質させた。前述のように、講和発効以後、「八・一五」には「平和の希求」といった叙情、あるいは、本土との分断への諦念のようなものが重ねられていた。だが、六〇年代になると、沖縄の現状を問い質す意思も込められるようになる。一九六一年八月一五日の『沖縄タイムス』社説では、「終戦記念日の意義」が論じられているが、そこでは、「戦争を二度と繰り返すまいという教訓を後世に伝える」ことともに、「戦時そのままな被支配から抜け出ることを願う」ことが強調されていた。

それは同時に、本土と沖縄の相違を浮き彫りにするものでもあった。『沖縄タイムス』社説「八月十五日を迎えて」(一九六四年八月一五日)では、「終戦記念日」は「戦争というものが割の合わぬ無為なものであるかを歴史によってしのぶ意義深い日」であるが、「沖縄のばあい、もっとニュアンスは違う」ことが指摘されていた。ベトナム戦争が激化し、沖縄基地からも米軍が出撃したなか、「「沖縄にも戦火が及べば」九〇万の住民はどうなるのか」「なぜ［中略］沖縄は［沖縄基地を手放さないというアメリカの方針のために］戦火も及びかねない犠牲を独り負わなければならないのか」という思いがそこには込められていた。

また、このころから新たに見いだされるようになったのが、「六・二三」であった。この日は沖縄守備軍司令官・牛島満が自決した日であり、一九五〇年ごろには一時的に「沖縄の終戦記念日」として扱われたことがあった。だが、この日は記念日として定着しなかった。ところが、一九六〇年代前半から、この日は「沖縄の終戦記念日」として、たびたび議論されるようになった。一九六一年から、この日は「慰霊の日」として法定休日になり、一九六三年六月二二日の『沖縄タイムス』社説では、「沖縄戦の戦没者の霊を慰め、かつ平和を祈念する」ことの意義が強調された。

そして、ここでも、米軍基地をめぐる現状への批判が込められていた。

戦争が罪悪であり、人類がそれを憎むかぎりにおいて戦争とつながる基地の存在は明らかに矛盾といわなければならない。いま沖縄人はその矛盾の上に生活をしているというのが実情である。そして、この矛盾を解明しないかぎりほんとうの安心立命は得られないというのも事実であろう(8)。

そこでは、沖縄戦の記憶から、「戦争とつながる基地の存在」や「いま沖縄人はその矛盾の上に生活を

日米両政府主導の「本土復帰」を批判するデモ（1971年4月28日、那覇市）（沖縄タイムス社編『写真記録　沖縄戦後史』沖縄タイムス社、1987年、133頁）

している」実情が問われている。このような傾向は、一九六〇年代半ばにベトナム戦争が激化するなかで、さらに顕著になった。一九六五年六月二三日の『沖縄タイムス』社説「慰霊の日に思う」は、「ベトナム戦争の補給基地として、ひとたび戦争が拡大されると果たしてこれまでのような安全を期されるかどうか疑わしい」「住民の気持ちの中には戦争の傷痕が完全に消え去ったとはいえないのに、新たな戦争への不安は二重の影となってわたくしたちの念頭を離れない」と記していた。

　復帰運動と米軍基地批判が盛り上がるなかで、戦後の沖縄の苦境を生み出した起点として、「六・二三＝沖縄の終戦」が見いだされるようになったのであった。

記念日の「反復帰」化

　復帰運動が盛りあがるなか、一九六九年一一月、佐藤栄作首相とニクソン大統領は会談を行ない、一九七二年の沖縄返還の方針を発表した。折しもアメリカは、ベトナム戦争が泥沼化するなか、財政難に喘いでいた。そこで、アメリカ政府は、基地を確保したうえで施政権を日本に返還すれば、コストが削減されるという判断を下したのである。

　だが、それは沖縄住民を満足させるどころか、むしろ失望を与えた。米軍基地は「本土なみ」に残されることとなり、面積にして全国の基地の五三パーセントが狭小な沖縄に集約されることとなった。なおかつ、沖縄基地への核兵器持込みについても、制限が曖昧だった。

必然的に、復帰協も、日米両政府への請願を主とした従来の姿勢を転換し、「即時無条件復帰」「反戦復帰」を打ち出しながら、復帰のあり様を批判するようになっていった。復帰の方向性が固まりつつあった一九六九年三月一〇日、『沖縄タイムス』は復帰協の動向を「先鋭化する返還運動　復帰協請願から対決姿勢へ」という見出しで報じているが、それは復帰運動の転換を的確に物語っていた。

こうした沖縄輿論の変化は、記念日の語りにも投影された。例えば、一九七〇年四月二八日の『沖縄タイムス』社説は、「復帰協の掲げるいわゆる反戦路線は、日米安保路線の前に挫折した」「核抜き、本土なみ、七二年返還というのは、まさに沖縄の祖国復帰には違いないが、その中身は、米軍基地をそのままにしてただひたすらに祖国に帰りたいという民族的な心情を最大限に拡大し吸いあげたものでしかない」と論じ、従来の復帰運動の挫折を指摘した。

そのような論調は「六・二三」や「八・一五」でも同様であった。一九七一年六月二三日の『沖縄タイムス』社説「26年目の「慰霊の日」」では、「復帰によってとり戻せると思い込んでいた〝平和への道〟は、ますます遠のいてく気がしてならない」「〔戦争への〕脅威が、復帰によって消え去るどころか、むしろ半永久的な戦争体制への危険性さえでてきそうである。政府首脳が操作された歴史感覚で沖縄を語れば語るほど、私たちの不安感を増大させていくだけだ」と記されていた。また、同紙一九七〇年八月一五日の社説「終戦25年を迎えて」でも復帰の問題と沖縄戦体験を引きながら、「日本全体の「平和」教育がどういう方向をたどっていくのかということに不安をおぼえる」ことが述べられていた。かつて復帰の夢が託されていた「八・一五」「六・二三」「四・二八」は、ここにきて、復帰批判を訴える日へと変質したのである。

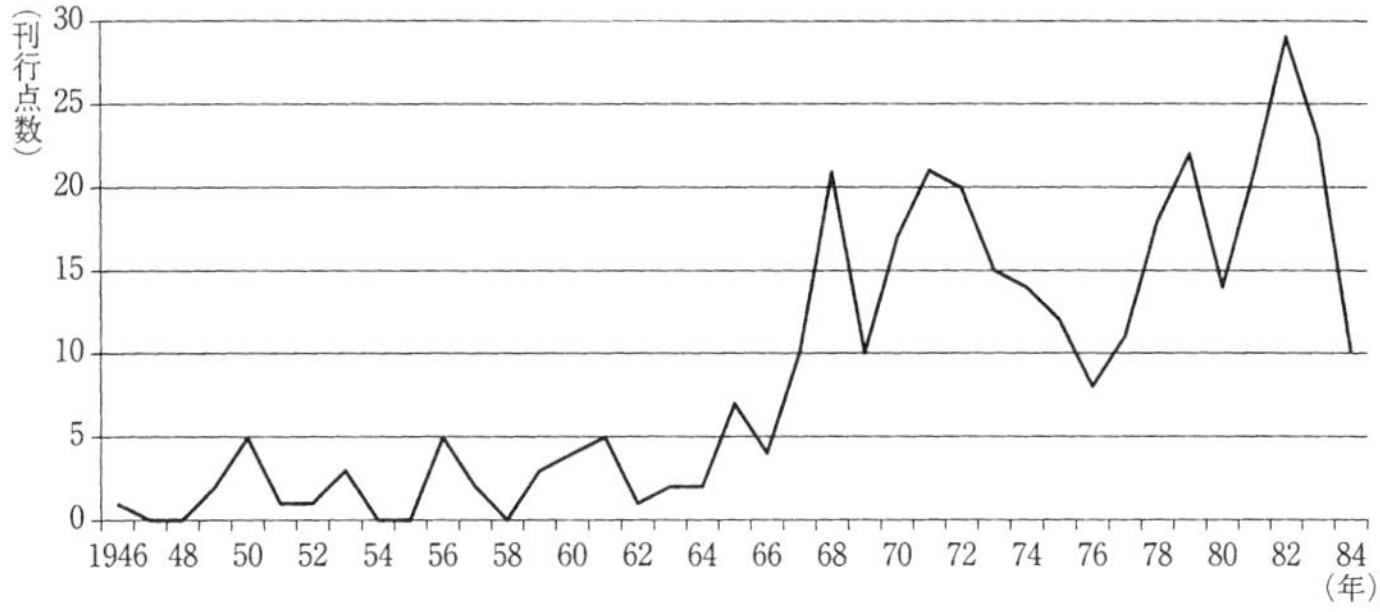

沖縄戦記の刊行点数の推移
（沖縄戦―沖縄学を学ぶ100冊刊行委員会編『沖縄戦―沖縄学を学ぶ100冊』（勁草書房、1985年）所収の「付録　沖縄戦関係文献目録」をもとに作成。ただし、太平洋戦争史、沖縄通史、沖縄戦後史の文献は除外している。）

奇しくも、その時期は沖縄戦記発刊のピークに重なっていた。一〇〇〇頁超に及ぶ『沖縄戦記録1』が『沖縄県史』（琉球政府編）の第九巻として刊行されたのは一九七一年であり、その後、『那覇市史』『今帰仁村史』などでも、沖縄戦記録にかなりの記述が割かれるようになった。それらの多くは、体験者への聞き取りを文字に起こしたものであった。文章を書くことに不慣れな住民の体験も広く集めようとする意図がそこにはあった。

これらの戦記では、激戦が繰り広げられた沖縄本島南部の出来事ばかりではなく、北部や離島での飢餓地獄、マラリア禍、日本軍の現地住民に対する暴虐も多く綴られていた。沖縄史家の大城将保が指摘するように、「怒りと不安と期待とが複雑に錯綜した復帰前夜の緊迫した空気の中」で、四半世紀前の戦争の記憶が呼び起こされていたのである(9)。

「八・一五」「六・二三」「四・二八」の語りが、過去の戦禍の記憶とともに、沖縄返還における本土の欲望を浮かびあがらせていたのも、こうした流れに沿うものであった。

そして、一九七二年五月一五日、沖縄返還が実現した。沖縄は祝賀ムードには程遠く、那覇市内では大規模な抗議デモが行なわれた。琉球政府行政主席だった屋良朝苗も、住民輿論への配慮から、沖縄返還協定の調印式への参加を見送った。

とはいえ、復帰への屈折した思いを抱えながらも、この五月一五日は戦後沖縄の重要な記念日として、その後の沖縄メディアに定着していった。この日は、「四・二八」とともに、あるいはそれに代わる形で、戦後沖縄の「屈辱」を思い起こさせるものとなった。

四　記念日の社会的構築

「現在」が創り出す「過去」

このように、「八・一五」「六・二三」「四・二八」そして「五・一五」といった沖縄の記念日は、戦後史のなかで錯綜しながら紡がれてきた。だが、そこには、本土と沖縄のさまざまな断層が浮かびあがっていた。

ＧＨＱによる日本占領の終結は、沖縄を軍事基地として米軍に供与することで得られた。戦後日本の「平和」も、ある意味ではそのうえに成り立っていた。だが、日本本土でそのことに思いが寄せられることは少なかった。沖縄における記念日言説は、そうした「平和」が含み持つ暴力をたびたび浮かび上がらせてきた。あるときは、連合国との講和や遺族補償のあり方を問い、あるときには、復帰の美名の下にある日本‐沖縄の大きな断絶を照らし出した。沖縄の記念日には、復帰要求や「反復帰」など、時代によってさまざまなものが投影されてきたが、往々にしてその根底にあったのは、戦後日本に対する異議申し立てであった。

だが、同時にここに浮かびあがるのは、記念日が生成される複雑な力学である。われわれは、ともすれば過去に記念すべき出来事があったがゆえに記念日が成立しているように思いがちである。だが、じっさいの記念日の成立には、その時々の現在から見て記念の対象としてふさわしいかどうかが決定的に重要である。「八・一五」であれ「六・二三」であれ「四・二八」であれ、終戦や講和条約発効を契機に記念日として成立したわけではない。むしろ、それから十数年を経て、さまざまな社会状況・政治状況のなかで「記念すべき過去」として見いだされたのである。

メディア・イベント

それは「メディア・イベント」の産物ともいえよう。われわれは、さまざまな記念すべき過去を知っている。『朝日新聞』が創刊一三〇年を記念して特集した「朝日一三〇年新聞」(『朝日新聞』二〇〇九年一月二五日)には、戦後の特筆すべき歴史的出来事として、アポロ11号の月面着陸(一九六九年七月二〇日)や東海道新幹線の開通(一九六四年一〇月一日)、王貞治の本塁打七五六号達成(一九七七年九月三日)などをあげている。だが、われわれの圧倒的大多数は、それらの出来事をその場で体験したわけではない。しかしながら、われわれは、これらの出来事を記念すべきものとして認知している。では、なぜ、それが可能になるのか。

D・ダヤーンとE・カッツは、そこにメディアの働きを見ている。つまり、メディアが数ある出来事のなかから特定のものを繰り返し報道・言及することで、人々は体験したこともない出来事に重要性を見いだす。それが広く共有されることで、集合的・歴史的記憶が作り出される。メディアによって国民的な出来事が構築される現象を、ダヤーンとカッツは「メディア・イベント」と呼んでいる[10]。先の「朝日一三〇年新聞」が、まさにその好例であろう。

同様のことは、記念日にも当てはまる。「終戦(「八・一五」「六・二三」)」であれ、講和条約発効

（「四・二八」）であれ、沖縄の人々が実際にそれを体験したわけではない。六月二三日に沖縄で「終戦」が成立したわけではないし、八月一五日の玉音放送に至っては、沖縄には届かなかった。一九五二年四月二八日の講和条約の発効も、沖縄住民の実体験というよりは、メディアによってその政治的出来事を知らされたというのが正確なところである。

そして、それらの日が記念日として見いだされたのも、メディアの報道の累積による。これらは、出来事の直後から記念されたのではない。それから十数年を経て、さまざまな政治状況のなかで、メディアは記念すべき対象としてこれらの日を見いだした。それらが重なるなかで、それまでとくに思い起こされることのなかった出来事（「終戦」「講和条約発効」）がメディア・イベントとして成立したのである。[11]

ちなみに、これは沖縄に固有の現象ではない。歴史学者のウィリアム・M・ジョンストンは、欧米で「フランス革命二〇〇年」「モーツァルト没後二〇〇年」「コロンブスのアメリカ到達五〇〇年」などを記念する動きを分析しながら、「各国がそのアイデンティティの明確化を急務とする世界では、記念日が、そのためのもっとも効果的な活性剤を提供する」こと、そして、その記念日とは、「過去の権威を再評価する理想的媒介」であることを指摘している。[12]ここでも、記念すべき過去は、現在によって見いだされているのである。

ただ、繰り返しになるが、メディア・イベントとしての沖縄の記念日に映るのは、その時々の沖縄の姿だけではない。同時に、「戦後日本の平和」のさまざまな暴力が、そこには浮かびあがる。毎年、八月一五日には、「戦没者の追悼」「平和の祈り」といったことがマスメディアで多く喧伝される。だが、沖縄の「八・一五」や「六・二三」は、そうした語りの背後に隠されている「日本と沖縄の断層」をさまざまに映し出してきた。「四・二八」（そして「五・一五」）も、その延長で見いだされた記念日であった。

沖縄における錯綜した記念日の戦後史は、「終戦」や「平和」に固着する本土国民の欲望を、鏡のように映し出していたのである。

注

（1）竹山昭子『ラジオの時代――ラジオは茶の間の主役だった』世界思想社、二〇〇二年。
（2）佐藤卓己『八月十五日の神話――終戦記念日のメディア学』ちくま新書、二〇〇五年。
（3）同、一四九頁。
（4）辻村明・大田昌秀『沖縄の言論』南方同胞援護会、一九六六年。
（5）また、同日に開かれた第一回仮沖縄人諮詢会（米軍主導で創設された住民組織の前身）では、住民代表に対し、日本本土で正午に行なわれる「玉音放送」の内容が伝えられた。
（6）佐藤卓己『八月十五日の神話』（前掲）。
（7）中野好夫・新崎盛暉『沖縄戦後史』岩波新書、一九七六年。
（8）『沖縄タイムス』社説、一九六三年六月二二日。
（9）嶋津与志（大城将保）『沖縄戦を考える』ひるぎ社、一九九七年、一五頁。
（10）Dayan, Daniel and Katz, Elihu, 1992. *Media events: the live broadcasting of history*, Harvard University Press.（D・ダヤーン、E・カッツ、浅見克彦訳『メディア・イベント――歴史をつくるメディア・セレモニー』青弓社、一九九六年）
（11）D・J・ブーアスティンの「疑似イベント」論も、これらを考えるうえで参考になろう。ブーアスティンは、マスコミが読者の関心を誘うようなニュースを生み出す現象を「疑似イベント」と呼んでいる。例えば、テレビでは、不特定の場所で不定期に開かれる街頭演説よりも、事前に質問や演出方法が準備された討論番組（あるいは、スタジオでの政治家とキャスターの対談）に重点が置かれる。それは、自然に生じた出来事ではなく、マスコミが作り上げた「ニュース」である。われわれは、マスコミが日常的に創出する「疑似イベント」を通して、社会や政治への認識を作りあげていく。

ここで重要なのは、疑似イベントは、必ずしも現実の偽りの姿ではないということである。それはたしかにマスコミによって作られたものではあるが、同時にそれは現実そのものでもある。報道関係者が集まる記者会見にせよ、テレビの討論番組にせよ、少なくとも「真実」「現実」を伝えようとするものではある。ただ、それは自然発生的な真実や現実ではない。あくまで、マスコミによって周到に準備され、作り上げられた現実である。

ブーアスティンは、「疑似イベント」の特徴として、「自然発生的でなく、誰かがそれを計画し、たくらみ、あるいは扇動したために起こる」「「その事件は本当か？」という質問よりも、「その事件には、ニュース価値があるか？」という質問のほうが、ずっと重要である」ということをあげている。ダニエル・J・ブーアスティン、後藤和彦他訳『幻影の時代――マスコミが製造する事実』東京創元社、一九六四年参照。

(12) Johnston, William M. 1991. *Celebrations: the cult of anniversaries in Europe and the United States today*. New Brunswick, N.J., U.S.A.（ウィリアム・M・ジョンストン、小池和子訳『記念祭／記念日カルト――今日のヨーロッパ、アメリカにみる』現代書館、一九九三年、二一頁）

第6章　日琉同祖論の変容と沖縄アイデンティティ

――「同祖」のなかの「抵抗」

沖縄人と日本人が同一民族であるとする言説、すなわち日琉同祖論が、ことに沖縄から発せられるとき、そこにはある種のアンビバレンスが存在する。

　今日となつて考へて見ると、旧琉球王国は確に営養（ママ）不良であつた。して見ると半死の琉球王国が破壊されて、琉球民族が蘇生したのは寧ろ喜ぶべきことである。我々は此点に於て廃藩置県を歓迎し、明治政府を謳歌する。(1)

日琉同祖論を唱え、沖縄学の父とも称される伊《い》波《は》普《ふ》猷《ゆう》が一九一一年に記したこの文章は、「歴史的な「言語学」上の同一性（日琉同祖説）を根拠に、現実の「帝国日本」の支配を認容し、肯定」するスタンスを表すものと見ることもできるかもしれない(2)。だが、廃藩置県＝琉球処分以前の沖縄において、「生きんが為には如何なる恥辱をも忍」び、「死なない限りは自ら此境遇を脱することが出来な」いような島津支配との対比で、上記の文章が書かれていることを考え合わせると、日琉同祖論・日琉同一民族論を、単に「帝国日本」の支配の言説としてのみ規定することの困難さも浮き上がってくる(3)。少なくとも、そこでは、「帝国日本」による統治は、島津支配の悪弊を取り除き、「琉球民族」を「蘇生」させるものでなければならないことが、前提とされている。

こうした日琉同祖論・日琉同一民族論は、何も戦前期のみならず、戦後の米軍占領期・本土復帰期においても、「沖縄人」によって主張されてきた。だが、沖縄戦を経過した時代において、沖縄の側が「日本人」としてのアイデンティティを選び取ることに、いかなる意図が込められていたのか。そこには、「本土」の側のナショナリズムといかなる距離があったのか。それは、沖縄戦・米軍統治・本土復帰という社会的状況の変化のなかで、いかに変容したのか。本章はそれらについて考察すべく、主に戦後沖縄学の言説を検証したい(4)。

なお、戦後沖縄学は、当然のことながら、戦前の議論の継承のうえに成り立っている。戦前の沖縄学については、拙著『辺境に映る日本』でも言及しており、ここではその重複を避けたいが、本章で扱う問題を考えるうえで必要な事項のみ、まずは概観しておきたい。

一　同化論と沖縄学の誕生

琉球処分と沖縄社会

一八七二年、明治政府は琉球王国を併合し、王府を維持したまま琉球藩が設置された。さらに、その七年後の一八七九年、松田道之処分官は軍隊と武装警官を率いて首里城を制圧し、琉球藩の廃止と沖縄県の設置を布告した。琉球王朝による統治はここに終焉し、沖縄は日本の版図に完全に組み込まれることとなった。いわゆる琉球処分である。しかし、沖縄の統合は、必ずしも単線的に遂げられたものではなかった。

一六〇九年に薩摩藩は琉球王国に侵攻し、以後、実質的な支配下に置いたわけだが、薩摩藩は琉球王国を廃止しなかった。元来、琉球は朝鮮、越南（ベトナム）と同様、中国（明・清）との朝貢冊封関係を形成していた。そこでは、中国皇帝への定期的な朝貢や中国暦の使用といった政治的・文化的な帰服が求められる一方、皇帝の権威を示すために、朝貢国に多量の返賜物が贈与され、一種の貿易関係が成立する。したがって、薩摩は、琉球王国の体裁と中国との朝貢冊封関係を維持させることで、中国物産を入手・転売することができ、鎖国状況下、中継貿易による利潤を得ることができた。かくして、琉球王国では、いわゆる「日支両属状態」が維持された。

明治政府によって琉球問題の処分官に任じられた松田道之は、琉球王府に対し、清への朝貢や中国暦使用の停止、日本軍の駐留、東京への留学生の派遣、従来の刑法を日本政府のそれに改めること、天皇への「謝恩」のため藩王を上京させること等を要求した。これらは、王府側にとって従来の政治体制を覆すに等しく、琉球王府は事態の引き延ばしをはかる一方で、清や欧米各国に救援を求めるなど、頑強な抵抗を試みた。結局、日本側は、前述のように、一八七九年に松田道之が武力で王府を制圧、沖縄県が新設された。

こうした動きは、沖縄における党派的な対立を生み出した。大きくは親清派と親日派に分かれるが、親清派は頑固党と呼ばれ、そのうち、清による統治を望むグループが黒党、従来のような日清両属を望むものが白党と呼ばれた。一方、日本による統治を受け入れ、それを通じて沖縄の近代化を求める親日派は、開化党と呼ばれた。頑固党は主に旧支配者層・上級士族層で構成され、琉球王府の復権を強硬に主張した。沖縄が大日本帝国の国家システムのなかに組み込まれたとはいえ、日清戦争以前の当時において、東アジアの国際社会における清の優位は、まだまだ動かしがたいものに思われた。王族・士族層の多くは新県庁への協力を拒み、事務引き継ぎにも応じなかった。新県庁側は、そうした者へ拷問を加えることも多かったが、一方で、旧支配階層の懐柔にも重きが置かれた。その結果、諸制度の急激な改革は避けられ、旧制を維持する政策が採用された。いわゆる旧慣温存政策である。

旧慣のもとでは、地方末端の役人に免税や役地の割り当てなどさまざまな特権が付与されていたのみならず、業務量に比べて役人の数が膨大であり、かつ、地位を乱用した不正行為も日常的であった。必然的に、農民に貢租・公費の過重負担を強いることとなった。また、土地制度に関しては、地割制度が維持された。地割制度とは、個人の土地私有を認めず、村落の共有とし、個々の農民にはそれらの土地の一部分を割り当てて耕作させ、数年ごとに一斉に割り替えを行うものである。したがって、農民は土地に対する一時的な占有権と利用権が付与されるだけであり、必然的に生産意欲は刺激されなかった。そうした旧慣温存政策に対し、農民層による反対運動も展開され、役人の不当徴税・不正行為が糾弾された。しかし、一八九九年の土地整理事業の開始までは、旧慣を維持する方策が採られた。

太田朝敷と謝花昇

こうした状況に変化をもたらしたのは、日清戦争の終結である。それまで、とくに日清戦争中は、頑固党は公然と清の勝利を祈り、救援の艦隊が来るものと揚言した。そうしたなかで開化党は微弱な勢力にすぎなかったが、戦争終結に伴い、頑固党は勢力を失い、沖縄初の新聞である『琉球新報』を中心に日本への同化論が盛んに唱えられるようになった。その中心的な言論人が、『琉球新報』の創刊に関わり、主筆を務めた太田《おおた》朝敷《ちょうふ》である。

太田の同化論は、「沖縄今日の急務は何であるかと云へば、一から十まで他府県に似せる事であります。極端にいへば、嚔《くしゃみ》する事まで他府県の通りにすると云ふ事であります」という言葉で知られている(5)。これは、一九〇〇年七月の沖縄高等女学校開校式典での講演で、女子教育と文明の関係について論じたなかでの一節だが、太田はそこで、「全国の百分一位しかない地方」の沖縄にとっては、言語、服装、社交等々、差別に直結する「外観の改良」を至急の課題と捉えていた[6]。そもそも、太田は、従来の沖縄の慣習に否定的で、過度に華美な祝日・葬送の儀式、旧士族と平民を隔てる「階級的弊風」、蓄妾の風習、伝統的な女性の地位の低さなどの問題点を列挙し、その改革、ひいては、沖縄の「文明化」を訴えた。

だが、太田は旧王府と距離をとっていたのではなく、むしろ、王府の復権にも積極的であった。その表れが、一八九六年の公同会事件であった。これは、琉球の旧士族が七万三〇〇〇名ほどの署名を集め、琉球処分の際に強制的に東京に住まわされた旧琉球王を県知事にすえて議会を設置し、沖縄に特別制度を布くよう、中央政府に求めたものである。「公同会請願・趣意書」は、太田が中心になって起草されたが、そこでは、大日本帝国への恭順と日本国民への同化の姿勢を強調し、独立論ではないことに注意を促しつつ、日清戦争後の混乱した「人心ヲ尚家ニ統一セシメ」ることの必要性が述べられている。一八八二年に県令・上杉茂憲の施策により、第一回県費留学生として東京に学んだ太田は、頑固党のような政治感覚からは解き放たれていたが、とはいえ、旧士族層の出身でもあった太田は、尚家による沖縄統治の復活をもつよく志向していた。逆に言えば、日清戦争における清の敗北により、アジアの国際秩序における清の勢力低下が明白になった以上、清の救援など期待できず、王府の復権を画策するには、こうした方策しかあり得なかった。しかし、この運動も『やまと新聞』でセンセーショナルにスクープされ、各新聞紙上を賑わした挙句、日本政府にも拒否され、結局、何の成果も見ないままに潰えている。

これとは異なる立場をとったのが、謝花昇《じゃはなのぼる》である。謝花は、太田朝敷と同じく第一回県費留学生として上京し、帝国大学農科大学を卒業、沖縄初の学士となった。大学で農学を専攻した彼は、卒業後、帰郷し、内務省採用の沖縄県技師として沖縄県庁に勤務した。本土出身の役人・寄留商人および旧士族層がつよい勢力を有していた沖縄社会にあって、農民の出自の謝花が、大学卒業早々に県庁屈指の高等官に就いたことは、「階級打破の象徴」とみなされたが、逆に旧王府を思慕する旧士族層には「反逆者」に映った(7)。

その謝花が、公同会運動のようなものとは別の道を選択したのも、ある意味当然の成り行きであった。謝花の活動のなかで重要なのは、沖縄の山林中広大な面積を占める杣山の開墾・処分をめぐるものであった。一八九二年七月に沖縄県知事に着任した奈良原繁は、杣山のうち農耕地等として利用可能な土地を首里・那覇の無禄士族に払い下げて開墾させることで、失業問題と食糧問題・産業振興の同時的解決をめざすという施策を立てた。だが、それが実施されたところ、旧支配階級や外来商人、知事親近者に利益を与える結果となった。当時、開墾事務取扱主任を務めていた謝花は、そうしたケースへの認可に異を唱えたが、知事・奈良原によって彼は他の任に回された。その後も類する問題で奈良原とことごとく対立した謝花は、ときの大隈重信内閣の内務大臣・板垣退助に訴えるという挙に出た。それまでは藩閥勢力が中央政界の中心であったが、大隈内閣は初めての政党内閣であり、陸海軍大臣以外の全閣僚が憲政党員であった。自由民権運動家であった板垣は、いったんは謝花に奈良原処分の内諾を与えたが、結果的には実現しなかった。文部大臣・尾崎行雄の帝国教育会での「共和政治演説」により大隈内閣は総辞職し、その後の山県内閣では奈良原に近い松方正義が入閣したためである。これにより、奈良原による謝花への抑圧はいっそう強まり、一八九八年、謝花は県官吏を辞するに至った。その後も謝花は、同志を糾合し、また機関誌『沖縄時論』を発行するなど、奈良原の暴政を暴き世論を喚起し、県政革新運動を展開した。その実現の方途として見出されたのが、参政権獲得運動であった。

当時、国会開設から数年を経ていたが、沖縄では衆議院議員選挙法が施行されず、国会に議員を送ることができなかった。また、特別制度の地方制度の下、県会も存在しなかった。その主たる理由とされたのは、沖縄で土地整理がなされておらず、土地の私有権が確定していないことだった。当時の選挙法は、納税額によって参政権が得られる制限選挙制であり、私有財産が不明瞭な以上、納税額も確定できないことから、沖縄は衆議院議員選挙法や一般の地方制度の施行除外地域とされたのであった。謝花の運動によって、星亨、島田三郎ら民権政治家の賛意が得られ、一八九九年二月の衆議院に選挙法中改正法律案が出された。ここで沖縄二区三郡から二人の議員を選出することとなった。しかし、「施行ノ期日ハ勅令ヲ以テ定ム」とされ、しかも宮古・八重山二郡は改正法適用から除外された。土地整理未了のため納税資格を確定できないという従来の政府見解に阻まれたのであった。

結局、沖縄に衆議院議員選挙法を施行する勅令が出されたのは、一九一二年であり、他府県同様の自治制度の施行は一九二〇年になってからであった。一九一〇年ごろには、政府にとって沖縄経営は黒字であり、年々三〇〇万円を沖縄から国庫に納入していた。しかも、一九〇四年の日露戦争では、二〇〇〇名以上の沖縄出身の兵士が出征し、従軍者の一割にあたる戦死者を出していた。徴兵と納税の義務を果たしながら、帝国議会での発言の権利を得るどころか、県会議員すら選出できない時期が、一九〇三年に完了した土地整理後も長く続いたことになる。[8] そして、謝花は選挙法施行を見ることなく、一九〇一年に三六歳のときに失望のあまり精神を病み、一九〇八年一〇月に四三歳で不遇のうちに生涯を閉じることになる。だが、謝花は、前述の活動を以て、以後、「沖縄自由民権運動の父」と呼ばれた。

沖縄学の創造——伊波普猷

だが、一八八六年の小学校義務教育化、一八九八年の徴兵制導入、一九〇三年の土地整理完了等々の施策に伴い、沖縄は、日本の政治体制と資本主義に着々と組み込まれるようになっていった。そうしたなか、学問的に沖縄アイデンティティを築くと同時に、それを国民的なアイデンティティと接合させようとする議論が生み出された。そうした言説を展開したのが、「沖縄学の父」とされる伊波普猷である。[9]

伊波が一貫して主張したのは、日琉同祖論である。『古琉球』のなかでも、「琉球群島には記紀万葉にある様な日本上古の言葉が夥しく遺つてゐる」こと、大和人と沖縄人はともに、生後間もない子どもの「臀部に青色の斑点が」あり、「これは歳月の経つに従つて消失するものである」が、「これは他の人種には絶えて見ることが出来ない特質である」ことなど、人種、言語、民俗の面の根拠を挙げながら、「大和」と「沖縄」の祖先の共通性を強調している[10]。

だが、伊波は、なぜ、大日本帝国による沖縄の統合をかくも積極的に肯定するかのような議論を展開したのだろうか。そこで伊波が直視していたのは、三〇〇年間の薩摩藩による圧政のもとで形成されたメンタリティであった。伊波が問題として見ていたのは、薩摩支配の圧政のもとで、沖縄人が「実生活に於ては無勢力」な状態に置かれたことだけではない。「自分の国でありながら自分で支配することができず、甘い汁は人に吸はれる」状況の帰結として、「泥坊《（ママ）》根性」「奴隷根性」が根付き、「責任感」の希薄化と「依頼心」の強化が進む――そうした、主体性の崩壊とでも言うべき問題であった[11]。そこから導かれるものは「沖縄の歴史は決して名誉の歴史ではありません。いはゞ恥辱の歴史です」という、厳しい歴史認識であった[12]。

その伊波にとって、琉球処分が沖縄の解放に映るのは当然であった。伊波は、一九一一年の『古琉球』のなかで、「営養不良」であった「半死の琉球王国が破壊されて、琉球民族が蘇生したのは寧ろ喜ぶべきことである」とし、「我々は此点に於て廃藩置県を歓迎し、明治政府を謳歌する」と述べている[13]。伊波にしてみれば琉球処分は、薩摩と琉球王朝による二重の抑圧から沖縄人を解き放つことを意味していた。また、日琉同祖論の観点からも、琉球処分は「実に迷児を父母の膝下に連れて帰つた様なもの[14]」であり、「日本」と「沖縄」の政治的統一は歓迎すべき事柄であった。

だが、伊波は、琉球処分に伴い、すぐに「琉球民族が蘇生した」とはみなしていなかった。伊波は、

「其の時［＝薩摩の琉球制圧］に負ふた痛手」は「心的傷害となつて、今なほ彼等をなやましてゐる」ことを指摘する。伊波が琉球処分後の沖縄社会に見たものは、薩摩支配からの解放と同時に、それでもなお残る薩摩支配の遺制――「島津氏治下三百年間の悪制度が馴致した悪民族性」――であった[15]。だが、そうしたトラウマや「悪民族性」は、伊波にとって完治し得ないものではない。そのための方策が、「郷土研究」であった。伊波の郷土研究・沖縄研究は、「ヒステリ患者に其の苦悶の原因を自由にさらけ出させて、宿痾を根治するやうに、この社会的病根を除去する一方法」として構想されたもので、薩摩の琉球侵攻以降、三〇〇年を経ても癒えない沖縄の後遺症の「社会的病根」を特定し、除去することを目的とするものであった[16]。

さらに言えば、そこでは、「日本」と対等なものとしての「沖縄」のアイデンティティの立ち上げがめざされていた。たとえば、伊波は『古琉球』のなかでも、沖縄の歴史を述べるなかで、「日本」と「琉球」は同祖であり、一四世紀までは交流があったこと、そして日本における南北朝の戦乱と沖縄における「三山の戦乱」により一時、交流が途絶えたものの、沖縄は日本・中国の文化を吸収し、「大和民族として恥かしく無い丈けの資格」を有していたことを強調している[17]。

その意味で、伊波の日琉同祖論は、単に「同化」を志向しただけのものとは異なる。伊波は、「日本」に同化すべきことを直接的に説いたのではなく、「日本」と「沖縄」は「同祖」であり、それゆえに「同等・対等」であることを主張したのであった。むろん、伊波は、沖縄の「悪民族性」や近代化の遅れといった、「日本」との断層についても十分に把握していたが、彼は自らの研究を通じて、沖縄の病弊の原因を明らかにすると同時に、「日本」と対等であった「沖縄」、抑圧に慣らされているのではない伸びやかな「沖縄」が、かつて存在し、また、これからもそれが実現し得ることを、論証しようとしたのであった。

もっとも、そうした楽天的にも映る琉球処分観も、一九二〇年ごろから、微妙に修正が施されるようになる。その契機が、沖縄を襲った「ソテツ地獄」と言われる経済的疲弊状況であった。糖業以外に産業の育成が不十分だった沖縄では、第一次大戦後の恐慌とそれに伴う一九二〇年の世界的な糖価大暴落を契機に、深刻な経済危機に陥った。ただでさえ、担税能力以上に過重な税負担を強いられていたのに加え、一気に過剰人口を抱え込んだ農村からは、大阪や京浜地方、南洋群島に労働力の販売先を求めて、移民として大量の人口が流出した。また銀行の倒産と金融逼迫、欠食児童や子女売買といった社会問題も生じた。こうした状況は、毒性を有するソテツまでを食しなければ生き延びることができなかったことから、「ソテツ地獄」と呼ばれるようになった。これに対し、伊波はその日琉同祖論は堅持しつつ、一九三一年の『南島史考』のなかで、「旧制度［＝琉球処分以前の制度］の中で育まれた性情は、たとへ新制度の中に収容されたからといつて、急に消滅するものでは無く、あれからもう半世紀もたつたが、いまだに盛に活いてゐるといふ有様である」「南島今日の窮状——世に之を蘇鉄地獄といふ——の原因は、古くは島津氏の、近くは中央の、搾取政策にあると言ひ度い」と述べている[18]。伊波がそこで眼にしたものは、本来「謳歌」するはずの琉球処分以降五〇年を経過してもなお、「他府県人同様に、国家の酒盛りに列な」ることができず、「孤島苦《インゼルシュメルツ》ばかり嘗めさせられてゐる」状況であった。そして、従来主張していた沖縄アイデンティティの確立による「個人的救済」から、唯物史観も参照しながら、政治・経済の構造の転換をめざす「社会的救済」をつよく主張するようになる[19]。

とはいえ、伊波のこうした議論の変化にしても、「大和と対等な沖縄」を志向するうえでは、一貫したものであり、伊波の日琉同祖論からは、必然的に帰結されるものであった。

伊波の日琉同祖論は、たとえば、柳田民俗学などに見られるように、沖縄を「日本の古層」に還元したり、発展図式の下位に規定することなく、あくまで「大和」と対等な「沖縄」を描こうとするものであった。[20] したがって、それは、琉球処分後まもない時期にあっては、薩摩と旧王府の圧政を批判し、かつ、その抑圧に慣らされた状況を克服するに足る自負心やアイデンティティを提示しようとするものとなり得た。そして、ソテツ地獄以降においては、日本に編入されて半世紀が経過してもなお、根深い日本と沖縄の断層を批判的に照射するものとなった。いわば、伊波は日琉同祖論という「同化の論理」「帝国の論理」を逆手にとって、「日本」と「沖縄」の対等ならざる状況を照射し、そうすることで、「日本」と「沖縄」の関係性やその規定要因に批判的な視線を投げかけたのであった。

二　戦後における「同祖論」の位相

沖縄戦と米軍統治

その伊波普猷は、一九四七年に七二歳で没した。沖縄学も、そのころから次の世代が主たるイデオローグとなっていく。比嘉春潮《ひがしゅんちょう》や仲原善忠《なかはらぜんちゅう》がその代表的な存在であるが、彼らは敗戦を挟み、いかなる沖縄学を展開し、日琉同祖論をどのように評価したのだろうか。それを考えるうえで重要なのは、沖縄戦およびそれ以降の沖縄の状況である。

一九四五年三月二三日、沖縄で米軍機千数百による空爆が行われ、四月一日には米軍が本島に上陸、沖縄駐留の第三二軍との交戦が開始された。もともと沖縄にはわずかな軍事力しか配備されていなかったが、太平洋戦線の相次ぐ陥落に伴い、一九四四年三月に急遽、第三二軍が創設された。沖縄戦の時点では二個師団半の兵力を擁していたが[21]、多くは満洲や中国戦線などから転属された部隊だった。当初、同軍は、県民を守護する軍隊として歓迎されたが、それらの部隊は着任早々、前任地と同じく、住民のスパイ容疑での摘発・虐殺、性暴力を頻繁に引き起こした。沖縄は「内地」であっても「占領地住民」

として扱われたのであった。

戦闘が開始されると、状況は凄惨なものとなった。米軍による艦砲射撃や爆撃は「鉄の暴風」と称されるほどのものであり、国際法で禁じられている毒ガスや黄燐弾も用いられた。また日本軍将兵や県民が潜む洞窟や壕には、爆弾や火炎放射器が向けられた。だが、それにもまして県民を苦しめたのは「友軍」による暴力であった。軍によるスパイ容疑での住民処刑、集団自決の強要は、頻繁に行われ、県民の犠牲者は一〇〇〇名を超すとも言われている。

だが、そうした状況を経たあとの沖縄学において、日琉同祖論や同化論が支持されなくなったのかというと、むしろ事実は逆である。後述するように、とくに近世の沖縄社会史が掘り起こされるなかで、日琉同祖論、日琉同一民族論は、ますます強固なものとなっていった。その背景には、米軍による沖縄統治の問題が介在していた。

沖縄の占領統治は、日本本土とは切り離して行われ、フィリピン・琉球軍司令部配下の琉球軍司令部による軍政が敷かれた。そこで沖縄統治を担当する軍人たちのモラルは決して高いものではなかった。「沖縄は米国陸軍の才能のない者や除者の態のよい掃きだめ」と評され、軍紀は世界中の他の米駐屯軍のどれよりも悪く、米兵による犯罪は多発していた。

統治は当初は海軍、のちに陸軍が担当したが、講和条約締結の動きが活発化していた一九五〇年一二月に、米国極東軍総司令部は軍政府を廃し、「琉球列島米国民政府」を創設した。「民政府」とはいえ、民政長官、副長官はそれぞれ、極東軍総司令官、琉球軍司令官が兼任するもので、実質的な軍政機構であることには変わりなかった。他方で、自治政府も設置された。当初は、沖縄、宮古、八重山、奄美など群島別政府が設けられたが、一九五二年講和条約発効と同時にそれらを統合し、琉球政府が作られた。もっとも、そこでの自治もきわめて限定的なものであり、米軍政府側が事実上の立法権、行政主席任命

武装米兵監視下で立ち退きを強制される農家（1955年）
（那覇出版社編集部編『写真集　沖縄戦後史』那覇出版社、1986年）

権を持っただけでなく、沖縄側の立法院（住民の選挙によって選出された議員からなる議会組織）の可決法案の拒否権、いったん成立した法律を無効にする権限、琉球政府公務員の罷免権も握っていた。

当然に、そこでの政策は高圧的なものであった。何より軍政府と沖縄住民の関係性を明示するのが、米軍による土地接収であった。

戦後の沖縄では土地台帳等の消失や沖縄戦による土地の形状変化により、土地所有権が曖昧になっていた。米軍は沖縄占領と同時に、一時期住民を収容所に入れる措置をとったが、その段階から、「白地図に線を引くように」して広大な土地を軍事目的で接収し、これを無償で使用していた(22)。当然、地代の支払い要求は早くから出されており、軍政府側も土地鑑定評価のうえ、一九五二年一一月に賃貸契約の方法・期間・使用料を定めた布令を公布した。しかし、これは契約期間が二〇年という長さであったことと、使用料もきわめて低く設定されており、契約締結者は、土地所有者のわずか二パーセント弱であった。それに対し、米軍側は、契約成立の如何にかかわらず、「土地使用」の事実によって賃借権を得たものとみなして借地料を支払うことを一方的に宣告した。さらに、米軍側は一九五三年に新たな土地接収のための布令を公布、武装米兵を動員し、農民の抵抗を排して、強制的な土地接収を実施した。これらの措置は「銃剣とブルドーザー」と形容され、沖縄本島の面積の一三パーセントが軍用地とされた。伊江島に至っては、全島の六割が接収され、農業従事者の生活基盤が奪われた。一九五四年には、軍政府は、永久使用を意図した土地買い上げ・地料の一括払いの方針を提示した。それに関し、軍とは異なる民主主義の伝統があろうことが期待された米下院代表団の報告（プライス勧告・一九五六年）も、事実上、軍政府の方針を追認するものであった。その結果、全人口の二割から五割の住民が参集した大衆示威運動が引き起こされた。いわゆる「島ぐるみ闘争」である。土地問題は、軍用地所有者固有の問題ではなく、全住民の問題として捉えられたのであった[23]。

そうした状況にあって、沖縄研究を通して沖縄の「植民地状況」を批判的に浮かび上がらせようとしたのが、比嘉春潮であった。

植民地支配の沖縄史学——比嘉春潮

一八八三年生まれの比嘉春潮は、伊波普猷、柳田國男らと交流があり、『沖縄の歴史』（一九五九年）をはじめとする沖縄史学・民俗学の著作を発表している。もっとも、戦前は、郷里・沖縄で教員・県職員を務め、一九二三年上京後は改造社に編集者として勤務しており、まとまった沖縄研究の著作は、戦後に量産されている。それにより、比嘉は、「伊波普猷亡きあとの戦後三〇年、本土にあって、あらゆる意味で沖縄を代表する顔」と評された[24]。

比嘉の沖縄研究のひとつの特徴は、王朝を軸にした歴史ではなく、「被支配階級たる庶民の生活」なかでも「薩摩藩治下の農民生活の実情」に重きをおいた歴史を提示しようとしたことにある[25]。『中山世譜』『琉陽』といった支配者側の記録に依拠した研究は多くなされてきたが、「偉人とされている向 象賢《しょうじょうけん》や蔡温《さいおん》の政治は、受ける人びとの側にはどうとられていたか、たとえば「百姓に至るまで富貴に相成り」と向象賢の善政について記述されているがはたしてそれ以前の政治がおこなわれていたころよりも富貴になったのかどうか」といった点を描こうとした[26]。

そうした歴史叙述の意図としては、薩摩支配下の社会状況を詳らかに描くことを通して、「植民地化」が含み持つ問題性を洗い出し、それを批判するねらいがあった。むろん、そこには、当時の米軍による沖縄統治とのアナロジーも意識されていた。比嘉は一九七〇年の『日本読書新聞』のインタビュー記事のなかで、「私はそうした薩摩の経済的植民地政策を探求し、書き記しますが、私の死んだ後に、私の後の時代の人が、アメリカがいかに、軍事的植民地政策を沖縄にもたらしたかを書くでしょう」と述べている[27]。

もっとも、「私の後の時代の人」ならずとも、比嘉自身が「アメリカがいかに、軍事的植民地政策を沖縄にもたらしたか」について、少なからず論じている。たとえば、「明治百年」の話題が日本論壇でも多く言われた一九六〇年代末には、『琉球新報』に寄せた「沖縄の明治百年」という文章のなかで、琉球処分以降の沖縄の「文明化」に照らし合わせるかのように、戦後の米軍を、「四、五歳の女児をレープして死なせる、猪と思って人間を射つ、青信号で道を渡る中学生を快スピードのジープで轢殺するような大した「文明人」」と嘲り、「沖縄の明治百年」の「悲痛な面」を記している[28]。

そうした状況を生起せしめているものとして、比嘉はサンフランシスコ講和条約第三条の問題を強調している。同条項は以下のようになっている。

日本国は、北緯二十九度以南の南西諸島（琉球諸島及び大東諸島を含む。）、孀婦《そふ》岩の南の南方諸島（小笠原群島、西之島及び火山列島を含む。）並びに沖の鳥島及び南鳥島を合衆国を唯一の施政権者とする信託統治制度の下におくこととする国際連合に対する合衆国のいかなる提案にも同意する。このような提案が行なわれ且つ可決されるまで、合衆国は、領水を含むこれらの諸島の領域及び住民に対して、行政、立法及び司法上の権力の全部及び一部を行使する権利を有するものとする。(29)

これに関し比嘉が問題視するのは、信託統治に関する記述である。信託統治制度は、統治国の領土ではないものの、施政を全面的に担うことができるもので、その目的は、国際連合憲章第一二章で「信託統治制度の基本目的」が「信託統治地域の住民の政治的、経済的、社会的及び教育的進歩を促進すること」「自治又は独立に向っての住民の漸進的発達を促進すること」と定められている。比嘉は、一九六七年に雑誌『世界』に寄せた論考のなかで、その条文を引きながら、「沖縄は「自治に向って住民の漸進的発達を促進する」必要のあるような未開の国だというのか」「戦勝国米国の敗戦国日本に対する言とはいえ、沖縄住民にとっては侮辱も甚だしいものであった」と述べている。(30)

もっとも、それ以前に、「沖縄を米国の信託統治下におくという提案」が国連に提出されていないこと自体が、沖縄の状況をさらに悪化させていた。そして、比嘉もその点を問題視していた。

そもそも、信託統治制度は、戦前の日本が南洋群島に対して行った委任統治に制度的には近いものだが、委任統治が統治国による軍事的利用が禁じられていたのに対し、信託統治は場合によってはそれが可能であった。アメリカは、太平洋戦争で日本より奪取した南洋群島をすでに信託統治下に置いており、したがって、本来なら、沖縄を信託統治することで、太平洋から極東までを軍事的支配下に置くことが可能であった。

しかし、アメリカは、そうした方策を採用せず、暫定措置とされた「行政、立法及び司法上の権力の全部及び一部を行使する権利」を沖縄に対して行使する状況を継続させた。信託統治を国連に提案した場合、安全保障理事会での討議が必要になり、そこではソ連の拒否権発動も十分に予見された。また、一九五七年にはオーストラリアなどがアメリカに沖縄併合を進言しているが、それは領土不拡張をうたった大西洋憲章に反することは明確であり、かつ冷戦の状況を考えると、ソ連・中国による非難は明らかであった[31]。

それ以前に、国際連合憲章第七八条では、「国際連合加盟国の間の関係は、主権平等の原則の尊重を基礎とするから、信託統治制度は加盟となった地域には適用しない[32]」という規定があった。少なくとも、すでに沖縄に対する日本の「潜在主権」が言明され、かつ、講和条約調印から五年を経た一九五六年に、日本が国連加盟を果たした以上、本来なら、比嘉も言うように「平和条約第三条は、当然自然に解消し廃棄さるべきはず」であった[33]。

したがって、アメリカにとっては、暫定措置の継続こそがもっとも利にかない、むしろ沖縄を信託統治する意図もないことすら、しばしば表明した。比嘉は、そうしたアメリカの姿勢を「米国が沖縄を自国の植民地としようとする意志[34]」の表れであるとし、先述の『世界』に寄せた論文のなかで次のように述べている。

私は、対日平和条約も、戦勝国米国が戦敗国日本に押しつけた不平等条約であると思う。現在は、この不平等条約を改正すべき明治の「条約改正」の時期に相当する時期に達している。「条約改正」までは日本には治外法権の外国人居留地があった。現在は沖縄全体がこうした治外法権の居留地である[35]。

昨今の自主憲法制定をめぐる改憲論議をも連想させるような記述だが、比嘉は思想的にはマルクス主義に近い立場にあった人物である。共産党には入党しなかったが、戦前に沖縄に在住していたときより、

『資本論』の輪読を行い、堺利彦とも親交があった。にもかかわらず、比嘉が講和条約、ひいては米軍統治を批判するのは、ナショナリズムの論理であった。条約が「押しつけられた」ことを強調し、しかも、「明治百年」が論議されたこの時期に、「不平等条約」を想起させる。もちろん、一面、そうした論理によって、日本本土の世論を喚起することをねらったのであろうが、逆に言えば、日本のナショナリズムを強く打ち出すことは、同時に沖縄の犠牲の下で平和を享受する日本を批判的に照らすものとなった。

比嘉は、同じ論考のなかで、沖縄が「第二次大戦で最大の犠牲を払」い、「沖縄住民が同じ日本人であり、沖縄が日本の一県である」にもかかわらず、サンフランシスコ講和条約によって「日本から切り離されて米国の植民地的存在となることが決定され」たことに対し、「沖縄住民の怒り怨み」が「心の底から湧き起こった」ことを強調している[36]。

そのうえで、「本土」と「沖縄」における「四月二八日」の意味の違いを指摘する。一九五二年四月二八日は、単独講和ではあれ、日本の占領が終結し、「独立」が達せられ、「日の丸」の掲揚も可能になった日であった。各地で「祝講和」の提灯と日米国旗が掲げられ、祝賀行事も行われた。だが、そうした「慶賀」すべき本土の「独立記念日」も、比嘉、そして沖縄にとっては「屈辱の記念日」でしかなかった[37]。

「島津侵攻批判」から「祖国復帰」へ

しかしながら、比嘉がその歴史学で強調しようとしたのは、「植民地支配」への批判だけではなかった。合わせて主張したのは、薩摩支配を通じた「日本への統合」であった。

比嘉が言うには、たしかに、琉球は一六世紀までは政治的に独立国であった。だが、そもそも、それは沖縄だけでなく、日本全土の各藩が豊臣秀吉による統一までは政治的に独立しており、沖縄もそれと何ら変わらない。そして、沖縄は、徳川家の支配下に入った島津家の征略によって、その「附庸国」となった。つまり、琉球王国は、「独立国家」ではなくなり、「現実には島津の政治的属国で、一つの間隔をおいた形で日本に統一され」た[38]。それ以降、中国とは朝貢関係という実質的な経済関係は保っていたが、政治的な関係性はなく、むしろ、島津家を通じて、日本と政治・経済全面にわたる関係性を有してきた。

もちろん、薩摩藩の意向もあり、清との朝貢関係を維持し、貿易を継続するために、『中山世譜』『琉陽』などの正史には薩摩との関係はふれられていなかった。だが、そのことは、琉球に対する清の政治的影響力を立証するものではない。朝貢貿易を維持するためには、薩摩による政治的支配の状況を清には隠しておく必要があり、したがって、公式的な史書には、そうした記述は避けられていた。その証拠に、清に見せることを意図しなかった両史書の「附巻」には、薩摩との関係が記述されている。つまり、朝貢の名のもとに、琉球は清との経済関係を維持したが、薩摩には、政治・経済両面にわたって支配を受けていた。そこから、比嘉は、薩摩と清の「両属」と見る歴史観を否認し、あくまで「日本にだけ属していた」ことを強調する[39]。

そこで批判の対象とされるのが、井上清である。マルクス主義に親近性を持つ歴史学者である点では、比嘉と井上は共通するが、琉球王朝や琉球処分に関する認識の点で、比嘉は井上清と対極的であった。

井上清は『条約改正』（一九五五年）や鈴木正四との共著『日本近代史』（一九五五年）のなかで、「琉球は古い独立国で、清朝に貢物を供し、また日本の薩摩藩にも貢物していた」「政治的経済的には、琉球は小なりとはいえ古くからの独立国であった[40]」と記しているが、それに対し、比嘉は霜多正次、新里恵二とともに、その共著『沖縄』（一九六三年）において、井上に反論する形で、琉球は「両属」でも「独

「祖国復帰」を求めるジグザグデモ（1960年4月28日）
（『写真に見る沖縄戦後史』沖縄タイムス社、1972年）

立国」でもなく日本にのみ属していたことを執拗なまでに主張する。[41]

さらに、井上らは、琉球処分を日本帝国主義の表れと捉え、それを批判する意図で、「琉球人民は日本への併合に反対した」[42]と記しているが、それについても比嘉らは「二六〇年にわたって薩摩と首里王府との二重の搾取に苦しんできた琉球人民にとって、明治の改革は、少くとも客観的、歴史的には、ある意味での解放を意味した」[43]として、井上の琉球処分観を批判している。もともとは井上清と新里恵二の間で争われた論争ではあるが、比嘉の歴史認識からすれば、井上への批判が導かれるのは必然であっただろう。

では、なぜ、比嘉は「日本にだけ属していた」ことに固執したのだろうか。そこには、「祖国への帰属」の正当性を根拠づける意図があった。

比嘉は、一九六九年に『沖縄タイムス』

に寄せた文章のなかで、「明治になって、日本の沖縄県になっても、島津時代の経済的植民地の遺習は昭和の代までずっと残りつづけてきた」こと、および「沖縄の側にはたえず、そうした遺習なしに、日本の正当な一員になりたいという欲求があった」ことを主張する。そのうえで、「今の沖縄は、アメリカの軍事植民地である。沖縄の人びとが祖国復帰をいう時、軍事植民地を離脱し、同時にずっと昔からの遺習である経済的植民地の性格も払拭し、ほんとうの意味での祖国への帰属を望んでいるのだ」と述べている。[44]

つまり、比嘉が琉球王朝両属論を否認するなかで強調しようとしたのは、米軍統治からの脱却と「本土復帰」の歴史学的な正当性であった。島津支配期およびそれ以降、沖縄は「経済的植民地」の状況にあったとはいえ、あくまで「日本」に帰属し、かつ、「日本の正当な一員になりたいという欲求」が持続されてきた。したがって、米軍統治下にある状況は、何ら正当なものではない。比嘉の別の論考の表現を使えば、それは、「異民族による人権無視の非情な帝国主義的植民地支配」でしかなく、[45]「ほんとうの意味での祖国への帰属」こそが歴史的に理に適うものとされたのであった。

同時にその論理の延長で牽制されるのは、「独立論」である。比嘉は、一九六〇年代後半に本土や沖縄で一部議論された「沖縄独立論」「琉球王国独立論」にふれ、「琉球王国なる独立国家がかつて存在したからといって二十世紀の今日その復活を企画するは全く時代錯誤の暴論である。［中略］場当たり的奇論を弄されては甚だ迷惑というものである」と述べている。[46]

そもそも、沖縄独立論は、講和問題が浮上し、帰属論議が盛りあがりを見せた一九五一年ごろに、一定の勢力を持っていた。それらの議論は「日本施政時代において沖縄人は日本から植民地的扱いを受けてきたという事実」を指摘し、経済的にも政治的にも、日本復帰によって沖縄が得るものはないとされていた。だが、そこには「沖縄は米国の国防第一線にあり、日本より米国が優位にある限り、沖縄の基地は益々強化されて、これに伴い援助がある」とする対米従属関係が前提にされていた[47]。そうした議論は、講和条約が締結され、米軍による土地収奪がいっそう強化されるに伴い、急速に支持を失っていった。比嘉が「独立論」を非難し、「日本への帰属」をつよく主張したのも、対米追従につながりかねない議論に対する拒否感からであった。

「島津進入」の再評価――仲原善忠

だが、戦後沖縄学では、薩摩支配に対する異なる歴史認識が存在した。そうした議論を展開したのが、仲原善忠であった。

仲原は比嘉春潮と同じく、「王以下の貴族、士族以下一群の支配者」の歴史ではなく、「大多数の人民、それこそ本当の農奴の位置にあった人々」の歴史に主軸を置いていた[48]。だが、島津支配下の社会状況についての認識は、比嘉とは対照的なものであった。仲原は、「沖縄人が単に人種的に言語的に日本と同じであっただけでなく島津進入を機会に日本という国の一部となったということは明白である[49]」とし、その点では比嘉の島津侵入認識と共通するのだが、仲原は比嘉と異なり、「島津進入」に植民地支配を読み込むことを拒否する。むろん、仲原も、島津への貢納のために、沖縄が搾取されたことは認めているが、そのうえで、「島津が来なかったら負担は減ったたか」という疑問を呈している[50]。

仲原が言うには、一面、「特殊の色合いをおび」つつも、島津進入に伴い、「幕府の重要法令が着実に施行され、且つまた薩摩藩の他の地方と同じ目的で、同じ率の租税を納めて」いた。そもそも、島津進入自体が、「海外に領土を有し、それを保有する」目的で行われたのではなく、「理念的には海内の地方を統一政権の中にかかえ込む」ものであったことを、「資料をもとにした結論」として導いている。いわば、「琉球を、日本国のわく内に入れることは、近世日本史の宿題で、ただ、秀吉の死、次いで、関ヶ原役等のためその解決が延期されていたにすぎない」。

したがって、沖縄への進入が「全国的統一にもとずく〔マ〕〔マ〕幕藩体制社会成立の一環である」以上、「他の藩と同様な取り扱いを受け」ることが当然であり、事実、琉球は「実質的には支配者及家老の任命、幕府の法令の施行などから見て島津の支藩と同格」であった。それにより、「なるほど琉球の支配層はその恣意的収奪を規制せられ、その権威を弱めたことは否めない」が、「その代り大多数の住民の生活」は前進した。経済面においては、糖業が発達するに伴い、「沖縄糖は日本という大市場を見出」すことに成功した。また砂糖という「その時代の唯一の換金作物」を媒介にして、「鍋釜、コンブその他の日常必需品を輸入」し、「貨幣も砂糖を媒介として流入するようになった」ことを、肯定的に評価している。

対中国貿易にしても、元来、「支那からの輸入品は官の貿易であり貴族の奢侈品が主で」あり、民衆を潤すものではなかった。したがって、島津進入を契機として、「沖縄の経済は孤立的封鎖的な貧困な状態から幕藩体制社会の経済圏に入」ることができ、「工業技術の進歩発展」も促される結果となった。(51)

もっとも、島津進入によって、沖縄が発展したなどと言おうとしているのではなく、島津支配期が、「政治的経済的そくばく、階級制の強化、農民の農奴化」により「文化的発展の基盤」を「せばめられ」た「沈滞の三百年」であったことは明記している。ただ、仲原が主張しようとしたことは、「沈滞」の原因を「すべて薩摩のせいだということも出来」ないこと、島津氏の進入がなければいっそうの「沈滞」をもたらしたであろうということであった。むしろ、仲原が問題視するのは、琉球支配者層である。たとえば、琉球王朝の政治家・蔡温は、首里の失業士族対策として、身分保持のまま農商工業への転出を奨励する施策をとるなど、その産業育成手腕が評価されるが、それに対し仲原は、それも「逆に農民の手工業的副業を禁止し、百姓の農奴化を強めた」ものであり、あくまで「農民のギセイに於いて極めて少数の封建貴族の支配体制を維持する政策」であったと、否定的な評価を下している。(52)

そうした薩摩支配期についての歴史認識を有する仲原は、従来の沖縄史学に対して、きわめて批判的であった。とくに、その代表的なイデオローグとして仲原が批判するのは、伊波普猷であった。

仲原は「琉球処分は一種の奴隷解放なり」と述べた伊波について、「氏の指す奴隷は、王以下の貴族、士族以下一群の支配者であって大多数の人民、それこそ本当の農奴の位置にあった人々には氏は思い及んで」おらず、かえって「島津の進入を非常に誇大して論じ」ていると否定的に評している[53]。事実、伊波普猷は琉球処分前の状況に言及して、「琉球にはつひ三十六年前まで玉冠、紗帽、五彩巾、紫巾、黄巾、紅巾、青巾など色々の冠を戴いた美しい奴隷が数限りなくゐた訳である[54]」と述べており、仲原も伊波のそうした記述を批判的に捉えている。

とはいえ、伊波は琉球処分によって「半死の琉球王国が破壊されて、琉球民族が蘇生」する可能性を「謳歌」しようとしていたわけであり[55]、また、『古琉球』のなかでも、琉球王朝が行った八重山等への大量の強制移住・強制労働について、批判的に言及し、それに従事する人々の苦悩・抑圧を描いている。そのように見ると、「本当の農奴の位置にあった人々には氏［＝伊波］は思い及んでいない」とまで言い切れるかどうかは疑問だが、仲原にしてみれば、「幕末の沖縄の支配階級の腐敗」について「寛容」とも受け取られかねない言辞が許せなかったのだろう。と言うよりむしろ、そうした「自分等の祖先が甘受すべき責任もすべてサツマに転嫁している傾向[56]」が、「サツマに対する偏見」ひいては日本本土への「偏見」となって現れることを懸念したのであった。

それは同時に、比嘉春潮の島津侵入観に対するものでもあった。仲原と比嘉は交流も深く、仲原が露骨に比嘉を批判することはほとんどなかったが、一九六三年に雑誌『沖縄文化』に寄せた「四つの沖縄読後感」のなかで、仲原は、比嘉春潮・霜多正次・新里恵二『沖縄』（岩波新書、一九六三年）に言及して、「よんで見ると、あちこち私の目に見える像とはちがって歪んで見える。唯物史観というイデオロギーで書いたためであろうか」と否定的な評価を下している。[57] 仲原はマルクス主義とは距離をおいた自由主義者であっただけに、そうした反応は当然かもしれないが、島津支配下の政治状況についても同書を批判する形で次のように述べている。

問題は少しはなれるが、一九世紀の世界の状態を想起してみよう。英・仏・露ややおくれて米国それぞれの武装探検隊は、餌を求めて太平洋を走り廻ってきた。仮りに日本－サツマという大きな背景をもたぬ孤立無援な小王国がポツンと太平洋上に存在していたとしたら、どんな結果になったろうか。

こんなことを考えながらこの本をよむとあの時代における危機感は問題にされず、相も変わらぬ郷土史家的不平不満をならべただけで聊か物足らぬものがある。[58]

ここで仲原は、比嘉ほか『沖縄』への批判を通じて、「日本－サツマという大きな背景をもたぬ孤立無援」な沖縄が、欧米列強に侵略されることへの恐れが想起されている。

こうした仲原の言説は、当時の沖縄の状況を考慮に入れると、さらに歴史観以上の意味を持ってくる。仲原は、一九五一年に書いた「条約草案の発表」という文章のなかで、サンフランシスコ講和条約により「「侵略によって獲得したものではない領土」が切り取られる」ことへの憤りを記している。「戦前、沖縄県はいわゆる三府四十二県の一つで日本と云う法人格を形成する一要素で、他県と何等ことなる所」はなかった。だが、講和条約により「これが切りはなされ、自主性を失って異民族による被支配民族に顚落せんとして[59]」いた。薩摩藩による進入に一定の「意義」を認め、日本への統合の歴史を肯定的に評価する仲原にしてみれば、米軍統治に対するこうした認識は、必然的な帰結であった。仲原にとって、「ポツンと太平洋上に存在」する沖縄が「餌を求めて太平洋を走り廻」る米軍に侵食されていた当時の状況こそ、まさに、「日本‐サツマという大きな背景をもたぬ孤立無援な小王国」の姿であった。

また、一九五四年に軍用地料の一括払いが問題になったときに、比嘉秀平を行政主席とする琉球政府や親米保守の琉球民主党は、「地代をいっぺんに支払って農民の生業資金に供したい」という「軍の親心に感謝」していたが、仲原から見れば、そうした勢力は「幕末の沖縄の支配階級の腐敗」に見えたのかもしれない。琉球民主党や比較的規模の大きい軍用地主は、「どうせ五年や一〇年で返される見込みのない土地ならば、できるだけまとまった額を手に入れて、その有効な運用をはかったほうが得策である」という経済合理的判断に立ったわけで、それは決して零細農民の生活を考えるものではなかったからである(60)。

その意味で、島津進入への比較的肯定的な評価と琉球王府支配層への批判的な認識を有していた仲原の沖縄史学は、比嘉春潮とはまた異なる形で、「この領土条項」が「正義の観念と一致しがた」く、「アメリカ国防のための便宜的なものとして吾々は受取らされたものなる」ことを非難し、それに抗い、その延長で、「本土復帰」を根拠づけようとするものであった(61)。

三　本土復帰をめぐって

「沖縄学批判」の発生と反復帰――新川明

このように、近代以降、強調点の置き方にはさまざまな差異があるものの、沖縄学は「日琉同祖」あるいは「統合」という点では一貫していた。だが、一九七〇年ごろから、そのパラダイムを根本的に否認する議論が現れてくるようになる。その代表的な論客が、新川明《あらかわあきら》であった。比嘉春潮や仲原善忠より半世紀近くも若い世代に属する新川は、『沖縄タイムス』紙の記者であり、一般の沖縄学者と同じディシプリンに立っていたわけではない。だが、詩人・文学者としても知られていた新川は、沖縄学者とは異なり、そのディシプリンを規定する構造自体を問いただし、沖縄学を痛烈に批判する文章を多く著した(62)。

とくに新川が批判的に論じるのは、伊波普猷の日琉同祖論である。新川は、一九七三年の著書『異族と天皇の国家』のなかで、「伊波普猷にとっての「同祖論」は、沖縄人を日本人に同化させるための唯一の便法」であり、それは「沖縄人が〝幸福〟を得る唯一の道だと考えてのことであった」と述べ、そこに「伊波の思想の悲劇的な弱さと限界」を見ていた(63)。では、具体的にそれはいかなる「悲劇的な弱さと限界」であったのか。

新川が問題にしたのは、「日琉同祖論」における〈同化＝皇民化〉の論理であった。伊波という「沖縄人最高の知性」が、「沖縄と沖縄人の文化的優秀性をあわせて、「日琉同祖論」にもとづいて奮起をよびかけ〈同化＝皇民化〉への道こそが沖縄人本来の進むべき方向であると示唆する」とき、「現実の差別や疎外が深刻であればあるだけ、人びとは伊波が説く同祖論で自慰しながら〈同化〉への道に自己救済の願望を賭けて走りつづける」。それは、沖縄の「支配の貫徹を策する〈天皇国家の権力〉」を下支えするものであった(64)。

こうした伊波批判は、それまでの沖縄学ではほとんど見られないものであった。むろん、仲原善忠は、島津支配期の評価をめぐって伊波を批判していたが、それとて、日琉同祖論・日琉同一民族説というパラダイムには則るものであり、むしろ、それをさらに強化する意味合いを持っていたと言えるだろう。新川は、「「沖縄学」とは、すなわち「日琉同祖論」を探求・実証する研究分野の別称にほかならない(65)」と述べているが、たしかにそれまでの沖縄学では、日本と沖縄の共通性や接点に重きを置くものであり、

「同祖論」は議論の前提に近かった。新川が否認しようとしたのは、伊波以降の沖縄学の存立基盤とも言うべき認識枠組みであった。

では、なぜ一九七〇年前後になって、そうした沖縄学＝日琉同祖論に対し批判的な言説が現れてきたのか。言うまでもなく、そこには、「本土復帰」の問題が関わっていた。

一九六九年一一月の佐藤・ニクソン共同声明により、一九七二年の沖縄本土復帰が発表された。だが、それは「本土なみ」に米軍基地を残したまま施政権のみを日本に返還し、核兵器持ち込みに関しては、日本政府と「事前協議」するというものであった。俗に「基地つき・本土なみ」もしくは「核ぬき・本土なみ」とされるプランである。当時、本土の米軍基地と沖縄の米軍基地のあいだには、明確な差異が存在した。沖縄の基地は、米軍がまったく自由に使用できるが、本土の基地では、日米安保条約によって一定の制約が加えられているとされていた。そして、日本がアメリカの戦争に巻き込まれないための歯止めとして考えられていたのが、「事前協議」であった。つまり、米軍の装備・配置についての重要な変更や、日本からの作戦行動については、日米間の事前協議が必要とされていた。そうした背景もあり、沖縄返還に関しては、「即時無条件返還論」のほか、本土復帰を現実のものとするため、「核つき返還論」「核ぬき自由使用返還論」などの議論が存在していた。したがって、「基地つき・本土なみ」「核ぬき・本土なみ」は、危険性は少なく見えつつ、現実性もありそうな印象を与える方針ではあった。

しかしながら、沖縄に米軍基地が圧倒的に偏在する状況には何ら変わりがなく、しかも、「核ぬき・本土なみ」返還の方針が発表されたころから、事前協議の結果、日本が自主的に米軍の軍事行動を支持することもあり得るということが強調され始めた。日米間で、国際情勢や軍事行動の必要性について、見解が完全に一致しているのであれば、事前協議は何ら米軍の行動を制約するものではあり得なかった(66)。

そうしたなか、「同祖」が結実しそうな段階になって、かえって、「同祖にもかかわらず非同等な状況」

が前面に押し出されてくる。いわば、「「本土復帰」が遠い夢から現実になるとともに、それまで美化されていた本土への幻想が醒めはじめた」のである[67]。そこから、それまで言われていた「同祖論」の正当性に疑念が呈せられ、「反‐復帰」のなかに可能性が模索されるようになっていった。新川明による日琉同祖論の否認も、そうした状況のもとで生み出されたものであった。

　新川にとって、「七二年沖縄返還」は「支配の側の沖縄支配の構造」を本質的にいささかも変えるものではないし、「体制維持のために沖縄基地を「無期限」に占有するというアメリカの基本戦略も全く変わりはない」。「同祖」や「復帰」を願う思考がいかに、「沖縄の分断支配によって、その体制維持を不動のものにしていた日米支配層の、体制的要請に鋭く対立」し、「その支配の論理」を「くつがえすためのたたかいたり得る要素を不可避的に内在せしめてい」たとしても、そこに有効性は見出されない。新川から見れば、それらは、結果として、「支配の側がその支配を実質的に再編強化するためのまたとない〝口実〟となり、「反体制的であったはずの側が積極的にこれに加担してこれを支える」という「悲劇的＝喜劇的状況」を帰結するものであった[68]。

本土復帰に反対するデモ行進（1972年5月15日）
（沖縄タイムス社編・発行『沖縄戦後史』1987年）

　そこから明瞭に提示されるのは、「ナショナリズム」の否認であった。新川は、復帰論が「ナショナリズム運動」である限り、そこに「日米支配層に巧妙にすくい取られて挫折していかなければならぬ必然性」を見ていた[69]。そのことは、「日琉同祖論」のなかに、「沖縄と沖縄人の〈同化＝皇民化〉の徹底を図ることで支配の貫徹を策する〈天皇国家の権力〉」との接合を見出したのと、同じ論理であった。新川は、そうした問題性を「日琉同祖論」「沖縄学」すべての「政治理念や行動目標、学的モメントを根底のところで決定している悲劇であり喜劇である」と捉えていたのであった[70]。

だが、この延長で新川は、伊波以降の沖縄学のみならず、謝花昇に対しても批判の矛先を向ける。謝花昇は、先述の通り、「沖縄自由民権運動の父」とされる人物であり、沖縄の国政参政権、地方参政権を求めて活動した。そうした人物が、なぜ批判の対象になるのか。新川は、謝花の活動に「専制的な抑圧と収奪を強制する根源としての天皇制国家権力を否定する方向」ではなく、「目前でその差別と抑圧を執行する奈良原知事という権力者の除去によって、日本帝国臣民としての完全な権利を獲得しようという」志向を見ている[71]。

日本の自由民権運動は、専制的な藩閥政府への抵抗という側面を持つ一方、「専制政府のもとにおいては、真に国民的忠誠心は成立しない」という国民主義的メンタリティも持っていた。新川は、そうした前提に立ったうえで、「日本における自由民権運動が、中江兆民らの一部をのぞいて、いわゆる「国権のための民権」ともいうべき発想と論理によって、終局的には天皇制国家権力の確立に力をかしていった」ように、謝花の運動も「天皇制国家の成立を規定づける「明治憲法体制そのものに対する疑惑も批判も全く持ち合わせなかった」ばかりでなく、むしろそのような明治憲法体制に対して強烈な救済幻想を持った地点から発想されていた」と評している[72]。

その根拠として新川が捉えるのが、謝花の土地問題に対する態度の変化である。前述のように、謝花は、杣山処分問題から参政権獲得運動に乗り出していったわけだが、新川はそれを「現実の土地問題をとびこえて、いきなり参政権獲得運動へのめりこんでいった」とし、そこに「彼らの運動と思想の限界と否定的側面をみなければならぬ」としている。「彼［＝謝花昇］が現実の土地問題に視点を向けてその運動の組織化を考えたならば、どうしてその運動があのように農民層から遊離したまま崩壊するだろうか」「土地問題＝租税制度の不合理に対する農民層の強い不満をテコにした真のたたかいが、そこに必ず展望されたはずではなかったか」――新川が謝花に見ていたのは、ときに参政権獲得運動が農民層から遊離するアイロニーと、それを生起せしめる国民主義的な欲望であった(73)。

そうした謝花への否定的な評価も、それまではほとんど見られないものであった。戦前期には、親泊《おやどまり》（のちに大里へ改姓）康永《こうえい》の『義人謝花昇伝』（一九三五年）のなかで、謝花の「義人」イメージが確立されており、同書は戦後も一九六九年に増補改訂のうえ『沖縄の自由民権運動』と改題して再刊されている。また、比嘉春潮他『沖縄』はじめ、その後の沖縄学でも、概してそうした評価は変わらなかった。新川は、いわばそれまでに構築されてきた「謝花昇神話」を掘り崩そうとしたのであった。

そのことは、同時に、「日琉同祖論＝復帰思想」を媒介にして「保守」と「革新」が共犯的に紡ぎ出すナショナリズムを照射するものでもあった。新川は一九七一年の著作『反国家の兇区』のなかで、「「保守」「革新」その両者の、思想の根底で花ひらくあまりに鮮かな情念の野合」を指摘し、「その交合を成立させている」ものとして、「〈復帰〉思想＝〈国家〉幻想」を見ている(74)。新川から見れば、「復帰思想」にせよ謝花の「参政権獲得運動」にせよ、その「思想の根底」に「〈国家〉幻想」がある以上、「保守」「革新」双方の「情念」が結合し、それぞれが流用可能なものとなることは必然であった。新川は、「「復帰」主義者」のなかでイメージされる謝花昇像は、「「彼の出自である農民の姿ではなく」モーニング着用の立像」であろうと皮肉り、「現前の土地問題をとびこえて、いきなり参政権獲得運動にのめりこんでいったことは、謝花をいわゆる「革新」派の専有物にしない」ことを強調している(75)。

かといって、新川は「琉球独立論」を考えていたわけではなかった[76]。前述のように、一九世紀末には、頑固党、あるいは公同会運動のような琉球王朝の復活をめざす動きもあり、また、一九五〇年代初頭には、対米従属のもとでの沖縄独立論も存在した。新川の思想がそれらと混同されることも多々あり、人民党・共産党も、新川の「反復帰論」は「アメリカ帝国主義による占領支配をひき続き継続せよ」とする「敗北の思想」であり、「アメリカが施政権を奪い取ったことを思想上も、実践上も容認することとつながりかねない」と非難していた[77]。しかし、新川自身も述べているように、「日本同化志向＝「復帰」思想の超克をいい、日本相対化のために、日本と沖縄の異質性＝「異族」性を強調する」彼の思考は、「日本ナショナリズムの裏返しとしての、しかもそれを沖縄ナショナリズムに矮小化したところの、琉球独立論の思想系列」とは異なるものであった[78]。むしろ、新川が強調した「沖縄の異質性＝「異族」性」の論理は、「〈国家〉という実体的な抑圧機構であると同時に、人間の存在全体を規定する正体不明の魔性の怪物」を相対化して提示することにあった[79]。

新川は、一九七〇年の論文「非国民の思想と論理」のなかで、「「民主、平和、中立日本の建設」などという、そのまま現在時の体制者の看板としてもそっくり通用するお題目」など、「犬にでも喰わしてやったほうがまだしもまし」だと吐き捨てるように述べている[80]。それは、その種の「お題目」が、「何のこともない、「お国のために殉じる」ことで近代戦の惨禍を一身に引き受けたさる沖縄戦の論理を、そのまま、「民主」化の衣粧をまとわせることで引き当てているにすぎないから」であった。

新川が強調するのは、「沖縄が歴史的に所有し、かつ、さる沖縄戦の惨禍の中で学び得たものは、ほかならぬそのような論理の否定であった」ということである。そこから導き出される「沖縄のたたかい」は、「究極においていかなる政治権力がこれを握ろうと、国家の存立それ自体を否定するもの」でなければならなかった[81]。

新川が意図したのは、ともすれば予定調和的なナショナルな統合の論理のなかに、歴史的・政治的な齟齬・異物として「沖縄」を提示してみせることで、「民主、平和、中立日本の建設」というある種「健全」なナショナルな思考に異議を突きつけることであった。それは、いずれかの国民国家に帰属すれば解決するものなどではなく、そうした国民国家を成立せしめる思考の基盤そのものを問題にしていたのであった。逆に言えば、「沖縄の歴史的地理的の条件」は、そうした思考の可能性を有する点において、「日本の他の地域にもまして得難い存在としての幸運を沖縄に所有させている」。だが、それだけに、新川にしてみれば、日琉同祖論であれ復帰論であれ、そうした可能性を「左右を問わず「復帰」思想＝日本同化志向で、〝無毒化〟すること」は「到底許せることではな」かった。新川は、沖縄の「異族」性、つまり、「〈国家としての日本〉にとって、深くその体内に射込まれた毒矢となり、きわめて悪性な腫瘤となる」ことを強調することで、「あたかも壊疽のように、〈国家としての日本〉を内側から腐蝕し、これを爆破する可能性」を保持しようとしたのであった(82)。

そうした新川の思考は、「狂気の謝花」をもって「正気の謝花」の超克を構想した以下の記述が、とりわけ雄弁に語っていよう。

> だがもし、〈農民の子〉として、支配権力に反抗する民衆の怨念を象徴する謝花昇がいたとすれば、［中略］その形象は、粗衣をまとい髪を振り乱して路上にかがみこみ、その全存在を満たしている憎しみと怨念を大地に刻みつけてやまない狂気の謝花以外に考えられないはずである。［中略］私たちはみずからの内なる狂気の謝花をもって、正気の謝花を撃たしめなければならぬのだ。
> 〈風化した議会主義への途ではなく、人民の中に主権を確立するために〉も、東風平村の四辻で怨念のかたまりとなって大地にみずからを刻みつづけた狂気の謝花をして、大地から遊離して議会にの

めりこんだ正気の謝花とその亜流たちを、果てることなく撃たしめなければならぬ[83]。

沖縄学者の復帰批判——仲宗根政善

だが、新川明が批判したような日琉同祖論あるいは復帰論が、復帰以後の状況を批判的に捉え得なかったのかというと、そうではない。そうした立場から、復帰以後の沖縄をめぐる状況を問いただしていったのが、沖縄言語学者・仲宗根《なかそね》政善《せいぜん》であった。

一九〇七年沖縄・今帰仁村生まれの仲宗根は、東京帝国大学文学部国文科で国語学者・橋本進吉に師事し、一九三二年に卒業、一九八三年に刊行した『沖縄今帰仁方言辞典』では日本学士院賞・恩賜賞を受けている。だが、そうした言語学の業績もさることながら、彼の著作の多くを規定したのは、戦時期およびそれ以降の体験であった。

仲宗根の大学卒業当時の日本は昭和恐慌の只中にあった。世界恐慌の影響に加えて金解禁・緊縮財政が重なり、一九三一年には大卒・専門学校卒の就職率は三割程度、大卒のみであればさらに悪い状況であった。仲宗根もなかなか就職先を得ることができず、朝日新聞に広告を出しても家庭教師の口すら容易に見つからない有様であった。そうしたなか、沖縄県立第三中学校への就職の話があり、個人的に指導を受けていた伊波普猷にも「一年待っても職がないんなら、二、三年、資料収集のつもりで、沖縄へ行ったらどうだ[84]」と言われ、一九三三年に郷里沖縄に赴任した。一九三六年には沖縄県女子師範学校・沖縄県立第一高等女学校に転任、そして九年後に迎えたのが、沖縄戦であった。

米軍の沖縄上陸作戦開始に伴い、一九四五年三月二三日深夜、沖縄師範学校女子部（沖縄県女子師範学校の後身）・沖縄県立第一高等女学校の生徒二二二人、教師一八人は、軍の命により、従軍看護要員として南風原地下壕の陸軍病院に配属された。いわゆる「ひめゆり学徒隊」であり、仲宗根もその引率教師の一人であった。

米軍が侵攻するなか、五月二五日に学徒隊は陸軍病院を出て、南下する日本軍に従い、本島南端部に向かった。当時の県知事・島田叡は、軍団長会議の場で「武器弾薬もあり、装備の整っている首里を放棄して、住民を道連れにして、島尻南部に下がるとは愚策である」と、軍の方針に強く反対したが、司令官・牛島満は「第三二軍の使命は、本土戦を有利にすることにある」として、会議を締めくくったという。勝敗を一気に決着させるのではなく、じりじりと後退しながら引き延ばし、本土上陸を一日でも遅らせるためであった。結果、兵も住民も地引き網で追い込まれるように島南端に圧縮され、数万の犠牲者を出すこととなった。

その後、さらに砲爆撃の激しさが増すなか、系統的な行動も不可能な状況となり、六月一八日に軍はひめゆり学徒隊の解散命令を発令、学徒・教員の行動は「自由意志」に任されることとなった。結局、避難民と同じように砲撃のなかを逃げ惑うこととなり、ひめゆり学徒戦死者の八割は、この時期の犠牲者であった。仲宗根もその間の砲撃で負傷し、頸部に砲弾の破片を受けるもわずかに頸動脈をそれていたため、一命を取りとめた。そして、六月二三日、喜屋武海岸で米軍に包囲され、付き従っていた生徒が自決のため手榴弾の栓を抜こうとするのを押しとどめ、生徒一二名とともに、捕虜となった。司令官・牛島満が自決し、第三二軍の組織的戦闘行動が終結した当日であった。

こうした沖縄戦体験は、その後の仲宗根の言動に深く関わっていた。仲宗根は、戦後、沖縄民政府文教部副部長を経て、琉球大学教授、一九五五年から五八年には副学長を務めている。大学卒業後およそ二〇年を経て、アカデミズムの職を得ることができた仲宗根だが、その著作活動は、言語学研究の枠内に留まるものではなかった。

その代表的なものが、『沖縄の悲劇』（一九五一年）、およびその改版である『ああ　ひめゆりの学徒』

仲宗根政善『沖縄の悲劇』（華頂書房、1951年）

（一九六八年）、『ひめゆりの塔をめぐる人々の手記』（一九八〇年）であった。これは、一九五三年・一九八二年の今井正による映画化で広く知られるようになったが、もともとは、首尾一貫した物語というよりは、ひめゆり学徒隊の生存者に手記執筆を依頼し、それを時系列的に編集したものであった。

だが、沖縄戦で徹底的に破壊し尽くされた終戦直後の混乱期において、連絡がとれないどころか、生死もわからない生徒たちを訪ね歩いて、手記を集める作業は、多大な困難を伴うものであった。当然、仲宗根個人が書き下ろすほうが、よほど容易であり、また、ストーリーも構成しやすかっただろう。

だが、仲宗根は、そうしたスタイルを採用しなかった。それは、なぜなのか。後年ではあるが、仲宗根は「沖縄戦を体験した者同士が、集まって戦争のことを語るときに、三六年もたった今でも、耳新しい想像もつかない話が、必ず出て来る。行動をともにした者の間でもそうである。すぐそばの壕で、どんなことが起ったのか、鉄の暴風が吹きすさんでいた中では、さっぱりわからなかった」と語っている。戦後三六年を経てもなお、仲宗根がつよく感じていたのは、「一人一人が、点と線を歩いたのであり、一人の戦争体験では、沖縄戦の実態を、想像することすら困難である」ということであった。戦争体験は、そこにいた者の数だけの事実や状況把握が存在し、決して一つの物語に収斂させることができる類のものではない。仲宗根は、そのことを痛感しており、それゆえに、煩瑣な作業にもかかわらず手記を集め、「一人一人の体験を深く推察」することによって、多層的な沖縄戦の実相を提示しようとしたのであった[85]。

そのなかで、仲宗根が強調するのは、生死に対する意味付与の拒絶である。仲宗根は、『沖縄の悲劇』のなかで、「生き残った者は殊勝であったとか、死んだ者は勇敢であったとか、臆病であったとか、尽忠報国の精神に燃えていたとか、信仰が浅いとか深いとか、一体そういうことが今次沖縄戦においてどれほど生死と関係があったろうか」「生きるも死ぬるも只偶然であり僥倖であった。生き残った生徒と死んで行った生徒を比較して人間のあさはかな知恵で生死の理由を判断することは到底不可能である」と述べている[86]。

仲宗根が感じとっていたのは、戦場とは不条理のようなものが支配する場であり、生死に意味づけをすることは、それを語る者の後知恵にすぎない、ということであった。あるいは、その場にいる者の死は、「無意味な死」以外の何物でもないことを冷徹に認識し、そこにこそ、戦争の暴力が存在することを感知していたとも言えるだろう。

そのことは、一九五一年に『沖縄の悲劇』を刊行することの動機にも通底していた。仲宗根は、同書の序文において、「この悲劇が戦後、或は詩歌に詠まれ、或は小説に綴られ、演劇舞踊になって人々の涙をそゝっている、ところがその事実は次第に誤り伝えられ伝説化しようとしている」ことに危機感を募らせていた[87]。

当時、古川成美『沖縄の最後』（一九四七年）・『死生の門』（一九四九年）、宮永次雄『沖縄俘虜記』（一九四九年）、石野径一郎『ひめゆりの塔』（一九五〇年）など、沖縄戦に関する戦記も出はじめていた。だが、小説の類のものは事実関係に厳密ではなかったし、また、沖縄戦を戦った旧軍人によるものも少なくなかった。当然、そこでは沖縄住民の視点は欠如しており、ことに、古川成美『沖縄の最後』については、「温厚」と評される仲宗根すら「超国家主義者の手記」であるとして批判していた[88]。そうしたなか、「とんでもないことがだんだん流布していく」。そこで「これはどうしても正しい事実を残しておかなきゃならない」という思いに駆られて、仲宗根は『沖縄の悲劇』を編んだのであった[89]。

仲宗根が言うには、「この記録は文学でもなく、生き残った生徒の手記を集めて編纂した実録」であり、「氏名も日時も場所も正確を期」した。仲宗根は、「彼女等が書き残そうとした厳粛な事実」を「誤りなく伝えなければならない義務」を自らに課していた。「洞窟に残」さざるを得なかった「重傷の生徒達のことを思う」と、この「記録」は仲宗根にとって「懺悔録」であり、そうした者の生存を信じて探し回り、あるいは遺骨・遺髪だけでも見つけようと長年願っている遺族にせめて「娘や妹の面影をしのんで」もらいたいという思いが、その背後に存在していた[90]。

とはいえ、仲宗根の意思が日本本土に届いたものとは到底言えなかった。仲宗根による『沖縄の悲劇』や石野径一郎『ひめゆりの塔』等をもとにした映画「ひめゆりの塔」が一九五三年に今井正監督により制作されたが、それは仲宗根にとって受け入れがたいものであった。映画「ひめゆりの塔」については、「個々の挿話の酸鼻をきわめた光景の生々しさはまた格別である」(『キネマ旬報』一九五三年二月上旬号)と評され[91]、一般の観客には「戦争を余りにも誇張して描いたのではないか」という感想も見られたが、それに対し、仲宗根は「実体験した者から見ると、あの程度のむごたらしさではなく、事実はそれよりも、はるかに残虐だったんです」「あの映画について書かれた新聞雑誌の記事を見ても、われわれの持つ体験と、表現されたものの間には、ひじょうな距離があって、そらぞらしいという感じです。だから、ことばとか映画とか、そういうものでは表現できないんじゃないかというのが、生き残った者の感想でした」と述べている[92]。「事実」は言語や映像によっては語り尽くせないほどに「残虐」さを帯びたものであり、「生き残った者」からすれば、それを語り得ないメディアは「そらぞらしい」ものでしかなかった。そして、その後の著作活動において、仲宗根が批判的に提示しようとしたのは、その種の違和感であり、そこを覆い隠したまま沖縄戦の語りを特定の方向に流用しようとする「本土」の欲望であった。

もっとも、仲宗根のそうした志向が、米軍統治下の状況への批判に至らなかったわけではない。たとえば、仲宗根は一九五五年の日記のなかで、軍事基地建設のために土地を収奪し、また基地労務への依存を住民に強いつつ、軍用地料の「一括払い」を「恩恵」として実施しようとする米軍の施政に対し、「一体このように戦争への準備をしている基地に何で我々は感謝することが出来ようか」と述べている。(93)また、一九五六年に、島ぐるみ闘争に参加した琉大学生六名が退学処分にされるという事件があった(琉大事件)。琉球大学は、米軍の意向で親米エリート養成を目的に設立された大学であり、「反米共産主義者」の学生を処分しなければ、大学自体を廃校にするという米軍の意向によるものであった。仲宗根は当時副学長として、彼等の処分を執り行わなければならない立場にあったが、「彼等は平和をさけび原爆基地反対をさけびつづけている学生である」と評価し、処分後に本土の大学を回って、彼らを編入させることに尽力している。(94)

だが、仲宗根は本土復帰が現実のものとなりつつあった一九六〇年代末以降の状況に対し、さらなる危機感を持っていたように思われる。仲宗根は、本土返還後一〇年近くを経た一九八一年に『世界』に寄せた論考のなかで、「「血の島《ブラッド・アイランド》」として世界に知られ、二〇余万人の血がしみ骨が埋もれて各府県の慰霊碑の建ち並ぶ沖縄では、終戦直後の生命に対する実感を今も持ちつづけている」と述べたうえで、「国を守る気概を持て、と叫ぶ者がだんだん多くなって来たが、国を守るとは、国民の生命を守ることであることを十分確かめた上で、自らの府県の人々に、全国の五三%の沖縄基地をわれわれで引き受けようと説得して、十分納得させた上で叫んでもらいたい。沖縄におしつけたままでは、勝手気儘である」とその憤りを露わにしている。[95]

ここでつよく意識されているのは、「国を守る」という国民主義的な論理における本土と沖縄とヒエラルヒーであった。「国を守る」と言うとき、それはいったい誰を「守る」ことなのか。「全国の五三％」の米軍基地を狭小な沖縄に集約していながら、「国を守る気概」を説くことは、とりもなおさず、「本土」のみの平和をむさぼろうとしているのではないのか。必然的に、そこでは「本土戦」を一日でも遅らせるために沖縄を「血の島《ブラッド・アイランド》」と化した沖縄戦が想起されている。仲宗根が問うたのは、「日本」に「復帰」しながらも、沖縄戦期、そして米軍占領期と同じく厳然と存在する「本土」との断層であった。

そのことは同時に、「戦闘」や「防衛」に都合よく意味を付与する本土のナショナルなメンタリティに対する違和感の提示でもあった。戦争とは、単に軍隊が「国を守る」というようなわかりやすさ・心地よさを伴うものではなく、「味方」どうし、あるいは家族のあいだにあっても、醜さやむごさを生起させるものであった。仲宗根が、『沖縄の悲劇』をとりまとめたのちも、聞き取りなどを通して書き留めようとしたのは、特定の「意味」に収束し得ない戦場の様相であった。

仲宗根は、一九八三年の著作『石に刻む』のなかで、「沖縄戦を語ることは、気が重い。極限状況においこまれたときの、戦争の悲惨・残酷・酷悪は、平和時では、到底想像がつかない。この世で、ほんとにこんなこともあったのかと思う」と述べ、そうしたことの例として、「老母を壕に残して、脱出しなければならなかった。壕の中で、泣きさけぶ赤児をとがめられて、弾雨の中に出て血迷った。母親は死んで、乳飲児が乳にすがりついていた。病院壕では、無数の重傷患者に、ミルクに青酸カリを入れて飲ませて処置した。その中に、[96]同僚や教え子たちを置きざりにしなければならなかった。集団自決・スパイ虐殺事件等々」をあげている。仲宗根がそこで強調しようとしたのは、「想像もつかない惨虐なこと」や

「まだまだ想像もつかない事実」が「いくらでも底にうずもれている」ということ、換言すれば、「国を守る」などという明快な論理では、到底整合できない戦場の実相であった[97]。

それは、「沖縄の歴史的地理的の条件」すなわち「沖縄の「異族」性」を「日本」に突きつけることで、本土のナショナルな欲望を批判的に捉えようとした新川明の思考と通じるものである。仲宗根の沖縄戦の語りも、「本土」の側が容易に感知し得ない事実群を突きつけることで、「本土」の「勝手気儘」な欲望を照射しようとするものであった。

「日本人としての沖縄人」から日本ナショナリズムの批判へ

だが、仲宗根は、新川のように日琉同祖論や復帰論を否認する方法を採用しなかった。仲宗根のなかでは、あくまで「沖縄」は「日本」と「同祖」であった。たとえば、仲宗根は「琉球方言」と「日本語」の関係性について、「琉球方言には日本語以外の言葉は、ほんのわずかしかはいっていません。そのほとんどが大和ことばです。海をへだてて孤立しているために、変化がはなはだしく、そのために通じなくなっているだけです。分析すればするほど、予想以上に近い関係にあることが分るのです」と述べている[98]。むろん、「大和ことばのほかに、琉球の自然、風土、社会の必要性に応じて、特有の言葉が出来ていることは申すまでもありません」とはしているものの、あくまで、「日本語」「大和ことば」との「予想以上に近い関係」に重きが置かれている[99]。新川明であれば、沖縄の「異族」性を読み込もうとするところであろうが、その点、仲宗根は沖縄学の伝統に則っているように思われる。あくまで、「日本」と「沖縄」の関係性の前提にあるのは「同祖」であった。

だが、逆に言えば、「同祖」であるからこそ、両者の間に横たわる断層やヒエラルヒーに敏感であったとも言えるだろう。仲宗根は、一九七〇年の日記のなかで「日本政府は、日本こそ四海波静か、世界的

ベトナム戦激化に伴い、軍港と基地を結ぶ幹線道路を連日走行する米軍戦車
（沖縄タイムス社編・発行『沖縄戦後史』1987年）

な高度成長とかで経済的に豊かな国だと宣伝している。沖縄の空には、米軍機の爆音がたえることがない。平穏なのだろうか」と述べているが[100]、「同祖」であるところの日本を対照項とすることで、本土復帰を目前に控えつつも沖縄にのみ「爆音」を集約させて、「高度成長」と「平和」を享受する日本に異議を申し立てすることが可能とされているのであった。

　のみならず、そのことは、「日本」が「平和国家」ですらないことを描き出す。仲宗根は、「本土復帰」の一九七二年五月一五日の日記のなかで、「復帰の日だというのに何と重苦しい日なのだろうか。［中略］ベトナムは八日以来ますます緊迫し復帰の日も嘉手納基地からは米軍爆撃機が飛び立っている[101]」としたうえで、次のように述べている。

　基地を肯定しベトナムへの発進を許容するならば、沖縄人の精神を破壊することになる。戦争を通じ、異民族の支配を通じて、ガジマルのような根づよい強靱な精神をねりあげて来ている。今後新しい平和への創造にもそのような逞しい力が何より必要である。

日本国民をして、沖縄人の志向する方向に向かわせなければならぬ[102]。

日本に復帰した沖縄からベトナムに向けて米軍機が発進するのを見ていた仲宗根にとって、それは「平和国家」とされる「日本」による「戦争」へのコミットメントそのものであった。それを思い描く背後には、沖縄戦およびそれ以降において、日本と米軍の欲望のぶつかりあい、あるいは共振のもとで犠牲にさらされてきた沖縄住民があったことは言うまでもない。「平和」の美名のもとにある「日本」と、政治的にその範疇に含まれながらも軍事基地が本島の一割以上を占める沖縄を対照させることで、「本土」の「平和な暴力」を浮き上がらせたのであった。

そして、同時に、その「日本」が「沖縄」と「同祖」である以上、「日本国民」を「沖縄人の志向する方向に向かわせなければなら」ない。そこでは、「沖縄」は「日本」に従属（subject）するものではなく、逆にそれを導く主体（subject）であった。「同祖」であることは、仲宗根において、「沖縄」が「日本」に付き従うことではなく、ましてや、それを放置するものでもなく、「沖縄」が主体的に「日本」の志向を問いただすこととの必然性を意味するものであった。そこにおいて、「沖縄」は単なる従属者などではなく、「戦争を通じ、異民族の支配を通じて、ガジマルのような根づよい強靱な精神」を有し、それを「日本」に突きつけ、「日本」を転回させていく自律性と能動性を有する者として、提示されたのであった。

その意味で、仲宗根にとって「同祖」であるということは、多義的な意味を持っていた。「平和な日本」の覇権やコロニアルな欲望を焙りだし、また、ともすれば予定調和的に映る「国家」のなかの断層やヒエラルヒーを明るみにするだけではなく、それを突き崩し改変していく能動性や義務感をも「マイノリティ」たる自らに付与する――そうしたことが、「同祖」という、ある種ナショナルな言辞のなかに、逆説的に込められていたのであった。

四　日琉同祖論に照らされる齟齬

日琉同祖論の戦前と戦後

これまでに見てきたように、「日琉同祖論」という、一見、沖縄が日本に包摂されることを正当化する論理は、戦前期のみならず、沖縄戦をかいくぐった戦後、さらには本土復帰後に至るまで、沖縄学のなかで強く支持されてきた。しかし、だからといって、それが「帝国」を支える論理として意図されたのかというと、むしろ事実は逆であろう。

伊波普猷によって創始された沖縄学において、「沖縄」にアイデンティティを作り出すための方法論として構想された日琉同祖論は、戦後にも受け継がれ、米軍支配を批判する論理として流用された。沖縄戦に代表されるような日本軍の横暴は批判しつつも、「同化の論理」をテコに米軍支配を否認していく戦略が、日琉同祖論を通じて採られた。沖縄学は、そうした戦略の根拠を歴史学の知見を用いながら提示するものであった。もっとも、そこでの個別的な戦術はいささか入り組んでいた。仲原善忠は、伊波普猷とは異なり、薩摩支配に肯定的な側面を見出しながら、それ以降、沖縄が日本に政治的にも経済的にも統合されていたことを主張した。そのことは裏を返せば、米軍支配の非正当性を史学的に提示するものであった。それに対し、比嘉春潮は複雑なロジックを採用していた。比嘉はあくまで、薩摩支配のなかで農民層が被った抑圧・暴力を詳細に浮かびあがらせようとする一方、そうした薩摩の「植民地主義的支配」を通じて、沖縄がすでに政治的・経済的に日本に統合されていたことを論じた。それは、「植民地主義批判」を通じて米軍統治に異議を申し立てる一方で、植民地主義的な統合とは異なる、「日本」へのあるべき「復帰」のあり方を提示しようとするものであった。

そうした戦術・立場の違いを生んだものとしては、ひとつにはマルクス主義への距離の違いもあっただろうが、にもかかわらず「日琉同祖論」を米軍統治批判＝復帰論の論拠として採用した共通項のほうが、ここでは重要であろう。マルキストであれ反共リベラリストであれ、「日琉同祖論」は、両者共通の目的のために流用可能なものだったのである。

だが、沖縄の本土復帰が目前に迫り、「祖先」を同じくする「民族」が一つの国家に統合されようとするときに、それを支えた日琉同祖論の根底的な否認が生まれた。それは、いわば「同祖」が完結しようとするなかで、さまざまな断層が見えなくさせられることへの抵抗の表れであった。沖縄における基地の偏在、核の持ち込み可能性と、それに伴い新たに戦場とされるかもしれないことへの恐怖――同祖論者・復帰論者によってそうしたことが不可視化され、ひいては沖縄にそれが恒常化されることへの危惧が、日琉同祖論ひいては沖縄学の否認へ向かったのも、ある意味で必然的なことであった。新川明がそこで志向したのは、沖縄が持つ「異族」性を「日本」に対して突きつけながら、ともすれば見えにくくされがちな「国民国家の暴力」を批判的に浮きあがらせようとする営為であった。

もっとも、同祖論者がその意図において、新川明のような反同祖論者＝反復帰論者と対立する図式にあったのかというと、そうではない。ことに仲宗根政善は、本土復帰後も、「同祖」「同一民族」であることを根拠に、沖縄のみに「痛み」を集中させる構造を厳しく批判していった。仲宗根においては、「同祖論」は本土復帰によって完結するものではなく、むしろ、復帰後も「同祖」に程遠い状況こそが問題であった。さらに、その問いは、「日本」と「沖縄」の関係を超えて、「沖縄」を媒介しながら形作られる戦後日本のコロニアリズム全般を批判することにも接続した。そして、「平和な日本」の持つその種の政治性を覆していく主体として、仲宗根は沖縄を描いていった。それは、本土に従属する客体ではなく、「本土」の問題性に異議を突きつけ、その改変を志向する能動性を帯びた主体としての沖縄像であった。そのような「日本」に対する能動的なコミットメントも、「同祖」であるがゆえに引き出されたのであった。

そうした仲宗根の思考の根底にあったのは、沖縄戦という「本土」では全く経験されていない類の体験であった。それは、「防衛」「友と敵」といったわかりやすい意味には収斂し得ない、さまざまな齟齬や矛盾を孕んだものであり、ナショナルな論理の奥底に存在する抑圧や暴力、そして、それへのさまざまな種類の呻《うめ》きを包含した体験であった。そうした沖縄の経験を、「日本」とは相容れない「異物」「異族」として打ち出そうとしたのが新川明であったとすれば、仲宗根は、「日本」の枠の「中」に存在する齟齬として提起しようとした。「同祖」=「内部」と捉えるか「異族」=「外部」と捉えるかの違いはあれ、「平和」で「豊か」で予定調和的なナショナルな空間に存する断層・ヒエラルヒー、そして本土からは見えにくくされている「抑圧」を明るみに出す意図は、相通ずるものであろう。

あるいは、比嘉春潮・仲原善忠の戦争体験と、仲宗根政善・新川明のそれとの違いも考慮する必要もあるだろう。比嘉・仲原は戦時期を東京で過ごしているのに対し、繰り返し述べたように仲宗根は沖縄戦を体験しているし、新川も石垣島にいたために沖縄戦自体は体験していないが、それでも日本軍による有病地への強制移住によってマラリア禍に苦しんだこともあれば、空爆による至近弾で危うく命を落としそうになる経験もしていた[103]。彼らは、米軍と日本軍双方の露骨な暴力に直接的にさらされる体験を通過しており、本土復帰のなかに存する齟齬・断層を鋭敏に問いただそうとしたのにも、ある種の必然性はうかがえよう。むろん、一九六四年に他界した仲原善忠や、一九七七年に没したとはいえ本土復帰の一九七二年で八九歳の高齢にあった比嘉春潮が、復帰後の沖縄をいかに捉えようとしたのか、それを十全に把握する術はない。また、仲宗根や新川にしても、むろん、復帰以前の状況に批判的であったことに変わりはない。しかしながら、復帰をめぐる時代状況に加えて戦時期の経験も、彼らの言説を規定する要因の一つではあっただろう。

「抵抗」の論理としての「同祖」

ただ、何より重要と思われるのは、「日琉同祖論」というある種「本土」のナショナリズムとも接合するかのような論理は、単に日本への従属・同化を志向するものではなく、逆に、その時々の困難な社会状況・政治状況に抗うべく構想された「沖縄」の自己像を映すものであったことである。当然に時代状況によって、「同祖」が意味するものも微妙に変容していった。だが、そこでは、ほぼ一貫して、植民地人が宗主国におもねるような論理とは異質なものであり続けた(104)。日本のさまざまな「負の遺産」が沖縄に捨て置かれるなかにおいて、そうした状況に抗するべく、沖縄学＝日琉同祖論は、その「日本」を都合よく参照し、流用しながら、自らのあるべきアイデンティティを提示していった。さらに言えば、同祖論批判でさえ、同祖論の持つそうした論理の延長上に構想されたものであった。

その意味で、それらの議論において、「ほんとう」に「日本」と「沖縄」が同一民族であるかどうかは、むしろ二次的なことであったのかもしれない。「日本」は「沖縄」の側の自己主張の触媒として意識されたにすぎない。そして、それらの議論の規定要因は、現在にまで続く戦後日本の構造を批判的に浮きあがらせるものでもあるだろう。

ナショナルな論理は、ときに、それを突き詰めるなかで、ナショナルな美名のもとにある齟齬を浮き彫りにする。必要なのは、それをわかりやすい物語や意味に整合させることではなく、その齟齬からナショナルなものが含み持つ問題性や共同のあり方を問いただすことであろう。「国を守る気概を持て」というときに「守られる国民」とは一体誰のことなのか——その回答を安逸な物語に安んじることなく、共同性のあり方を構想するために求められるのは、新川明の表現を借りるならば、「みずからの内なる狂気の謝花をもって、正気の謝花を撃たしめる」営為である。

注

（1）伊波普猷『古琉球』沖縄公論社、一九一一年、一一五-一一六頁。

（2）村井紀「起源と征服——伊波普猷について（中）」『批評空間』一二号、一九九四年、二一六頁。

（3）伊波普猷『古琉球』（前掲）、六八頁。

（4）新川明や大城立裕はじめ戦後沖縄の思想を広く体系的に論じた研究としては鹿野政直『戦後沖縄の思想像』（朝日新聞社、一九八七年）や同『沖縄の戦後思想を考える』（岩波書店、二〇一一年）があり、さらに沖縄戦後思想の変容と社会運動を扱ったものに小熊英二『〈日本人〉の境界』（新曜社、一九九八年）などの重厚な研究がある。また、拙著『焦土の記憶』（新曜社、二〇一一年）でも、戦後沖縄における戦争体験論の変容を論じている。

戦後沖縄学を扱ったものとしては、外間守善『沖縄学への道』（岩波現代文庫、二〇〇二年）、屋嘉比収「古日本の鏡としての琉球」（『南島文化』二一号、一九九九年）などがある。前者は近代から戦後に至る沖縄学者を評伝的に紹介しており、後者は、柳田國男の沖縄論を主たる主題としつつ、近代以降、戦後に至るまでの沖縄学の系譜に論及し、そこでの「古日本の鏡としての琉球」という言説の時代的・社会的な意味を考察している。拙著『辺境に映る日本』（柏書房、二〇〇三年）では、伊波普猷と柳田國男の日琉同祖論を対比しながら論じている。

それらに対し、本章は、上記の研究を参照しつつ、比嘉春潮、仲原善忠、仲宗根政善といった戦後の主たる沖縄学者およびそれへの批判者（新川明）を取り上げ、そこでの日琉同祖論の意味変容を考察する。そのうえで、沖縄の「日本人としてのアイデンティティ」が「日本ナショナリズム」にいかに抗する契機を有していたのか、ひいては、「ナショナリズム」がそれ自身に抗する契機をいかに内在させているのかを浮き彫りにしたい。なお、本章で取り上げる沖縄学者以外にも、金城朝永や「新おもろ学派」の島袋全発など、沖縄学史において重要な人物も少なくはない。だが、本章は学説史の詳細な提示を意図するものではなく、そこでの日琉同祖論の意味変容を考察しようとするものである。したがって、その問題を考えるうえで重要な知識人として、本章ではまず、戦後沖縄学の代表的存在であり、日琉同祖論を堅持しつつ、植民地主義批判の観点から島津進入を批判的に捉えた比嘉春潮を取り上げ、次に島津進入への評価が比嘉とは対照的であった仲原善忠の議論を見る。それらに対し、本土復帰期に沖縄学＝日琉同祖論に根底的な批判を加えつつ「反復帰論」を展開した新川明の言説を検証するとともに、日琉同祖論・日琉同一民族論的なパラダイムには則りつつも、新川と同じく復帰をめぐる状況を批判的に捉えた仲宗根政善の議論に焦点を当てる。

（5）『太田朝敷選集（中）』第一書房、一九九五年、五八頁。

（6）伊佐眞一「解説　沖縄近代史における太田朝敷――その軌跡と思想の特質」『太田朝敷選集（下）』第一書房、一九九六年、五〇八頁。

（7）伊佐眞一「解説」『謝花昇集』みすず書房、一九九八年、二八二―二八三頁。小熊英二『〈日本人〉の境界』（前掲）、一四七頁。

（8）伊佐眞一「解説」『謝花昇集』（前掲）、三九四頁。

（9）伊波普猷の日琉同祖論については、拙著『辺境に映る日本』（柏書房、二〇〇三年）第6章のなかで、柳田國男の日琉同祖論と対照させながら論じている。本章での伊波に関する議論も、それに依拠しているが、より詳しくは同書を参照されたい。

（10）伊波普猷『古琉球』（前掲）、一一頁、一二頁。

（11）伊波普猷「南島史考」『伊波普猷全集』第二巻、平凡社、一九七四年、六頁。初出は一九三一年。

（12）伊波普猷「わが沖縄の歴史」『伊波普猷全集』第一〇巻、平凡社、一九七六年、二九七頁。初出は一九二二年。

（13）伊波普猷『古琉球』（前掲）、一一五―一一六頁。

(14) 同、九〇頁。
(15) 伊波普猷「南島史考」(前掲)、五‐六頁。
(16) 同、一〇頁。
(17) 伊波普猷『古琉球』(前掲)、六二‐六四頁。
(18) 伊波普猷「南島史考」(前掲)、一一頁。
(19) 同。
(20) 拙著『辺境に映る日本』柏書房、二〇〇三年。
(21) 第三二軍は、当初は四個師団、五混成旅団を擁していたが、そのうち第九師団が一九四四年一二月に台湾へ転用配備されるなど、その後の兵力は削減されている。
(22) 中野好夫・新崎盛暉『沖縄戦後史』一九七六年、岩波新書、七五頁。
(23) 同、八五頁。
(24) 外間守善『沖縄学への道』(前掲)、一〇五頁。
(25) 比嘉春潮「被支配階級の生活に重きを」『比嘉春潮全集2』沖縄タイムス社、一九七一年、二三五頁。初出は一九五九年。
(26) 比嘉春潮「庶民中心の歴史」『比嘉春潮全集2』(前掲)、二三四頁。初出は一九五八年。
(27) 比嘉春潮「対談 薩摩統治下の沖縄農民」『比嘉春潮全集2』(前掲)、二九九頁。初出は一九七〇年。
(28) 比嘉春潮「沖縄の明治百年」『比嘉春潮全集2』(前掲)、二八一頁。初出は一九六八年。
(29) 「サンフランシスコ講和条約」神田文人・小林英夫編『戦後史年表』(小学館、二〇〇五年)所収(一七七頁)。
(30) 比嘉春潮「屈辱の歴史からの脱却」『比嘉春潮全集2』(前掲)、二七七頁。初出は一九六七年。
(31) 小熊英二『〈日本人〉の境界』新曜社、一九九八年、四六九頁。
(32) 小学館編『国際連合憲章』小学館、二〇〇三年。
(33) 比嘉春潮「屈辱の歴史からの脱却」(前掲)、二七七頁。
(34) 同、二七七頁。

(35) 同、二七八頁。
(36) 同、二七六頁。
(37) 同、二七七頁。
(38) 比嘉春潮「〝72年返還〟を考える」『比嘉春潮全集2』(前掲)、二九二頁。初出は一九六九年。
(39) 比嘉春潮「対談:薩摩統治下の沖縄農民」『比嘉春潮全集2』(前掲)、二九七頁。初出は一九七〇年。
(40) 井上清・鈴木正四年『日本近代史(上)』合同出版社、一九五五年、六九頁。井上清『条約改正――明治の民族問題』岩波書店、一九五五年、二六頁。
(41) 比嘉春潮・霜多正次・新里恵二『沖縄』岩波新書、一九六三年、八二頁、八六-八七頁、一二二-一二三頁。
(42) 井上清・鈴木正四『日本近代史(上)』(前掲)、七〇頁。
(43) 比嘉春潮・霜多正次・新里恵二『沖縄』(前掲)、一二四頁。
(44) 比嘉春潮「〝72年返還〟を考える」(前掲)、二九二頁。
(45) 比嘉春潮「屈辱の歴史からの脱却」(前掲)、二七四頁。
(46) 比嘉春潮、「琉球王国独立論は暴論なり」『比嘉春潮全集2』(前掲)、二八七頁。初出は一九六九年。
(47) 小熊英二『〈日本人〉の境界』(前掲)、四九三-四九四頁より重引。
(48) 仲原善忠「沖縄歴史の考え方」『仲原善忠全集1』沖縄タイムス社、一九七七年、二二六頁。初出は一九六六年。
(49) 仲原善忠「島津進入の歴史的意義と評価」(未発表論文)『仲原善忠全集1』(前掲)、二七一頁。
(50) 仲原善忠「沖縄歴史の考え方」(前掲)、二二七頁。
(51) 仲原善忠「島津進入の歴史的意義と評価」『仲原善忠全集1』(前掲)、二三八頁。同「沖縄歴史の考え方」『仲原善忠全集1』(前掲)、二五一-二七二頁。後者は仲原没後の一九六六年七月に二二回にわたって『沖縄タイムス』に連載された。
(52) 仲原善忠「沖縄文化の過去と将来」『仲原善忠全集3』沖縄タイムス社、一九七七年、三一一-三一二頁。初出は一九五〇年。
(53) 仲原善忠「沖縄歴史の考え方」(前掲)、二二六-二二七頁。

(54) 伊波普猷「序に代へて――琉球処分は一種の奴隷解放也」喜舎場朝賢『琉球見聞録』親泊朝擢一九一四年、二頁。
(55) 伊波普猷『古琉球』(前掲)、一一五頁。
(56) 仲原善忠「四つの沖縄読後感」『仲原善忠全集4』沖縄タイムス社、一九七七年、六二一頁。初出は一九六三年。
(57) 同、六二一頁。
(58) 同、六二三―六二四頁。
(59) 仲原善忠「条約草案の発表」『仲原善忠全集4』沖縄タイムス社、一九七七年、五八九―五九〇頁。初出は、一九五一年。
(60) 中野好夫・新崎盛暉『沖縄戦後史』岩波新書、一九七六年、七七頁。
(61) 仲原善忠「条約草案の発表」『仲原善忠全集4』(前掲)、五九〇頁。
(62) 復帰をめぐる沖縄の言論界を把握するうえでは、高良倉吉、外間守善、新里恵二、大田昌秀、大城立裕、岡本恵徳、新崎盛暉、川満信一らの議論を整理・分析する必要もある。ただ、本章はあくまで、「日琉同祖論」をめぐる議論の系譜に主軸を置き、かつ、本土復帰前後のあたりまでの時期を主たる考察対象としている。したがって、復帰前後の時期に「日琉同祖論」を批判したり、あるいは流用しながら沖縄の社会状況を問うた主たる知識人として、ここでは新川明と仲宗根政善に着目している。この時期の言説空間の位相と戦争体験との関わりについては、拙著『焦土の記憶』(新曜社、二〇一一年)参照。
(63) 新川明『異族と天皇の国家――沖縄民衆史への試み』二月社、一九七三年、三三九頁。
(64) 同、三四三頁。
(65) 同、三四二頁。
(66) 中野好夫・新崎盛暉『沖縄戦後史』(前掲)、一七一頁、一九一―一九二頁。
(67) 小熊英二『〈日本人〉の境界』(前掲)、五九四頁。
(68) 新川明「非国民の思想と論理」谷川健一編『叢書わが沖縄6　沖縄の思想』木耳社、一九七〇年、一二頁。
(69) 同、一三頁。

(70)同、八頁。
(71)新川明『反国家の兇区――沖縄・自立への視点』現代評論社、一九七一年、一六八－一六九頁。
(72)同、一六五－一六六頁。
(73)同、二〇六頁。
(74)同、二〇九頁。
(75)同、二一一頁。
(76)この点については、小熊英二『〈日本人〉の境界』(前掲)に詳しい。
(77)小熊英二『〈日本人〉の境界』(前掲)、六一八頁。
(78)新川明「非国民の思想と論理」(前掲)、六七頁。
(79)同、六九頁。
(80)同、三九頁。
(81)同、三九－四〇頁。
(82)同、七〇頁。
(83)新川明『反国家の兇区――沖縄・自立への視点』(前掲)、二一一－二一二頁。
(84)仲宗根政善「対談　戦前の教育と沖縄戦体験」『新沖縄文学』四三号、一九七九年、一九三頁。
(85)仲宗根政善『石に刻む』沖縄タイムス社、一九八三年、一七七頁。
(86)仲宗根政善『沖縄の悲劇』華頂書房、一九五一年、二七五－二七六頁。
(87)同上、i頁。
(88)岡本恵徳「仲宗根政善先生と『ひめゆりの塔をめぐる人々の手記』」『追悼　仲宗根政善』沖縄言語研究センター、一九九八年、二四七頁。
(89)仲宗根政善「対談　戦前の教育と沖縄戦体験」『新沖縄文学』四三号、一九七九年、二〇二頁。
(90)仲宗根政善『沖縄の悲劇』(前掲)、ii頁。もっとも、手記の編纂とはいえ、それらは、仲宗根が手を加え、時系列的に整理し直したものであるし、「死者の体験を代理・表象し得るのか」「語りを拒もうとする者の意思はいかに扱われているのか」といった今日の眼には映る問題性が含まれていると見ることもできよう。だが、仲宗根にしてみれば、沖縄戦の複数の体験を、その当時に可能な形で残すことを意図したわけであり、それを今日の視座から批判的に指摘することは、さほど有用なこととは思われない。むしろ、半世紀以上も前の時期において、錯綜した沖縄戦体験を、複数の視点から構成し、おもには生存者の手記と仲宗根の体験に拠ってではあれ、極力、複数の沖縄戦を提示しようとした営為は評価すべきものであろう。

(91) 『キネマ旬報』一九五三年二月上旬号、九六頁。

(92) 仲宗根政善「対談 戦前の教育と沖縄戦体験」(前掲)、二〇五–二〇六頁。

(93) 仲宗根政善『仲宗根政善日記 ひめゆりと生きて』琉球新報社、二〇〇二年、一七頁。

(94) 同、二四頁。

(95) 仲宗根政善『石に刻む』沖縄タイムス社、一九八三年、一八九–一九〇頁。

(96) 同、二一七頁。

(97) 同、二一七頁。

(98) 同、二四六頁。

(99) 同、二四六頁。

(100) 仲宗根政善『仲宗根政善日記 ひめゆりと生きて』(前掲)、四四頁。

(101) 同、九六–九七頁。

(102) 同、九八頁。

(103) 新川明『沖縄・総合と反逆』筑摩書房、二〇〇〇年、二五三頁。

(104) むろん、当然に例外は存在する。源武雄などはその一例であろう。屋嘉比収が戦前期の源の文章を丹念に掘り起こして分析しているように、源武雄は「古日本の鏡としての琉球」という伊波や柳田の沖縄学のテーゼを流用する形で、「沖縄」に「未開の南方」を〈指導〉する役割を見出し、「大東亜共栄圏」構想を沖縄の側から下支えする議論を展開した。だが、本章で取り上げた、伊波普猷、比嘉春潮、仲原善忠、仲宗根政善といった沖縄学者・日琉同祖論者は、「同祖」でありながら「同等・対等」ではない状況を、各々の視角で捉えようとした。その点で、「同祖」のなかの齟齬を、ナショナリズムやコロニアリズムの再生産に結びつける議論とは、一線を画している。屋嘉比収「古日本の鏡としての琉球」（『南島文化』二一号、一九九九年）参照。

第Ⅲ部　知・宣伝・ナショナリティ

第7章　戦時博覧会と「聖戦」の綻び

一九三七年七月七日、盧溝橋における一発の銃声とともに、日本軍と中国国民党政府軍との戦闘が勃発した。当初、北支事変と称された日中戦争は、日本軍にとって早期に終結するはずだった。しかし、国民党政府は、毛沢東率いる八路軍（共産党）との協力のもと、頑強に抵抗を続けた。それに伴い、戦線は中国全土に拡大、この戦争は支那事変と称されるようになり、泥沼化していった。

だが、他方でこの時期には、「戦時科学」「国防科学」をテーマにした博覧会が多く開かれた。一九四一年一二月に対米英戦が勃発すると、さすがにその種のイベントは影を潜めるようになるが、少なくともそれまでの期間には、国民精神総動員国防大博覧会（一九三八年三月－五月）、支那事変聖戦博覧会（一九三八年四月－六月）、紀元二千六百年記念戦時工業総力博覧会（一九四〇年九月－一〇月）、国防科学大博覧会（一九四一年四月－五月）といった地方博覧会が催された。しかも、その開催には、しばしば、朝日新聞社や日刊工業新聞社といった全国紙・業界紙が深く関わっていた。

だとすると、いくつかの疑問が思い浮かぶ。そもそも、国防科学・戦時科学をテーマにした博覧会はいかなるものであったのか。日中戦争の泥沼化が明らかな時期に、それらのイベントを催すことにどんな意図が込められていたのか。全国紙や業界紙は、なぜ、そこに関与しようとしたのか。そして、それらの博覧会を訪れた国民大衆は、そこに何を読み取ったのか。それは、主催者側の意図通りの読みであったのか、あるいは、それとは異なる読みであったのか。

本章では、博覧会誌や当時の新聞記事など、入手可能な資料を用いながら、これらの点について考察していきたい(1)。

一　博覧される総力戦

日中戦争と博覧会

国民精神総動員国防大博覧会は、一九三八年三月二五日から五五日間にわたり、東京・上野公園で開かれた。主催者は、日本博覧会協会であった。容易に想像できるように、この開催の背景には、日中戦争の勃発があった。日本博覧会協会会長の星野錫は、「本博覧会開設の第一要諦」を次のように述べている。

> 惟ふに我日本帝国の国防線は従来の外廓たる樺太、朝鮮、台湾、南洋統治領の外に曩《さき》に満州国の加はり今亦新たに蒙疆より北支、中南支一帯の占拠地の我監制下に置かれたる結果実に未曽有の国防線をもつこと〻なつたのである。従つて之を維持振張するには先づ以て皇軍国防力の充実強化を必要とするのは勿論であるが、之と同時に国民の国防知識を涵養し常時協力の素地を作り共に戦線銃後の責任に当らしむべき軍民一致の国防完成に勉むる所あるを必要とするのであつて、本博覧会開設の第一の要諦は実に茲に存するのである(2)。

中国全土に戦線が拡大するなか、国民の「国防知識を涵養」し、「軍民一致の国防完成」を実現するためのメディアとして、この国防博覧会は企画されたのであった。

必然的に、そこには総力戦の思想が色濃く投影されていた。星野錫は国防博覧会の開催趣旨を説明するなかで、「機械化兵器の応用による現代戦、殊に航空機の発達による立体戦」は「攻守共に一大変革を来し」ており、「全国民をして之等の兵器、資材、装備等に関する新知識に触れしむると共に防空、防火、防毒、防護等の実習訓練に慣れしむるは所謂国民国防上最大の急務」であることを強調している[3]。

さらに、そこでは戦時経済の効率的な統制を促進することも意図されていた。星野は「軍需資材の供給を豊富にし、併せて一般民需の需給に順適なる調節を得せしむるは長期応戦の絶対条件である」としたうえで、そのために「国民の各部分をして生産と消費との関連作用並に公私経済の按排に十分の理解を得せしむ」ることも、博覧会開催の目的の一つとしてあげていた[4]。兵士のみならず銃後国民にも広く「国防知識」を提供し、その理解に立って、戦争遂行のために国民経済の円滑な動員を実現する。これが国防大博覧会でめざされたものであった。

その点では、ほぼ同時期に開かれた支那事変聖戦博覧会も同様であった。支那事変聖戦博覧会は、神戸・西宮球場および外園で一九三八年四月一日から六月一四日まで、七五日にわたって開催された。主催は大阪朝日新聞社で、陸軍省と海軍省が後援した。この開催の背景として、朝日新聞社は『支那事変聖戦博覧会大観』(一九三九年)のなかで、「忠烈なる皇軍の武威赫々、敵都南京を攻略し着々戦果を収め、銃後の国民もまた奉公の赤誠を致し、東亜の安定力たる実力と国威とを遺憾なく全世界に発揚することを得、時局は新しき段階に移つて深刻重大さを加へ来つた」ことをあげていた[5]。

ただ、興味深いのは、これらの博覧会の開催準備期間が極めて短いことである。国防大博覧会は「二ヶ月余の短日時に一切を整備」しており、支那事変聖戦博覧会も「開催を企図し準備に着手してより開会日まで二ヶ月未満の短日時」であった[6]。ちなみに、一九四〇年には東京で万国博覧会が開催される予定になっていた。これは戦局悪化により、一九三八年に実質的な中止が決定されたが[7]、その企画・調整は一九三二年ごろから始められていた。紀元二六〇〇年記念イベントとして構想されたこの万国博と国内博・地方博を同列に扱うわけにはいかないが、それにしても、準備期間が二ヵ月というのは、異常なまでの短さである。

その背景には、一九三七年末から一九三八年初頭にかけての戦局の振幅があったと思われる。前述のように、一九三七年七月に勃発した日中戦争は、政府・軍の予想に反し、長期化した。近衛内閣は、同年一〇月一日の四相会議で、国民政府との和平解決を想定した「支那事変対処要綱」を決定し、一一月一日、外相・広田弘毅はドイツに仲介を依頼した。いわゆる「トラウトマン工作」である。だが、他方で大本営は一二月一日、中支那方面軍に対し南京攻略命令を下し、一三日に南京は陥落した。新聞は号外でこれを大きく報じ、国民は旗行列やちょうちん行列で戦勝ムードに浸った。内閣でも強硬な和平条件、もしくは交渉打ち切りを主張する意見が優勢を占めるようになった。参謀本部は、この機会を失えば長期戦に持ち込まれる危険が大きいと判断し、政府の交渉打ち切り論に反対した。だが、政府と陸軍省は戦勝の喜びにわく国民世論も背景にしながら、交渉打ち切りの方針を固め、一九三八年一月一六日に「帝国政府は爾後国民政府を対手とせず」との声明を発した。以後、徐州や武漢を攻略するも、中国・国民政府の屈服を引き出すことはできず、戦争は泥沼化していった。

国防大博覧会や支那事変聖戦博覧会は、こうした戦局のターニング・ポイントの時期に企画された。おそらくは、日本国内が南京攻略の祝勝ムードに湧くなかで、これらの博覧会の開催は着想されたのだろう。だが、その後も「戦勝」を重ねるわりに、終戦・停戦の兆しは見られない。その間、戦死者数は増加し、また、一九三八年二月には国家総動員法が国会に提出されるなど、国民経済への統制が厳しさを増すようになる。こうした状況にあって、娯楽性を帯びた国民的な祝祭イベントとして、これらの博覧会の開催が急がれたのであろう[8]。

擬似戦場体験

では、そこでは実際にどのような展示が行なわれたのか。『国防大博覧会開設誌』によれば、「今次事変に関するもの」「防空防護に関するもの」「忠勇義烈の我将士の遺品並に戦利品」「資源興発に関するもの」「時局下の産業に関するもの」などが出品されたが、とくに重点が置かれたのは事変館であった。他のパビリオンは一〇〇坪前後、広いものでも一八〇坪ほどであったのに対し、この事変館には四五〇坪が充てられた。これは、「支那事変の全貌並に事変の発端から南京入場、青島占拠までの場面」をパノラマやジオラマで表現するものであった。また、そこでは戦況の場面に応じて、「陸海軍貸下げの新鋭兵器、飛行機、軍用施設物、決死隊将士の遺品、戦利品等」が配置され、さらに「照明の外に電動および擬音装置」が施された[9]。

それは言い換えれば、観覧者の擬似戦場体験を可能にするものであった。そこでは、陸軍関係二〇シーン、海軍関係一〇シーンが展示されたが、それを通して、観覧者は戦場風景や行軍の様子を立体的に眺めることができた。むろん、ニュース映画で戦況は多く扱われていたが、事変館は「ニュース映画に依るとは又その趣を異にするところの実感を、観覧者に湧かしむるところのものたるを期した」[10]。国防大博覧会は、二次元のスクリーンではなく、三次元（パノラマ・ジオラマ・現物の兵器）でもって戦場を観衆に提示しようとしたのである。

この擬似戦場体験メディアとしての機能は、支那事変聖戦博覧会ではさらに際立っていた。西宮球場スタンドには、日本軍機や高射砲に加えて、撃墜された敵軍機やその残骸も多く展示された。また、飛

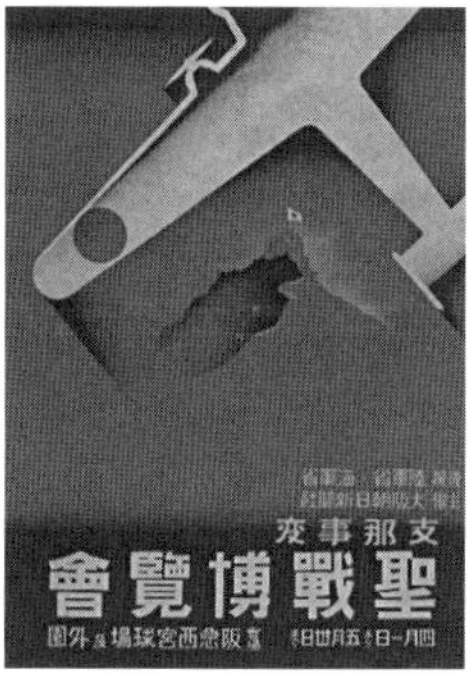

支那事変聖戦博覧会ポスターとトーチカ実物大模型

（出典：『別冊太陽 日本の博覧会』平凡社、2005年、『支那事変聖戦博覧会大観』大阪朝日新聞社、1939年）

行塔という地上二〇メートル付近を旋回する遊具のほか、パラシュート降下練習台が設けられ、人々は擬似飛行・降下体験に興じた。

「野戦陣地大模型」のコーナーでは、ほぼ実物大のトーチカや地下要塞、土嚢陣地が設置された。なかには、上海に設置されたトーチカの模型もあり、『支那事変聖戦博覧会大観』には、腰をかがめながらそれを通り抜ける女性たちの写真が掲載されている。また、南京陥落を記念して、これもほぼ実物大の南京市政府門の模型が設けられた。さらに、会期中の五月一九日に徐州が陥落したことを記念し、石垣造りのトンネル橋には「万歳 徐州陥落」の横断幕が掲げられた。『支那事変聖戦博覧会大観』には、見物に来た数百名の小学生がその上で万歳を唱和している写真が掲載されている。女性や小学生はむろん戦地に赴いたことがない国民であったが、博覧会では、彼らでさえも、戦場での兵士の日常や敵地攻略の高揚感を身をもって体感することができた。博覧会は、銃後の国民に身体的な擬似戦場体験を促すメディアであり、それは、視覚に限定されたニュース映画とは大きく異なっていた[11]。

国防館正面（左）と１階の爆撃室（右）
（『国防館新築記念写真帖』国防館建築委員発行、1934年）

前史としての国防館・遊就館

もっとも、戦時科学の博覧会には、その前史というべきものがあった。それは、靖国神社国防館（現靖国会館）である。国防館は、「満洲事変以来国民挙つて銃後に尽した其赤誠を旌表し、併せて国防智識の普及に資する」ことを目的に、一九三四年に創設された[12]。そこでは、当時の「我陸軍現代兵器の粋」が集められたばかりではない。国防館は、擬似戦場体験を可能にする場でもあった。

たとえば、催涙ガスに対する防毒マスクの効果実験や模型戦車の無線操縦、無線電話の実演などが、日に数回、行なわれていた。一階の「爆撃室」には、重爆撃機の機首部分が置かれていた。その操縦席の下方には、地上を描いた布幕が設けられており、観覧者は、そこで「時速百八十粁の速力を以て、飛行中の機上より地上を望むと同様の感覚を味わひ」つつ、「旋回機関銃を随意操作し、敵機射撃の実験をもなし得」た[13]。

とはいえ、靖国神社には、すでに類する施設があった。遊就館である。遊就館は一八八二年に建設されたが、一九二三年の関東大震災で倒壊、一九三二年に再建された。その付属施設として西隣に設けられたのが、国防館である。だが、再建当時の遊就館では、先史時代から江戸時代、そして明治維新以降へと至る「古今の武器」が陳列されたのに対し、国防館は現代兵器に特化していた。

しかしながら、日中戦争以降になると、遊就館も現代兵器に重きを置くようになった。『昭和十五年度遊就館年報』では、「曠古ノ聖戦ヲ記念スル為」には所蔵品が十分でないことから、館長や主事がたびたび戦地に赴き、各部隊から戦利品や記念品を収集したことが記されている。また、遊就館は、一九四〇年には「興亜聖戦展覧会」や「支那事変遺烈顕彰展覧会」を開催し、日中戦争での「戦利品、記念品、参考品、図表」等を展示した。これらの展覧会は、かなり盛況であった。興亜聖戦展覧会は会期二〇日で二四万人、支那事変遺烈顕彰展覧会は会期二五日間で二九万人が来場した。ちなみに、「建国ヨリ現代ニ至ル各時代ヲ代表スル武具、由緒付ノ武具、絵画写真等」を展示した「皇国武ノ歴史展覧会」は、同じく一九四〇年に三一日間にわたり開催されたが、来場者は七万四〇〇〇名にとどまっていた[14]。

国防科学を博覧に供し、祝祭的な雰囲気のなかで擬似戦場体験を可能にした戦時科学博覧会も、これら国防館や遊就館の延長上にあった。

遺品のアウラ

だが、これらの博覧会は、国防科学の知識を獲得し、戦場を「擬似」体験するだけの場ではなかった。それは同時に、戦場の真正性に出会う場でもあった。国防大博覧会では、「遺品・戦利品館」のなかで、「今次事変の戦死を遂げられし皇軍将士二十八氏遺族より貸下げを受けた尊き遺品百八十八点」が展示されていた[15]。支那事変聖戦博覧会でも、日本軍将校・兵士百数十名の遺品が「輝く武勲室」に展示された。そこには遺影のほか、戦死者が遺族に宛てた陣中便りや遺言、戦闘によりいたるところが破れている軍服軍帽などが陳列されていた。

これら「実物」の遺品は、ある種の神聖なアウラを放出するものであっただろう。ヴァルター・ベンヤミンは、かつて「複製技術時代の芸術作品」のなかで、一九世紀以降の複製芸術――とくに映画――

の発展は、芸術作品の「礼拝価値＝アウラ」の権威を追い払い、民主的な「展示価値」を促進することを説いた。写真集や映画のような複製技術が、作品や特定人物を複製し、大衆の視線にさらすことで、その作品や人の神聖な唯一無二性、すなわちアウラは消滅していく。だが、これらの博覧会における遺品展示は、見る人々を複製されざる唯一無二性へと誘い、複製技術の時代に喪失しかけていたアウラを呼び戻した。『支那事変聖戦博覧会大観』では、「輝く武勲室」に言及して、「出征し赫々たる武勲を樹てたる殊勲者並びに戦死者百数十名の写真、手澤品、［……］水筒、勲章、陣中便りなど、殊勲を物語る品を展観し銃後に絶大なる感銘を与へ赤誠の喚起に貢献した」と記されている。実際にどの程度「赤誠の喚起に貢献した」かはさておき、これら博覧会は、戦場や戦死者のアウラを見る者に喚起する例外的なメディアであった。

「輝く武勲室」（『支那事変聖戦博覧会大観』1939年）

　このことをうかがい知ることができる、ある出来事があった。国防大博覧会の航空館には、銃痕が多数見受けられる九三式軽爆撃機が展示されていた。それは一九三七年九月、爆撃参加中に、胸に貫通銃創を受け戦死したパイロットが搭乗していたものだった。それとは知らず、その妻子がそこを訪れていたが、機種や機体の損傷箇所、爆撃の日時・場所から、他界した夫が操縦竿を握っていたものとわかり、親子ともどもすすり泣いていた。ちょうどそこへ視察に訪れていた首相・近衛文麿が通りかかり、遺族を慰めた。これは、翌日の『東京朝日新聞』のなかで、「国防博に哀しき無言劇　亡夫の愛機と語る妻　首相、項垂れて慰藉」として紹介された。

『東京朝日新聞』1938年4月29日11面「国防博に哀しき無言劇」

また、『読売新聞』（一九三八年四月二九日）も、この出来事を「泣くは荒鷲の妻と子　労る人は近衛さん　博覧会場・胸うつ一景」という見出しのもと、次のように報じていた。

君国に捧げた武人の妻の真心こめて永久に□□まる護国の英霊に敬虔な祈りを続けて来たが同日午後四時ごろ三人［戦死者の妻子と父親］連れ立って同博覧会見物に出かけたところ突然節子ちゃんが「アッお父ちゃんの飛行機だ」を叫び乍ら敵弾に破壊された胴体や車輪にまざ〳〵と武勲を物語ってゐる一台の飛行機の前に駆け寄つた。ハツと胸を衝かれた千代野さんがよく〳〵見ると夫君の愛機と型も破損箇所も全く同じ飛行機である。千代野さんは如何にかみしめてもこみ上げる涙をどうにもならず節子ちゃんを抱き寄せるとその儘泣きすくんでしまつたのである。丁度そこを通り掛つた人情宰相近衛さんはこの痛々しい姿にうたれて仔細ありげな様子を見て、早速母娘を迎賓館に呼びよせ節子ちゃんの頭を撫でながら事情を聞くと初めてその理由がわかり感涙を浮べつゝ、「お体を大切にしてお子さんを立派に養育して下さい」と心から勇士の遺族を慰め官邸に引揚げたのだった。[16]（□□は判読不能）

遠目に十分に判別できるはずがないにもかかわらず、子どもが「アッお父ちゃんの飛行機だ」と叫んで、展示された爆撃機に駆け寄るところなどは、美談調にまとめられた記事の作為性を感じさせる。だが、それを割り引いても、展示物が遺族や近衛文麿に対し、真正性のアウラを醸し出していたことはうかがうことができる。それを感じ取ったのは、何も彼らだけではあるまい。来訪する多くの国民も、その種のアウラを感じていただろう。少なくとも、読者に共感を促すかのような上記の新聞では、遺族や近衛が感じたアウラを読者も共有すべきことが自明視されている。複製ではない「実物」を展示した博覧会は、戦場や戦没者のアウラを来訪者に感じさせた。その点で、これらの博覧会は、複製技術時代において稀有なメディアであった。

こうしたこともあって、国防大博覧会や支那事変聖戦博覧会は、かなり盛況であった。前述のように、この二つの博覧会はいずれも準備期間は極めて短期であったが、国防大博覧会には、会期五五日間で約七〇万六〇〇〇名が訪れた[17]。支那事変聖戦博覧会は、当初は一九三八年五月末閉会の予定であったが、予想を大きく上回る盛況であったため、会期を二週間延長し[18]、一五〇万人以上が来訪した[19]。のみならず、朝日新聞社は、「聖戦博覧会の経験に本づ（マヽ）き更にその機構と内容とを一新整備して」、翌一九三九年四月より八〇日間にわたり、大東亜建設博覧会を開催した。これも、観覧者を疑似戦場体験に誘うイベントであり、来場者は一三〇万人に達した。

そして、おそらくはこれらの成功を受ける形で、以後、戦時工業総力博覧会や国防科学博覧会が開催された。だが、それらは、国防大博覧会や支那事変聖戦博覧会を継承しつつも、微妙な相違も見せていた。

二　「福祉」と「省資源」の戦時科学

傷痍軍人館

一九四〇年九月二〇日から一ヵ月にわたり、東京・上野で戦時工業総力博覧会が開催された。主催は日刊工業新聞社である。さらに同社は、一九四一年四月一日から二ヵ月のあいだ、関西（西宮・宝塚）で国防科学大博覧会を実施した。これらは、いずれも「戦時工業」をテーマとし、「重大時局下に於ける軍機械化の重要性と工業総力の関連を一般に認識せしめ、併せて国民科学化を推進」しようとするものであった[20]。もっとも、戦時工業総力博覧会は、「紀元二千六百年記念」と銘打たれており、「紀元二千六百年の佳歳の遭遇する感激に直面し、この我が国民のみが享受する意義悠遠の感激と歓喜を一億大衆に頒つ」こともその目的とされていた。だが、パビリオンはあくまで戦時科学を扱ったものばかりで、記紀神話や「万世一系」を直接的に連想させるものは少なかった。

これらの博覧会でも、二年前の国防大博覧会や支那事変聖戦博覧会と同じく、現代兵器が展示され、擬似戦場体験を促す装置も見られた。たとえば、国防科学大博覧会では模型潜水艦が展示され、乗組員同様、艦内の「狭さ」を体感することができた。また、戦車による火炎放射実演、水上機によるパラシュート降下実演なども行なわれ、人々は銃後では体験することのできない「戦場」を愉しむことができた。

だが、これらの博覧会が、国防大博覧会や支那事変聖戦博覧会と同じく戦時科学をテーマとしていたとはいえ、かつての博覧会では見られなかった観点が、そこでは打ち出されていた。それは「障害者福祉」の科学である。それを象徴するのが、戦時工業総力博覧会や国防科学大博覧会で設置された、傷痍

傷痍軍人館入口・全景（『国防科学大博覧会誌』日刊工業新聞社、1941年）

軍人館というパビリオンである。これは、傷痍軍人の医療処置や温泉療養といった医療技術を紹介するだけではなく、多種多様な義足義手も陳列されていた。また、手足や視力を失った傷痍軍人の職業訓練風景も写真展示された。

ちなみに、戦時工業総力博覧会では、会場中央の忠霊塔の直近に傷痍軍人館が配され、また同博覧会誌でもパビリオンについて解説する章の先頭にこれが紹介されていた(21)。このパビリオンが、これらの博覧会でいかに重要な位置づけであったかがうかがえよう。

そこには、傷痍軍人に対する「福祉」の充実の必要性が、社会的に切迫していたことが浮き彫りにされていた。日中戦争勃発から三年が過ぎても、終結の見通しは立たず、戦死者や負傷者は増加する一方だった。一九四〇年七月には第二次近衛内閣は大東亜共栄圏構想を打ち出し、フランス領インドシナへの「南進」に踏み出した。だが、これには日中戦争の泥沼化に倦み、不満を募らせていた国民の視線を南にかわす意味合いもあった。そうしたなかにあって、戦地から内地に送還された傷痍軍人の厚生政策は、戦没者遺族への社会保障と同じく、重要な政治課題であった。自分自身や近親者が戦地に出征して、かりに生きて日本に戻ることができたとしても、その後、身体的な障害を抱え続ける可能性は十分にあった。それだけに、どのような治療が可能で、いかなる介護技術が存在するのか、そして、障害を抱えた者への職業訓練や厚生政策はどうなっているのか、という点を博覧会の場でアピールすることは、政治的にも重要な事柄であった。

と同時に、それは「人的資源のリサイクル」を図ろうとするものでもあった。『国防科学大博覧会誌』には傷痍軍人館の目的として、「忠勇なる皇軍将士が名誉の戦傷を受けてから再び産業戦士として更正するまでの敬虔な生活、刻苦精励の真相を盛り上る感激を以て描写表現」することがあげられていた[22]。総力戦体制のもとでは、国民は兵士として前線に動員されるわけだが、その兵士が負傷して復員したところで、銃後における「産業兵士」としての動員が待ち受けていた。多くの国民男性が出征するなかで、工場等の労働力は不足し、なかでも熟練労働者の減少は産業界に大きな打撃を与えていた。前線への国民の動員が、銃後の産業の空洞化、ひいては軍事物資の不足を招き、総力戦の進展を阻害するという悪循環に陥っていたのである。そのような状況にあって、傷痍軍人は貴重な人的資源であった。彼らは皇軍兵士として再び戦地に立つことは叶わなくとも、銃後の産業戦士として何とか再生させる必要があった。このような人的資源のリサイクルの必要性がいかに差し迫ったものであったのかを、傷痍軍人館は浮き彫りにし、来訪する国民たちに訴えようとしたのであった。

省資源技術の博覧

それとともに、これらの博覧会で目立っていたのは、省資源技術の紹介である。その典型をなすものは、代用品工業館であった。金属や燃料、皮革をはじめ、さまざまな物資が軍需用に必要とされる一方で、それらの輸入も逼迫しつつあった。このパビリオンでは、不足物資の代表品として、陶器、セメント、水産皮革、木竹製品など、さまざまなものを紹介し、その品質の高さをアピールしていた。

また、燃料館や化学工業館といったパビリオンも設けられたが、そこでもガソリンに代わって、木炭・薪・コーライト・石炭などから自動車用ガス燃料を作る装置や、大豆油を原料とするゴム代用製品が紹介されていた。なかには、鰯油を精製・分解して、爆薬、工業用潤滑油、人工繊維、石鹼等を製造するプロセスを解説するブースもあった。

むろん、物資が不足し始め、統制経済が導入されていた当時において、これらは一種の質素倹約の術ではあった。だが、その技術は、決してそれにとどまるものでもなかった。鉱物資源の消費を抑え、廃棄物を再利用し、有機物から代替燃料を作り出そうとする点で、今日の省資源・エコロジー技術にも通じるものである。つまり、これらは、化学の知を用いながら、鉱物資源に代わるエネルギーや必要物資を生み出そうとする、先端の科学技術であったのである。

とはいえ、じっさいには、それら代用品の品質は多くの場合、粗悪であった。たとえば、スフ（ステープル・ファイバー）と呼ばれた人造繊維は木綿の代表品として広く用いられたが、これはすぐに破れたり、雨にぬれて縮んだりすることが多かった。それだけに、これらのパビリオンは、粗悪品のイメージが根強い代用品の利用を国民に訴えかけることにも重点を置いていた。『国防科学大博覧会誌』のなかでは、代用品館を解説するなかで、以下のように代用品の意義が力説されていた。

代用品は既に代用品にあらず必需品たるの地歩を確立したのである、東亜共栄圏が如何に長期の経済封鎖に遭遇するとも、日本の資産が英米等の反枢軸国によつて凍結されても、一億国民は代用品を愛用することによつて自給自足、もつて聖戦の完遂に邁進せねばなるまい。[23]

代用品のパビリオンは、その省資源や代替原料創出の最新テクノロジーをアピールする場であったのと同時に、実用レベルでは低品質であった代用品の使用を国民に説得する役割をも担っていたのであった。

能率増進の知

戦時工業総力博覧会や国防科学大博覧会は、効率的な資源利用の技術ばかりではなく、工場の生産プロセスの効率化技術をも広く紹介していた。能率増進館では、工場内の作業効率を高めるための整頓技法や、作業者の動作のムダを検出し、効率性を高めるための作業分析の手法などが紹介されていた。これらは、いずれも今日に連なる生産工学の基礎とも言うべきものであった。

この能率増進館は、日本工業協会と島本鉄工所の共同出陳であった。日本工業協会は、生産現場の合理化や能率増進のための普及活動・工場指導を行なう団体であり、その前身は、一九三〇年に商工省内に設立された臨時産業合理局生産管理委員会である。この組織は実質的に、鉄道省工作局長を務めた山下興家によって設立された。山下は、鉄道省車両工場における作業研究の第一人者であり、そこで培った「従業員に対する精神的指導法」「工事用材料ならびに消耗品の節約法」「工場内の整頓法」「工場の消化及び防火」「在庫品の貯蔵方法」といった生産工学技術を、日本のさまざまな工場に適用し、その生産性向上をはかることが、臨時産業合理局生産管理委員会および日本工業協会の目的であった。日本工業協会は、その後、一九四二年三月に日本能率連合会と統合して日本能率協会へと改組され、今日に至っている。能率増進館は、これらの団体が編み出していた合理的な生産工学の知を広く国民に紹介しようとする目的で設置されたのであった[24]。

ちなみに、『国防科学大博覧会誌』は、これらの知が求められる背景について、次のように説明している。

時恰も事変勃発に際会し、他の工場は増産に追はれるに拘らず、設備の拡張は資材の窮屈によつて意の如くならず、生産拡充の国策に順応するには限られたる設備と限られたる工員とによつて最大の作業能率を発揮せねばならぬ場面に遭遇したのであつた。[25]

ここでは、設備管理・資材管理・作業改善といった生産工学の必要性が力説されている。その原因は、日中戦争の膠着に伴う物資の逼迫があることは言うまでもない。だが、単に節約の必要性だけがうたわれているわけではない。現有の人的・物的資源を効率的に用いるための科学的分析手法の必要性が主張されているのである。熟練工の多くは戦地に動員され、工場には非熟練の若年工員や女性工員が増えつつあった。また、身体的な障害を負った傷痍軍人が工員となるケースもあった。こうしたなか、作業プロセスや工員の動作を詳細に分析してそのムダを排除し、また、設備利用や原材料使用のロスを徹底的になくしていくことが、工場主には求められた。換言すれば、従来のような熟練工の「勘」によるものづくりではなく、非熟練工でも一定の品質のものを生産できるだけの作業の標準化・合理化が、戦時期において要請されたと言えよう。博覧会は、このような戦時科学としての生産工学の存在を、人々に訴えようとするものでもあったのである。

三　国防科学とメディア・イベント

朝日新聞社と支那事変聖戦博覧会

これまでに一九三八年から四〇年にかけて開かれた戦時科学博覧会を見てきたわけだが、見落としてはならないのは、それらにはメディアが深く関わっていたことである。支那事変聖戦博覧会は朝日新聞社の主催であったし、戦時工業総力博覧会と国防科学大博覧会は日刊工業新聞社が主催していた。また、国防大博覧会の主催は日本博覧会協会であったが、その宣伝には東京朝日新聞社が関与していた。『国民精神総動員国防大博覧会誌』のなかでも、「本博に参同出品せる東京朝日新聞社は、会期中三回に亘り、同社宣伝版を発行し、グラフ、号外、増頁等を以て会場内写真並に案内記事を掲載し、又演芸館に常時朝日ニュース映画を提供、臨時には映画スター、従軍落語家、歌謡歌手等を斡旋派遣するなど、本博の宣伝並に振作について亦好意ある協力を得たので、本博ではこれに対し、同新聞の全愛読者のため招待券及び特別割引券を発行した」ことが記されている。[26]その意味で、これらの博覧会は、メディア・イベントとしての要素をつよく帯びていた。

だが、それにしても、なぜ、朝日新聞社や日刊工業新聞社はこれらの博覧会に関与したのだろうか。朝日新聞の論調には、戦前期においても、自由主義的な色彩が目立っていた。大正期には普通選挙法の施行を強く主張していたし、一九三〇年のロンドン海軍軍縮会議をめぐっては、軍縮の論陣を張り、原理日本社をはじめとする国粋主義団体に攻撃された。そうした論調が「朝日＝反軍＝アカ」というイメージを定着させ、五・一五事件（一九三二年）や二・二六事件（一九三六年）では、青年将校たちの襲撃対象となった。

だとすると、軍部の圧力や戦時体制の締め付けにより、朝日新聞社は聖戦賛美を強いられ、それが支那事変聖戦博覧会の主催につながったという理由付けが思い浮かぶかもしれない。だが、そうした要因は皆無とは言わないまでも、説得的な説明ではない。というのも、言論統制を実効あるものとした本格的な用紙統制は、大阪朝日新聞社がこの博覧会を計画・開催しているときには、まだ実施されていなかったからである。

すでに、日中戦争勃発以前、国産パルプの人絹工業への転用増加と、外貨節約の目的で一九三六年一

『週刊朝日臨時増刊号　支那事変聖戦博覧会画報』
（『別冊太陽　日本の博覧会』2005年）

大東亜建設博覧会ポスター
（『別冊太陽　日本の博覧会』2005年）

〇月から実施された製紙用パルプの輸入制限に伴い、紙不足は深刻化していた。だが、軍事最優先の物資動員計画の一環として新聞用紙供給制限令が公布されたのは、一九三八年八月であり、そのとき、すでに支那事変聖戦博覧会は閉会していた。内閣情報部に新聞雑誌用紙統制委員会が設置され、内閣情報部（一九四〇年一二月より情報局に改組）主導の言論統制が本格化するのは、一九四〇年五月である。もっとも、日中戦争勃発に伴い、一九三七年七月から一二月にかけて、陸軍省令・海軍省令・外務省令で軍事・外交に関する記事掲載の制限が定められてはいた。だが、新聞社・出版社の生命線ともいうべき用紙の統制に政府が乗り出して言論統制が加速するようになるのは、まだ先のことであった。

　そうであれば、支那事変聖戦博覧会の主催は、軍や政府による有形無形の圧力があったというよりはむしろ、朝日新聞社が率先して企画したと考えるべきであろう。そのことは、新聞社と

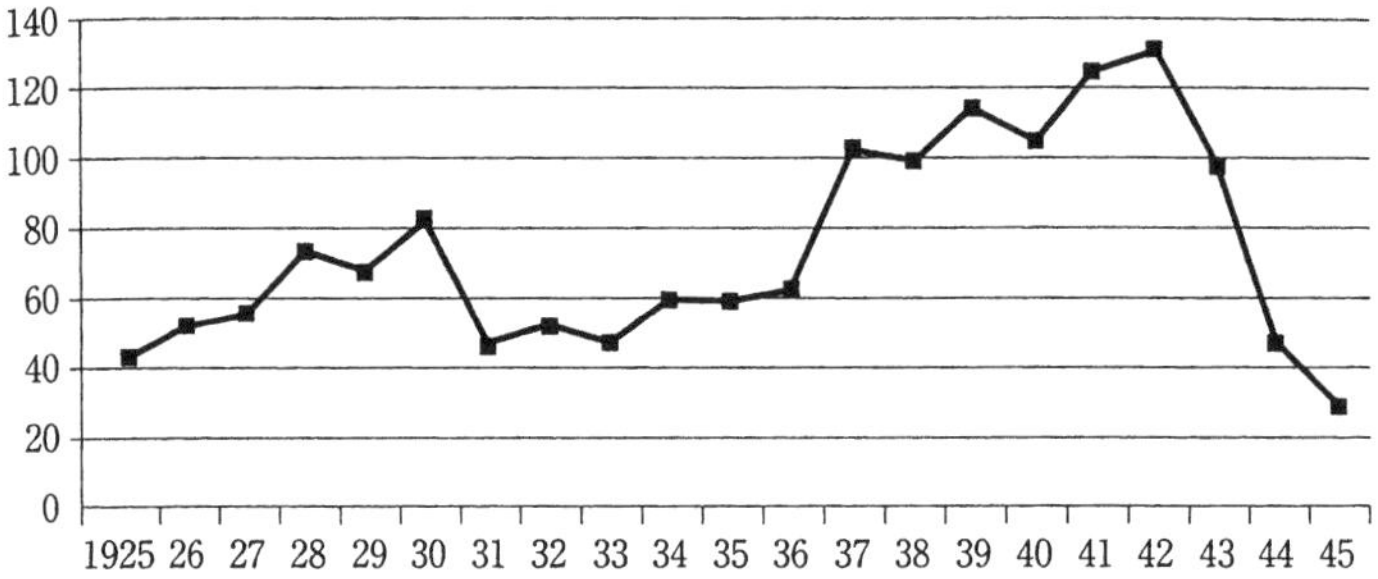

朝日新聞社の図書刊行点数の推移
（『朝日新聞社出版局史』（朝日新聞社出版局、1969年）の「図書総目録」をもとに作成）

してではなく、出版社としての朝日新聞社に着目することで、より理解しやすくなるだろう。

朝日新聞社は、すでに『週刊朝日』『アサヒグラフ』『コドモアサヒ』『婦人朝日』を発行する出版社でもあり、単行本も多く発行していた。そこで興味深いのが、日中戦争勃発前後の書籍発刊点数の推移である。一九三五年は五九点、一九三六年は六一点にとどまっていたが、一九三七年には一〇二点、一九三八年には九九点、一九三九年には一一四点という具合に、一九三七年を境に発刊点数が急増する。その傾向は、一九四三年ごろまで続いた。そこには、当然のことながら、「時局もの」が多く含まれる。賀屋興宣『長期戦と経済報告』（一九三八年）、小野直『戦線童話』（一九三八年）、朝日新聞社編『事変をめぐる時局読本』（一九三八年）などが、まず目に付くところである。雑誌においても、『週刊朝日』『アサヒグラフ』では「事変」の推移が大きく扱われていたし、とくに後者は「戦争グラビア誌」と呼ぶにふさわしいものであった。

つまり、朝日新聞社は、書籍であれ雑誌であれ、「戦争」によって販売部数を伸ばしていたのである。朝日新聞社にとって、国民的な聖戦熱の高まりは嘆かわしいものではなく、むしろ、とくに出版部門にとっては歓迎すべきものであった。単行本のベストセラーやヒットする雑誌特集企画を考えるのは容易ではないが、戦争が社会的に盛り上がるのであれば、それをテーマにした出版物の好調な売れ行きを見込むことができる。佐藤卓己が指摘したように、おりしも、一九三七年から四〇年ごろの時期は、紙不足が言われながらも、「出版バブル」ともいうべき活況を呈していた[27]。

その意味で、文字通り国民の「聖戦」熱の高揚をねらった支那事変聖戦博覧会は、その後の朝日新聞社の出版活動のための戦略的な布石でもあった。朝日新聞社は、一九三九年にも同種のイベントとして大東亜建設博覧会を開催したが、これも、出版部門の好況と流れを一にするものであった。

朝日新聞は、かつては自由主義路線をとり、「アカ」とみなされがちだったが、日中戦争期にはむしろ、国民の戦意を赤く燃え上がらせることこそが、自社の存続・成長には不可欠であった。支那事変聖戦博覧会は、いわばそのための着火剤だったのである[28]。

日刊工業新聞社と戦時工業総力博覧会

では、一九四〇年から四一年にかけて戦時工業総力博覧会や国防科学大博覧会を主催した日刊工業新聞社の場合はどうだったのだろうか。

それを考察するまえに、一般読者にはあまりなじみのない日刊工業新聞社の沿革に少しふれておきたい。『日刊工業新聞』は現在も発行が続けられている専門業界紙である。同紙は大阪砲兵工廠に勤務していた近藤義太郎によって創刊された。近藤は、日露戦争で多くの戦死者が出たのは、武器・弾薬・装備の不足を招いた日本の工業の未成熟にあると考え、工業発展に資する新聞・雑誌の発行を思い立った。そこで発行されたのが、『鉄工造船新聞』であり、一九一二年に日刊紙として『日刊工業新聞』と題字を改めた。

国防科学大博覧会ポスター
（出典：『別冊太陽　日本の博覧会』2005年）

『日刊工業新聞七十年史』（一九八五年）によれば、戦時工業総力博覧会を企画したのは、同社の増田顕邦であったという。増田は満州事変が勃発した一九三一年に日刊工業新聞社に記者として入社し、陸軍省を担当した。陸海軍工廠は、日本の軍事工業の基軸でもあったので、おそらくは、そこでの動向を取材するのが、増田の役割であったのだろう。

　増田は一九三七年に事業部長に昇進したが、その最初の企画として、紀元二千六百年記念の博覧会を思いついた。そこで、記者時代の陸軍人脈に働きかけて実現したのが、戦時工業総力博覧会であった。

　だが、これは同時に、増田がその後発行を受け持つ『軍事工業新聞』と関連づけて考えるべきだろう。戦時工業総力博覧会の計画・準備が進められつつあった一九四〇年五月、日刊工業新聞社は、陸軍兵器行政本部長・菅晴次中将の要請により、同本部の外郭団体・兵器工業会の機関紙『兵器工業新聞』の発行を引き受けた。事業部長の増田は、この新聞の発行名義人として、編集・発刊の任に当たった。増田は一九四二年三月に何らかの事情により日刊工業新聞社を退社したが、軍関係者の要望により、『兵器工業新聞』の発行権は日刊工業新聞社から増田に譲渡され、同紙の発行は続けられた。その後、この新聞は航空工業会や海軍工業会の機関紙としての性格を併せ持つようになり、一九四四年三月に『軍事工業新聞』と改称された。

だが、他方で日刊工業新聞社のほうは、存亡の危機に立っていた。一九四一年一二月に公布された新聞事業令に基づき、多くの新聞が統廃合を余儀なくされたが、『日刊工業新聞』も例外ではなかった。一九四二年一一月、同紙は『中外商業新報』（現在の『日本経済新聞』）に統合された。

このように見てみると、戦時工業総力博覧会、およびそれを受けて関西で開かれた国防科学大博覧会は、その後の『軍事工業新聞』に連なっていると言えよう。戦時科学・国防科学をテーマにした博覧会を思い立ち、軍と協力しながらそれを実現・成功させた増田は、軍事工業の専門機関紙の発行にあたることになった。彼が勤務した日刊工業新聞社は新聞事業令により他紙に統合されることとなったが、増田自身は、もともとの『兵器工業新聞』を拡充させ『軍事工業新聞』を生み出すこととなった。

もっとも、資料の限りもあり、『兵器工業新聞』と戦時工業総力博覧会の詳細な因果関係については、把握することができない。だが、少なくとも、増田が博覧会を通じて戦時科学の知識を国民に啓蒙しようとしたことは、日刊工業新聞社が消滅したのちも、彼が軍事工業の専門紙を発行し続けるうえで有利に働いたことは疑えない。戦時工業総力博覧会や国防科学博覧会は、それが閉会したのちも、工業専門紙のメディア編成に見えない形で関わっていたのである。

ちなみに、『軍事工業新聞』は一九四五年八月一五日に廃刊となったが、一ヵ月後の九月一五日には『工業新聞』と改称して復刊された。さらにその二ヵ月後には、株式会社工業新聞社が設立登記され、増田が取締役社長に就任した。今日の日刊工業新聞社の直接の起源はここにある。また、『軍事工業新聞』時代には花田清輝が記者として勤務したほか、大久保絢史という社員も在籍していた。大久保も増田と同じく、戦後、日刊工業新聞社の社長を務めた。

私的な悼みと聖戦博

四　アウラによる「聖戦」の脱臼

ただ、これら戦時科学博覧会において、もう一つ見落とせないことがある。それは、しばしば、聖戦イデオロギーの綻びが見られたことである。むろん、これらの博覧会は、日本の大陸侵出を支えるべく、戦時科学を国民に紹介しようとした。当然、そこでは聖戦イデオロギーは内面化されていたわけだが、残された資料を仔細に見ていくと、来訪者にはときに逆の解釈を促す側面もあったように思われる。

一九三八年五月四日の『東京朝日新聞』には、「「必死の万歳」の中に　アッゐる亡弟！　聖戦博に感涙の対面」という見出しが付された記事がある。富山から来たある観覧者が支那事変聖戦博覧会で展示された写真のなかに戦死した弟の姿を見つけ、「涙にくれてゐ」たことを、この記事は報じていた。そこからは、聖戦博が大陸侵出熱をかきたてるばかりではなく、逆に、近親者の死の悲しみを思い起こさせていたことが浮かび上がる。事実、その来訪者は聖戦博に赴いた目的について、「亡き弟の冥福を祈り奮闘を偲ぶため」と語っていた。これらの博覧会は、単に戦時科学を愉しみ、戦意高揚に浸るだけの場ではなく、戦没した近親者の往時を偲ぶ場でもあったのである。

とはいえ、この観覧者は、弟が写った写真が博覧会に展示されていることを、事前に知っていたわけではない。それは彼が「弟の戦場における写真が一枚もないので残念に思つてをりましたのに博覧会で会へるとは夢のやうです」と述べていることからもうかがえる。つまり、この観覧者は弟の写真や遺品が展示されていようがいまいが、何かそれに連なるもの――弟が死んだ戦場の様子や所属部隊がうかがえるもの――を求めて、富山からわざわざ西宮まで出てきたのである。人々は博覧会において、「聖戦」

のスローガンに酔っていただけではない。戦没した近親者の何らかの面影を求めて来訪することも珍しくなかったのである。

逆に言えば、それは博覧会が放つアウラのなせる業であった。前述のように、博覧会では、戦場で使われた武器や戦没者の遺品などが展示された。それがまさに「現物」のアウラを放つがゆえに、人々はそこに戦没した近親者の死の現場を想起した。むろん、これらの展示物は聖戦イデオロギーを煽るために配されたのであり、じっさいにそのように機能したことも少なくはなかっただろう。だが、他方で、遺品のアウラは、見る者を国家的・公的な空間から引き剝がし、私的な追悼・追憶の空間に閉じ込める機能も有していた。アウラは博覧会を戦勝・進軍に高揚する祝祭空間から、私的な悲嘆にひっそりと浸る喪の空間へと転じさせていたのである。

しかもそれは、戦没者の遺族にのみ波及していたわけではない。これが新聞記事になったことからもうかがえるように、それは記者に波及し、その記事を通して、一般読者に波及した。このことは、前述の国防大博覧会で、展示された爆撃機の前で涙にくれた妻子についても同様であった。これも、亡夫が息を引き取った飛行機そのものが醸し出すアウラが、遺された妻子にごく私的な悲しみと追悼の念をもたらしたわけだが、それは、近くを通りかかった首相・近衛文麿にも波及し、遺族と悲しみを分かち合うこととなった。おそらくは、近衛のみならず、付近にいた観覧者も同様であっただろう。そして、それはいくぶん美談調であったとはいえ、新聞記事になって広く読者に報じられた。

むろん、だからといって、そこから「聖戦」遂行に対する明確な疑念が生じたり、批判的な観点が生じたわけでもないだろう。だが、少なくとも、博覧会における遺品類のアウラは、ときに見る者を「聖戦」の高揚感や祝祭性から引き離し、遺品とそれをまなざす者との閉じた悲しみの一体感を生み出した。そこには、私的領域に対する国民国家の公的な暴力の存在を感知させる、かすかな契機も宿っていたのではないだろうか。

「復員されざる家庭生活」の想起

こうした「聖戦」の綻びは、国防科学大博覧会における傷痍軍人館でも垣間見られた。そこでは、傷痍軍人に対する治療や職業訓練など、戦時福祉のありようが展示・紹介されていたわけだが、「入場して来る銃後の若き未婚の婦人に対し［中略］傷痍軍人と終生を共にするやう呼びかけ[29]」るべく、以下のような文面も掲げられた。

銃後の若き婦人方へ
傷痍軍人は身を挺して君国の為に戦ひ傷ついた人達であるから銃後の国民がこれらの人々をいたわり助けることは当然の責務であるが殊に若い婦人たちが進んで傷痍軍人と結婚し終生を共にしてその手となり足となると傷兵の再起奉公いかばかりか心強さと安心とを与へることであらう[30]。

ここでは、「銃後の若き婦人」に傷痍軍人との結婚を勧めることで、傷痍軍人たちの家庭生活を保障しようとする意図があらわれている。だが、あえて、博覧会の場でこのような「正しい」主張を掲げなければならないこと自体、大多数の「銃後の若き婦人」たちがそのようには考えていなかったことを雄弁に物語っている。多くの女性たちが傷痍軍人との結婚を忌避する傾向が存在していたからこそ、この種の掲示が成り立ち得たわけであり、また、こうした掲示がなされることで、傷痍軍人と家庭を築くことを拒む心性の一般性が浮き彫りにされた。

さらに言えば、博覧会に展示されていた傷痍軍人たちの姿は、この文面によって、観覧する者たち自身の問題へと転換される。つまり、単に観覧する対象としての傷痍軍人ではなく、観覧する者たちが結婚する相手として、あるいは迎えるべき親族としての傷痍軍人がそこで想起させられるのである。必然的に、観覧者たちは、「復員されざる家庭生活」を思い描かざるをえない。復員した兵士の身体には戦争の傷跡が残り、家人は彼の家庭生活での補助はもちろんのこと、彼に代わって労働し、家計を支える必要もあるかもしれない。かりに戦争が終わったとしても、家庭での生活や家計には「戦争」の痕跡が永続する。黒木和雄監督『美しい夏キリシマ』（二〇〇三年）には、足を負傷し、満足に歩行できない復員兵が地元の女性と結婚するシーンがある。その復員兵は、自分との結婚がその女性を不幸にするのではないかと、結婚後も悶々と思い悩む。これは、傷痍軍人の側の視点ではあるが、同様のことを、傷痍軍人館を訪れた女性たちやその家族も考えたのではないだろうか。

傷痍軍人館は社会的・公的な出来事としての傷痍軍人の存在を、観衆自身の私的な問題へと変換しようとした。だが、そうした変換をあえて行なうところに、それを内心では躊躇する人々の感覚が浮かび上がる。それは、博覧会において「聖戦」の理念に酔っている自分たちの高揚感の行き着く先を指し示すものでもあった。傷痍軍人を尊ぶ意義を謳うパビリオンは、ときに、その表現の延長で、傷痍軍人を生産している「聖戦」への疑念を観衆にかきたてたのであった。

戦時科学博覧会のパラドックス

日中戦争期の国防科学の博覧会は、観衆の擬似戦場体験を可能にしたし、戦場で用いられた兵器や戦没者の遺品を展示することで、複製技術にはない戦場のアウラを放出した。また、観念的な国粋主義とは異質な戦時科学の合理性を国民に理解させることで、銃後を巻き込んだ総力戦の遂行を可能ならしめようとした。だが、これまでに見てきたように、じつはそこには「聖戦」の綻びも内包されていた。戦時福祉の科学技術は、観衆自らの家庭に「不具者」を抱えることのリアリティを実感させた。展示された遺品が放つアウラは、見る者をときに、「聖戦」の公的な華やかさから遮断し、近親者が失われる私的な悲しみの重さを印象づけた。

たしかに戦時科学や国防科学をテーマにした博覧会は、「聖戦」の崇高さやその実現可能性を国民に説こうとするものであった。それは他のメディアとは異なり、複製されざる戦場のアウラを国民に感知させるものでもあった。だが、そこには、その延長で、「聖戦」の綻びや軋みが埋め込まれていた。戦時科学博覧会には、こうした「聖戦」のパラドクスが浮かびあがっていた。

注

(1) 戦時期の博覧会に言及した主な先行研究としては、津金澤聰廣「メディア・イベントとしての博覧会」(『ＡＤＳＴＵＤＩＥＳ』一三号・二〇〇五年)、井川充雄「満州事変前後の『名古屋新聞』のイベント」津金澤聰廣・有山輝雄編『戦時期日本のメディア・イベント』世界思想社、一九九八年)、古川隆久『皇紀・万博・オリンピック』(中公新書、一九九八年)がある。また、難波功士「百貨店の国策展覧会をめぐって」(『関西学院大学社会学部紀要』一九九八年)では戦時期の展覧会について議論されている。これらも参照しつつ、本章では戦時科学・国防科学をテーマにした博覧会に焦点を当て、その社会的機能について考察する。
(2) 日本博覧会協会編『国民精神総動員国防大博覧会開設誌』日本博覧会協会、一九三八年、二頁。
(3) 同、二頁。
(4) 同、三頁。
(5) 大阪朝日新聞社「序文」『支那事変聖戦博覧会大観』大阪朝日新聞社、一九三九年。
(6) 日本博覧会協会編『国民精神総動員国防大博覧会開設誌』(前掲)三頁。大阪朝日新聞社「序文」『支那事変聖戦博覧会大観』（前掲）。

（7）この万博はすでに入場券が発売されていたため、「延期」とされたが、その後、開かれることはなかった。一九四〇年開催予定だった東京万博については、古川隆久『皇紀・万博・オリンピック』（前掲）参照。

（8）一九四一年四月から六月にかけて開催された国防科学大博覧会も、準備期間の短さの点では同様であった。この博覧会は、日刊工業新聞社が主催したが、『国防科学大博覧会誌』によれば、日刊工業新聞社がこの博覧会の開設を決定したのは一九四〇年一一月であり、その計画を公にしたのは、翌一九四一年一月であった。二ヵ月ほどの準備期間しか有しなかった国防大博覧会や支那事変聖戦博覧会に比べると、若干の余裕はあったが、それでも準備に要する日時の短さは顕著である。

（9）日本博覧会協会編『国民精神総動員国防大博覧会開設誌』（前掲）、一〇三頁。

（10）日本博覧会協会編『国民精神総動員国防大博覧会開設誌』（前掲）、一〇三頁。

（11）支那事変聖戦博覧会では、「未来戦」に関する展示もなされていた。そこでは、「未来戦室」や「怪力線」（強力なサーチライトや電波で敵機を撃墜させる兵器）の想像図が掲げられた。その解説文には「防弾具なき個々の兵隊」に戦闘を強いることなく、「総て機械化された兵器のみにての戦争」、すなわち、戦争の完全な「機械化」が構想されていた。このことは、戦時博覧会と後述の「能率増進の知」との接合を象徴するのと同時に、戦時博覧会がある種のＳＦ娯楽めいた側面を有していたことを示唆している。

（12）遊就館編『国防館要覧』遊就館、一九三四年、「はしがき」一頁。国防館をはじめとする戦時下の資料館については、山辺昌彦「十五年戦争下の博物館の戦争展示」（鈴木良・高木博志編『文化財と近代日本』二〇〇二年、山川出版社）参照。

（13）遊就館編『国防館要覧』（前掲）、五頁。

（14）『昭和十五年度遊就館年報』遊就館、一九四一年、二頁、一九頁。

（15）日本博覧会協会編『国民精神総動員国防大博覧会開設誌』（前掲）、一〇七頁。なお、遊就館での興亜聖戦展覧会や支那事変遺烈顕彰展覧会でも、「忠死者遺品」が展示されていた。

（16）『読売新聞』一九三八年四月二九日、七面。

(17) 日本博覧会協会編『国民精神総動員国防大博覧会開設誌』(前掲)、一二六頁。
(18) 『東京朝日新聞』(一九三八年五月二六日)一一面で報じられている。
(19) 大阪朝日新聞社「序文」『支那事変聖戦博覧会大観』(前掲)。なお、他方で、国防大博覧会と支那事変聖戦博覧会の入場者数の相違の意味も考えるべきであろう。入場者数は後者は前者の倍を上回っており、かりに開催期間を考慮したとしても、一日あたりの来場者数は、東京で行なわれた国防大博覧会は一万二八三六名、西宮で行なわれた支那事変聖戦博覧会は、約二万名である。東京と大阪の人口差を考慮に入れると、後者の盛況は際立っている。しかも、国防大博覧会の場合、有料入場者数、つまり入場券を購入して入場した者の数は二五万八四六二名にすぎない。それ以外の者は、招待者や在郷軍人会・国防婦人会等の関係者など「奉仕観覧者」であり、さほど自主的に博覧会に来訪したとは思われない。支那事変聖戦博覧会の場合、有料入場者と招待者の内訳は不明だが、擬似戦場体験を促す装置がより多く、また精巧であり、銃後国民が戦場を「リアル」に、かつアミューズメントとして追体験できたことが、支那事変聖戦博覧会が多くの集客を可能にした要因であったように思われる。
(20) 日刊工業新聞社編『戦時工業総力博覧会誌』日刊工業新聞社、一九四〇年、二頁。
日本博覧会協会編『国民精神総動員国防大博覧会開設誌』(前掲)、一二六-一二七頁。
(21) 同、六八頁。
(22) 日刊工業新聞社編『国防科学大博覧会誌』日刊工業新聞社、一九四一年、一五八頁。
(23) 同、一六九頁。
(24) 日本工業協会や日本能率協会の変遷については、日本能率協会編『経営と共に――日本能率協会コンサルティング技術40年』(日本能率協会、一九八二年)および本書第11章参照。
(25) 日刊工業新聞社編『国防科学大博覧会誌』(前掲)一二六-一二七頁。
(26) 日本博覧会協会編『国民精神総動員国防大博覧会開設誌』(前掲)、一二〇頁。
(27) 佐藤卓己『「キング」の時代』岩波書店、二〇〇二年。
(28) 朝日新聞と「戦意高揚」の結びつきは、すでに日中戦争以前から見られていた。たとえば、『週刊朝日』は満州事変や上海事変の際に、「事変写真画報」と銘打った臨時増刊号をたびたび発行していた。だが、そうだとしても、日中戦争期の出版点数の伸びは際立っている。もっとも、そこには一九三八年八月に、東京朝日新聞社と大阪朝日新聞社の出版部門が統合され、出版局が新設されたこともあっただろう。しかし、出版部門拡充の背後に、出版バブルと聖戦熱の存在があったことも、見落とすべきではない。

(29) 日刊工業新聞社編『国防科学大博覧会誌』（前掲）、一六二頁。

(30) 日刊工業新聞社編『国防科学大博覧会誌』（前掲）、一六二頁。

第8章　「博覧会のメディア論」の系譜

一九七〇年に開催された大阪万博は、いまやノスタルジーを掻き立てるものであろう。映画『クレヨンしんちゃん　嵐を呼ぶモーレツ！　オトナ帝国の逆襲』（二〇〇一年）でも、「昭和」（の博覧会）の郷愁に浸る大人たちが戯画的に描かれている。だが、よくよく考えてみると、そこにはいくつかの奇妙な逆説を見ることもできる。

そもそも博覧会は「過去」を展示するものではない。むしろ、「輝かしい未来」や「非日常」を華々しく提示するメディアである。大阪万博・アメリカ館では、アポロ一一号が持ち帰った「月の石」を見ようと長蛇の列が並んだが、そこには「来たるべき宇宙時代」への期待や憧れを読み取ることができる。今日であれば、大阪万博を思い返す際には、どこか郷愁や「懐かしさ」を伴うのかもしれない。だが、当時の人々が万博に見ていたのは、「過去」でも「現在」でもなく、あくまで「未来」であった。

その意味で、『オトナ帝国の逆襲』に描かれているのは、厳密にいえば、「過去に浸る大人たち」ではない。むしろ、「未来（への夢）に高揚していた過去を懐かしむ大人たち」と言うべきだろう。そのことは暗に、「未来への夢」を語る博覧会に共感し得ない現代を示唆しているようにも見えなくはない。

大阪万博は入場者数六四〇〇万人という過去最高を記録し、それは二〇一〇年の上海万博まで塗り替えられることはなかった。一九七一年には、『公式長編記録映画　日本万国博』が公開された。大阪万博の模様をドキュメンタリー映像として記録した（にすぎない）この作品は、同年度の日本映画のなかで、興行成績第一位を記録した。

だが、現在のわれわれは、八時間も並ばなければ目当てのパビリオンに入れず、「残酷博」とも揶揄された状況を耐え抜くほどに、「未来への夢」に高揚し得るだろうか。たしかに、二〇〇五年の愛知万博の「成功」はよく言われる。だが、大阪万博当時に比べればはるかに交通網の整備が進んでいたにもかかわらず、入場者数は大阪万博の三分の一ほどの二二〇〇万人にすぎない。

だとしたら、博覧会をめぐる社会環境はどのように変容してきたのか。博覧会というメディアにいかなる「意義」が見出され、それはいかに変容したのか。本章は、主要な先行研究を跡づけながら、博覧会のメディアとしての機能を考察していきたい。

博覧会が「イベント」と捉えられることはあっても、「メディア」として位置づけられることはそう多くはない。しかし、そこで国家や企業のメッセージが華々しく打ち出されることを考えると、博覧会が明らかな広報メディアであることは疑えない。

とはいえ、そこには他のメディアと相違する点も多い。新聞や映画、テレビなどが、文字やフィルム、放送による「複製」を前提にしているのに対し、博覧会は「現物」を展示した特定の会場に人々を招き寄せるものである。また、一般的なメディアでは、一度、インフラが整備されてしまえば、その後は「コンテンツ」が製作され続けるのに対し、博覧会はその都度、大がかりな公共工事、すなわち「開発」を必要とする。

「集客メディア」という点では、博覧会は博物館にも重なる。オーディエンスが「現地」に足を運び、「現物」を眺めるというのは、博覧会と博物館というメディアに固有の特性である。しかし、そこにも幾多の差異を見出すことができる。博物館が長期にわたる展示が可能でありながら、一時的な集客力は大きくないのに対し、博覧会は開催期間に一定の限りがありつつ、広い地域の来場者を見込むことができる。

また、博物館が総じて「過去」「伝統」の資料を展示するメディアであるのに対して、博覧会が扱うものは、基本的に「未来」や「夢」に限られる。もちろん、近代初期の博覧会は、技術や商品の見本市の色彩が濃かったわけだが、それとて、人々に「夢」や「未来」を想起させるものであった。博覧会が「開発」を要するようになったのも、そこに関わる。「ありふれた現在」を提示するだけであれば、大がかりな開発によって巨大な祝祭空間を作りあげる必要はあるまい。その意味で、博物館が総じて「伝統」「高級文化」の保護に重きを置く「文化政策」の色彩をつよく帯びるのに対し、博覧会は文化や技術の消費・交渉に比重を置く点で「メディア政策」の流れに位置づけることができよう。

とはいえ、後述するように、「文化政策」「メディア政策」をめぐる両者の機能は明確に分けられるものではなく、これらの要素が複雑に絡まり合うことも少なくなかった。このことも念頭に置きながら、本章では、博覧会のメディア機能がいかに議論されてきたのかについて、適宜、博物館をめぐる議論とも対比しつつ、その系譜を整理したい。

一　大阪万博の高揚と博覧会研究の低迷

研究対象としての博覧会の発見

日本では、一八七一年の京都博覧会以降、数多くの博覧会が開かれてきた。戦前期であれば、第五回内国勧業博覧会（一九〇三年、天王寺、入場者数四三五万）、東京勧業博覧会（一九〇七年、上野公園、六八〇万人）、東京大正博覧会（一九一四年、上野公園、七四六万人）、名古屋汎太平洋平和博覧会（一九三七年、四八〇万人）が多くの来場者を集めた。戦後になっても一九七〇年までの四半世紀のあいだに七〇件以上の博覧会が全国各地で開催された。

しかし、博覧会が学問的な研究対象として見出されたのは、一九七〇年に大阪万博が開催されたころからであった。ヨーロッパの博覧会を通史的に扱ったものとしては、詩人・文芸批評家の春山行夫による『万国博』（筑摩書房、一九六七年）があり、日本で明治以降に開かれた博覧会を整理・紹介したものとしては、山本光雄『日本博覧会史』（理想社、一九七〇年）がある。しかし、いずれも網羅的な紹介にとどまり、博覧会の機能や近現代社会における位置づけを議論するものではなかった。

学問的な関心から博覧会史を検証した最初期の著作は、吉田光邦『万国博覧会』（ＮＨＫブックス、一九七〇年）である。科学史家の吉田は、同書の副題のとおり「技術文明史的に」、欧米および近代日本の博覧会史を整理し、「現代に至る技術文明の展開のなかで、万国博はどんなに大きな意味をもっていたか」「近代日本の成長を考えるとき、明治六年のウィーン万国博や、明治期を通じての内国勧業博が、どんなに日本の近代化に大きな意味をもっていたか」（二四三頁）を考察している。

吉田の研究の背景には、もちろん、一九七〇年の大阪万博があった。冒頭でもふれたように、大阪万博は六四〇〇万人の入場者を記録するなど、当時としては史上最大の博覧会となった。ガイドブックの類が多く刊行されたほか、マス・メディアもしばしば万博特集企画を組んだ。吉田自身も、ＮＨＫ教育テレビの教養番組「博覧会の思想」（一九六八年一一月）に出演し、それをきっかけに、博覧会史をとりまとめることになった。

技術文明とナショナリズムへの懐疑

吉田は、近代以降の博覧会に「技術見本市」「技術情報交換市」としての性格を読み込んでいた。最初の国際博であるロンドン万博（一八五一年）以降、博覧会では、世界各地の先進技術が展示されてきわけたが、それはテクノロジーに関する情報交換の場でもあった。もっとも、それは「技術コンテスト」の様相を呈するものであっただけに、博覧会は国力を誇示し合い、ナショナリズムが発露する場でもあった。

吉田はそこに機械文明の限界を感じていた。「機械は人間の物質生活を、より快適のものにするためにのみ働くものであった」が、現実においては「その信頼を裏切る方向に働きはじめて」おり、それは「現代の機械文明が、どんなに人間を食いつくしはじめているかを考え」てみればわかる（同書、二三八頁）。吉田は、そのことを要約して、こう述べている――「万国博は一九世紀的概念によって生まれた形式である。技術を進歩の尺度とみ、各国相互のはげしいナショナリズム競争がその本来の性格であったのだ。そこにしばしば指摘されている現実の万国博の矛盾が生まれる。人類や世界をうたいながら、実際の展示では各国がそれぞれお国ぶりのパビリオンを誇示しあうことになる。自国の存在を強烈に主張することが第一義となり、他の国々はすべて排除してしまおうとする気がまえが現われるのだ」（同書、二三八頁）。

それに対し、吉田は、開催間近の大阪万博に異なる予兆を読み取ろうとする。それは、高度工業社会の次に到来する「情報社会」の縮図である。

一八五一年の万国博はイギリスがみずから工業社会へ突入し、完成したことを確認するための場であった。そしてそれ以後の各国は、それぞれの工業社会を自己検証するために万国博を開き、あるいは参加してきた。しかし七〇年の日本万国博は、日本をはじめとする世界が、情報社会の世界に入りこんだことを確認する場となるのだろう。(二四一頁)

折しも、当時は情報社会論が隆盛を見せていた。梅棹忠夫「情報産業論」(一九六三年)がすでに書かれていたほか、「第三世代コンピュータ」など大型計算機の進歩もあって、「情報化」が「脱工業化の文明後社会への転換」と関連づけられて多く論じられた(佐藤俊樹『ノイマンの夢、近代の欲望』講談社選書メチエ、一九九六年)。吉田の議論にも、こうした思潮が念頭にあったと思われる。

しかし、吉田はそこで必ずしも「明るい未来」を確信していたわけではない。その評価は、戸惑いを帯びたものであった。吉田は先の引用に続き、こう記して同書を締めくくっている――「そこでは無数の機械とメカニズムが働こう。しかしそれらは十九世紀のように、物を大量に生産する機械の体系ではない。その機械の体系は、人間の精神に働きかけ、時には美にまでも作用し、さらには人間そのものをもたくみにコントロールし、管理できる情報社会の機械系なのだ。この機械系を何千万の人びとが現実に体験し、通過してゆくこと。それはひとつの洗礼であり、成年式ともなるような影響を、ながく日本にのこしてゆくのではないか。それは見えない心の軌跡である。しかしその軌跡が七〇年代の日本人の精神像にどんな働きをもつかを注目せねばならぬだろう」(吉田前掲書、二四二頁)。

博覧会研究の低調

とはいえ、吉田の研究を除けば、この時期に博覧会研究が進展したとは言い難い。大阪万博は、日本の博覧会史においてもそれまでにない盛り上がりを見せたわけだが、吉田の『万国博覧会』以外には体系だった研究書は見当たらない。ひとつには、大阪万博の祝祭的な高揚に反比例するかのような知識人の違和感（あるいは、そうした姿勢の強調）があったように思われる。吉田自身も同書のなかで、「大学の研究室では直接の関係者でない限り、万国博が話題になることはほとんどない。いや、日本の現代の多くの知識人たちは意識的に万国博をとりあげ、それを問題にすることをさけようとしているようだ」と記していた（同書、二四三頁）。

だが、そればかりではなく、博覧会が多様な領域を横断するがゆえの研究の困難もあった。吉田光邦編『図説万国博覧会史』（思文閣出版、一九八五年）の「あとがき」のなかで、園田英弘はこう記している――「万国博研究に、専門家はいない。かつて、万国博について書かれた書物も、科学史家や建築史の専門家が、いわば専門の研究の余技に書いたものである。それは「万国」の文化や技術を集大成してなされる博覧会自体が、専門が明確に分かれたアカデミズムの世界の発想そのものを拒否しているからである。したがって、万国博についてなにかを書こうとするかぎり、一度、狭い専門的発想から自由になり、いわば素人としてこのテーマに取り組む必要があるであろう」。

これは一九八五年の文章ではあるが、大阪万博当時における博覧会研究の低調さの要因のひとつとして、博覧会研究が学問の垣根の超越を強いる点があったことは考えられよう。さらにいえば、そのことは、その後の博覧会研究が、総じて学際志向のつよい研究者によって生み出されていったこと（裏を返せば、博覧会専門の研究者がほとんど見当たらないこと）にも通じるだろう。

二　情報社会論・都市文化研究との接合

つくば博の低調と博覧会研究の隆盛

一九八五年、筑波学園都市において、国際科学技術博覧会（つくば科学技術博）が開かれた。一九七五年には沖縄国際海洋博が開催されたが、日本本土で開かれた万博（博覧会国際事務局〔ＢＩＥ〕が認定する国際博覧会）としては、大阪万博に続く戦後二度目のものであった。しかし、大阪万博とは対照的に、興行的にはまったく振るわず、入場者数は大阪万博の三分の一にも満たなかった。パビリオンの展示においても、大阪万博からの連続性がつよく、「出ているものは、既にあるもののおさらいといった感が深い。技術にしても会場構成にしても、ほとんどが大阪の万国博のときに、ごく初期的な形で登場していたものが多い」「一五年たっているのに人が変わらない。〔中略〕悪く言えば「安全パイ主義」という印象」と酷評された（吉見俊哉『万博と戦後日本』講談社学術文庫、二〇一一年）。

しかし、博覧会研究自体は、むしろ、このころから少しずつ盛り上がりを見せるようになった。その動きをリードしたのも、吉田光邦であった。一九八五年には『万国博覧会』（一九七〇年）の改訂版が、旧版と同じくＮＨＫブックスから出された。同年一月から三月には『ＮＨＫ市民大学　万国博覧会』が放送され、吉田はその講師を務めた。また、吉田が所長を務める京都大学人文科学研究所のメンバーが中心となり、吉田光邦編『万国博覧会の研究』（思文閣出版、一九八六年）が出されたほか、図録集として吉田光邦編『図説万国博覧会史』（思文閣出版、一九八五年）が刊行された。

「情報社会」への関心と「価値観の交流」の模索

これらの研究の背後にあったのは、一九七〇年ごろと同じく、「情報社会」への関心であった。吉田光邦は、『万国博覧会の研究』の序文において、「万国博は一九世紀にはじまった、新しい情報メディアの場であり、世界であった」「一九世紀の万国博は、未来に関する楽天主義にみたされ、進歩をためらうことなく受けいれることこそ、人間にとっての幸福であるとの情報にみたされていた場であった」（ｉ頁）と述べている。また、園田英弘も、同書の第一章「博覧会時代の背景」のなかで、「〔博覧会を〕「情報」

という観点から考えてみたい」「博覧会を、より一般的な一九世紀の情報環境の中に位置づけることによって、博覧会時代の歴史的・社会的背景を考えてみたい」（六頁）と記している。そのうえで園田は、博覧会を「「情報」の国際交流」を促すメディア、すなわち「まだ日常的に情報交流を行ないえない時期の、「情報化」のための〝一九世紀的発明〟」として捉え直している（同書、一九頁、一七頁）。

折しも、当時は情報社会論が再燃しつつある時期であった。佐藤俊樹によれば、情報社会論は、一九六〇年代後半に誕生し、七〇年代前半と八〇年代半ばに二度のピークが見られた（佐藤俊樹、前掲書）。一九七三年の石油ショックにより高度経済成長が終焉し、公害問題も焦点化されるようになると、巨大技術（大型コンピュータ）と巨大組織（国家・企業）を前提にした七〇年モデルの情報社会論は退潮していったが、八〇年代に入り、マイクロプロセッサなどの新情報技術が商業ベースに乗り始めると、「ネットワーク」に比重を置いた情報社会論が多く見られるようになった。佐藤は、この時期の議論の特徴については「それまで無関係であった産業や企業や個人を新たな形に連結し、異質なものを結びつけ、閉じたシステムを開いたシステムにしていくことで、新たな成長可能性を確保する――それが第二期［八〇年代半ば］の情報化社会論が描いた「情報化社会」の姿であった」と述べている（同書、二〇五頁）。

一九八五年のつくば博においても、「情報社会の夢」が打ち出されていた。通産省ではなく科学技術庁の主導で開かれたこの万博では、各種パビリオンで「未来」の映像・ロボット・コンピュータが多用された。この博覧会の統一テーマは「人間・居住・環境と科学技術」であったが、吉見俊哉の指摘のように、「居住と環境」というよりは「情報」の博覧会に近かった（吉見前掲書、一九〇頁）。

吉田らの議論は、決してそのようなユートピア的なものではなかったが、博覧会のなかに多様な情報交流を読み取ろうとする志向は見られた。吉田は『改訂版 万国博覧会』のエピローグを、以下の文章で締めくくっている。

二十世紀は戦争と破壊の時代であったことは、一九八五年の現在でも明らかである。とすれば、せめてこの世紀末に展開されてゆく万国博は、十九世紀のそれのように、せめては二十世紀をあらためてふりかえりつつ、二十一世紀の文明のデッサンを提出すべきなのだろう。

そのとき科学技術はもはや主役ではない。主役となるのは、科学技術の普遍性をこえた世界の個別的な文化に対して、相互の明確な認識を求めることであろう。それはあんがい一八五一年「のロンドン万博」のように、一個の巨大な空間のなかに、全世界の文化の体系がいっせいにならび、交流と認識を求めるという形となるのかもしれない。(二三七頁)

吉田にとって、「情報交流」の場である万博は、技術情報の交換だけではなく、多様な文化や価値観が出会うはずの場でもあった。吉田は近代の科学技術を批判しながら、二〇世紀の博覧会に多文化の交流や相互理解を模索しようとした。

博覧会と博物館の機能差

そのことは、博物館の機能と対比することで、より明確になるだろう。冒頭でもふれたように、博物館は、総じて「文化財」の陳列の色彩がつよい。東京国立博物館や大英博物館を思い起こせば、そのことは容易に想像されよう。ヨーロッパでは、権威伸長を意図した王室財産展示に端を発した博物館は少なくない。日本も海外の王立博物館をモデルにしながら、内務省や宮内省の主導のもと、美術工芸の収集が進められ、「皇室の宝物収蔵局」として帝国博物館が設立された(金子淳『博物館の政治学』青弓社、二〇〇一年）。今日の東京国立美術館の起源である。そこでは、複数の価値観や認識の相互交渉というよりは、既存の価値観や知識を（再）確認する「文化政策」的な側面が際立ちやすい。あるいは、博覧会が「あるべき未来像」を提示しようとするのに対し、博物館が、まさに「博物館行き」という言葉に象徴されるような過去・歴史・遺物への志向を有しているとも言えるのではないだろうか。吉田の議論からは、博物館に比した博覧会のこうした「メディア政策」的な特性が浮かび上がる。

とはいえ、吉田の議論はあくまで、近代や科学文明への批判に根差していた。そのことは、同じくエピローグで「現実の科学技術は、今日の世界でいよいよその危機的な様相をみせている」「地球を簡単に破滅させうる［核］エネルギーは、もう十二分なほど蓄積されたことは周知だろう」と記していることからも明らかである（吉田光邦『改訂版 万国博覧会』前掲、二三六頁）。

こうした近代批判の観点は、のちにカルチュラル・スタディーズやポスト・コロニアル研究を援用した博覧会研究につながっていくことになる。だが、その前に、この時期における別の潮流を見ておきたい。

地方博覧会ブームと都市文化史研究との接合

先述のように、つくば博そのものは成功しなかったが、その数年後には全国各地で地方博が続々と開催された。一九八八年から八九年にかけて、多くの地方都市は市制一〇〇年を迎えていた。折しもバブル景気に沸くなか、全国の都市は市制一〇〇周年記念行事として次々に博覧会を開催し、空前の博覧会ブームが到来した。

こうしたなか、明治以降、全国各地で開かれた博覧会の資料整理が大きく前進した。内国勧業博覧会や名古屋汎太平洋平和博覧会など、大規模な博覧会については、それなりに史料は残されていたが、地方都市で開催されたものや戦時期の博覧会については、博覧会誌やポスターはおろか、開催時期・場所の特定も困難であった。そのようななか、地方博覧会ブームにも後押しされる形で、寺下勍『博覧会強記』（エキスプラン、一九八七年）が出された。

一九二五年生まれの寺下は、終戦直後から展覧会・博覧会などのイベント企画に携わってきた。そのなかで、戦前・戦後の全国各地の博覧会資料を収集していた。それは膨大な量にのぼり、その所蔵のために自宅とは別に一軒家を必要としたほどであった。その資料をもとにまとめられたのが、『博覧会強記』であった。これは学術書ではなかったが、地方博覧会の年表や資料紹介が多く盛り込まれている。同書によって、博覧会史の基礎的なデータ整理がようやく進んだと言える。

寺下が所蔵する資料は、二〇〇一年、ディスプレイ・デザインを手がける乃村工藝社に一式、寄贈された。その資料整理の過程で、橋爪紳也監修『別冊太陽　日本の博覧会　寺下勍コレクション』（平凡社、二〇〇五年）が出された。当時のポスターや絵ハガキも多く収録され、年表も整備されるなど、日本の博覧会史を広く俯瞰できる資料集である。

これらの流れは、都市文化史研究にも結び付いた。建築史家の橋爪紳也は、『明治の迷宮都市』（平凡社、一九九〇年）のなかで、明治期の博覧会を百貨店や都市文化と関連づけながら、こう述べている──「当時、博覧会と百貨店は、時代の先端を行く都市的なアミューズメント施設として理解されていたのである。百貨店とは、博覧会の空間構成が都市ににじみだし、商業化したスタイルと理解することもできよう」（二七七－二七八頁）。

橋爪の関心は、橋爪紳也・中谷作次『博覧会見物』（学芸出版社、一九九〇年）にもつながった。これは、明治以降の日本の地方博のポスター・絵ハガキ・チケットを多く収めた図録だが、その解説では、近現代日本の博覧会史が都市文化、消費文化、視覚文化と関連づけながら、概説されている。

博物館と博覧会の連続性——文化政策とメディア政策の近接

博物館史に関する研究も、このころから盛り上がりを見せるようになった。なかでも、『日本博物館発達史』（雄山閣、一九八八年）、『明治博物館事始め』（思文閣、一九八九年）、『日本博物館成立史』（雄山閣、二〇〇五年）といった、椎名仙卓の一連の研究は重要である。また、欧米の博覧会史を詳細に網羅したものとしては、高橋雄造『博物館の歴史』（法政大学出版局、二〇〇五年）があげられる。総じて、そこで強く意識されていたのは、博物館と博覧会の近接性であった。

日本はウィーン万博（一八七三年）に初めて出品を行なったが、それに先立ち、収集資料の一部が湯島聖堂で公開された（一八七二年三月一〇日-四月末）。この湯島聖堂博覧会はのべ一五万人の入場者を集める盛況を博し、終了後も公開を望む声が大きかった。資料をウィーンに送付したあとに、官有品がかなり残っていたこともあり、官吏の休日（一と六のつく日）に公開されることになった。これが、その後の博物館へとつながった。

博物館の起源が博覧会に結びついていた以上、そこでの展示は当初、「殖産興業」に重きが置かれがちだった。必然的に、博物館は、内務省や農商務省の管轄下に置かれることが多かった。だが、近代天皇制の確立を意図して、「古器旧物保存」（文化財保護）を志向する宮内省の意向も大きかった。とくに、一八六八年の神仏分離令の布告によって進行した「廃仏毀釈」の動きへの懸念が、「古器旧物保存」の必要性を強く実感させた。さらに、学校教育の補完や「通俗教育」（社会教育）の充実を目的として、博物館が位置づけられることもあった。こうしたことから、博物館の管轄は、農商務省から宮内省や文部省へと移っていく。その結果、古美術の収集に重点を置く帝国博物館が設置（一八八九年）されるとともに、文部省系の東京教育博物館も生まれることになる（一八八一年）。前者は今日の東京国立博物館に、後者は国立科学博物館へとつながっている。

椎名の研究では、博物館が博覧会と結びつきながら分化していく過程が詳細に描かれている。また、金山喜昭『日本の博物館史』（慶友社、二〇〇一年）は、椎名の研究を受けつつ、渋澤敬三によるアチック・ミューゼアムなど、民間・地方の博物館の成立史にも議論を広げている。

これらの博物館研究では、博覧会との近接性や関連性が指摘される一方で、その両者の機能的な差異やその変遷には、あまり関心が払われていない。この点については、以降の博物館研究にも当てはまる。今後の課題とすべきものであろう。だが、逆にいえば、博覧会の「メディア政策」的機能と博物館の「文化政策」的機能は、当初は分かちがたいものであった。そのことが、これらの研究から浮かびあがるのではないだろうか。

三　カルチュラル・スタディーズとポスト・コロニアル研究の視座

帝国・消費・メディア文化への関心

一九九〇年代になると、カルチュラル・スタディーズに立脚した博覧会研究が生み出されるようになった。吉見俊哉『博覧会の政治学』（中公新書、一九九二年）はその代表的な業績である。

吉見は同書序章のなかで、「博覧会の場に、どのようにして人々が動員され、彼らはそこに何を見、何を感じていったのか。また、そうした経験の構造は、博覧会の時代を通じてどのように変化していったのか」（二一頁）を明らかにすることを、その目的として掲げていた。前述のように、それまでの博覧会史研究は、科学史研究に基づくものであれ、史料紹介的なものであれ、通時的な史実の説明が主であった。それに対し、吉見は博覧会をめぐる人々の経験の仕方に着目した。それは、博覧会研究をメディア研究へと引き寄せるうえで、大きなターニング・ポイントとなるものであった。

同書は、近代の西洋・日本の博覧会を、「帝国主義のプロパガンダ装置」「消費文化の広告装置」「大衆娯楽的な見世物」という三つの視点から考察している（二五九頁）。博覧会は、娯楽や見世物、スペクタクルが重なりつつ、先進技術や「明るい未来」を提示し、人々に消費の欲望や近代への期待感を醸し出す。同時にそこでは、植民地のさまざまな習俗や「人」そのものも、しばしば展示された。視覚メディアが発達していない一九世紀あるいは二〇世紀初頭において、それは来場者に「文明」と「野蛮」を可視化する装置であった。これらを見渡しながら、「国家や企業が博覧会において、いかに帝国主義や消費のイデオロギーを大衆に押しつけていったのかということではなく、博覧会という場が、その言説－空間的な構成において、そこに蝟集した人々の世界にかかわる仕方をどう構造化していったのか」（二六六頁）が、『博覧会の政治学』では論じられた。それは、博覧会研究を通して、近代の大衆の感覚や欲望、およびその動員・再編のプロセスを批判的に問う営みであった。

メディア・イベントとしての博覧会

同書はさらに、博覧会とオリンピックの近接性についても論及している。吉見は同書終章のなかで、「万国博は産業のオリンピックであり、オリンピックはスポーツの万国博であった」「スポーツという観念がまとう祭儀性のヴェールを剝がして考えるなら、オリンピックとは、何よりもそうしたディスプレイの空間なのである」と述べている（二七三頁）。こうした問題意識は、古川隆久『皇紀・万博・オリンピック』（中公新書、一九九八年）にも通じるものである。同書は、皇紀二六〇〇年奉祝イベントとして、オリンピックや万博が企画・立案され、結果的に戦争遂行のなかで頓挫したプロセスを整理しながら、イベント構想と皇室ブランドの関わりや齟齬を描いている。

また、吉見俊哉『博覧会の政治学』では、オリンピックや万博におけるメディアのインパクトにもふれられている。情報メディアの発達によって、博覧会の技術情報伝達機能の優位性が低下したことは、吉田光邦『改訂版 万国博覧会』でもすでに指摘されていた。だが吉見は、ナチ政権下のベルリン五輪（一九三六年）とそのドキュメンタリー映画『民族の祭典』（レニ・リーフェンシュタール監督）にふれながら、映像・電子メディアの発達がオリンピックのスペクタクル化を加速させ、かつては万博の「添え物」にすぎなかったオリンピックが万国博を凌駕するに至ったことを指摘する。

こうした問題関心は、メディア・イベントとして博覧会を位置づける研究潮流につながった。津金澤聰廣・有山輝雄編『戦時期日本のメディア・イベント』（世界思想社、一九九八年）や津金澤聰廣編『戦後日本のメディア・イベント』（世界思想社、二〇〇二年）では、井川充雄が名古屋汎太平洋平和博覧会（一九三七年）や原子力平和利用博覧会（一九五六年）をメディア（新聞社）との関わりから論じている。福間良明・難波功士・谷本奈穂編『「博覧」の世紀』（梓出版社、二〇〇九年）も、明治期から戦後にかけて開かれた地方博や植民地博覧会をメディア・イベント研究の視点から考察している。

植民地主義批判と異文化表象の問題

吉見俊哉『博覧会の政治学』は、大衆の帝国主義的な視線にも関心が払われていたわけだが、その問題意識は、一九九〇年代以降のポスト・コロニアル研究の隆盛とも絡まりながら、異文化表象のポリティクスを問うことにもつながっていった。松田京子『帝国の視線』（吉川弘文館、二〇〇三年）は、この分野の代表的な業績である。松田は、一九〇三年に開催された第五回内国勧業博覧会に焦点をあてながら、そこでの「民族」展示におけるポリティクスを論じている。

第五回内国勧業博覧会では、正門前に「学術人類館」が設けられ、「アイヌ」「台湾人」「朝鮮人」「琉球人」の衣装や生活道具のみならず、「人」そのものが「展示」された。そこには、新たに日本の版図に編入された住民に対するオリエンタリズムやコロニアリズムが垣間見られたわけだが、そうした「他者」表象を支えたのは、植民地住民の調査という実践と、その体系的な記述をめざす人類学の知であった。そもそも、学術人類館を企画したのは、日本で最初に人類学会（東京人類学会）を立ち上げた東京帝大教授（および東京人類学会長）の坪井正五郎だった。

松田京子の同書では、調査と学知と展示の相互作用、およびそこにおけるナショナリティや植民地主義的な欲望について、詳述されている。

近代日本の植民地博覧会（植民地で開催された博覧会、および植民地そのものを主題にした博覧会）を広く見渡したものとしては、山路勝彦『近代日本の植民地博覧会』（風響社、二〇〇八年）がある。同書は、台湾・朝鮮・満州の博覧会や植民地を扱った日本本土での博覧会を比較対照しながら、博覧会というメディアの機能や効果のずれに言及している。

植民地で開かれた博覧会は、「日本国内の産業製品を陳列して、その発展ぶりを植民地住民に教えること、つまり現地住民をターゲットにした「教化」「宣撫」を主要な目的としていた。しかし、それは同時に、本土の日本人に向けられたものでもあった。つまり、植民地行政府による統治の「成果」を強調し、「博覧会を通して日本の植民地統治の成果を謳いあげる」ことも、つよく意図されていた（七頁）。植民地博覧会は、現地住民と本国人の双方をターゲットにするという二重性を帯びたものであったのである。

そこには、一種の綻びのようなものが見られた。たしかに、「植民地住民に対する優越感」「近代文明の担い手として、植民地開発を推進しようとする意志」の一方で、宗主国に対する対抗心やコンプレックスも見られた。山路によれば、「朝鮮の産業、教育、文化を内外に示さんとする此大博覧会［一九二九年の朝鮮博覧会］が内地の材料で内地の博覧会屋によって造営されることは大なる恥辱」とするむきさえ、あったという（一二六頁）。

また、植民地での博覧会が「宗主国の優越性」を打ち出すものであったとしても、ときに住民の熱烈な興奮を呼び起こすこともあった。台湾博覧会（一九三五年）の来観者は二七五万人に及ぶが、それは当時の台湾人口の半分にあたる。文明の新奇さへの驚嘆と憧れを抱く住民も決して少なくはなかった。これに関し、山路は「総督府の狙いに忠実であった展示もあれば、台湾の住民の願いが直截に表出された光景もあった」「植民地権力が随所に浸透していた事実は無視できない。〔中略〕しかしながら、そうした植民地支配の権力性を博覧会のなかに読み取るだけでは不充分である。総督府のあまねく植民地支配のもとで、台湾の多様な住民がどのように関わったのか、こうした視点を抜きにしては台湾博覧会を語ることはできない」（二七八頁）と述べている。重要な指摘であろう。ただし、残念ながら、「植民地権力」と住民の博覧会受容が絡み合うメカニズムについては、それ以上に掘り下げられてはいない。今後の博覧会研究の課題であろう。

博物館の政治学と展示をめぐる「儀礼」

一方、博物館研究においても、国民国家形成や植民地の問題と関連づけた議論が生み出されるようになった。金子淳『博物館の政治学』（青弓社、二〇〇一年）は、その代表的なものである。同書は、明治以降の博物館史と近代日本のナショナリズムとの接合を丁寧に解き明かしている。また、従来の博物館史研究では、総じて明治・大正期に重点が置かれがちであったなか、金子の研究は、昭和大典事業や紀元二千六百年記念イベントとしての博物館建設計画を論じている。ちなみに、紀元二千六百年記念事業として立案された（しかし、敗戦で頓挫した）国史館構想は、明治百年記念事業（一九六八年）の一環である「歴史博物館」設立案を経て、国立歴史民俗博物館（一九八三年開館）に接合する。さらに「科学の社会教育」に重きを置いた博物館の系譜もたどりつつ、そこに戦時期の植民地科学や「南方科学」のブームが結びつく形で、「大東亜博物館」が構想され、接収したラッフルス博物館（昭南博物館に改称）の「活用」が模索されてきたことが記されている。国立民族学博物館の起源は、一九四三年に設立された文部省民族研究所にさかのぼることができるが、そこでの資料収集・調査事業も、同様の系譜に位置づけることができよう。

欧米圏のミュージアム（美術館）を扱いながら、そこにおける「社会的、性的、政治的なアイデンティティに関する価値観や信念を提示する、その提示の仕方」を批判的に浮き彫りにしたものとしては、キャロル・ダンカン『美術館という幻想』（水声社、二〇一一年）があげられる。同書は、美術品をめぐって、来館者、寄贈者、キュレーターのあいだでいかなる「儀礼」が生み出されているかに着目し、そこから「権力の必然性と正統性を承認させたいという欲望」が絡み合う力学を析出している。権力や植民地主義、国民国家イデオロギーという点では、博物館（美術館）と博覧会とのあいだに近接性を見出すことができる。だが、「儀礼」を手がかりにして、博覧会と博物館の機能的な差異を考えることもできるかもしれない。展示物を眺める際に、いかなる「儀礼」を生み出すのか（生み出さないのか）。そのことが展示対象への視線や理解をどう左右するのか。博物館・博覧会という展示メディアの機能差を考えるうえで、掘り下げられるべき論点であろう。

植民地博覧会における「異種混交」

ポスト・コロニアル研究の視座からヨーロッパの博覧会を論じたものとしては、パトリシア・モルトン『パリ植民地博覧会』（ブリュッケ、二〇〇二年）があげられる。一九三一年に開かれたパリ万国植民地博覧会では、アンコール・ワットが再現され、現地住民が「展示」されるなど、アジア・アフリカ各地の植民地の習俗や人が陳列された。同書はこの博覧会をおもに建築史研究の観点から分析し、オリエンタリズムや「西洋の優位性」を物語ろうとする欲望を解き明かしている。

同書が興味深いのは、これらのポリティクスの指摘にとどまらず、この博覧会のなかに、「ハイブリディティ」を読み込んでいることである。モルトンは、「植民地博覧会のパヴィリオンは、野蛮と文明の両方の条件を満たしていたが、ヨーロッパ人と原住民を相互に分離することはできなかった。なぜならば空間やコードが混淆しており、それが博覧会のフランスゾーンと植民地ゾーンの相互分離を崩壊させたからである。こうした空間やコードの混淆は、植民地の伝統文化がフランスの大衆に迎合される形で長い年月をかけて無限に捏造された〈解釈〉によってもたらされた」（一九六頁）と述べ、そこから「フランスの国が自ら文化の異種交配を容認していた事実」を読み取っている。こうした状況について、モリソンはホミ・バーバの「中間的なもの」（in-between）やハイブリディティの概念を用いながら、こう論じている。

ハイブリッドとしての植民地パヴィリオンの建築は、母国と植民地が交錯する状態そのままを体現したものと言えよう。それはホミ・バーバがポスト・コロニアル的な空間として認識した「中間的なもの」と言える。そして植民地博覧会とは、まさにこの中間領域そのものなのではないか。そこではフランスのコロニアリズムの持つ規範や秩序やシステムが生成し、またそれ自体が内包する矛盾のために維持できずに崩壊していくような実践の場なのである。（二一一頁）

そこでは「文明」-「野蛮」の二項対立図式の強化だけではなく、その境界が掘り崩され、コロニアリズムが覆されていく契機が読み込まれている。

とはいえ、メディア研究の視点からすると、そうした議論には一定の留保が必要である。建築の解釈のうえではモリソンのような分析が可能だとしても、博覧会に集う人々がそのような読みをどの程度なしえたのかは判断が分かれるところだろう。植民地博覧会というメディアの機能や効果を考えれば、祝祭的なスペクタクルのなかで、「西洋文明の優位性」や社会進化論の価値観を押しだす側面がつよかったことも考えられる。

ただ、そうだとしても、博覧会のディスプレイや受容のなかで、コロニアリズムがいかに掘り崩されようとしていたのかという問いは、日本の植民地博覧会研究においても、さらに掘り下げられてもよいのではないだろうか。

四　戦後政治と開発イデオロギーへの問い

沖縄海洋博研究と「開発」批判

沖縄国際海洋博覧会（一九七五年）をポスト・コロニアル研究やカルチュラル・スタディーズを援用しながら分析したものとしては、多田治『沖縄イメージの誕生』（東洋経済新報社、二〇〇四年）があげられる。

同書は、沖縄海洋博の展示空間を分析しながら、華やかなスペクタクルのなかで、「本土からの視線」と「沖縄のセルフ・イメージ」がいかに絡まり、それぞれがどのように作られていったのか、逆に、両者にどのようなねじれが生起していたのかを解き明かしている。

とはいえ、同書が前記の松田、山路、モルトンらと方法論の点で異なっているのは、開発イデオロギーへの着目である。多田は、東京オリンピック（一九六四年）や大阪万博の延長上に沖縄海洋博を位置づけ、その流れに「イベントによる社会・文化の開発」への志向を読み取っている。

沖縄では、本土復帰（一九七二年）および海洋博開催にともない本土資本が流入し、幹線道路整備や観光施設建設が随所で進められた。しかし、そのことは、急激な地価高騰とインフレを招くこととなった。サトウキビ農家のなかには、土地を売り、収入のよい建設労働に転身する者が続出した。それは沖縄農業を著しく衰退させただけではなく、海洋博後の建設不況により、失業者の増大を引き起こした。

環境破壊も深刻だった。金武湾一帯は米軍統治期には海上公園に指定され、魚やモズクも豊富に採取できる漁場であった。しかし、日本政府の沖縄振興開発計画でこの一帯が臨海工業基地に指定され、公園指定が取り消されると、石油企業の巨大貯蔵所（ＣＴＳ）が建設された。必然的に漁場は破壊され、建設に伴う土砂流入や原油流出により海洋汚染が加速した。沖縄海洋博の統一テーマは、「海――その望ましい未来」であったが、むしろ当時の状況は、「その傷ましい未来」を示すものであった。

一九六〇年代高度経済成長を支えた「開発イデオロギー」は、沖縄にいかなる帰結をもたらしたのか。本土復帰と海洋博に沸き立つなかで、「開発対象としての沖縄」がいかに見出されていったのか。そうした戦後の価値観を問い直す作業が、多田治『沖縄イメージの誕生』のなかには散りばめられている。

高度経済成長期以降の博覧会と政治

むろん、このことは沖縄海洋博にかぎることではなく、大阪万博以降の戦後博覧会史にも広く見られる現象であった。吉見俊哉『万博と戦後日本』（講談社学術文庫、二〇一一年）は、開発をめぐる「戦後政治の呪縛とほころび」（三二八頁）を軸にしながら、大阪万博、沖縄海洋博からつくば科学技術博（一九八五年）・愛知万博（二〇〇五年）に至るプロセスを整理している（同書は、吉見俊哉『万博幻想』（ちくま新書、二〇〇五年）を改題し、「三・一一」の社会的インパクトをふまえて、新たな序文を付したものである）。吉見はこの書の終章において、高度経済成長期以降の万博史を、次のように総括している。

結局のところ、戦後日本における万博の歴史とは、第一に、知識人たちの理念がくり返し博覧会協会のちぐはぐな体制のなかで挫折してきた歴史であり、第二に、会場となった列島の丘陵部や沿岸部とその後背地が、他の国家的な公共事業と連動しながら開発され、その自然景観を変貌させられてきた歴史であり、第三に、そのようにして誕生した代わり映えしない未来都市に、膨大な大衆が自分たちの「豊かさ」を確認する舞台を見出していった歴史であった。（二〇一―二〇二頁）

そこには、博覧会というメディアがもたらした帰結を読み取ることができよう。博覧会は祝祭的な高揚感とともに、「輝かしい未来」への期待感を醸し出すものではある。しかし、博覧会は他のメディアとは異なり、開催のたびに大規模な公共事業を伴う。それはそれで、高度経済成長期の社会理念には親和的であったわけだが、他方で、その歪みも多く見られた。開発にともなう社会環境の破壊、集客重視にともなう「理念」の換骨奪胎や破綻はその好例であろう。

博覧会メディアの機能や効果を考えるうえでは、それが開かれている時空間に焦点を絞り込むのではなく、その背後にある社会状況や社会史的な推移に目配りすることの重要性を、吉見俊哉『万博と戦後日本』は改めて示唆するものであろう。

博覧会の「現在」と「未来」

二〇一〇年五月一日から半年間にわたり、上海万博が開催された。入場者数は七三〇〇万人に達し、大阪万博の六四〇〇万人という記録が、四〇年を経てようやく塗り替えられることとなった。上海万博に関する重要な研究としては、柴田哲雄・やまだあつし編『中国と博覧会――中国二〇一〇年上海万国博覧会に至る道』（成文堂、二〇一〇年）があげられる。そこでは、清朝末期から汪精衛南京政府期、社会主義体制下の展覧会・博覧会を史的に検証しつつ、上海万博などをめぐる一九九〇年代末以降の状況が考察されている。

「高度経済成長」を果たしつつある中国では、「華やかな夢」を提示する博覧会という祝祭メディアに、それなりに社会状況との親和性を読み取ることができよう。それはどことなく、高度経済成長の只中に開かれた大阪万博を思わせる。

むろん、中国の高度経済成長のかげには極端なまでの貧富の格差があることは多く指摘される。だが、それとて、かつての大阪万博にも重なるものである。山田洋次監督『家族』（松竹、一九七〇年）は、大阪万博に浮かれる世相の傍ら、「開発」の恩恵を受けられず、社会から切り捨てられ、その結果、家族の紐帯までもが裂かれそうになる人々の存在を描いている。しかしながら、こうした歪みを祝祭のかげにかすませながら、大阪万博は社会的な高揚感を生み出していった。

だが、昨今の日本において、博覧会がかつてのようなインパクトを持ち得る状況を想像できるだろうか。バブル経済崩壊後、日本は「失われた一〇年」を歩み、その後も、格差や貧困、若者・高齢者の深刻な就職難が続いている。そうしたなかで、「未来への夢」を宣伝するメディアが、従来と同じように機能し得るものであろうか。それとも、遠からず、博覧会自体が「博物館行き」と化すのだろうか。

博覧会というメディアが近く消滅することは、さすがに考えにくい。それは、テレビが普及しても映画が消えなかったのと同様である。ただし、その機能や受容に変化が生じることは想像に難くない。映画作品はテレビにない「迫力」なり「不健全性」なりに重きを置くようになり、映画館は「映像を見る場」というより「臨場感を楽しむ場」へと変化した。博覧会も同様に、そのメディアとしてのありようは変容を迫られよう。開催される場の社会状況や経済状況によっても、それは大きく異なるだろう。博覧会の「メディア政策」を考えるうえでも、その点がひとつの基軸になるだろう。

ちなみに、博物館に関していえば、ジェイムズ・クリフォードは『ルーツ――二〇世紀後期の旅と翻訳』(月曜社、二〇〇二年)のなかで、「接触領域としてのミュージアム」の動向を紹介している。一九八九年、オレゴン州ポートランド美術館では、トリンギット族の民族資料が展示されることになった。その協議の場で明らかになったのは、「収集されたモノ」は単なる「アート」ではなく、彼らにとって「記録」「歴史」「法」そのものであり、現在の政治的影響力と分かちがたく結びついているということであった。それだけに、モノが展示されるうえでは、そのモノを貸与する長老たちの意思が公に対して示されるべきであるという互酬性が、そこでは浮き彫りにされた。「展示(調査)する側」と「される側」にコロニアリズムが絡んだ非対称性があったことは、人類学でもしばしば指摘されてきたが、クリフォードは、そうした状況に異議を唱え、それを作り変えようとする新たな契機を、ミュージアムに読み込んでいる。そのことは、ともすれば「同一性」に重きを置きがちな博物館の「文化政策」的機能をどう改変していくのか、という問いにも接続するだろう。

ナショナリズムや「帝国」(植民地)の問題、産業化と開発の歪み――これらを視野に入れたうえで、いかなる「未来への夢」を語るのか。これからの「博覧会のメディア政策」を考える起点は、そこにあるのではないだろうか。

第9章　民族知の制度化
——日本民族学会の成立と変容

或る民族に或る文化が特有の如く見える——例へば日本民族の文化といふ如く——のも決して該文化が該民族に必然的内在的に固有だからではない。幾多の要素文化が、諸民族の上に於て合流複合し、こゝに成立した複合文化が自ら他に対して特異の複合相を有する為めに、該民族に生来的に固有の如く見ゆるにすぎない。合流した要素文化の質と量との組合わせが、特異の文化相を形成するのであって、恐らく、人種の心性などといふものから生れたものではないだらう[1]。

民族学者の岡正雄は一九二八年の文章でこう述べている。ここには民族文化やナショナリティを所与のものと捉える静態的な認識ではなく、逆につねに流動するものとして把握する動態的な視点を見ることができる。かつ、そこから人種学への違和感もうかがえる。

だが同時に、岡正雄は一九四三年の国立民族研究所の立ち上げにあたって、主導的な役割を果たした。近年の研究でしばしば批判的に指摘されるように、民族研究所は、民族学という学知を戦争協力に結びつける組織であった[2]。また、民族研究所は、一九二九年発刊の雑誌『民俗学』および一九三四年に発足した日本民族学会と組織的な連続性を有しているが、それらは岡および彼に近いグループが中核となっていた。

一見するとナショナルな本質主義とは対極的な民族認識は、いかにして戦時体制に接合したのか。そして、その過程において、民族学の知はいかに制度化されたのか。本章では、日本民族学会という社会集団の変容過程に着目しながら、それらの点について考察する。

日本民族学会や民族学の歴史については、日本民族学会編『日本民族学の回顧と展望』（一九六六年）のほか、坂野徹『帝国日本と人類学者』（二〇〇五年）で論じられている。とくに後者は明治期からGHQ占領期までの人類学者の議論を広く網羅し、人類学者と「帝国」の結びつきやその変容が緻密に検証されている。また、日本の植民地主義と人類学の関係性については、中生勝美編『植民地人類学の展望』（二〇〇〇年）でもまとめられている。ただ、従来の研究では、民族学や（自然）人類学を合わせた「人類学史」として議論されているため、民族学と民俗学の葛藤が論じられることはあっても、自然人類学・社会学などの周辺学問と民族学との差異については、十分な言及がなされていない[3]。後述するように、日本の民族学（文化人類学）は、（自然）人類学や社会学といった近接領域との差異化を意識して生み出された後発の学問であり、ともすれば人類学とは拮抗する関係にあった。当然、政治状況との関わりについても、民族学は人類学や社会学とは異なっていた。

また、岡正雄なり小山栄三なりの民族学者が議論されるうえでは、彼らの学問における植民地主義は少なからず指摘されてきたが、そもそも彼らの民族概念やナショナリティの認識がいかなるものであったのかは、意外に論及が少なかった。冒頭に引用した岡の議論にもあるように、彼らの認識は本質主義的な見方とは至ってかけ離れていた。

本章では、日本民族学会という研究者組織の変遷を追いながら、民族学が制度化されるプロセスとそこでの民族認識、および、戦間期から戦時期の時代状況との関わりを考察する。

一　民族学会前史

松村瞭博士論文事件

一九二四年四月、東京帝国大学理学部助教授・鳥居龍蔵は突如、辞表を提出した。鳥居は小学校卒業という最終学歴から東京帝大助教授にのぼりつめた人類学者であり、日本人類学の祖とされる坪井正五郎亡き後、東京帝国大学理科大学（一九一九年より理学部）人類学教室の実質的な主任教官を務めていた。なおかつ、一九二〇年にはフランス・パリ学士院よりパルム・アカデミー勲章が授与され、同年、パリに本拠があった万国連盟人類学院より日本代表委員として推薦されるなど、当時の日本では人類学の第一人者であった。それだけに、急な鳥居の辞職は東京帝大理学部のみならず、人類学界においても大きな事件だった。だが、これは同時に人類学の変化を象徴する出来事でもあった。

事の発端は、人類学教室副手・松村瞭が博士論文を提出したことに始まる。その論文は「各県居住の日本人頭形および身長の地理的分布」と題され、男性六〇〇〇名、女性二〇〇〇名の身体計測をもとに体型的な地域差を分析、それをアイヌや朝鮮人種と比較したものであった。これは人類学のなかでも体質人類学に特化した論文だったが、それは当時の人類学教室のなかでは、異質な部類に属した。従来の人類学では、先史学・考古学が主流であった。体質計測の手法も用いられてはいたが、それでも、多くは発掘された人骨・土器・石器に関する調査などが混然としており、その意味で人類学は固有の分析手法が確立されていない、やや曖昧な学問領域であった。

この点では、鳥居も例外ではなかった。鳥居は日本の版図の拡張に合わせるかのように、膨大なフィールドワークを行ったが、それも人骨計測と土器・石器の調査など先史学的手法、そして、植民地先住民の風習調査など今日で言う文化人類学（民族学）的手法が入り混じったものであった。それに比べると、身体計測に特化し、統計学的に整理していく松村の手法は、かなり目新しいものであった。

この松村の博士論文審査にあたり鳥居は副査を依頼されたが、鳥居は松村論文に違和感を抱いた。といっても、それは体質人類学に特化したアプローチであったがゆえにではなく、その資料が東京在学の地方学生を対象にしたものであるために真の地方性を代表し得ないという点にあった。鳥居は事前に松村の論文を見せられた際、「本来、父母から知れるだけさかのぼって調べなければならない」とし、松村に再考の必要性を指摘した。しかしながら、審査委員会はほぼ元の論文のままで鳥居に論文通過を迫った。しかも、主査は医学部教授の小金井良精で、ほかの副査も植物学の教官であった。鳥居は「ことやしくも人類学の問題にして私の主として取扱うべき問題を、他の学部の各位が一言の相談もなく、これを審査し、急に私に向って同意せよとは、あまりに越権の沙汰である」と激怒し、辞表を出した。これには、三年前にパリ学士院から送られた勲章と贈与証を理学部事務室が紛失したことも絡んでいたと言われるが、ともあれ、直接的には松村瞭の博士論文審査をきっかけとして、再三の慰留にもかかわらず、鳥居は東大を去った。他方、松村は同年十一月に博士号が授与され、翌年五月には助教授に昇進した。また、形式的には人類学教室の主任は学部長であったが、実質的には松村がそれを率いることになった。

人類学の自然科学化

これをきっかけに、人類学界では自然科学的な手法に基づく形質人類学が主流になっていった。一九一四年の『人類学雑誌』では、論文・記事一二二一件中（書評・学界彙報は除く）、「体質」を扱ったものはわずか七件にすぎず、「宗教」「口碑伝説」「風俗習慣」「遺跡遺物」を扱うものが大多数を占めていた。(4) それに対し、一九三五年になると、記事・論文四五件のうち六割に相当する二七件が形質人類学関係になっている。ちなみに同誌を発刊し、人類学の最も主要な学会であった東京人類学会は、一九三四年に「創立五十年記念大会」を開いたが、そこでも四五の記念講演のうち、二五件が人体・人骨計測を扱っていた[5]。

もっとも、大正末期以降、人類学の自然科学化が進んだ背景には、医学系大学の拡充があった。第一次大戦に伴う輸出増大・市場拡大により日本の産業力が進展すると、当然ながら専門家の育成が求められるようになり、大正末期には高等教育機関の拡充が図られた。その動きは医学部にも及んだ。全国の医学専門学校は医科大学に昇格し、拡充された解剖学教室や法医学教室では、人類学的な研究もさかんに行われるようになった。むろん、そこには日本が台湾・朝鮮の植民地に加えて、南洋諸島をも領有することになり、それら外地統治の必要上、「異人種・異民族」についての生物学的知が必要とされたこともあった。なおかつ、医学部では多くの卒業生が学位を欲し、研究生という形で指導教授のもとで研究を継続する傾向にあった。それだけに、解剖学教室は多くの研究者予備軍を抱えており、大規模な組織的な調査もしばしば実施された[6]。

松村瞭が一九三六年一一月に急死し、その後を長谷部言人が引き継ぐと、その傾向はさらに顕著になった。長谷部は東京帝国大学医科大学で小金井良精のもとで解剖学を専攻し、一九〇六年に卒業、松村の後任として東京帝大理学部に赴任する前は、東北帝大医学部解剖学教室の教授の職にあった。長谷部は、一九二七年に『自然人類学概論』を書いているが、これは自然人類学に関する日本で最初の概説書であった。同年には『先史学研究』も著し、そこでは「壮丁《ママ》の身長より見たる日本人の分布」（一九一七年）、「日本人頭蓋の地方的差異」（一九一七年）、「アイノと日本人との指紋の差異」（一九一七年）など、大正期に執筆した自然人類学の論文が多く収められていた。

東京帝国大学理学部人類学科のカリキュラム

必修科目	人類学総論　生体人類学　骨格人類学　人類誌　先史学　人類学検査法実習　人類学演習　人類学野外巡検　人類学研究論文　人体系統解剖学　生化学　生理学　病理総論　病理解剖学
選択科目 ※２科目以上	人類学史　古人類誌　民族誌　動物学総論　動物学　地誌総論　地誌各論　遺伝学　遺伝学実習　地史学及実験　古生物学及実験　解剖学実習　組織学　組織学実習　発生学　生化学実習　生理学実習　病理学実習　血清化学　血清化学実習　黴菌学　黴菌学実習　衛生学　比較解剖学　心理学概論　言語学概論　考古学　社会学概論　民族心理学　上代史
参考科目	岩石学及実験　植物分類学　東洋考古学概説　東洋史学　国史学　統計学

（長谷部言人「雑報――東京帝国大学理学部人類学科課程」『人類学雑誌』54-1、1939年、p. 35より）

長谷部は一九三八年に東京帝大理学部人類学教室の主任教授に着任すると、学科昇格をはかり、一九三九年に人類学科を立ち上げた。むろん、人類学といっても、そのカリキュラムを見ても明らかなように、自然人類学の色彩が濃いものであった。

長谷部はこのカリキュラムを作成するにあたり、「要は人類学科修了者をして、治療にこそ携はり得ないが、医学の基礎知識を医学科修了者と同程度に獲得せしむるにある」「人類学の主要講義は総論、生体及び骨格人類学及び人類学演習である。この演習は軟部人類学、人種生理学、人種病理学及び日本人類学等に関する知識を自修によつて獲得せしめんとするものである」[7]と述べており、そこでは明確に人体学や医学の近接領域としての人類学が構想されていた。

二　日本民族学会の成立

「民族」をめぐる知の分化と民族学の発見

とはいえ、民族学、すなわち文化人類学や社会人類学の知が生み出されなかったわけではない。だが、それは人類学の主流であった東京人類学会とは別ルートから紡がれた。

一九二五年に柳田國男と岡正雄を中心に雑誌『民族』が発刊された。この雑誌は折口信夫のほか金田一京助（アイヌ学）、伊波普猷（沖縄学）、有賀喜左衛門（農村社会学）の協力も得て、民族学と民俗学ばかりではなく、先史学・言語学・社会学までをも扱う柔軟な編集方針を打ち出していた。柳田は、民俗学と周辺領域の学問との交流を図ることを意図しており、発刊の辞のなかで、「民族に関する学問の範囲を限定せんとする野心は持たない」方針を明確にしていた。しかし、折口信夫の論文「常世及び「まれびと」」の掲載をめぐり、柳田と岡の関係が悪化し、また、柳田の「フォークロア＝民俗学」の志向と、岡をはじめとするメンバーの「エスノロジー＝民族学」の志向とがぶつかり合うようになった。柳田はかつては日本の先住民（＝「山人」）に関心を持っていたが、そのころには日本のマジョリティたる「常民」の研究を意識しており、ナショナルな一国民俗学に傾斜していた。それは他民族の研究をめざす民族学とは相容れなかった。『民族』に柳田が寄せた論文・報告は号を追うにつれて少なくなり、第四巻以降は一篇も見られなくなった。そして、一九二九年に雑誌『民族』は廃刊されることとなった。

その三ヵ月後、折口信夫を中心に雑誌『民俗学』が発刊された。これは誌名とは裏腹に民族学への関心が強い研究者が多く寄稿した。そのゆえに柳田はこれにはいっさい関わらなかった。そして、この雑誌の委員を中心に一九三四年に結成されたのが、日本民族学会であった。発足に当たっては、宇野圓空や石田幹之助のほか、岡に近かった小山栄三や古野清人が中心的な役割を担っていた。岡正雄はウィーンに留学中であったため発足当時の関与は小さいが、帰国後には評議員を務めた。また、当然ながら、そこでは民俗学との差異化が強く意識されていた。「日本民族学会設立趣意書」では、そのことが以下のように綴られていた。

我国の民族研究はこれまで多く民俗学の名に於て、主として郷土研究の方向に発展せしめられ、日本残存文化の採集と解説とに貢献するところ多大なるものがあった。しかし更にこれを綜合大成して、余他の民族文化との特徴を比較し、相互の系統関係を明かにして、文化の発生から接触伝播の理法を考究することは、海外に於ける民族学の進展からも当然に要求されてゐる〔中略〕かかる客観的状勢に直面して、旧民俗学会の委員会が自らの組織を発展的に解消することを決したので、ここに改めて発起人一同は上記の趣意に適合すべき日本民族学会を新に組織することを念願した。(8)

民族学と民俗学の軋轢はこれまでにもしばしば指摘されてきたことだが、それ以上に重要なのは、民族学会が明らかに自然人類学との差別化を強く意識していたことである。

民族学を文化人類学と見るにしても、原始文化学と解するにしても、これを体質人類学や人種学と区別して考へる時、それは人類文化の発生発展の綜合的研究である。政治・経済・法律・宗教・言語その他民族の生活文化の徹底的研究は民族学的比較にまたねばならず、それらの歴史と心理の究明こそ我々の民族学の重要な使命である。(9)

前述のように、大正末期以降、人類学界では体質人類学や形質人類学など、自然人類学が主流になっていた。それは、従来の好事家的な研究から統計処理や計測技術を駆使した「科学」的な方法論への特化を意味したわけだが、逆に、その枠に収まりきれない研究を志向する者も少なくなかった。むろん、民俗学という領域も成立しつつあったが、「郷土研究」や「日本残存文化の採集」に特化する方向性に違和感を抱くむきも多かった。そうした知の隘路を縫って生み出されたのが、民族学であり日本民族学会であった。

もっとも、学会設立に動いた小山栄三の場合、『人種学総論』（一九二九年）、『人種学各論前編』（一九三一年）といった著書を著すなど、自然人類学への関心も少なくなかった。しかし、その方面の研究に飽き足らなさを抱いていたことも、また否めない。大正末期、小山は岡や古野清人（宗教学）、八幡一郎（考古学）、江上波夫（東洋史）といった、東京帝大を卒業したばかりの同年代の研究者とともに、anthropology（人類学）、prehistory（先史学）、ethnology（民族学）の頭文字を取って名づけられたAPE会という私的な研究会を結成、さらに一九二八年には「従来の人類諸科学を新時代の学問意識を以て見直さう」という意図のもと、人文研究会を立ち上げていた。小山を含めてAPE会メンバーは、民俗学や自然人類学への物足りなさを感じており、それゆえに彼らの多くは雑誌『民族』や『民俗学』に関わり、そして日本民族学会設立を働きかけたのであった。

ただ、民族学が自然人類学との差異化をつよく意識していたとはいえ、学会設立当初は両者が共同歩調をとる場合も少なくなかった。実際、民族学会の発起人には、長谷部言人、清野謙次、松村瞭など、自然人類学の第一人者も名を連ねていた[10]。また、一九三六年以降、四度にわたり、東京人類学会と日本民族学会の連合大会も開催されていた。だが、この連合大会も一九三九年を最後に開かれなくなった。また、長谷部言人は門下の杉浦健一と中野朝明が日本民族学会付属民族研究所所員となったことを不快に感じ、一九四〇年には彼らに所員を辞めさせていた[11]。生物学的な形質に特化しようとする自然人類学と、民族の文化的・社会的な営みに関心を持つ民族学とは、こうして互いに専門分化していった。

境界領域の曖昧さと制度化の模索

しかし、民族学は当時、学問としては曖昧な境界領域の知であったし、それを大学で専門に学んだ者など皆無に近かった。岡正雄や小山栄三はもともと東京帝大文学部社会学教室の出身であった。しかし、彼らはコントの社会学と儒教的社会観を結びつける主任教官・建部遯吾の講義に失望し、当時理学部に在籍していた鳥居龍蔵の講義を聴きに行くほかは、人類学や民族学を外国書を通じて独習した。また、古野清人は東京帝大文学部宗教学科で姉崎正治に師事しており、元来の問題関心はデュルケームの宗教社会学であった。つまり、彼らは、以前より人類学者を輩出していた理学部人類学教室の出身でもなければ、大学で民族学を専門に教わっていたわけでもなかった。彼らは自然人類学でも民俗学でもない、いまだ制度化されていない学問を独修し、また、その学問の社会的認知や制度化をめざしていた。そうした意図のもと、日本民族学会は設立されたのであった。

そのことは、民族学でアカデミックな職を得ることの困難をも意味していた。たとえば、岡正雄は一九二四年に大学卒業後、東京女子歯科医学専門学校教授、昭和医学専門学校教授を務めたが、職務はあくまでドイツ語教師であった。京都帝大出身の民族学者・石田英一郎は、かつてマルキシズムに傾倒し思想犯として検挙された経歴にも原因があったが、初めて常勤の職を得たのは、大東亜省の管轄下、一九四四年に張家口に設立された西北研究所次長の職であり、石田はすでに四一歳に達していた。小山栄三も、一九二四年に文学部社会学科を、その後学士編入した法学部政治学科を一九二五年に卒業したのち、東京帝国大学嘱託、同大学司書、新聞研究室研究員の職を得るにとどまり、一九三七年になってようやく、立教大学に講師として採用された。

もっとも、エスノロジー関連の研究機関は、台北帝国大学、京城帝国大学などの植民地大学には置かれていた。[12] 一九二八年に創立された台北帝国大学では文政学部に土俗人種学講座が設けられ、教授の移川子之蔵と助手の宮本延人、および同大で学んだ馬淵東一は、「高砂族」の口碑伝承に基づいて彼らの系統所属を論じた『台湾高砂族系統所属の研究』を一九三五年に出版している。京城帝国大学の場合、一九二六年の設立とともに（大学予科は一九二四年に開設）、法文学部に宗教社会学教室（通称）が設けられた。そこに所属した宗教学者・赤松智城と社会学者・秋葉隆は共同で朝鮮半島のシャーマニズム研究を推し進めていった。だが、逆に言えば、民族学方面のポストは植民地大学など一部の機関に限られており、内地ではその分野の教育・研究の設備はまったくと言ってよいほど整備されていなかった。

そうした状況下にあって、日本民族学会が目指したものは、民族学という知の制度化であった。「日本民族学会設立趣意書」でも、機関誌『民族学研究』の刊行や「講義出版等の事業」に加えて、「権威ある研究所の設立」が謳われていた。そして学会設立から三年後の一九三七年に、日本民族学会附属研究所を創設、馬淵東一、古野清人、及川宏など、他に常勤ポストのない若手研究者を所員に迎え、研究の場を与えた。さらに、一九三六年より学会内では民族博物館建設の動きも加速され[13]、一九三八年に日本民族学会附属博物館が設立された。これは澁澤敬三主宰のアチック・ミューゼアム所蔵資料も多く受け入れたものだが、翌年より本館は毎日開館され、研究者はもとより社会一般における民族学の認知度を高めることが意図された[14]。民族学というディシプリンの認知が低い状況下、この学会組織は博物館と研究所を併設することで、自らのポジションを模索したのであった。

三　財団法人民族学協会と国立民族学研究所

日本民族学会から民族学協会へ

とはいえ、民族学という新興の学問が自らの場所を得られたのも、当時においてはそれが限界であった。自然人類学の場合、東京人類学会はすでに五〇年の歴史を持ち、また学問的にも解剖学の流れも汲んでいたため、その存在理由は主張しやすかったが、諸学問の境界領域であった後発の民族学は、自然人類学とも、また、ナショナルな常民文化の古層を探ろうとする民俗学とも異なる存在理由を探さなければならなかった。

だが、日中戦争が泥沼化し、さらには対米英戦の火蓋も切られ、大東亜共栄圏が国家政策として構想されるようになると、こうした民族学の状況は一変した。

岡正雄は一九四〇年末よりAPE会メンバーであった古野清人や小山栄三、江上波夫らとともに民族研究所設立運動を始めた。これは軍部の協力も得ながら進められた。岡はウィーン留学時代に知り合った日本人駐在武官を通じて陸軍関係者とも交流があり、陸軍少将で軍務局軍事課長も務めた岩畔豪雄、軍事国策会社・昭和通商の調査部長・佐島敬愛らと懇意であった[15]。岡らは、彼らの協力も得ながら文部省に働きかけ、一九四三年に民族研究所が設立された。これは「大東亜戦争を遂行し大東亜建設を完遂する国策遂行に関連ある諸民族に関する基本的総合的調査研究を掌る」ことを目的としていた。もっとも、設立の閣議決定自体は、一九四一年六月であったが、同年一〇月の近衛内閣総辞職に伴い、いったん延期となり、翌一九四二年七月に研究所開設が再決定された[16]。この研究所は、「総務部（企画・連絡）」「第一部（民族理論・民族政策・民族研究）」「第二部（シベリア・蒙古・スラブ圏北部及東部亜細亜）」「第三部（支那西北辺彊・中央亜細亜・近東等中部及南亜細亜）」「第四部（支那西南辺彊等支那西蔵）」「第五部（印度支那半島・ビルマ・アッサム・印度・南太平洋・東アフリカ等東南亜細亜及印度太平洋圏）」の六部門で構成された。所長には、当時の民族社会学の重鎮・高田保馬が就いたが、岡が総務部と第二部の部長を兼任したほか、小山栄三は第一部・第四部の部長を、古野清人は第三部と第五部の部長を務めた。先述のように、彼らは日本民族学会発足・運営の主要メンバーであった。そして、民族研究所設立に先立ち、一九四二年八月に同研究所の外郭団体として財団法人民族学協会が発足した。設立趣意書には、「整備されたる学術的組織の下に民族学的素養ある学徒と提携連絡して、主として大東亜共栄圏内の諸民族に関し実証的なる民族学的調査研究を行ひ、他面深く民族学的理論を探究して邦家の民族政策に寄与せんことを期」し、「之を要するに広く民族学の振興発達を図るを以て主要なる目的とす」ることが宣せられた[17]。

このような動きのなか、日本民族学会は解散し、民族学協会に合流することになった。学会は協会と「その目的とするところ」は同じであり、よって「此の際一応解散し、新国体の発展を期待すべきである」というのが、その理由であった[18]。日本民族学会の機関誌『民族学研究』の発刊も、財団法人民族学協会に引き継がれることになった。

民族学協会の事業計画書には、その活動目的として「民族学ニ関スル研究調査ノ実施」「有為ナル研究者ノ養成」「図書、機関誌ノ発行」とともに「民族学研究者若クハ団体ニ対シ其ノ研究調査費ノ交付」が挙げられていた。佐野眞一や中生勝美の研究によれば、昭和通商などの軍事国策会社を通じて民族学協会に資金が流れ、それが民族研究所の調査研究費として使われていたという[19]。

民族学研究の「活性化」

ちなみに、『財団法人民族学振興会五十年の歩み』によれば、日本民族学会が実施した調査で日本内地以外を対象にしたものは、一九三〇年代後半に北千島・樺太方面に三度行ったのみであり、しかも、最初の二度は三井高陽の寄付金によるものであった。むろん、当時も大学などの研究機関では民族学・人類学方面の調査は行われていたわけだが、日本民族学会として大規模な海外調査を幾度も実施することは容易ではなかった。

しかしながら、財団法人民族学協会および国立民族研究所が設立されると、そこでの海外調査は規模も頻度も飛躍的に大きくなっていった。一九四三年には四月から一二月の間に、「北支・蒙彊方面」「満

日本民族学会が実施した調査

1937年7月	北千島・樺太	岡正雄・馬場脩
1938年8月	樺太	古野清人・馬場脩・須田昭義・甲野勇・宮本馨太郎
1939年	樺太オロッコ族	石田英一郎ほか

(『財団法人民族学振興会五十年の歩み』11頁をもとに作成)

民族研究所の主要海外調査

1943年4月出発	北支・蒙疆方面	江上波夫、徳永康元
7月出発	満州・北中支方面	小山栄三、服部親行、佐口透
8月出発	海南島、南支方面	牧野巽、内藤莞爾
12月出発	馬来半島、スマトラ、ジャワ方面	古野清人、及川宏
1944年1月出発	満州、蒙古、北支方面	岡正雄、松浦素
3月出発	満州、蒙古、支那方面	小山栄三
1945年7月出発	満州、北支方面	八幡一郎、江上波夫、岩村忍、杉浦健一、渡邊照宏、小島公一郎、徳永康元、佐口透、河辺利夫、鈴木二郎、川久保梯郎、小野忍、薬師正男、本田弥太郎

(坂野徹『帝国日本の人類学者』勁草書房、2005年、413頁)

洲・北中支方面」「海南島・南支方面」「馬来半島・スマトラ・ジャワ方面」に立て続けに調査団を派遣し、戦局の悪化がいっそう進んだ一九四四年以降も「満洲・蒙古・支那方面」に三度の調査を行っている。

それに伴い、研究成果も多く公表されるようになった。従来は季刊であった『民族学研究』は、財団法人民族学協会に引き継がれると月刊となった。また、民族学協会は、一九四三年一一月から翌年四月にかけて六度にわたり、「民族研究講座」を開催した。これは民族学の知識の普及を目的とし、文部省、外務省、大東亜省、東京都の賛同を得て行われた。民族学協会発行の『民族研究彙報』によれば、「全期を通じて三分の二以上の出席率を有して終了証書を授与された者は数十名に上った」と

民族研究講座の開催時期とテーマ

第１回	1943/11/２-11/12	民族学概説
第２回	1943/12/８-12/18	民族問題及び民族政策
第３回	1944/１/19-１/26	支那及び印度民族学
第４回	1944/２/16-２/26	欧米民族学
第５回	1944/３/15-３/31	北亜、中亜、西亜民族学
第６回	1944/４/14-４/26	南方圏民族学

(『財団法人民族学振興会五十年の歩み』をもとに作成)

いう。同講座は大阪市で三度開講されたほか、札幌市でも開かれた[20]。また、民族学協会はタイ語、トルコ語、チベット語など「特殊語学研究」への助成も行い、一九四二年から一九四四年にかけて三〇名の研究者に研究費を提供していた[21]。

加えて、民族研究所本体の組織拡充も、たびたび図られた。設立当初は所員一一名、助手一一名であったが、一九四四年九月には所員・助手とも五名ずつ増員され（勅令五五九号）、一九四五年一月には所員・助手ともさらに七名ずつ増員された[22]。言うまでもなく、この時期はすでに戦局が悪化していたわけだが、にもかかわらず、民族研究所は度重なる人員拡充が認められた。こうした背景について、民族研究所は一九四四年に文部省に宛てた要望書のなかで、次のように説明していた。

民族統治ノ問題タルヤ大東亜共栄圏建設ニトリ最モ根本的ナル事項ノ一ニシテ民族統治方式ノ理論的具体的研究、各国民族統治或ハ殖民政策ノ比較研究、共栄圏内民族秩序ノ問題、圏内諸国家ノ政治体制ノ問題、圏内諸国家ノ国境及民族居住地域等ノ重大且ツ緊急ノ諸問題ヲ包括ス[23]

一九四二年六月のミッドウェー海戦以後、日本は敗北を重ね、一九四三年二月にはガダルカナル島撤退、同年五月にはアッツ島守備軍が玉砕していた。それに伴い、同年九月、絶対的国防圏は「千島、小笠原、内南洋及び西部ニューギニア、スンダ、ビルマを含む圏域」へと後退した。そのようななか、大東亜共栄圏内の諸民族・諸国家の懐柔は差し迫った問題となった。日本政府は、一九四三年八月にはビルマ独立を承認し、同年一〇月にはフィリピン独立を認め、チャンドラ・ボース首班の自由インド仮政府を承認した。そうした状況下において、「共栄圏内民族秩序ノ問題」や「圏内諸国家ノ政治体制ノ問題」は「重大且ツ緊急」の性格を帯びていた。民族学は大東亜共栄圏が構想された当初、つまり対米英戦開戦直前あるいは開戦しても戦局が順調であった時期以上に、戦局が悪化した時期において、いっそう必要とされたのであった。民族学という学知を拡充し制度化をはかろうとする民族学者の意図と「絶対的国防圏」の堅持をめざす政府・軍の意図は、ここにおいて完璧なまでに重なり合うことができた。

「現実」への関心と「日本の神格化」への拒否感

戦時期、とくに末期の政治状況と民族学の接合を可能にしたのは、民族学者たちの「現実の民族への関心」にあった。小山栄三は、一九四一年の『民族と人口の理論』のなかで、「特に現在要求されてゐる民族学の任務は異質民族に対し、我々が正当なる工作を実施するために必要なその地方の政治的情勢及び住民の利害に関係する諸般の問題と、その民族性、習慣、風俗、宗教、社会制度、経済生活及び第三国の該民族に加へつゝある勢力浸潤の情況等に関する確実な知識を提供することである」と述べていた[24]。また、岡正雄は一九四二年一〇月に民族学協会主宰の第一回民族学研究会で「現代民族学の諸問題」と題する講演を行っているが、そのなかで、「従来の民族学の或る傾向は余りにも民族の系統的或は歴史的研究に重点をおいてゐた」ことを批判的に取り上げ、「現実の民族の研究を特に強調する民族学、一つの現在学的民族学の成立の必要」を主張した[25]。ここで言う「従来の民族学」とは、進化主義派、文化史派、機能（主義）派といった欧米民族学を直接的には指していたが、それは日本の民俗学や従来の人類学にも言えることであった。

柳田國男に代表される民俗学は、「常民文化の古層」「日本文化の来歴」に関心を寄せる傾向が見られた。自然人類学も人骨や毛髪といった生物学的側面が主たる研究対象であった以上、「現実の民族の研究」とはかけ離れていた。たとえば、長谷部言人は、一九二七年の『先史学研究』のなかで、府県別平均身長の差異と貝塚・弥生土器の分布状況との対応関係より、日本人における地方差の存在は、貝塚を残した住民と弥生式土器を残した住民との混成の名残であること、ひいては縄文時代人も日本人の祖系の一つであったことを示唆した。これは、鳥居龍蔵らの「石器時代人＝アイヌ」説に疑義を呈したものであったが、そこから「日本人の成立を、理想的に解釈するならば、祖系の接触以来、今日に至る、間断なき融合現象を以て目すべきも、実際は甚だ古く略ぼ完了せし」ことが強調されていた[26]。また、自然人類学者の清野謙次は遺蹟出土人骨を膨大に蒐集し、その測定結果を統計的に処理したうえで、石器時代人はアイヌではなく現代日本人種の直接の祖先であること、その後の進化と南北の隣接人種との混血により、アイヌと現代日本人種とに分かれたと主張した。言うまでもなく、これらは、「現実の民族の研究」とは乖離していた。

かといって、自然人類学の研究は戦時下において下火になったわけではなく、むしろ、いっそう盛んではあった。一九四一年から四五年の間に、京城帝大、台北帝大、東京帝大の解剖学教室や海軍・マカッサル研究所等が、大東亜共栄圏各地に生態計測の調査団を頻繁に送り出していた[27]。だが、そこでの調査目的は、大東亜共栄圏に散らばる日本人と現地住民との混血の是非、日本民族の南方での適用性の検討にあった。それらもたしかに「大東亜共栄圏の確立」のうえでは有用であっただろうが、民族学のように他民族を「意識的意志的生活現実態として把握」し、「現実の政治と接触」するものとはなり得なかった[28]。

民族学のこうしたスタンスは、民族社会学とも相違していた。民族社会学は、一九三七年に始まる日中戦争が膠着状況に陥るなか、「日満支」の民族的結合を模索するなかで生み出され、高田保馬や小松堅太郎らの理論社会学者がこれを主導した。拙著『辺境に映る日本』で指摘したように、これらの議論は「東亜民族」を構想するなかで、「日本」すなわちナショナルな自己の同質性や定義を掘り崩す契機もあったが、他方で、彼らは「民族」の結合形式に重点を置き、それを抽象的な形式社会学理論として展開していった。それだけに、彼らには現実の民族文化や民族社会を捉えようとする意識は乏しかった。これに対し、もともとは高田の社会学に関心を抱いていた小山でさえ、このような形式社会学的アプローチでは「歴史的現実」を扱えないことに不満を抱いていた[29]。

つまり、民族学は「大東亜共栄圏の確立」「絶対的国防圏の堅持」が焦眉の政治的課題となったときに、初めて民俗学や人類学、社会学といった周辺領域の知との差別化を明確化し、それらに優る存在理由を提示し得るようになったのであった。

民族学のそうした志向は、「日本の神格化」への拒否感にもつながった。坂野徹の指摘にもあるように、古野清人は一九四三年の論文「南方宗教政策」のなかで、大東亜共栄圏における神道強制を批判、南方民族の諸宗教に一応の自由を認め、治安に害を及ぼさない限り弾圧すべきではないと主張していた[30]。また、一九四四年に民族研究所嘱託となり、同年蒙古善隣協会が設立した西北研究所に次長として赴任した石田英一郎も、「日本の軍当局が中国に日本の神社を建てて、異民族にまで礼拝を強要するような白痴ぶりにはたえず批判」をしていたという[31]。小山栄三も一九四一年の『民族と人口の理論』のなかで、従来の民族研究における「鎖国攘夷的な精神」を以下のように批判していた。

在来の本邦の民族学的研究態度は、内には現実に遊離して構成された所謂「日本精神」の神格化であり、外には単なる外国書の翻訳による諸民族の紹介に過ぎなかった。然し日本の国際間に示してゐる飛躍的国家発展の原理を、かゝる非現実的なものから演繹的に強制しようとする独善的な態度は、自ら諸民族を連繋せしめる紐帯の共通性を切断し、反つて諸民族を分離する危険を孕み、現実的問題解決の能力を持たないばかりではなく、逆にそれを阻害する要因をなしてゐる。(32)

ここでの「内には現実に遊離して構成された所謂「日本精神」の神格化」とは、直接的には柳田國男らの一国民俗学のことを指していたわけだが、民俗学批判を語りながらも、そこには国粋主義的な「日本精神の神格化」を「自ら諸民族を連繋せしめる紐帯の共通性を切断し、反つて諸民族を分離する危険を孕」むものとして拒否する姿勢がうかがえる。

民族認識の動態性

これらの認識の基底には、民族概念の動態性があった。たとえば、岡正雄は「民族＝種族（エトノス）」を何か本質的に所与のものと考えるのではなく、「生物学的、社会学的、文化的、心理学的な可変的＝過程的な生活体」と捉えていた。岡が言うには、「生物学的な変化（人口量の変化など）は社会構造や居住領域の変動をひきおこし、社会的変動は文化的変化をもたらし、これらの変化はまた心理学的変化を生む」。そして、「社会構造の変化、たとえば内婚規制の崩壊は文化の伝承を混乱」させ、「新しい文化様式の発生・導入」は、「社会構造の変動、生物学的な変化、人口量の変動など」を引き起こす。むろん、「他の種族単位体との接触・混合」はこうした動きを加速する。一見「統一的な種族単位体」に見えるものも、こうした変化を伴いながら形成されたものであり、また、絶え間ないこれらの変化により、「種族としての独立性を失い、あるいは解体し、あるいは変貌」していく[33]。

小山栄三も、『民族と人口の理論』（一九四一年）のなかで、民族を静的な「統計学的集団」「文化的共同態」として捉えるのではなく、むしろ「力学的構成としての歴史的＝社会的現実態」「自己発展を意欲し、歴史を作るところの「行動の総体」」として把握しようとしていた[34]。小山は一九四四年の『南方建設と民族の人口政策』においても、「一民族より小なるものも、一民族より大なるものもそれを越えて自然所与的な精神的な運命共同態として一つの新しい民族完成へと常に向ふところの強い衝動を持つてゐる」と述べていた[35]。岡や小山にしてみれば、「民族」とは何か本質的で固定的なものではなく、常に変容し続け、また、それ自身が常に組み換えられ続けるものであった。

このことは、ナショナリティを動態的なものとして捉え返すことにもつながっていた。岡正雄の議論では、それがとくに顕著であった。岡は、「日本文化の基礎構造」が「多元的累積的」であることを主張する[36]。岡によれば、「日本文化」は東南アジアや中国東北部等より五つの種族文化が異なる時代に流れ込み、それが混然と融合することで形成された。五つの種族文化とは、（1）「母系的・秘密結社的・芋栽培―狩猟民文化」、（2）「母系的・陸稲栽培―狩猟民文化」、（3）「父系的・「ハラ」氏族的・畑作―狩猟・飼畜民文化」、（4）「男性的・年齢階梯制的・水稲栽培―漁撈民文化」、（5）「父権的・「ウジ」氏族的・支配者文化」である。これらは古代に「国家広域社会」が成立するなかで、「相互の接触混交」が急速に進み、「生活文化の多様性はいっそうの複雑さを展開」した。さらに、その後に伝来した中国文化や仏教文化により、「複雑多彩な日本文化の多様性」が増した。なおかつ、文化伝播の仕方も一様ではなかった。「日本列島内部の山系、河川系、河岸線、島嶼などの複雑な地理景観」は、人々の生活圏の連続性を阻む。それゆえに文化の伝播は一様性を欠き、かつ日本列島内の東西南北で異なる気候条件が、衣食住の生活文化を多様化した[37]。岡にしてみれば、「日本民族の社会・文化の歴史的展開の道筋」は、このような「混合という外因による展開」と「分化・多様化という内因によるもの」との二つの契機の絡み合いによって把握されるべきものであった[38]。

興味深いのは、彼の元々の関心が「日本民族の源流とかその形成の問題」にあったことである[39]。むろん、その点は、国粋主義はもちろんのこと、民俗学や人類学にも通じていた。原理日本主義をはじめとする当時の国粋主義は、その「源流」に記紀神話を見ていたし[40]、民俗学は稲作文化や沖縄に「常民＝日本」の起源を見出した。自然人類学の長谷部言人や清野謙次が旧石器時代に「日本人」の原型を想定したことは、前述のとおりである。だが、岡は「日体文化の源流」の形成プロセスを掘り下げるなかで、民俗学や自然人類学のような落とし所に満足できず、それが動態的かつ継続的に形成され、そのことがまた文化変動や社会変動を引き起こしているとの結論に至った。ましてや、「起源」を声高に語りながらも記紀神話で思考を停止していた国粋主義の日本論など、岡にしてみれば論外だった。

もっとも、こうした民族文化理解には、岡が留学中に学んだウィーン学派の影響があった。岡はウィーン大学民族学研究所で、文化圏説で有名なウィルヘルム・シュミットに師事した。シュミットは、狩猟文化圏や牧畜文化圏、農耕文化圏などいくつかの文化圏が存在し、それら文化圏が接触し、混合しあって、新たな文化圏を繰り返し生成するという説をとっており、人類の文化史を、文化の重層構造として捉えようとしていた。ただ、岡はシュミットの理論をそのまま応用しようとしたわけではない。岡が言うには、シュミットの文化圏説は、世界規模の文化圏の設定に重点を置くため、個々の民族の形成史への関心が閑却される傾向にあった。それゆえに、岡はむしろ、同じ研究所のハイネ＝ゲルデルンに研究に興味を持った。ハイネ＝ゲルデルンは東南アジア大陸から南海にかけての石器時代文化の流れやそれを担って移動した諸民族を研究していた。文化接触に伴う重層的な文化変容への関心という点では、そこにはシュミットとの共通性も見られたが、ハイネ＝ゲルデルンのほうが、個々の民族文化形成への関心が強かった。岡は一九五八年のエッセイ「二十五年の後に」のなかで、このようなハイネ゠ゲルデルンの研究が、日本における文化の流れや接触、民族移動を考えるうえで、大きな示唆となったことを回想していた(41)。

戦時体制との近接性

だが、ウィーン学派の影響を受けた岡らの議論がいかに国粋主義とは対立的であったとはいえ、戦時体制にとっては、既成のナショナリティを掘り崩すほどに動態的な民族認識こそが、有用であった。むろん、他民族への神道強制や「日本の神格化」を批判した古野清人・石田英一郎・小山栄三を含むこの種の議論が、国粋主義が跋扈していた当時において少なからぬ勇気を要したことは想像に難くない。しかしながら、それも見方を変えれば、国粋主義は「現実的問題解決の能力を持たないばかりではなく、逆にそれを阻害する要因をなしてゐる」という、彼らの民族学に基づくものであった。現実に変容しつつある民族社会・民族文化を直視することが、「大東亜共栄圏の確立」には不可欠なのであり、ことに敗色が濃くなる一方の戦争末期においては、必要な対外政策を施し、異民族を懐柔するためにも、その重要性はいっそう高まった。そこにおいては、記紀神話を掲げ、日本の神格化を押しつける議論は、事実認識を阻み、また、異民族を離反させるものでしかなかった。

むろん、そうした民族把握が自らに向けられるならば、岡正雄の議論のように、「日本文化」「日本民族」の定義のし難さや曖昧さが浮かびあがってくる。しかし、ナショナル・アイデンティティを掘り崩しかねないその種の危うさを抱えつつも、悪化する戦局のなかで、彼らは動態的な民族把握にこだわらざるを得なかった。

加えて、彼らは自らの民族学の延長に、異民族の日本に対する敵対感も感じ取っていた。小山栄三は一九四二年の『民族と文化の諸問題』のなかで、「異質民族が接触すると、その接触面に於いて相互に圧力に対する抵抗と反応が起」こり、「その抵抗及び反応は拡大して意識される」ことを指摘していた[42]。そこには、予定調和的な「東亜民族」「大東亜共栄圏」のイメージはなかった。だが、そのことは「抵抗」や「敵対感」への対処の必要性を想起させる。小山が彼のもう一つの専門である新聞学に依拠しながら、そのような異民族を懐柔する宣伝学を構想したことは、拙著『辺境に映る日本』で論じたとおりである。また、岡正雄や民族研究所所員だった岩村忍は当時、戦時宣伝のグラフ誌『ＦＲＯＮＴ』の発行で知られる宣伝技術専門家集団・東方社にも身を寄せていた[43]。その意図の詳細は不明だが、それが小山の問題意識と遠かったとは考えにくい。いずれにせよ、彼らの動態的な民族認識は、その対極にある国粋主義などよりもはるかに、戦時下、ことに戦争末期の状況に適合的であった。

また、こうした民族学の動向は、自然人類学者の存在理由を揺さぶる一面もあった。自然人類学の大家として知られた清野謙次は、一九四三年五月に『太平洋民族学』という著書を公刊した。これはインドネシア、オセアニアなど太平洋圏の諸民族の風俗・習俗など文化的側面を重点的に紹介したものであり、書名のとおり自然人類学よりは明らかに民族学に属する著作であった。清野自身も、この書は「現地の民族に接触するに際しての概念を与へるのを主眼」とし、「その為めには民族学と主とし、各種族の現時に於ける風俗・習慣を記するに重点を置き、各種族の体質と考古とは従とする」ことを認めていた[44]。では、なぜ本来の専門とは異なる分野の著書をあらわそうと考えたのか。

私の従来の研究は余りに体質に偏し、考古に偏し過ぎて居た。時勢が今日の如くなると私は改めて全体的修養の不足を感ぜざるを得ない。得意とする専門部門の研究を行ふのもよいが、もつと全体的修養を行ふ必要ありと気付いて、私は更めて一生懸命に勉強を初めた。此書を書くのは実の所私自身

の修養に大ひに役立つた。(45)

つまり、戦線が拡大し太平洋圏の諸民族の現実の動向を把握しなければならない状況において、「体質に偏し、考古に偏し過ぎて」いた清野の人類学はさほど有用ではなく、むしろ、距離をとってきた民族学に時局との適合性があることを認めざるを得なかった。

もっとも、清野のこの仕事は付け焼刃的なものであり、実際にはほとんどがG・ブシャン『南太平洋の民族と文化』や、岡正雄がウィーン留学中に親交が深かったハイネ＝ゲルデルン『東南アジアの民族と文化』の抄訳であった。一九四三年一二月の『民族学研究』には清野『太平洋民族学』の書評が出ているが、評者は原著と対照しながら、清野の自筆になる部分が全四〇〇〇行中六八行しかないと酷評していた。(46)この著作の評価はさておき、清野がそこまでして民族学に歩み寄ろうとした、その切迫感には、当時の時局・戦局における民族学と自然人類学の位置づけが微妙に映し出されていたのではないだろうか。

「民族」の知の戦前と戦後

敗戦後、GHQの進駐とともにアメリカの文化人類学が流入した。GHQの民間情報教育局（CIE）には、ハーバート・パッシンやジョン・ベネットなどの文化人類学者が勤務し、クライド・クラックホーンといった研究者も米戦時情報局（OWI）のメンバーとして日本を訪れていた。そこで、文化人類学が占領統治の知であったことは、ルース・ベネディクト『菊と刀』がもともと戦後の日本占領を見越したOWIの委嘱研究であったことからもうかがえよう。また、パッシンはCIE世論社会調査部に着任し、占領下の世論政策に関わっていた。(47)そして、石田英一郎ら多くの日本人民族学者は、CIEに嘱託として勤務し、岡正雄もＣＩＥとの接触があった。「大東亜共栄圏」を支える知を生み出してきた彼らが、占領下でもその学問を続けることができたのは、一見奇異に見えるかもしれないが、じつはそうではない。

フランツ・ボアズを始祖とするアメリカの文化人類学は、長期間の住み込みによるフィールドワークを通して、北米先住民などの「未開社会」の民族誌的データを多く収集した。そうしたなかで、「価値ある文化は自文化に限らない」とする文化相対主義が導かれた。一方、彼らは人種学にも懐疑的であった。先住民たちと密度の濃い接触を経験した彼らは、人種や体質が一義的に文化や生活様式を規定するという議論を批判した。

このような発想は、じつは日本の民族学者たちとも、そう遠くはなかった。既述のように、彼らは戦時下においても「日本の神格化」とは距離をとり、異民族の「現在」の生態につよい関心を持った。それが人種学や形質人類学とは相反するものであったことも、先に見た通りである。もっとも、それゆえに民族学は、「大東亜共栄圏」確立の方途を探る学となり得たわけだが、同じ理由でもって、敗戦後の「民主主義」のなかで、存在し続けることができた。また、戦時期の国立民族研究所こそ敗戦とともに廃止されたものの、財団法人民族学協会はその後も学会組織としての機能を維持し、のちの日本民族学会（二〇〇四年より日本文化人類学会）に引き継がれている。

「文化人類学」を掲げた民族学の研究教育機関も戦後多く設立された。東京大学東洋文化研究所文化人類学部門（一九五一年設立）、東京都立大学社会人類学教室（一九五三年）、東京大学教養学部文化人類学専攻課程（一九五五年）などが代表的なものであろう。民族学者たちが大正期より模索していた「民族知の制度化」は戦時期にひとまず実現し、さらに戦後において、いっそう促進されたのである。

民族学は、民族概念ひいてはナショナリティをも「脱構築」するほどに、動態的で非本質主義的な視角を有していた。だが、それは何も戦争遂行を阻害するものではなく、むしろ積極的に下支えした。そして、その知は戦後の民主主義においても生きながらえることができた。戦間期に諸学知の隘路を縫って見出され、曖昧な学際領域の知にすぎなかった民族学は、戦時期、そして戦後になって、その存在理由が社会的に認知されるようになった。だが、それは何もその知の内在的な論理によってのみ可能になったわけではない。むしろ、日本民族学会や民族学協会といった社会集団が知の制度化をはかるなかで、水路づけられたのであった。

注

（1）岡正雄「『日本石器時代研究』を読みて」『民族』三巻五号、一九二八年、一二五 - 一二六頁。
（2）中生勝美「民族研究所の組織と活動――戦争中の日本民族学」（『民族学研究』第六二巻第一号、一九九七年）、坂野徹『帝国日本と人類学者 一八八四 - 一九五二』（勁草書房、二〇〇五年）など。
（3）坂野徹は『帝国日本と人類学者』のなかで、戦時期における民族学と人類学（自然人類学）の相違に言及しているが（同書第七章）、そこでは学問の制度化をめぐる民族学と人類学のへゲモニー闘争については、あまり扱われてはいない。その他、人類学史に関する研究として、寺田和夫『日本の人類学』（角川文庫、一九八一年）、工藤雅樹『日本人種論』（吉川弘文館、一九七九年）、綾部恒雄編『文化人類学群像3（日本編）』（アカデミア出版会、一九八八年）など。人類学の知とナショナリティを論じたものとしては、小熊英二『単一民族神話の起源――〈日本人〉の自画像の系譜』（新曜社、一九九五年）、冨山一郎「熱帯科学と植民地主義――「島民」をめぐる差異の分析学」酒井直樹他編『ナショナリティの脱構築』（柏書房、一九九六年）、拙著『辺境に映る日本――ナショナリティの融解と再構築』（柏書房、二〇〇三年）など。
（4）『人類学雑誌』第二九巻（三二一号―三三二号）の記事索引での分類による。

（5）東京人類学会創立五〇年記念大会の記念講演の概要については、『人類学雑誌』第四九巻第五号・六号（一九三四年）に掲載されている。
（6）詳細は、寺田和夫『日本の人類学』（前掲）、坂野徹『帝国日本と人類学者』（前掲）、廣重徹『科学の社会史（上）』岩波現代文庫、二〇〇二年（第三章）を参照。
（7）長谷部言人「雑報――東京帝国大学理学部人類学科課程」『人類学雑誌』第五四巻第一号、一九三九年、三五頁。
（8）「日本民族学会設立趣意書」『民族学研究』第一巻第一号、一九三五年、二一九―二二〇頁。
（9）同、二一九頁。
（10）「学会彙報――発起人名」『民族学研究』第一巻第一号、一九三五年、二二一頁。
（11）佐野眞一『旅する巨人――宮本常一と渋沢敬三』文藝春秋、一九九六年、一六四頁。
（12）植民地大学における民族研究については、全京秀「植民地の帝国大学における人類学的研究――京城帝国大学と台北帝国大学の比較」（岸本美穂編『岩波講座「帝国」日本の学知3　東洋学の磁場』岩波書店、二〇〇六年）、同「阿片と天皇の植民地／戦争人類学――学問の対民関係」（『先端社会研究』第二号、二〇〇五年）、および、坂野徹『帝国日本と人類学者』（前掲）に詳しい。
（13）「編輯後記」『民族学研究』第二巻第四号、一九三六年。
（14）「学界彙報――本学会附属博物館の開館」『民族学』第五巻第三号、三六八―三六九頁。
（15）民族研究所の設立経緯と岡の陸軍人脈については、佐野眞一『旅する巨人』（前掲）、中生勝美「民族研究所の組織と活動」（前掲）を参照。
（16）『財団法人民族学振興会五十年の歩み』財団法人民族学振興会、一九八四年、一七頁。
（17）「学界彙報――財団法人民族学協会設立趣意書」『民族学研究』第八巻第三号、一九四三年、一五五頁。
（18）「学界彙報――日本民族学会理事会及び評議員会」『民族学研究』第八巻第三号、一九四三年、一五七頁。
（19）佐野眞一『旅する巨人』（前掲）、一七二頁。中生勝美「民族研究所の組織と活動」（前掲）。
（20）『財団法人民族学振興会五十年の歩み――日本民族学集団略史』民族学振興会、一九八四年、二〇―二二頁参照。

(21)「学界彙報――特殊語学研究費助成」『民族学研究』新一巻第二号、一一九頁。『財団法人民族学振興会五十年の歩み』(前掲)、二〇-二一頁。

(22)「民族研究所官制改正説明資料」(国立公文書館蔵)一九四五年一月。なお、一九四四年六月二二日付で所長・高田保馬の名で文部省科学局長宛てに出された文書(国立公文書館蔵)では、所員・助手の増員とともに、専門委員として三〇名が要求されており、そのなかには、蠟山政道、末広厳太郎、新明正道、安岡正篤らが候補者とされていた。しかし、専門委員の要求は一九四四年九月の勅令五五九号では削除されており、所員・助手のみの増員が認められていた。「民族研究所官制改正説明資料」(国立公文書館蔵)一九四四年八月。

(23)高田保馬(文部省科学局長・清水虎雄宛)「民族研究所増員配置所属部、研究担当事項及ソノ理由」一九四四年六月二二日(国立公文書館蔵)。

(24)小山栄三『民族と人口の理論』羽田書店、一九四一年、序七頁。なお、小山には『人種学総論』(一九二九年)、『人種学各論前編』(一九三二年)、『人種学概論』(一九三九年)、『人種学各論後編』(一九四三年)といった自然人類学方面の著作も多いが、戦時下には『民族と人口の理論』(一九四一年)、『民族と文化の諸問題』(一九四二年)、『南方建設と民族人口政策』(一九四四年)といった民族学方面の著作も出していることからして、自然人類学では不足する部分を民族学で補おうと考えたと見ることができよう。

(25)岡正雄「現代民族学の諸問題」『民族学研究』新第一巻第一号、一二一頁。講演は、一九四二年十月八日、於学士会館。

(26)長谷部言人『先史学研究』大岡山書店、一九二七年。山口敏「解説」『日本の人類学文献選集第六巻 長谷部言人(1)』クレス出版、二〇〇五年。

(27)戦時期の自然人類学については、坂野徹『帝国日本と人類学者』(前掲)、第七章参照。

(28)岡正雄「現代民族学の諸問題」『民族学研究』新第一巻第一号、一二一頁。

(29)小山栄三『社会学概論』雄山閣、一九四八年、序一頁。

(30)坂野徹『帝国日本と人類学者』(前掲)、四一九頁。古野清人「南方宗教政策」東京帝国大学仏教青年会編『大東亜の民族と宗教』日本青年教育会出版部、一九四三年。古野は『大東亜の宗教文化』(文部省印刷局、一九四三年）でも同様の主張をしている。
（31）石田英一郎「学生運動の回顧」『石田英一郎全集』第四巻、筑摩書房、一九七〇年、五〇八頁。
（32）小山栄三『民族と人口の理論』羽田書店、一九四一年、序七頁。
（33）岡正雄『岡正雄論文集　異人その他――他十二篇』岩波文庫、一九九四年、一五六－一五八頁。初出は「日本民俗学への二、三の提案」『日本民俗体系』第二巻、一九五八年。これは「日本文化成立の諸条件」（『日本民俗体系』第二巻、一九五八年）や「日本文化の基礎構造」（『日本民俗体系』第二巻、一九五八年）もふまえて書かれたものだが、これらの論考は、岡が一九三三年にウィーン大学に提出した学位論文「古日本の文化層」をもとにしたものである。
（34）小山栄三『民族と人口の理論』（前掲）、序四－五頁。
（35）小山栄三『南方建設と民族人口政策』大日本出版、一九四四年、一三頁。
（36）岡正雄『異人その他』（前掲）、六九頁。
（37）同、七四頁。
（38）同、一六二頁。
（39）同、二二九頁。
（40）蓑田胸喜をはじめとする原理日本社の思想・言論については、竹内洋・佐藤卓己編『日本主義的教養の時代――大学批判の古層』（柏書房、二〇〇六年）参照。
（41）岡正雄「二十五年の後に」『日本民族の起源――対談と討論』平凡社、一九五八年。岡正雄『異人その他』（言叢社、一九七九年）に再録。
（42）小山栄三『民族と文化の諸問題』羽田書店、一九四二年、三一九頁。
（43）難波功士『「撃ちてし止まむ」――太平洋戦争と広告の技術者たち』講談社選書メチエ、一九九八年。
（44）清野謙次『太平洋民族学』岩波書店、一九四三年、序一－三頁。
（45）同、序三頁。
（46）小島公一郎「新刊紹介――清野謙次著・太平洋民族学」『民族学研究』新第一巻第一号。

（47）戦後民族学とGHQの関わりについては、村井紀「コンキスタドールの「征服国家」」（『現代思想』第二一巻第七号、一九九三年）、清水昭俊「日本における近代人類学の形成と発展」篠原徹編『近代日本の他者像と自画像』（柏書房、二〇〇一年）のほか、坂野徹『帝国日本と人類学者』（前略）で論じられている。パッシンとCIEによる世論調査および小山栄三らの関わりについては、佐藤卓己「戦後世論の成立」（『思想』第九八〇号、二〇〇五年）を参照。

第10章　英語学の日本主義

——松田福松の戦前と戦後

　戦前期に国粋主義の立場から激しく学術批判・大学批判を展開した主要な原理日本社同人としては、三井甲之、蓑田胸喜とともに、松田福松がいる。松田福松は、蓑田と共著で『国家と大学』（一九三八年）を執筆しているほか、『大学より発源する日本赤化思想運動の現状と其学術的折伏』（一九二八年）、『国運の危機』（一九三三年）をはじめとする大学批判の著作を著している。また、帝大粛正期正同盟のメンバーとして、蓑田らとともに大学批判の先鋒に立っていた。

　しかしながら、戦後、ファシズム批判や歌学研究のなかで言及されることが多かった蓑田や三井に比べると、松田福松が取りあげられることは皆無に等しく、その思想は評価されることもなければ、批判されることすらなかった。一九八三年に小田村寅二郎・夜久正雄が松田福松の著作の一部を集めて『米英思想研究抄』（国文研叢書）を編んだが、それは戦後に松田福松を扱った数少ないテクストであった。だが、それを機に松田に関する議論が展開されたわけでもなかった。本章では、そのような「埋もれた原理日本主義者」である松田福松の思想に焦点を当てる。

　三井や蓑田に比べて、松田に特徴的なのは、彼が英語学の知識人であったことである。『米英研究』（一九四二年）や『英文法研究文章法詳解』（一九六四年）など、英語圏の思想や英語学の著書・訳書は約二〇冊にのぼる。つまり、松田福松は、原理日本社が批判してやまなかった「デモクラシー」を唱導する国家の思想や言語に関心を有していた。にもかかわらず、なぜ松田は三井や蓑田の国粋主義・大学批判に共鳴したのか。松田の英語学と原理日本主義はいかに接合したのか。
そうした点に着目しながら、松田福松の思考の一端を浮き彫りにしたい。

一　松田福松と英語学

正則英語学校でのキャリア

松田福松は、一八九六年、佐渡・相川に生まれ、私立開成中学を経て、早稲田大学文学科に進学した。しかし、本科二年であった一九一七年九月、学園騒動を機に中途退学している[1]。当時の早稲田大学における事件としては、いわゆる「早稲田騒動」がある。これは、学長選考をめぐる上層部の党派対立が学生を巻き込んだ派閥闘争に発展したもので、『早稲田大学百年史』には「早稲田大学百年における最大の危機」であったことが記されている。松田福松が、この事件にどのように関与したのか、あるいはこれに嫌気がさして大学を去る決意をしたのかは不明だが、『米英思想研究抄』によれば、中途退学はこの事件がきっかけであったらしい。

早稲田中退後、松田福松は、正則英語学校で英語学者・斎藤秀三郎に師事し、在学中に文部省教員検定試験（英語科）に合格、その後、正則英語学校の教務兼講師を務めている。松田は、「土井晩翠が斎藤先生の最初の生徒なら、私は最後の生徒」（『正則学園史』）と述べているが、彼にとって正則英語学校の創設者である斎藤秀三郎の影響は大きかった。松田福松は、戦後ではあるが、斎藤が英文で執筆した英文法のテキスト『準動詞用法詳解』『叙法・時制詳解』などの翻訳・編集を多く手がけている。また、雑誌『英語青年』の斎藤記念特集号（第六二巻九号・SAITO NUMBER・一九三〇年）に松田は「斎藤秀三郎先生略伝」を寄稿しているが、それだけ斎藤との関係が深かったことがうかがえる。さらに、正則英語学校のなかでも、松田は比較的高い位置にあった。たとえば、一九三三年に正則学園が商業学校を設立した際、松田が教員代表として挨拶したことが、『正則学園史』に記されている。その後、一九三四年に正則を離れ、東京電機高等工業学校や明新中学校（朝鮮・黄海道）に転じているが、戦後、正則学園出身者および教職員OBの会としてS・E・Gクラブが設立された際には、松田はその発起・運営の中心を務めた(2)。

では、そのような松田の経歴が、彼の英語学や日本主義にどのような影響を与えたのか。そのことを考えるうえでは、英語学界における斎藤秀三郎および正則英語学校の位置を見ておかなければならない。

正則英語学校の隆盛

斎藤秀三郎は、一八六六年に仙台に生まれ、宮城英語学校を経て、一八八〇年工部大学校（のちに東京帝国大学に吸収され、工科大学となる）に入学している。もともとは、造船と化学を専攻していたが、在学中に英語教師J・M・ディクソンの影響を受け、卒業間際に工部大学校を中退、英語教育を志した。もっとも、中退とはいえ、斎藤の進路選択は、当時の工部大学校の社会的な位置に重なるものでもあった。もともと工部省によって設立された工部大学校は、鉱工業近代化のための民間技術者養成を目的としていた。その点、官僚・教官を多く輩出した文部省管轄の帝国大学（のちの東京帝国大学）とは異なっていた。斎藤は英語学を生業に選んだとはいえ、国家的な行政・教育システムの外部に主な活動の基盤を求めた点では、当時の工部大学校卒業生と共通していた。

のみならず、当時の英語教育界には、多くの工部大学校出身者が存在した。そもそも、工部省管轄の各種教育機関は、文部省管轄のそれ以上に多くの「御雇外国人」を雇用していた。それは西欧の先進技術を早急に吸収・教育するためであり、教育もすべて英語で行われた。そうしたなかで、工部大学校は、技術者を輩出するとともに、英語に堪能な者を生み出す教育機関でもあった。東京帝国大学文科大学英文学科が最初の卒業生を出したのが一八九一年、高等師範学校英語専修科で一八九八年だが、工部大学校の場合、一八七九年までですでに二二名の工学士を送り出している。しかも、東京帝大英文学科卒業の文学士は、一八九八年までにわずか一四名にすぎない[3]。必然的に工部大学校出身者は、明治期における英語教師の不足を相当程度に補う存在となった。東京外国語学校（のちの東京外国語大学）が一八九九年に創設された当初、英文学科の主任教授であった浅田栄次も、工部大学校（予科）の出身者であった[4]。その意味で、中退とはいえ、工部大学校出身の斎藤の職業選択は、当時としては奇異なものではなかった。

斎藤は、郷里・仙台での私塾開設を皮切りに、第二高等学校、岐阜・長崎・名古屋の中等学校、第一高等学校での英語教師を経て、一八九六年、東京神田に正則英語学校を設立した。これは、制度上は各種学校に相当し、その組織は、予科、普通科、普通受験科、高等受験科、補修科と、その上に高等科、文学科が設けられた。入学は随時可能で、卒業証書も発行したが、その卒業資格は正式な学歴として認められるものではなかった。正則英語学校は、開講当初こそ生徒は二〇名程度であったものの、三年後には三〇〇〇名を超え、最盛期には五〇〇〇名に達したという。講義は生徒で溢れ、教室に入りきれずに窓の外から聴講する者も多かった。授業料納付も長蛇の列で、警察から交通妨害であるとして注意されたこともあったという。そうしたなか、正則英語学校は多くの著名人を輩出した。婦人運動家・平塚らいてう、法学者・高柳賢三、小説家・坪田譲治、歌人・石川啄木、詩人・西条八十のほか、政治家では石橋湛山、田中角栄などが、正則の門をくぐっている。

正則英語学校の講師陣には、英文法研究者としてすでに知られていた斎藤をはじめ、第一高等学校教授・村田祐治、英文学者の戸川秋骨、上田敏、哲学者・朝永三十郎など、当時の英語・英文学界のそうそうたる人物が集められていた。そうした講師陣を魅力に感じて学生も多く集まった。学生のなかには、仕事のかたわら将来の立身出世をめざして英語を学ぼうとする者も多く、日本経済新聞社社長になった小汀利得はその好例であった。また、高等学校や大学の学生で英語の能力を高めようとする者も混じっており、のちに日本英文学会会長になる英語学者・市河三喜も第一高等学校の学生時代に正則で斎藤の講義を聴いている。

ことに、一八九〇年代後半は英学隆盛の時代であった。明治政府発足後、日本は富国強兵・殖産興業に力を入れており、外国の技術・制度をいち早く導入する必要があった。当然、それを教える日本人教師はむろんのこと、日本語のタームすらない状況にあり、工学、法学、経済学、軍事学など、あらゆる学問が外国人教師により、多くは英語によって教授されていた。したがって、立身出世を志す者にとって、英語は必須の技能であった。英文学者の福原麟太郎は「私はこの［明治］二十年代から、次の三十年代、更に細かくいへば日清戦争から日露戦争までが日本の英学の黄金時代ではなかつたかと思ふ。人々は喜んで英語を学び、英語に《ママ》信頼してゐた(5)」と述べているが、正則英語学校もそうした時流に乗って学生数を伸ばしていった。そして、多くの卒業生は、旧制中学の英語教師として迎えられていった。

とはいえ、これほどまでに隆盛したのは、正則英語学校が単なる英語教育機関ではなく、上級学校進学のための受験予備校でもあったことによる。たとえば、法学者・高柳賢三、歌人の斎藤茂吉や中村憲吉、作家の山本有三は、正則英語学校やのちに付設された正則予備学校での受験勉強を経て、旧制高等学校や東京帝大に入学している。むろん、国民英学会など類する受験英語学校は存在していたわけだが、講師陣の質、そして上級学校への合格実績により、正則英語学校は活況を呈していた。

斎藤文法の位相

ただ、正則英語学校の隆盛のうえで大きく影響したのは、やはり英語学者としての斎藤の知名度であった。当時、斎藤は英文法研究の第一人者であり、*English conversation-grammar*（1893）、*English composition for beginners*（1896）、『熟語本位英和中辞典』（一九一五年）等、英文法研究書・学習書・辞典類を多く著しており、彼の英文法理論は「斎藤文法」と称された。

では、斎藤英語学にはどのような特質があったのか。ひとつには、「正則英語」が志向されていたことが挙げられる。明治中期まで、日本の英語教育では「変則英語」がかなり優位を占めていた。変則英語とは、発音や文法の詳細にとらわれず、ひたすら英文の概要を把握することをめざした英語教育を指す。むろん、御雇外国人を多く雇用できた官立大学や官立外国語学校では、文法や発音にかなり厳密な正則英語が採用されていたが、福沢諭吉の慶應義塾や中村敬宇の同人社のような私学などでは、もっぱら変則英語の教授法がなされた。そもそも、前述のように当時は英学隆盛の時代であり、経済学から法学、工学に至るまで、あらゆる知識は主に英書を通じて吸収された。つまり、英語は語学として完璧に習得すべき対象であったというよりは、むしろ、何かを学ぶための手段にすぎなかった。必然的に、英語文献の大要がわかればいいわけであって、細かな文法や発音に固執する必要性は低かった。たとえば、明治初期に松山中学で英語を学んだ村井知至は、英語教師が "Come here, my child." を「コム、ヒル、ミ、チルド」、unique を「アニキ」、but「ブット」などと発音していたことを回想している。[6] そのような英語教育界の状況に対し、斎藤秀三郎は発音のみならず文法にも厳密な英文解釈、すなわち正則英語を教授しようとした。雑誌『英語の日本』（一九一六年九月一五日号）に掲載された「斎藤先生談片集」には、「英語の研究を学問にしたいのか、したくないのか。学問にしたいと言ふのなら今少し研究の必要がある筈だ」「昔の漢学には素読といふものがあつた。つまり、一種の暗記である。今日の英語には暗記が無い（全然無いとは言はぬが盛でない）さうかと言つて組織的、系統的に着々歩を進めるといふのでもない。組織なく又暗記がない。それで実績が挙がつたら寧ろ奇跡である。要するに英語界の空気が斯う軽薄ぢやいかん。学者的態度が欲しい」という斎藤の発言が挙げられている[7]。また、正則英語学校設立に関わった伝法久太郎は、学校設立にあたって斎藤が「今の英語は慶應や同人社流の一種の変則的であるから、其教授法も随つて変則流だ、おれは本当の英語、即ち Reading で直ぐ意味が判るやうに教へて見たい」と述べていたことを記しているが[8]、それも斎藤が英文法研究者である以上、当然であっただろう。

もうひとつの斎藤英語学の特徴は、イディオムに重点を置いた文法研究であったことである。斎藤は自らの英語学を idiomology と称していたが、これはイディオム研究というよりは、イディオムを文法研究の枠内で把握しようとするスタンスを意味していた。その意図は、飯塚陽平の表現を借りれば、「言葉や語法の蔭にある心理、考へ方、或は其言葉を話す人の心持を研究解剖して其甘味を生徒に伝へ」るところにあった[9]。つまり、斎藤英語学がめざしたものは、文法体系を精緻化するというよりはむしろ、「実用文法」を紹介・解説するところにあった。岩崎民平が言うように、それは「言語活動の実際にぶつかつて、必要とされる知識をまとめる」ものであり、「実践的に英語の文法的事実や慣習に習熟すること」であった[10]。

市河文法の台頭と受験英語批判

しかし、大正期に入ると、斎藤文法は批判にさらされるようになってきた。そして、それに代わる英文法理論を提起したのが、市河三喜であった。

市河が英語学に導入したのは、言語学であった。市河は一九〇九年に東京帝国大学文科大学英文学科を卒業し、そのまま大学院に進学したが、彼はそこでジョン・ローレンスのもと、イェスペルセンの言語学理論や、英語史、意味論、音韻論、歴史文法を学んだ。市河は一九一二年にそれまでの研究をまとめ、『英文法研究』を著したが、その序文のなかで「英語に於ける種々の現象を総べてその儘言語上の事実として受け容れ、之を公平に観察し、如何にして斯ういふ言ひ方が生じたかを、或は歴史的に上代に遡つて、或は他の国語との比較研究により、或は心理学的の立場から」英文法を考察したことを述べている。これは、文法・語法の現象面の記述に重きを置き、史的変化や他言語との比較などに関心を示さなかった斎藤とは、対照的であった。これにより、英語学は英文を正しく解釈すること、すなわち正則英語から、言語学としての一領域へと転化した。さらに言えば、正則英語であれ変則英語であれ、英文解釈を目的とした「英学」から、英語を言語として研究する「英語学」へと変容したと見ることもできよう。

この背景には、高等教育における英語の位置づけの変化も関係していた。前述のように、従来は多くの学問が英語を通して学ばれていたわけだが、西欧に留学した日本人研究者が帰朝し、日本語による学問の教授が可能になってくると、御雇外国人の雇用も打ち切られ、したがって、学生にとって英語の比重は低下していった。そこから、英語を正しく読むことばかりではなく、言語としての英語を研究するゆとりも生まれた。言語学としての英語学の誕生は、そうした背景にも起因する。そして、市河は、日本の英語学において、こうしたパラダイム・シフトをなしたがゆえに、「英語学の祖」と呼ばれるようになった。

だが、このことは単なる文法理解の変化というだけではなく、「官学」と「私学」の差異でもあった。東京帝国大学のような「官学」では、最先端の学問知識を吸収し続けることは至上命題であり、そこでは「英学」から先端的な西欧言語学を応用した「英語学」へ転じていくことは必然であった。それに対し、「私学」、なかでも正則英語学校のような各種学校で求められたのは、「実用」であって、先端的な学知ではなかった。そこで生徒たちが欲したのは、上級学校に合格するに足る受験テクニックか、さもなくば、知識の吸収や実務遂行に困らないだけの英語運用能力であった。なおかつ、後者は「英学」の衰退とともに需要が大きく低下していった。以後、必然的に、斎藤文法と正則英語学校は、「受験」という実用に活路を見出さざるを得なかった。

しかし、正則への逆風はそれに留まらなかった。正則が力を入れていた受験英語自体が、社会的な批判にさらされるようになってきた。明治後期から大正期にかけて、上級学校の英語入試問題は、慣用句を含んだ教訓的内容の二、三行の短文を中心としたものが多かった。それもあって、受験生たちは南日恒太郎『難問分類英文詳解』（一九〇三年）のような「難句集」で勉強した。旧制高校への合格者数を誇った正則英語学校も、当然こうした傾向は無視できなかった。しかしながら、容易に想像できるように、このような学習では小難しいイディオムや成句の知識は増えても、複数パラグラフの平易な英文を読みこなす力は養われなかった。この傾向は、高等学校入学者の英語力の低下をもたらし、「英学」の時代に英語を学んだ高等学校・大学の教師たちを、大きく憂慮させた。

英語教育廃止論の台頭

そうしたなか、英語教育廃止論が唱えられるようになった。一九一六年、衆議院議長や文部大臣も務めたことのある大岡育造は、当時有力な教育評論誌であった『教育時論』において、「中学校より必修外国語科を除去すべし」と論じた(11)。「厳然として独立せる国が、其普通教育に於て或る特殊の外国語を必修科とするの理由は断じて無い」というのが、その主張の根拠であった。当然、そこでは、外国語教育を除去することによって、一般国民の知識低下も憂慮されたわけだが、それに対して大岡は国家が「翻訳局」を設け、そこで著名な洋書の翻訳を一手に引き受け、国民に廉価な訳書を提供すればよいと考えた。

さらに、日系移民を締め出すべく、一九二〇年にカリフォルニア州で排日土地法案が成立、それがアメリカ国内に広がり一九二四年に排日移民法が成立すると、日本国民の対米感情は急速に悪化した。そこから英語教育廃止論も再燃し、海軍少佐・福永恭助「米国語を追払へ」（『東京朝日新聞』一九二四年六月一八日）、杉村楚人冠「英語追放論」（『東京朝日新聞』一九二四年六月二二日）などが論壇を賑わせた。一九二七年には、東京帝国大学教授で国文学者の藤村作が『現代』五月号の「英語科廃止の急務」で英語教育廃止論を説き、話題を呼んだ[12]。こうした動きに対し、英語教師からの反論も少なくなかった。市河三喜は、東京帝大文学部の同僚たる藤村に対し、「吾々英語教師は英語を通して我が国の文化を進め、同胞に世界の市民として恥かしからぬ資格を与へんが為に、あらゆる不利な状況と戦ひつゝ努力してゐるのである。然るに何事ぞ、外国語廃止といふが如き暴論を責任ある識者の口から聞かんとは。誠に心外の至りである。斯くの如き論は、多く偏狭なる国粋主義より出発し、同じく偏狭なる思想を伝播することに於て却つて国家の為に憂ふべきである[13]」と、真正面から批判している。

しかし、一方で、こうした動きは、英語教師たちの同調や職業的な不安をも生み出した。英文学者の戸川秋骨は、一九二四年七月六日の『東京朝日新聞』に寄稿した文章のなかで、「杉村先生の中学からの英語放逐論を拝見しまして、大いに感心いたした次第です」「一体英語を今日のやうにノサバラして置くのは、明治以来の伝統的幻想の然らしむる処だといふのが、私の平素の考です」と述べている[14]。当時、戸川は慶應義塾大学教授であったが、前述のように以前は設立当初の正則英語学校で教師を務めていた。戸川は、その二ヵ月後の『文藝春秋』に寄せて、「私はイギリス文学を勉強して居るものでありながら、イギリス文学がいやでならない[15]」とも記しているが、もともと正則英語学校に在職した者にとっても、大正末期以降の英語教育廃止論は、英語学の存在理由を疑わせるだけのインパクトを有していたのであった。

　もっとも、それは一面、ドイツ語やフランス語に対する英文学者の引け目でもあった。英文学や英語学を専攻する者を除けば、学問のための言語は当時、ドイツ語かフランス語であった。とくに、ドイツ語は、医学、法学、軍事学など広い学問分野で必須の言語であった。なおかつ、旧制高校生にとっては、ドイツ語は「教養」の言語でもあった。大正教養主義の影響もあり、カントやヘーゲル、ときにはマルクスの著作について議論することが、彼らの知的ファッションであった[16]。必然的に、彼らは高等学校に入学して初めて教わるドイツ語の習得には熱心であった。それに比べ、英語は受験のうえでは「実用」であったかもしれないが、高等学校以上の学問においてはマージナルな存在でしかなかった。戸川は先述の『東京朝日新聞』の文章のなかで、「英語はマドロスの言葉です、植民地用の言葉です、士君子の言葉ではありません。学問の為の用語ではありません。こんな言語に吾が青年の精気を傾倒させ、これを消尽させるのは、蓋し幻想だと思ひます。事実学問をするにはドイツ語とかフランス語とかを学ばなければならないのが、その第一の証拠ではありませんか」と述べているが、それは、旧制高校受験の前後でまったく対照的な英語のポジショニングを的確に言い表していた[17]。

知識人社会における松田福松の位置

　このように見てくると、英語学者としての松田福松の社会的な位置が浮かびあがってくる。前述のように、松田は一九一七年に早稲田を中退し、以後、正則に学び、教職に就いていた。だが、知識人社会においては、そのキャリアは二重、三重の意味でマージナルなものであった。当時は、まず英語学自体が学問世界において、辺境的な位置にあった。加えて、東京帝大系の英語学にしてみれば、斎藤秀三郎流の「正則英語」は、言語学の規範から外れており、正統的な学問として認知し得るものではなかった。

たとえ、それが「変則」ではなく「正則」であったとしても、英語学という学問が制度化される以前の「英学」の遺産でしかなかった。それゆえに、斎藤文法＝正則英語学校は、高等学校受験に活路を見出すわけだが、受験英語は受験以外の実用性を欠いたため、社会的な批判を浴びていた。そのことは即ち、松田が知識人社会のきわめてマージナルな位置にあることを意味していた。

にもかかわらず、松田福松は、そのような正則＝斎藤英語の正統的な後継者の一人を自認し、斎藤英語学の継承を自らの仕事の支柱のひとつにしていた。斎藤秀三郎は一九二九年に没したが、前にも述べたとおり、戦後、松田福松は斎藤秀三郎が書いたテクストを多く編集・翻訳し、再度世に出す仕事をしている。むろん、戦前期に原理日本社同人として多く発言したこともあり、戦後しばらくは英語学方面の活動に特化していた面もあるだろう。しかし、そのようにして再編纂した斎藤のテクストは、『冠詞用法詳解』（一九五三年）、『助動詞用法詳解』（一九五三年）、『英語の基礎――熟語本位』（一九五七年）など、一〇冊以上に及んでいる。また、斎藤秀三郎の蔵書は鶴見大学に寄贈されたが、その目録の作成も松田福松が行っており、松田の斎藤に対する傾倒をうかがうことができよう。

当然のことながら、市河以降の英語学には、松田は批判的な立場をとっている。松田は、『准動詞用法詳解』（一九五四年）の序文のなかで、市河以降の英文法学がいかに言語学理論に則った「科学文法」であったとしても、そこに「高踏的な純学者的の一面」があることを指摘する。そのような文法研究は、「英語学者としての特殊研究としては興味が有っても、〝英語を正しく書いたり話したりする〟実用的方面からは、英語の基礎を学ぶ学習者の切実卑近な要求に充分合致しない憾みを感じる場合も起って来る」――松田は、市河以後の英語学に対し、このような違和感を抱いていた。それに対し、斎藤文法は「どこまでも〝英語学習〟の実用的見地に立って、真に学習者のためになるように細かい処まで意を用いた〝日本人のための英文法〟であり、前にも述べたように、単なる説明にとゞまらず、学習に必須なる一千題に余る練習を加えて、既得の智識を真に学習者の血とし肉とするような仕組みにしてある点に、その無類の特徴が表われている」と評している。松田は、言語学的な研究の対象ではなく、英文解釈の方法論として、斎藤文法を再評価しようとしていたのであった。もっとも、それは言い換えれば、「〝科学文法〟以前のものは、もう古くて何の権威にも値せぬ school grammar と卑しむる風潮」に対する、屈折した抵抗感によるものであった[18]。

では、そうした位置にあって、松田はどのような英語学を展開したのだろうか。ひとつには、字句の細かな解釈への執着があげられる。たとえば、後述するように、一九六九年の論文「GETTYSBURG ADDRESS の邦訳について」では、リンカンのゲチスバーグ演説のなかの主に〝of the people, by the people, for the people〟の前後六行の英文解釈をめぐって、五〇枚の論文を書いている。しかも、主たる論点は、〝of the people〟の訳し方と that 節のかかる位置の解釈の二点である。こうした「正確な英文解釈」へのこだわりは、斎藤秀三郎の影響、ひいては正則英語学校の伝統をうかがわせる。

もうひとつの松田福松の英語学の特徴としては、リンカンとホイットマンに対する高い評価があげられる。日本におけるホイットマンの受容は、酒本雅之によれば、「夏目漱石の論文（1892）を皮切りに、とくに有島武郎、柳宗悦ら白樺派を中心に広く親しまれてきたが、その受容はデモクラシーの預言者、民衆詩人などの側面にかたよりすぎたうらみがある[19]」。しかし、デモクラシーの批判者であった松田福松は、『米英研究』（一九四二年）、『米英思想研究抄』（一九八三年）のなかでホイットマンを肯定的に評価し、一九四九年には木口公十の筆名で夜久正雄とともに『ホイットマン詩選』を訳出している。リンカンについても、『米英研究』（前出）や「GETTYSBURG ADDRESS の邦訳について」（前出）などで親近感を示していた。言うまでもなく、リンカンは「人民の人民による人民のための政治」というデモクラシーの理念を表現した言葉で知られる。

では、そのような志向性を持った松田福松は、なぜ、原理日本主義に行き着いたのか。彼の英語学と国粋主義はどのように接合したのか。さらに、デモクラシーと結び付けられがちなリンカンとホイットマンを、原理日本主義者として松田はどう読んだのだろうか。

二　英語学と原理日本主義の架橋

自由主義批判

そこで考えるべきは、松田が英語圏のテクストから何を摂取し、何を拒否したのか、ということである。イギリス、アメリカというデモクラシーの長い伝統が存在する国の文献に、松田福松は何を読み込んだのか。それは、自由主義 Liberalism とは異なるところの「独立不羈の精神 spirit of Liberty」であった。

独立不羈の精神 spirit of Liberty と自由主義 Liberalism とはその名相似てその實は相去ること天地霄壌の別物である。明治の先覚は西欧に学ぶに独立不羈の精神を摂取して幕府時代の人心の萎靡枉屈の陋習を一洗しようとしたのである[20]。

自由主義に依つてイギリスが偉人となつたのではない。イギリス人の独立不羈の精神が民族的社会的に、また思想的信仰的に歪曲せられた変態的理論的表現が自由主義となつたに過ぎないのであつて、本来のイギリス精神は寧ろ保守主義 conservatism に在る——と云ふよりは、イギリスに於ける自由主義は矢張り一の保守主義の変形であつて、その保守主義の精神に支へられて始めて活きて働いてをることを忘れてはならぬ[21]。

松田が英語圏の文献から学び取ったのは、「自から其国を保護し自から其権義と面目とを全うする一片の独立心」とも言うべきspirit of Libertyであり、それを支えるところの保守主義であった。松田にとって、それら「独立不羈の精神」や「保守主義」こそが、イギリス精神の本質であり、自由主義はその本質を逸脱したものにすぎなかった。

必然的に、ジョン・ロックの社会契約説のような議論に対しては批判的である。松田福松は一九四二年の『米英研究』のなかで、「［ロックの「万人平等の契約社会」説は］絶対にして単純なる個人主義に立脚して本来自然の完全なる自由状態に基づく万人平等の契約社会を空想仮定する、無君無父、忠孝廃欠の無残なる機械的社会観の理知構成であつて、かの名誉も擒縛する能はず、権貴も傾動せしむる能はず、利禄も卒奨する能はざる独立不羈の精神、勤勉忍耐艱難辛苦の自主自立の志行、千磨百錬自からその国を保護し自から其権義を全うする一片の独立心、とは似ても似つかぬ野蛮主義に外ならぬ」と述べている[22]。ロックが構想する「万人平等の契約社会」は「無君無父、忠孝廃欠の無残なる機械的社会観の理知構成」でしかなく、松田にとっては、それは、イギリス精神の本質たる「独立不羈の精神」とはおよそかけ離れたものであった。

では、なぜ、リンカンやホイットマンが評価の対象になるのか。そこに松田が見ているのは、デモクラシーではなく人種主義批判の論理であった。リンカンもホイットマンも、ともに南北戦争期のアメリカで政治・言論活動を行っており、奴隷制度に批判的であった。そこに、松田は「有色人種搾取政策」批判の契機を見出した。たとえば、松田福松は、リンカンの「かくの如き論議、劣等人種は劣等人種に適はしいだけの待遇をしてやればよいのだといふ――かくの如き論議は何であるか？　これ実に史上のあらゆる時代に暴君虐主がその人民を奴隷となし来つた論拠である」という発言や「僕は多種多様の国語より成立つ我が国性を頗る好む」というホイットマンの言葉を好意的に引用し、[23]「「白人至上」「アメリカ第一」の自矜幻想への沈溺」ともいうべき人種主義を批判している。しかし、松田の見るところ、「現代のアメリカ」では「リンカン、ホイットマンに現れしアメリカ精神は既に完全に終末に達して」おり、かえって、奴隷制を支持してリンカンに大統領選で敗れたS・A・ダグラスの「亜流精神」が「偽科学の衣を着けて無制限に跳梁してゐる」[24]。そうした意識に立って、松田は国民にとっての「人道」を『国運の危機』（一九三三年）のなかで、次のように論じている。

西洋が飽くまでも白人優越の幻想を破り得ず、白人至上主義を世界に強制し、その政治的、経済的、軍事的一切の力を用ゐて東洋を侵掠し、有色人を奴隷化することを当然の権利と考へてをる間は、此の白人至上主義の迷謬を打破することが我らにとつての「人道」となるのである。而して此の人道実現の途は東洋諸国民諸共にその生の威厳に目醒め、独立不羈の国民精神を励まし、祖国奉公の唯一人生の信を確立すべき興亜の聖業より外に無い[25]。

松田は、西洋の「白人至上主義」から東洋を解放し、「有色人種」の奴隷化を防ぐことを、「我らにとつての「人道」」と考えている。そこから「祖国奉公」や「興亜の聖業」が想起されているわけだが、それだけであれば、戦時期日本の一般的な大陸侵出のロジックと何ら変わりはない。松田の英語学と原理日本主義を考えるうえで重要なのは、英語圏で失われたリンカンやホイットマンの精神が「日本にその郷土を見出した」としていることである。

偽科学に没落したダグラスの亜流精神、その支配を受けて正しき信に目醒め得ぬアメリカこれは丁度、支那の儒教、印度の佛教が滅びて日本にその郷土を見出した如く、リンカン、ホイットマンのアメリカ精神は早くもその本国を離れて、日本にその永久の生命的郷土を見出さうとしてゐるのである。聖徳太子の大陸文化接受哀憫の御精神は二千年を隔てし現代日本の対西欧文化接受哀憫の統御君臨威力を成さむとしつゝある。南北戦争の結果を想ふ時、日米関係の思想的帰結を我らは確信せしめらるゝ。皇威の光被して草木をも靡かすところ、リンカン、ホイツトマンの精魄もまた耀やき天翔けりつゝ、御前に事へまつり無窮の皇運を扶翼しまつるであらう。[26]

つまり、リンカンやホイットマンの精神は、本国アメリカを離れて日本で受容されるようになった。それは、「無窮の皇運」と調和し、「扶翼」するものと、松田は考えたのであった。

「新英学」

このように松田福松においては、リンカンやホイットマン等を媒介して、人種主義批判や「独立不羈の精神 spirit of Liberty」が日本主義と結び付けられたわけだが、英語学という学知自体は、日本主義といかなる関係性を持つものと考えられたのだろうか。このことを考えるうえで重要なのは、松田福松の「新英学」論である。松田は、一九七一年の「我国英学の伝統について」のなかで、同じく原理日本社同人の河村幹雄（地質学者・九州帝国大学教授）の演説「日米不戦論」（一九二七年）を引きながら、「新しい英学」の意義として、(1)「英語国民の伝統精神を観破し其の生活内情を時々刻々に直に知」ること、(2)「英米両国を通じて世界を観る」こと、(3)「これを以て己を写す鏡」とし、「我日本の真価を覚」り、「それ程優秀な文化」を「世界のために保存発達せしめなければならぬといふ自覚を国民に起さしむ」ることの三点をあげている。

この論文自体は、一九七一年に書かれたものではあるが、英語学とナショナリズムの結びつきという点では、戦前期より一貫している。とくに、(3)の「我日本の真価を覚」ることなどは、リンカンやホイットマンと「無窮の皇運」に関する言及からもうかがい知ることができよう。

ただ、英語学とナショナリズムを結びつけたのは、何も松田福松に限らない。むしろ、戦時期の英語学言説には類する議論は少なくなかった。

一九四一年一二月に対米英戦が勃発すると、英語に対する社会的・政治的な風当たりはいっそう強くなった。それ以前も対米関係が悪化していたこともあり、英語は「敵性語」とみなされていたが、米英戦開戦以後は、「敵国語」とされるようになった。女学校では英語が随意科目に、中学では一、二年のみ必修、三年以上は選択科目とされ、それに伴い、英語教師の失業問題すら真剣に議論されるようになった[27]。一九四二年七月二二日の『朝日新聞』は、「行け南方は招く　英語教員に新職場」という見出しでこの問題を取り上げ、英語教師の転業対策として、「他科目への転向」「学科以外の団体訓練、勤労作業」「校外補導」「南方方面への挺身」といった四案を掲げた[28]。むろんこれらは、「英語教員の身になって善処」できるようなものではなく、英語学者や英語教師は、自らのディシプリンと国策との整合性を取り繕うのに懸命にならざるを得なかった。たとえば、南石福二郎は『語学教育』(一九四二年三月号)において、英語学習の目的は「敵情偵察の任務にある斥候兵の心がまへでもつて英米そのものの長短強弱を正鵠に認識」することにあり、それによって、「新東亜共栄圏の建設に寄与すると共に、皇国の精神を世界に宣揚しその使命を達成する上に、効果ある奉公の実を挙げねばならぬ」と論じている[29]。英文学者の福原麟太郎も、「我々は欧米人の思想や感情がどういふ動きを見せてゐるか、その文学を読んで知りたいと思ふ。日本の為に、大東亜戦争の為に知りたいと思ふ」と述べている[30]。英語学者・英文学者が何より必要としたのは、国策における彼らのディシプリンの存在理由であった。

その意味で、戦時期の英語学言説と松田福松とは重なる部分もあるわけだが、じつは、そこには重要な相違があった。それは、前に述べたような知識人社会における位置である。

英語学と国策やナショナリズムを結びつける論理は、英語学・英文学の「正統」にいる者にとって、それは一面、自己批判であった。彼らは「英米国民の優秀な思想や感情に接して国際的見解と同情心を養う」といった自らの学問の有り様を否認し、国策に沿う形でそれらを組み替えなければならなかった。それだけに、彼らは「我が日本語を他の民族に教へる時も、又諸種の外国語を日本人が学ぶ時も、言語を利用して我が八紘一宇の大理想を実現する手段とするのが大眼目でなければならない」（神保格）、「大和心のおほらかさ、そしてその中を一貫して通ずる忠孝一本の道、この道に立ちこのおほらかさを以て外国語を学び外国文学を読み外国国民を見ること、それが吾々英語教師の先づ第一に心掛けねばならぬこと」（寺西武夫）といった、観念右翼と見まがうばかりに抽象的な言辞を繰り出さなければならなかった[31]。

それに対し、松田福松の場合、あくまでも辺境知識人であり、自らを英語学批判の対象と考える必要はなかった。彼は市河文法から距離を置いており、したがって、英語学の規範からは外れたところにいた。かつ、帝国大学のようなアカデミズムの正統には身を置いていなかった。その意味で、英語学・英文学の「正統」は、松田福松にとって否認の対象ではあっても、何か墨守したり固執したりしなければならないようなものではなかった。知識人社会における彼の位置自体が、そもそも、英語学の「正統」に批判的であり、当初から「英語学批判」を内包していたのである。つまり、松田福松にとって、英語学と原理日本主義は「正統」を批判する点で通じており、当然ながら、その両者の接合に自己批判の痛みを抱く必然性もなかった。

学術批判・大学批判

そのことは、英語学の領域を超えた学術批判、ひいては大学批判へとつながっていった。ことに、それは、松田が否認した自由主義に近い政治学者に及んだ。松田福松は、蓑田胸喜との共著『国家と大学』(一九三八年)のなかで、東京帝大の政治学者・矢部貞治について「英米流「衆民政」理論への盲目的追随」「氏の日本人としての無感激が英米を現実的範例とする衆民政世界への憧憬によつて代置せられて居る[32]」として、次のように批判する。

日本史に具現せられたる日本人の直接経験内容に基いてこそ欧米の諸思想を批判摂用すべきであるのに、却つて欧米史の上に成立せる欧米諸理論――しかも其の一面的表現に過ぎぬ英米流衆民政の概念――を普遍化して之を我ら自身の生活規範たらしめむとする傾倒妄想こそ現帝大の学術的思想的没落の根本原因に外ならぬ[33]。

ここで端的に表れているのは、イギリス・アメリカの流れを汲んだ政治学的な「正統」への反感である。ただ、重要なのは、「正統」批判の論拠が、「日本史に具現せられたる日本人の直接経験内容」とされている点である。英米流の政治学は、「欧米諸理論」を無批判に摂取しており、「我ら自身の生活規範たらしめむ」としている。近代日本の知、とくにその「最先端」であった東京帝大の知は、明治以降、西欧諸国の学問体系を取り入れることで成立してきた以上、そのことは必然であったわけだが、そこに松田は批判の糸口を見出す。つまり日本における「正統」への批判を成立せしめる根拠は、「日本人としての感激」の欠如に求められたのである。

矢部氏は「個人主義」と「國體主義」とを「弁証法的に綜合する」と言ふのであるが、矢部氏には元来「國體主義」の意義と価値とに対する体験的認識の基礎、日本人としての感激が欠けてをるので心理的因果の必然に依つて「個人主義」に帰着せざるを得ない、それが氏の「衆民政」理論の出自である。(34)

このように、「衆民政＝デモクラシー」のような政治学的「正統」の議論は、「日本人としての感激が欠けてをる」がゆえに生じることを、松田福松は強調する。だが、その論理は換言すれば、辺境知識人が「正統」性を奪い取ることを可能ならしめるものでもあった。それは、当時の学知全体において辺境的な位置にあった英語学のなかでのみ、正当性を奪い取ろうとするものではなかった。東京帝大法学部という近代知のある種の頂点に対しても、そこから正統性を引きずり落とすことを可能にする。

と同時に、そのロジックは辺境知識人の英語学自体を正統化するものでもあった。たとえば、松田はルドヤード・キプリングの愛国詩をひきながら、イギリス思想・文化の根幹として、「public schools don't encourage anything that isn't quite English.［パブリック・スクールは］充分にイギリス的ならざるものは奨励しない」と「Fear God. Honour the King. 敬神尊王」という言葉をあげている。それをもって、「矢部氏らが渇仰止まざる「衆民政」の祖国イギリスの中核的学校教育精神は実に斯くの如きものである」(35)として、矢部ら政治学者の英語文献解釈を批判した。それは即ち、辺境に位置していた英語学のそのまた辺境にあった松田の学問を正当化する論理であった。

そうした志向は、斎藤秀三郎の正則英語にも接合可能なものであった。戦後、一九六九年の論文「GETTYSBURG ADDRESS の邦訳について」において、「世には余りに多くの偶像が横行して居る。これを、あるがままの現実に照して破砕し、本来自由なる生命の全的開展を、その本来の自由なる姿にたもつのが、この批評の任務であり意義なのである。それ故、その対象は、必然、世の既成権威にとられねばならない(36)」と述べており、正統的な学術への批判を改めて宣言する。そこで松田が取りあげるのが、高木八尺・斎藤光訳『リンカーン演説集』（岩波文庫）の訳文である。高木八尺は政治学を、斎藤光は英文学を専攻する東京大学教授であった。そこでとくに松田がこだわるのは、リンカンのゲチスバーグ演説のなかの有名な一節“government of the people, by the people, for the people”の of の解釈である。高木・斎藤訳では、当該箇所は「人民の、人民による、人民のための政治」と訳されているが、松田福松は、その of が主体ではなく客体を指示する of であると解釈する。その後に by the people とあり、それが主格としての「人民」を表しているので、それとは重複しない目的格の of、つまり「人民を治める政治」であるというのが、松田の立場である。

もっとも、これは松田に特殊な判断ではない。高木・斎藤も同書訳者あとがきで、of の解釈をめぐって「不思議にもわが国においては二つの見解が対立する事実が認められ」ることは指摘している。ただ、それを「主格」の of と解する理由について、高木と斎藤は「「人民の政治」の語は、「平民の政治《ポピュラー・ガヴァメント》」の語と同様に、人民の行いまたは人民の形作る政治――すなわち民主政治を意味すると解するのが、リンカーンと彼の代表するアメリカの思想の正当な把握と思われる」としたうえで、「文法の事はともかくとして、政治思想史から考えてみ、また政治の理論を述べる文章としてこの一句を解するには、第二説［＝主格の of と解釈すること］が正しい」ととらえていた(37)。

しかしながら、松田にしてみれば、こうした英文解釈は文法に厳密ではなく、そもそも主格の of の解釈の存在について「不思議にも」と言っていること自体、「人民主権を表わす“of”であるという政治学者としての先入見に立ってい」ることを示している。つまり、「こういう仮定上のナンセンスや自家撞着におちいるの」は、訳者たちが「政治学者として人民主権の先入見に囚われて、あるがままの言葉の自然に随順する素直さを失って居るからで」あった[38]。

そのうえで、松田は「これでは地下の Lincoln もあきれるばかりで、これがわが国最高の学府と仰がれる東京大学の、代表的の英米政治学の権威と英米文学の専攻学者との協力に成る訳文かと思えば、ただただ日本人として赤面痛嘆のほかなく、Lincoln の胸中を思って真にたえがたい心地がする[39]」と述べているが、ここには明らかに、近代英語学発生以前の遺物である正則英語が、英文学や政治学の「正統」を貶め、その正統性を奪取しようとするさまがうかがえる。

むろん、この解釈のいずれが正しいのかは、本章の問題とするところではない。重要なのは、英語学以前の正則英語が、字句・文法の解釈にこだわるものであったがゆえに、東大の政治学・英文学の権威への批判を可能にしたことである。たしかに、松田が言うように、「訳文は訳者がいかに原文を解釈して居るかをもっとも端的に示すものであり、原著者の精神をいかにつかんで居るかをあるがままに語っているもの」であろう[40]。その言葉は、言い換えれば、正則英語を通じて、テクストの解釈をめぐる闘争を辺境知識人が「正統」に対してけしかける余地があることも示していた。エンコーディング－デコーディング・モデル（S・ホール）を出すまでもなく、送り手と受け手の解釈は必ずしも一致しないし、それゆえに、テクストには「誤読」の可能性がつきまとう。そうであれば、本来、翻訳はさらなる「誤読＝誤訳」を生み出すものであり、それは不可避なことであろう。「正確な解釈」は表現としては成立し得るものの、その「正当性」は書き手と読者・訳者が異なる以上、永遠に捕捉し得るものではない。だが、そうであればこそ、知的権威たちの「正統」に対する永続的な否認を、正則英語の志向は可能にしたのであった。

松田福松は、『リンカーン演説集』の訳を批判し終えたのち、自らの訳を提示している。それは、彼にとって「つたなき身におうけなくも、この Lincoln 愛国の至誠の余韻を、やまとことばにひるがえす、正訳へのこころみ」であった。以下はその末尾の一部分である。

ここに戦った人たちが、かくも立派にここまで推しすすめて来られました未完成の仕事にわれわれ生きて居る者こそむしろ、献げられねばならぬものでございます。むしろわれわれこそ此の地において、わたくしどもの前途に残って居る大事業に献げられなければなりません――これら名誉ある戦死者から、その方々が最後のひといきまでまごころをささげ尽されましたあの大義のため、いよいよ忠をはげます献身の熱情を、わたくしどもこそ受けていただかなければなりません――これら戦没者の死をあだにはさせまじ、この国を神のみ蔭のもとにふたたびあらたに自由の国とし生れ変らせ、そして人民のために人民自ら人民を治めるという政治を、この世から滅び去ることとあらしめまじと、わたくしどもこそここにまごころこめて誓いあわさねばなりません。[41]

ちなみに、高木・斎藤訳ではその箇所は、「ここで戦った人々が、これまでかくも立派《ノーブリー》にすすめて来た未完の事業に、ここで身を捧げるべきは、むしろ生きているわれわれ自身であります。われわれの前に残されている大事業に、ここで身を捧げるべきは、むしろわれわれ自身であります。――それは、これらの名誉の戦死者が最後の全力を尽くして身命を捧げた、偉大な主義《コーズ》に対して、彼らの後を受けついで、われわれが一層の献身を決意するため、これらの戦死者の死をむだに終らしめないように、われらがここで堅く決心をするため、またこの国家をして、神のもとに、新しく自由の誕生をなさしめるため、そして人民の、人民による、人民のための、政治を地上から絶滅させないため、であります[42]」というものである。当然そこには、「民主政治」を前提にする高木・斎藤と、「愛国心」を読み込もうとする松田の相違が浮かびあがる。そのいずれが「正解」であるかを問う必要はない。見るべきは、正則英語の厳密さが大学批判と国粋主義を支え得るロジックとして機能していたことである。

三　英語学に媒介される原理日本の戦前と戦後

日本主義と英語学の接合

以上に、松田福松の思想を、主に彼の英語学と原理日本主義・大学批判との関係性に焦点を当てて、考察してきた。松田福松の二〇冊以上の著書・訳書の量を考えると、それはごく限られた側面でしかない。ただ、そのなかで浮かびあがってくるのは、松田福松の英語学と大学批判とがいかに通じ合うものであったか、ということである。三井甲之の歌学や蓑田胸喜のドイツ哲学・宗教学であればまだしも、英語学と国粋主義とのつながりは、一見、連想しがたい。むしろ、英語学・英学には、松田が批判していた矢部貞治のような自由主義やデモクラシーとの結びつきを想起することのほうが、はるかに容易であろう。しかし、松田福松の場合、英語学こそが――より正確に言えば、彼の英語学こそが――原理日本主義の思想を支えるものであった。

彼が依拠した正則英語は、近代英語学にとって過去の遺物であったし、彼が在職した正則英語学校は正統的なアカデミズムからは遠く離れた受験予備校であった。なおかつ、受験英語は社会的に批判される傾向にあったうえに、英語学・英文学自体、学問の世界では主流から外れた位置にあった。そうした周縁の極北にあったがゆえに、正統的な英語学、ひいては正統的な学術への違和感が醸成される。松田にとって、原理日本主義や大学批判の声高な主張は、辺境知識人による正統性奪取の意思表示であった。

それと同時に、正則英語であれ原理日本主義であれ、「真止なる何か」を追究する点では通じ合うものであった。正則英語は「完全なる英文解釈」を模索するものであり、原理日本のイデオロギーは言うまでもなく、「真正なる日本」の追究にあった。そして、そのような「真正さ」は、何らかの既存の理解を否認することで初めて提示し得るものであった。英文解釈であれ日本主義であれ、その「厳密さ」は既存のものに「欠如」を見出すことで主張可能となる。そして「欠如」を見出し、それに敏感になるのは「正統」ではなく、そこを外れた「辺境」であった。「真正な日本」はマージナルな位置からのみ語り得る。そして、それは、存在そのものではなく、存在の否認によってのみ指示可能なものであった。

戦後への連続

だが、これまでにも見てきたように、そのような思考は戦前期のみならず、戦後においても連続し得た。松田福松は、一九七一年の論文「我国英学の伝統について」のなかで、「学界・思想界は偏えに「新」を追うて欧米「革命の国風」になびいて、「天朝の御学風」を天下に明かにする思想的撥乱反正の理想は実現せられぬままに、大東亜戦敗衄の因ともなって今日の亡状を呈するに到っている。「序」に触れた如く、我国洋学は、英学をも含めて、その在り方を根本から問直されねばならぬ時となっている[43]」と述べている。松田にとって、敗戦の前と後とは、必ずしも質的に相違するものではなかった。学問・思想界における戦前期の「思想的撥乱」は、「大東亜戦敗衄」を招き、さらに戦後の「今日の亡状」を呈するに至っている。松田にしてみれば、敗戦前後で状況が変わったわけではない以上、その思想が一貫しているのも当然であった。

もっとも、強いて言えば、松田における戦前‐戦後の違いとしては、戦後期に斎藤秀三郎の著作の翻訳・編集が圧倒的に多いことは指摘できよう。ただ、元々、松田福松が正則英語学校の英語教師であったことを考えると、戦前期の教育業績が戦後に活字になったとも言える。また、そもそも、敗戦後しばらくは旧原理日本イデオローグということで、松田は発言しにくい状況にあり、英語教育・英語学方面に限定的な出版活動を行ったのも当然であった。
蓑田胸喜は敗戦をもって縊死し、松田福松は戦後も英語学批判と大学批判を叫び続けた。そのことは、松田は挫折しなかったか、敗戦の挫折を乗り越え得たことを暗示する。その理由にいかなる心情の相違があったのか、特定することは不能であろう。ただ、言い得ることは、松田の英語学は一貫して「辺境」として「正統」を指弾するものであり、彼の学術批判もまた然りであった。松田の目に映る知識人社会は、戦前も戦後も特段の変化はなかった。その意味で、松田福松が原理日本主義を戦後も一貫して叫び続けることができたのは、何も奇異なことではない。そもそも敗戦は、松田にとって、縊死する必然性すら想起させるものではなかったとまで考えるのは、いささか穿ちすぎであろうか。

注

（1）　松田福松の履歴は以下の通り。
一九一四年三月　東京開成中学校卒業
一九一七年九月　早稲田大学文学科中退（本科二年）
一九一八年一二月　正則英語学校文学科卒業
一九二〇年三月　正則英語学校講師（一九三四年三月に退職）
一九三四年五月　財団法人電機学校講師
一九三九年四月　東京電機高等工業学校助教授（一九四三年四月より生徒主事兼任。一九四四年四月、同校退職）
一九四四年六月　財団法人明新中学校（朝鮮・黄海道）教諭（一九四五年八月一五日に同校退職）
一九四五年一二月　警視庁渉外課嘱託（一九四八年三月に退職）

一九四八年四月　株式会社吾妻書房編集顧問（一九五三年三月に退職）
一九五三年四月　日本経済短期大学講師（一九五四年三月に退職）
一九五三年四月　私立麻布高等学校教諭（一九六五年三月に退職）
一九六五年四月　城西大学経済学部教授（一九七五年三月に退職）

（2）学校法人正則学園編『正則学園史』学校法人正則学園、一九九六年、九五頁。

（3）大村喜吉『斎藤秀三郎伝』吾妻書房、一九六〇年、三六頁。

（4）浅田みか子編『浅田栄次追懐録』三秀舎、一九一六年、五頁。

（5）福原麟太郎『日本の英学』生活社、一九四六年、二一頁。

（6）高梨健吉・大村喜吉『日本の英語教育史』大修館書店、一九七五年、一六〇頁。

（7）田村丸「片鱗――斎藤先生談片集」『英語の日本』第九巻、一九一六年、六頁。

（8）伝法久太郎「正則英語学校の創立まで」『英語青年』六三‐一、一九三〇年。

（9）飯塚陽平「英学界の巨人斎藤先生」『英語青年』六二‐九、一九三三年、三二三頁。

（10）岩崎民平「実用英文法の要点」『英語青年』創刊五十周年記念号、一九四八年、四一頁。

（11）大岡育造「教育の独立」『教育時論』一一三三号、一九一六年（川澄哲夫編『資料日本英学史2　英語教育論争史』大修館書店、一九七八年、一六七‐一六八頁）。

（12）翌月の『現代』には、「学校の教員室に、実業団の倶楽部に、名氏《ママ》の応接間に、政界の一角に、大中の学生間に、路往く人々の会話に、或は電車汽車中にまで」多く議論されたことが記述されている。川澄哲夫編『資料日本英学史2　英語教育論争史』（前掲）、二三三頁。

（13）市河三喜「英語科問題に就て」『英語青年』六〇‐一、一九二八年（川澄哲夫編『資料日本英学史2　英語教育論争史』前掲、三九〇頁）。

（14）戸川秋骨「看板の英語と中学の英語」『東京朝日新聞』一九二四年七月六日（川澄哲夫編『資料日本英学史2　英語教育論争史』前掲、二一四頁）。

（15）戸川秋骨「首括り綱渡り」『文藝春秋』一九二四年九月号（川澄哲夫編『資料日本英学史2　英語教育論争史』

前掲、二一六頁）。
（16）教養主義の盛衰やそれを担った層については、竹内洋『教養主義の没落』（中公新書、二〇〇三年）参照。
（17）柄谷行人は『〈戦前〉の思考』のなかで夏目漱石の英文学研究に言及しながら、明治期より英語研究は「インタレスト（利益・関心）」の言語であったのに対し、フランス語・ドイツ語研究は「美」や「哲学」の言語であったこと、そこから見ると、英語のそれは「経験論的で、深みがなく、まとまりもないように見える」ことを記している。柄谷行人『〈戦前〉の思考』文藝春秋、一九九四年、一〇四-一〇五頁。
（18）松田福松「はしがき」斎藤秀三郎著・松田福松編訳『准動詞用法詳解』吾妻書房、一九五四年、五-七頁。
（19）酒本雅之「ホイットマン」『世界大百科事典』第二六巻、平凡社、一九八八年、一六頁。
（20）松田福松『米英研究』原理日本社、一九四二年、一五頁。
（21）同、二五頁。
（22）同、二一頁。
（23）同、一〇八-一〇九頁。
（24）同、一一四頁。
（25）松田福松『国運の危機』回天時報社、一九三三年、一三頁。
（26）松田福松『米英研究』（前掲）、一一六頁。
（27）川澄哲夫「解説――太平洋戦争と英語（一）」川澄哲夫編『資料日本英学史2　英語教育論争史』（前掲）、五二一-五二三頁。
（28）「行け南方は招く――英語教員に新職場」『朝日新聞』一九四二年七月二十一日（川澄哲夫編『資料日本英学史2　英語教育論争史』前掲、六一七頁）。
（29）南石福二郎「戦時体制下に於ける英語科の問題」『語学教育』一九四二年三月号（川澄哲夫編『資料日本英学史2　英語教育論争史』前掲、五八四頁）。なお、この時期の英語教師の言説、とくに英語教授研究大会での議論は、大村喜吉・高梨健吉・出来成訓編『英語教育史資料』（第二巻、東京法令出版、一九八〇年）で多く紹介されている。

(30) 福原麟太郎「外国文学について」『新潮』一九四三年四月号(川澄哲夫編『資料日本英学史2　英語教育論争史』前掲、六七六頁)。
(31) 神保格「語学教育の研究といふこと」『語学教育』第一八三号、一九四二年五月(川澄哲夫編『資料日本英学史2　英語教育論争史』前掲、六五二頁)。寺西武夫「立場を持つこと」『語学教育』一九〇号、一九四三年(川澄哲夫編『資料日本英学史2　英語教育論争史』前掲、七一五頁)。
(32) 松田福松「矢部貞治氏の『衆民政』政治学」蓑田胸喜・松田福松『国家と大学』原理日本社、一九三八年、二七五-二七七頁。
(33) 同、二七七頁。
(34) 同、二八〇頁。
(35) 同、二八八頁。
(36) 松田福松「GETTYSBURG ADDRESS の邦訳について」『城西経済学会誌』五-一、一九六九年、二頁。
(37) 高木八尺「解説」高木八尺・斎藤光訳『リンカーン演説集』岩波文庫、一九五七年、一七九-一八〇頁。
(38) 松田福松「GETTYSBURG ADDRESS の邦訳について」(前掲)、六-七頁。
(39) 同、一九頁。
(40) 同、四頁。
(41) 同、二〇頁。
(42) 高木八尺・斎藤光訳『リンカーン演説集』(前掲)、一四九頁。
(43) 松田福松「我国英学の伝統について」『城西経済学会誌』七-一、一九七一年、二九九頁。

第11章　社会通信教育のメディア史
――「ノン・クレディットの知」の欲望

ドラマ『ハケンの品格』（全一〇話）は二〇〇七年一月一〇日から三月一四日まで、日本テレビ系列で放映された。主演は篠原涼子で、難関資格を多数有している派遣社員を演じた。主人公は、「働かない正社員がいてくれるおかげで私たち派遣はお時給をいただける」「会社に縛られるような奴隷になりたくありません」とうそぶき、正社員たちと頻繁にぶつかりあう。しかしながら、時には大型クレーンを操作したり、エレベーター事故に対処するなど、資格に裏打ちされたスキルでもって、正社員の手に負えないトラブルを次々と鮮やかに解決してみせる。このドラマは高い視聴率を維持し、平均視聴率は二〇・一パーセント、最終回は二六・〇パーセントを記録した（ビデオリサーチ調べ・関東地区）。

むろん、高視聴率の背景には、正社員と派遣社員の「格差」があった。経済学者の金子勝はこのドラマに言及しながら、こう述べている。

もちろん、こんなスーパー・ハケンなどいるはずがない。しかし、労働者派遣法改正が本格化した一〇年ほど前には、派遣は、自分でスキルを磨け、会社に縛られない新しい自由な生き方なんだと喧伝された。このドラマはそれが「悪い夢」だったことを分からせてくれる。むしろ一番ありえないのは、正社員と派遣社員が本音をぶつけあう、こんなに風通しのいい会社だろう。そこがこのドラマの生ぬるさであると同時に、〝救い〟となっているのかもしれない。[1]

かりに同種の仕事をこなしていたとしても、正社員であれば比較的高収入で、身分の安定も保障される。かたや派遣社員は低賃金で、つねにリストラの恐怖におびえなければならない。資格や専門知識を持っていても、派遣社員の「新しい自由な生き方」は、「会社に縛られるような奴隷」よりはるかに不遇なのが実状である。

ところで、派遣社員であるか正社員であるかは別にして、社会通信教育も、こうした高度な実務知識を持つ職業人の養成をめざした。また、通信教育の修了認定をその技量の指標・資格として流通させようとする議論も少なくなかった。たとえば、教育学者の茅誠司は一九七八年に社会通信教育に言及し、「この立派な制度の学習者にクレジットを」与えるべきことを主張している。[2]

だが、戦後初期の社会教育政策においては、逆の方向性に重点が置かれていた。文部省社会教育課の岩田守夫は、一九五五年の論文「通信教育の現状」のなかで、社会通信教育が「特定の資格が与えられるものではない」ことの理由として、以下のように述べている。

人間の価値を決定するのにその学歴をもってし、いかに社会的実力をもっていても学歴のないものが重用されないという事実が多い。しかしながら社会通信教育はあくまでも実力を養うということに重点がおかれなければならない。[3]

ここでは、資格の取得ではなく、「実力」を養成すること自体が通信教育の目的とされている。通信教育で提供されるべきは、茅誠司の主張とは逆に、「ノン・クレディットの知」であったのである。

　では、職業人向けの通信教育は戦後、いかに変容したのか。そこでは、「知」「実力」「資格」はどう意識され、また、それはいかに機能したのか。そして、その背景には、どのような社会的要因があったのか。それらの点について、以下に考察していきたい[4]。

一　文部省認定制度の誕生と「地方改良の知」

認定通信教育の前史

一九四七（昭和二二）年九月、文部省は通信教育認定規程を制定した。これは、大学・高校の通信教育とともに、社会教育の通信教育についても、認定制度を適用しようとするものであった。この規程に基づき、一九四七年一二月には秋田鉱山専門学校（のちの秋田大学鉱山学部）の採鉱学科・冶金学科が認定され、翌一九四八年二月には財団法人ラジオ教育研究所のラジオ工学講座がこれに続いた。

　戦後の社会通信教育は、しばしばこれを起点に語られるが、じつはそれには前史があった。すでに戦前期より、講義録という形式で社会通信教育は存在しており、戦前から戦後にかけて社会通信教育事業に携わった本間晴《せい》の記述によれば、一九四一（昭和一六）年の時点では、中学や女学校の講義録のほかに、農業講義録が五種、商業実務講義録が三種、工業技術講義録が二五種、その他、英語・北京語・書道・ペン習字など、計六一種の講義録があったという[5]。むろん、それも戦時下の時代状況を反映したものであった。北京語講義録は、一九三七年に勃発した日中戦争を背景とするものであったし、工業技術分野では、採鉱冶金、無線通信、自動車のほか、飛行機などもあった。飛行機に関していえば、この時期は、財団法人日本学生航空聯盟が海軍予備航空団に編成替えとなり、戦闘機パイロットの大量養成が求められつつある時期であった。

　だが、情報局の管轄のもと、日本出版文化協会で用紙統制が始まるようになると、講義録出版に対しても、これが適用された。業界では、用紙割当てを促進するための団体の結成が求められるようになった。そこで一九四一年に生まれたのが、通信教育研究会であった。その活動もあり、一九四一年には六〇講義録が用紙配給を受けたが[6]、その後のさらなる用紙統制のなかで、講義録出版団体は統廃合を重ねた。『文部省認定社会通信教育三〇年の歩み』によれば、一九四三年八月の第一回統制では五〇講義録・二九団体、一九四三年一二月の第二回統制では二八講義録・二〇団体、一九四四年一一月の第三回統制では一一講義録・七団体にまで減少した[7]。

　戦後、この七団体が中心になって新たな業界団体の発足が模索され、一九四六年五月に日本通信教育協会が結成された。この協会には、戦時期の用紙統制で講義録出版を中断していた約四〇団体が加わった。この日本通信教育協会の主たる業務も、戦時期と同じく用紙の確保であった。当時、配給業務は文部省社会教育局文化課が受け持っていたが、それと折衝し、業界として一定の用紙確保をはかることが、協会の初期の主な任務であった。

「教育の民主化」とノン・クレディットの知

　だが、こうした動きは、文部行政にとっても好都合なものであった。戦後、学制や教育内容の抜本的な改変が進められるなか、文部省は通信教育の制度化も重要視していた。そのひとつのねらいは、「教育の民主化」であった。

　一九四七年に六・三制の義務教育が開始されたが、終戦直後の経済力では、それとて大きな困難を伴うものであった。教育刷新小委員会で委員長を務めた安倍能成は、六・三制の導入を要望するなかで、次のように語っている。

六・三義務教育制実施については、もとより国及び地方において少からぬ経済的負担を要するのであるが、今日において本制度一日の遷延は、後に祖国再建百年の遷延を来す禍根の因となることを思うとき、教育刷新委員会としては、もとより国家財政の実状ともにらみ合わせる必要を認めるとしても、なお、万難を排して少くとも新制中学校新入一年生の義務制のみは、昭和二十二年四月から実施を要望するものである(8)。

だが、六・三制の義務教育実施が当時、いかに困難なものであったとはいえ、それで十分な教育を提供できると考えられていたわけではない。文部省の諮問機関・通信教育調査委員会で委員長を務めた社会学者・戸田貞三は、文部大臣あての「通信教育制度創設に関する答申」(一九四七年五月二二日)のなかで、社会通信教育の必要性の根拠として、こう述べている。

平和日本の新しい目標である高度の民主主義文化国家を建設するためには、教育の民主化が何より急務である。新しい六・三制による義務教育の実施も、もとよりこの線に沿うものであるが、それだけでは民主化の実を十分に挙げることはできない(9)。

六・三制義務教育の困難さが痛感されるものの、九年間の義務教育の不十分さも否めない。そうした認識のもと、義務教育の不足を補うものとして、社会通信教育は構想されたのであった。だが、それは同時に、学校以外にも教育の場を拡大し、「教育の機会均等」をめざそうとするものでもあった。戸田は、上記の答申において、続けてこう述べている。

これと同時に、これまでの狭く学校の内部に限られていた教育の機会を広く一般民衆に開放し、教育の普及徹底を図る必要がある。

このような教育の機会均等の要望にこたえ、しかも特殊な教育効果を期待し得る新しい教育方法として重要な意義を帯びるものこそ通信教育にほかならない[10]。

六・三義務教育制の不十分さを補いつつ、上級の学校に進学できる者とできない者とのあいだに横たわる、教育上の不均衡を是正する。それが、戸田が通信教育のなかで意図したものであった。こうした意図のもと、戸田らによる通信教育調査委員会は、文部省認定制度や用紙の確保、そして通信教育に求めるべき内容などについて検討を行なった。そこでは、「大学・高専」「中等程度」「職業・技術・教養」の三部門に分かれて特別委員会が設置された。そのうち、「大学・高専」「中等程度」では、課程修了後に相応の学歴資格が付与されるとされたが、「職業・技術・教養」部門の場合、「[当該通信教育講座を実施する]経営主体の責任と権限とにおいて所定の修了証書を与えることができる[11]」とされたのみで、資格付与は見送られた。

文部省は、通信教育調査委員会の答申に基づき、一九四七年九月、省令で通信教育認定規程を定めた。とはいえ、学校通信教育も社会通信教育も、当初はともにこの規程の認定を受けることになっており、すべての通信教育は社会教育局企画課の所管になっていた。その意味で、学校通信教育と社会通信教育の相違はことさらに意識されていたわけでもなかった。ところが、一九四九年五月の文部省設置法、そして翌月の社会教育法の制定により、それらの担当部局は分かれ、社会通信教育は社会教育局社会教育課が所管するようになった。また、社会教育法に基づく社会教育認定規程（一九四九年一〇月）と通信教育認定基準が省令で定められ、認定社会通信教育はそれらの制度のもとに位置づけられた[12]。学歴資格を取得できる学校通信教育と、何の資格も得られない社会通信教育の差異は、こうして明確に制度化された。

それにしても、なぜ、社会通信教育では公的な資格の付与が認められなかったのか。それは、「教育の民主化」の理念によるものであった。冒頭にあげた文部省社会教育課・岩田守夫の記述の通り、「人間の価値を決定するのにその学歴をもってし、いかに社会的実力をもっていても学歴のないものが重用されないという事実が多い」なか、「あくまでも実力を養うということに重点」を置こうとしたのが、社会通信教育であった[13]。また、文部省社会教育局『通信教育の問題点と振興策――社会通信教育研究協議会資料』（一九五五年）のなかでも、「ノン・クレヂット」の意義が次のように強調されている。

> 社会一般にはなお今日の日本は、学校教育偏重の考え方が抜け切れない面が強い。〔中略〕社会通信教育はあくまで実力を養うという点に重点がおかれ、学校通信教育のように一定の資格を得ることを問題としない。従って社会通信教育を終了《（ママ）》しても、直接それによつて、例えばその人の社会的地位とか、職場における待遇が上昇するということが少い。こゝに通信教育の重要性が理解されないうらみがあるのであり、最近このことを補うために、学校教育とは異つた一定の資格を社会通信教育終了生に与えるようにしたらという声も起つて来ている。しかしながら社会教育における通信教育の本質はそのような形式的なものではなくあくまでも内容的、実質的なものであることを忘れてはならないのではないか。終了生の実力が社会一般に正しく評価されるようになつたとき、その時こそクレヂットの問題などは消滅し、この教育が正しく軌道に乗つた時なのである[14]。

このような認定制度に対し、当初は申請する通信教育講座は少なかった。一九四七年に通信教育認定規程が制定されて一年の間に認定を受けた社会通信教育講座は、秋田鉱山専門学校の「採鉱学科」「冶金学科」（一九四七年一二月）、財団法人ラジオ教育研究所の「ラジオ工学講座（第一部・第二部）」（一九四八年二月）、社団法人日本電気協会の「電気工事講座」（一九四八年九月）、財団法人日本英語教育協会の「英語カレッジ科」（一九四八年九月）のみであった。

なぜ、これほどまでに出足が鈍かったのか。ひとつには、やはり資格の問題があった。受講者にしてみれば、苦労して学習したにもかかわらず、学校通信教育とは異なり、何の資格も得られない。それゆえに、受講者募集に不安を抱く事業者も少なくなかった。また、文部省認定を受けるうえでは、民間企業ではなく、公益法人を設立しなければならず、そのことも、申請を躊躇させる一因であった。

ただ、おそらくその最大の要因は、GHQによる検閲とそれに対処するための業務量にあったように思われる。GHQは出版物に広く検閲を実施し、国粋主義やアメリカ批判の言説を抑え込む政策を採っていた。それは通信教育の場合も同様であり、民間情報教育局（CIE）は、認定申請する事業者に対し、テキストなどの原稿すべてを英訳し、提出することを求めた。通信教育の事業者にしてみれば、テキストの編集や添削体制の整備だけでも、多くの労力がかかるうえに、CIE提出用の英訳に膨大な手間がかかり、にもかかわらず、申請が受理されるかどうかが不明となれば、認定申請に二の足を踏んだのも当然であった。

もっとも、CIEの検閲はほどなく緩和された。日本通信教育学園で認定講座の立ち上げに携わった城取直巳の回想によれば、一九四九年には目次のみを提出するだけで済まされていたらしい[15]。だが、その後も認定講座数は急増することはなく、一九五四年一二月の時点でも、一一団体・二四講座に留まっていた。

趣味と実用、都市と農村

では、そのなかで、どのような講座が開講されたのか。比較的多く目につくのは、電気関係の講座だが、受講者数が群を抜いていたのは、ラジオ教育研究所のラジオ工学講座であった。一九五四年一二月の段階で、認定通信教育入学者総数四一万二九〇二人のうち、ラジオ工学講座第一部は一二万八〇三八人で三一パーセントを占めており、同研究所のラジオ工学講座全体（第一－三部）では、入学者一五万八九二三名で、全体の三八・五パーセントに及んでいた[16]。

むろん、ラジオ教育研究所の開講が早かったことも入学者総数が多いことの要因ではあったが、ほぼ同時期に開講した秋田大学鉱山学部の講座が採鉱学科・冶金学科・電気学科をあわせて三八三九名、日本英語教育協会のジュニア科・シニア科・カレッヂ科がそれぞれ六万八〇八名、三万四四二四名、一万四五〇名で計一〇万五六八二名であったことを考えると、ラジオ教育研究所のシェアは圧倒的だった[17]。

また、入学者数だけではなく、そこに占める修了者の比率もラジオ教育研究所は群を抜いていた。日本英語教育協会が平均一二パーセント、日本電気協会が一七パーセントであるのに対し、ラジオ教育研究所のラジオ工学講座の場合、平均六六パーセントであった。ちなみに、一九五四年までの文部省認定通信教育修了者一六万一九三七名のうち、六四・四パーセントにあたる一〇万四二七八名がラジオ教育研究所の修了者であった[18]。

ラジオ製作のような「趣味」の講座の需要が、英語習得や電気工事技術のような「実用」講座のそれをはるかに上回っていたことは、それが戦後の混乱期であったことを考えると不思議に思われる。では、なぜこれほどまでに、ラジオ工学の知が通信教育で求められたのか。それは、これが「趣味」である以上に、じつは「実用」の知であったためである。とくに農山村部の場合、それが顕著であった。ラジオ工学講座の受講者向け雑誌『ラジオ』一九四九年二月号のなかで、受講者たちはその動機を次のように語っていた。

僕がラジオ教育研究所の学生であることが広く村外の農村迄知られています。私の村〔福島県岩瀬郡浜田村〕は二里半もある町のラジオ屋まで出掛けねばラジオの修理がして貰えないと言う不便なところにあります。しかも町のラジオ屋へ行って修理をしてきても途中の自転車上で家に帰る迄《ママ》は再び故障となります。そこで私は村の人たちの希望によって「有我ラジオ電気研究所」を村に開業しました。[19]

ここに浮かびあがるのは、ラジオをめぐる都市と地方の格差である。ラジオ技術を持つ者も多かった都市部に対し、農村ではその数は極めて少なかった。そのために遠方まで修理に出さなければならなかったが、震動によりその帰路で再び故障してしまう。こうした問題が、戦後間もない時期のラジオ聴取にはつきまとっていた。群馬県利根郡池田村のある受講者も、『ラジオ』一九四九年三月号において、「〔将来は〕村中のこわれたラジオを自分の手で全部修理してあげたいと思っています」と語っていた。[20]

また、この通信講座では教科書配布とレポート添削、質疑応答だけではなく、受信機キットの販売もあわせて行なわれた。しかも、講座が上級になると、かつて組み立てたラジオを分解し、新たなキットを買い足すことで製作できるようになっていた。そのなかで、初歩的な三球再生方式から始めて、当時のラジオに一般的な真空管四球再生、それから五球スーパーや短波放送も受信可能なオールウェーブといった高級ラジオまで自作できた。受信機の入手すら必ずしも容易ではなかった終戦直後の時期において、製作キットつきの通信講座は、農山村部でもラジオ製作を体験し、その技術を習得することを可能にしたのである。

科学史家の高橋雄造は、一九四八年から一九五〇年までの『ラジオ』誌掲載の受講者投稿を分析しているが、それによれば、大阪・福岡・愛知・東京といった都市部と同時に、北海道・東北・鹿児島のような遠隔地の投書が際立っており、住所のわかる投稿者についていえば、郡部六五名、市部四三名であった[21]。投稿掲載については、編集部の意図的な取捨選択を経ているとはいえ、実際の受講者の地域分布をおおよそ反映していると考えられよう。ラジオ工作の技術は、単なる「趣味」ではなく、メディアをめぐる地方の環境不備を補うための「実用」であり、かつ、その延長でラジオ店を開業するなどの職業転移を可能にしたのである。

地方改良の知

もっとも、都市部と農村部の教育格差を縮小させることは、当時の社会通信教育に期待された機能でもあった。地方の農山村には定時制高校も少なく、北海道では一町村につき一校の設置を目標にしながらも、一九五二年の時点では、二七七町村中、約一〇〇町村で未設置であった。また、かりに定時制高校や成人学級が整備されたとしても、公共交通機関の整備状況を考えれば、地方の勤労者の通学は困難であった。北海道の場合でも、一六歳から二〇歳の勤労青少年のうち、青年学級や成人学校などの社会教育施設を利用する者は全体の一割程度にすぎないことが報告されていた[22]。それだけに、それらの地域では、地理的制約のない社会通信教育のニーズも高かった。北海道教育研究所が発行する『北海道教育』では、一九五二年に「僻地における社会通信教育」という論文が掲載されているが、そのなかでは、「北海道では通信教育に関しては他府県より一層それを拡充しなければならない立地条件を具備している」、「僻地的性格を多分にもつ本道としては、その青年教育に通信教育を大きくとり上げるべき理由は十分にある」という点が強調されていた[23]。文部省社会教育局で戦後初期の社会通信教育行政に携わった二宮徳馬も、一九五〇年の座談会のなかで、「通信教育は、山間僻地の不便な所にいる者の特点《（ママ）》」であると語っていた(24)。

逆にいえば、ラジオ工学講座の知は、都市部以上に農村部で求められるものであったのに対し、それほど需要が大きくなかった他の社会通信教育は、総じて都市的な知を提供するものでしかなかった。一九五九年のデータではあるが、文部省初等中等教育局地方課が発行する『教育委員会月報』（一一四号、一九六〇年）に掲載された「都府県別文部省認定通信教育受講者一覧」によれば、ラジオ教育研究所の通信講座は、東京・大阪がそれぞれ約四〇〇〇名、福岡が五七二七名であるのに対し、北海道は六七三四名、山口は三二二九名であった。それに対し、日本英語教育協会の通信講座は、東京二〇四六名に対し、北海道は四三二名に過ぎず、孔版技術研究所の講座の場合も、東京一五四〇名に対し、北海道は六五八名であった。

電気関係の講座でも、地方の受講者の多さが際立っていた。日本電気協会通信教育部の受講者数は一万七六三〇名で、ラジオ教育研究所の八万三七八九名とは大きな開きがあったが、それでも文部省認定講座のなかでは、受講者数はかなり上位にあった。そのうち、東京での受講者は五六〇名であったが、北海道での受講者は一一一八名に達していた。

その意味で、戦後初期の文部省認定社会通信教育は、主として「地方改良の知」を提供するものとして機能した。終戦後から一九五〇年代にかけて、ラジオは全国民的《ナショナル》なメディアであったが、ラジオ技術者が近隣に少ない農山村部では、聴取者自らが性能の高い受信機をいかに廉価に入手・自作し、また、その故障に対処するかは、切実な問題であった。そうした状況にあって、ラジオ工学講座は、メディア環境をめぐる都市と農村の格差を縮小させるものとして受け入れられたのである。

そのことは、電気工事関係の講座でも同様であった。電気工事の知は、都心部でも需要はあったが、それ以上に、地方で必要とされるものであった。都市部に比べれば電化が遅れ、また技師も少ない地方部に対して、電気工事の知を提供し、「地方電化」を促進する——それが、これらの講座に求められたのであった。もっとも、この講座の修了率が一七パーセントほどであったことを考えると、ラジオ工学講座ほど「地方改良」につながったわけではない。だが、少なくとも、それを促進する可能性を見出されたからこそ、一定の受講者数を獲得できたのであろう。

それに対し、英語の習得や印刷技術は、外国人の出入りや出版社・印刷所が集中する都市部において、必要性が生じることが多かった。だが、都市部であれば、これらの知を吸収するうえで、通信教育に頼る必然性はない。都市部には英語学校は林立しており、参考書籍も書店に少なからず出回っていた。印刷・編集技術も同様であったし、また、それらは職場のＯＪＴ（職場内教育）のなかで知識を吸収することも可能であった。

文部省認定社会通信教育でさまざまな講座が設けられたとしても、そこで需要が高かったのは、地方において有用とされるものであった。換言すれば、認定社会通信教育は、「地方改良」を促すものとして、機能していたのである。

戦前期の知の戦後

だが、同時に、その戦前期からの連続性も見落とすべきではない。ラジオ教育研究所は一九四七年一二月に本間晴が設立したが、本間の通信講座・講義録出版の活動は、戦前期に遡る。本間は戦時期には東京無線技術学校（東京市豊島区）の校主を務めていた。そこでは、通学生への授業のみならず、『東京無線技術講義』という講義録も出版していた。ちなみに、『ラジオ科学』（一九四二年八月号）に掲載されたその講義録の広告には、「無線報国を希ふ青少年は来れ！」「独学にて無線通信士・技術者となりた

本間晴が主宰する東京無線技術専門学校と晴南社の広告（出典：『ラジオ科学』1942年8月号）

い人の為に校外生部を設け『東京無線技術講義』を発行せり」とある。無線技術という戦争遂行に不可欠な知を資格取得に結びつけながら提供するものであったことがうかがえる。また、本間はそれとは別に晴南社を経営し、『最新製図講義録』『旋盤工講義録』『標準上原マレー語』などを出している。これらが戦時物資生産や南方進出のための知であったことは言うまでもない。また、本間自らも、『最新看護学講義』（一九三三年）、『海軍軍人志願者宝典』『陸軍軍人志願者宝典』（ともに一九三二年）を執筆していた。その意味で、本間は戦前期の社会教育における第一人者的な存在であった。

この点では、日本英語教育協会も同様である。財団法人日本英語教育協会は、東京外事専門学校（後の東京外国語大学）学長の井出義行を代表者として一九四八年二月に設立され、通信講座「英語カレッジ」で文部省認定を受けた。そこには、英語普及をはかろうとするGHQの意図もあったと伝えられる。だが、経営難もあって、当時の文部省社会教育局長の斡旋で、旺文社社長・赤尾好夫が経営を引き受けた(25)。その結果、旺文社から役員・社員が入り込むこととなった。また、文部省認定社会通信教育の事業団体が集まって、一九五九年に財団法人社会通信教育協会が設立されたが、赤尾好夫はそれから二〇年余りにわたって、理事長職にあった。だが、赤尾が主宰する旺文社（欧文社）は戦前期より受験雑誌『受験旬報』『蛍雪時代』を発行するなど、受験出版の大手であり、また、雑誌『新若人』を出し、若年層の戦意高揚を煽る役割も果たした(26)。

そして、彼らの戦後通信教育事業への参入は、かつての積極的な戦争協力を覆い隠す働きをした。GHQの意向を受けて設立された日本英語教育協会に旺文社が参画することは、戦時期の受験ノウハウをアメリカナイゼーションに適合させることを意味していた。本間晴のラジオ教育研究所の場合、その傾向はさらに顕著であった。戦時期の無線技術教育を、戦後になってラジオ製作教育へと転換させただけではない。ラジオ教育研究所は、教育・執筆スタッフとして、東京帝国大学第二工学部で教官を務めていた星合正治や高木昇らが関わっていた。東京帝大第二工学部は軍のつよい要請もあり、軍事工学や生産工学の技術者の養成を目指して、一九四二年四月に創設された[27]。星合正治や高木昇は、そこで電気工学の研究・教育にあたっていた。だが、戦後になると、第二工学部は「戦犯学部」とささやかれるようになった。むろん、「戦犯学部」であったのは、戦時工学を主導した（第一）工学部はもとより、他学部も同様であったが、戦時体制のなかで創設された第二工学部の設立経緯が、こうしたイメージを助長した。そのような状況のなかで、星合正治や高木昇らはラジオ教育研究所に関わるようになる。その理由は明らかであろう。高橋雄造も指摘するように、「戦中に軍事研究をおこなった技術者にとって、ラジオ技術や通信教育への従事は彼等自身の〝平和産業への転換〟という意味もあった」のである[28]。

二　高度経済成長と生産工学の前景化

文部省認定講座の隆盛と衰退

このように文部省認定通信教育は、戦前期・戦時期との連続性を保ちつつ、主には「地方改良の知」を提供していった。受講者数も一九六〇年代に入って急速に増加した。一九六一年には年間受講者は一八万人弱であったが、一九六六年には三九万人、高度経済成長期末期の一九六九年には六四万人に達した[29]。

ただ、そのなかでつねに問題になっていたのは「クレディット」の問題であった。一九六八年に刊行された『文部省認定社会通信教育二〇年の歩みと将来』のなかで、前述の二宮徳馬は「通信教育でよく資格が問題になるが、資格を与えるか否かはどこまでも学習目標を達成し学習効果を高める条件の意味で、資格を与えること自体に目的をおく教育は、……時代遅れと言える」と述べていた[30]。だが、他方で「社会通信教育の終了生《ママ》に対しては、なんらの資格もともなわれない」ことが「今日もなお問題を残している」点も指摘していた[31]。

とはいえ、文部省は実質的な「クレディット化」にむけて動かなかったわけではなかった。一九六三年に文部省認定技能審査制度が創設され、同年八月には第一回実用英語技能検定（英検）が実施された。その後、硬筆書写、書道、編物、速記、孔版、秘書、レタリング、ラジオ・音響、トレースが検定試験の対象とされた。これらは、通信教育の受講とは別に試験を受けて初めて資格を取得できるものであり、また、通信教育の受講が受験資格となるわけでもなかった。しかし、受講者にしてみれば、通信教育受講の延長で、その技能がクレディットとして評価されることを可能にするものであった。

だが、こうした施策が社会通信教育の需要を促したのかというと、必ずしもそうとは言えない。認定技能審査制度で一定のクレディット取得が可能になったとはいえ、文部省認定社会通信教育の受講者数は、一九六九年をピークに減少の一途をたどった。一九七六年には三二万人となり、最盛期の約半数にまで落ち込んだ[32]。技能審査制度によって実質的なクレディット化の実現をはかったものの、その数年後には、認定通信教育の需要は下降傾向に入ったのである。

では、その要因は何だったのか。それは、認定外通信教育の活発化にあった。認定外通信教育に関する統計は整備されていないため、明確な講座数の推移は特定できないが、社会通信教育協会理事の藤ヶ崎香樹は、一九六五年ごろから認定外通信教育の活動が活発になったことを回想しており、一九七八年の時点で、認定通信講座一五一に対し、認定外講座は約三五〇に及んでいると推測していた。そのうえで、藤ヶ崎は、こうした「社会通信教育の氾濫」と「受講者募集の競合」が「認定社会通信教育の受講者減少」につながったと述べていた[33]。

だが、新たな社会通信教育が多く生み出されたとはいえ、それらの講座はなぜ文部省認定を選択しなかったのか。そこには、認定に伴う諸々の制約があったと思われる。文部省が告示した社会通信教育基準では、通信講座の修業期間は原則的に六ヵ月以上と定められていた。また、認定申請を行なううえでは、通信教育事業団体の規則、学習指導体制の書類、事業計画、収支計画・決算書など、多くの文書を文部省に提出する必要があった（社会通信教育規程）。しかも、申請してから認定を得るまでに、最低でも二年を要していたという[34]。だとすると、制作者側からすれば、その時々で社会で求められるテーマを通信講座として提供しようとする場合、文部省認定に魅力を感じないのも、当然であった。

それにしても、なぜこの時期に、認定外通信教育は認定通信教育にとって脅威と映るほどに規模が拡大したのだろうか。そこには、必要とされる社会教育の知の変容があった。そのことを象徴するのが、産業能率短期大学や日本能率協会の社会通信教育への参入である。

産能大と「現場改善の知」

産業能率短期大学（現・産業能率大学、以後、「産能大」と略記）は、一九七一（昭和四六）年に社会通信教育部を設置し、「生産工学基礎コース」「ＶＥ基礎コース」など、一般社会人向けの通信講座を開始した。ただ、産能大は短大における通信教育課程を一九六三年に開設していた。これは、社会通信教育とは異なり、あくまで大学教育の一部であった。だが、そこでは入学試験はなく、高校卒業の学歴があれば入学可能であり、「経営数学」「経営情報システム設計」など、科目履修生として受講したい科目のみ受講する社会人も少なくなかった。そもそも、一九五〇年に創設された産業能率短期大学は、当初、夜間部のみで発足した教育機関であり、主に働きながら経営学・生産工学を学ぼうとする社会人を対象にしていた[35]。これらを考えれば、企業実務に関する社会通信教育に産能大が取り組むようになったのは、一九六三年からであったと言える。

産能大が社会通信教育として提供する知は、従来のものとは、かなり質を異にしていた。前述のように、一九四〇年代後半から五〇年代にかけて、文部省認定社会通信教育では、ラジオ製作技術や英語、電気工事技術などの講座の需要が高かったが、それらはある「技術」「スキル」を習得しようとするものであった。それに対し、産能大の通信講座は、生産管理、VE（価値工学）、情報システム設計などを主に扱っていた。これらは、現場の実務技能を習得するものというよりは、「現場改善」のための技術を扱うものであった。たとえば、「生産管理基礎コース」は工程管理・作業管理・品質管理・資材管理・原価管理を扱っており、製品ができあがり、出荷されるまでの一連の「人・モノ・カネ」の動きを効率化する手法が紹介されていた。「VE基礎コース」は、戦後にアメリカより流入した価値工学という生産管理技術に基づき、作業工程の生産性やコストを調査・分析し、効率性を高める技術を習得させるものであった。もっとも、産能大の社会通信教育のなかには、一九七〇年代前半に文部省認定となった講座もあった。だが、少なくとも産能大は、文部省認定か否かを問わず、「現場改善の知」の普及を目指していた。

その点では、日本能率協会も同様であった。日本能率協会は、一九七九年になって社会通信教育事業に本格参入し、生産工学や事務管理方面の講座を多く展開した。この団体は、戦後早い時期からQC（アメリカで開発された品質管理の技法）を日本に紹介するなど、生産部門・事務部門の効率化を推進するコンサルティング・ファームであった。

産能大と日本能率協会は、企業実務通信教育の分野では、トップシェアをめぐって競い合っている二大企業と目されるが、その源は、一九六〇年代から七〇年代にかけて、これら両コンサルティング・ファームが、「現場改善の知」を提供したことにあった。

だが、なぜ、この時期に通信教育で「現場改善の知」の需要が高まったのだろうか。一つには、高度経済成長下、企業では物資を効率的に量産する必要性に迫られていたことがあげられる。たとえば、『日本能率協会コンサルティング技術四〇年』（一九八二年）のなかでも、昭和三〇年代の「産業発展期」、昭和四〇年代の「拡大成長期」のような「生産規模が絶えず拡大する状態」では、「設備能力の拡大が最重要問題」であり、「設備の有効活用や、資材の歩留り向上」、「機械化を促進すること（省力化）」、「設備の効用をより増大すること（設備管理）」などに「ＩＥ（生産工学）の技術を転用することが盛んに行わ」れ、「資材管理のような在庫コストを低減する技術の活用は非常に盛んであった」と記されている。[36]

一九七三年のオイルショック以後は、低経済成長の時代となり、企業環境は大きく変容したが、そこで求められたのは、コスト削減や人員省力化といった「改善＝効率化」の手法であった。一九七六年に日本能率協会はＶＲＰ（Variety Reduction Program）の手法を開発し、部品種類の半減化をめざす一方、その標準化・共有化を図って製品多様化への対応を可能にする技術の普及を目指した。

つまり、高度経済成長下であれ、低成長下であれ、「改善」「効率化」の知は企業にとって重要なものとなっていた。だが、零細企業も含めたすべての企業が、日本能率協会や産能大のコンサルタントによる現場指導を受けることができたわけではない。当然、その指導料・研修料は、中小企業にとっては高価なものであることが多かったし、遠隔地の企業・工場であれば、コンサルタントを招くための旅費・宿泊費も発生する。そこで、通信教育が望まれたのだろう。書籍に比べれば通信教育は高価かもしれないが、直接にコンサルタントの指導・研修を受けるのに比べれば、廉価であることは間違いない。また、コンサルタントの指導・研修であれば、その間、社員を業務から外したり、ときには生産ラインを停止させる必要もあったが、通信教育であれば、そのようなことは生じない。他方で、生産現場にあって、自らこれら改善手法を学びたいと思う者も少なくはなかったが、彼らにとっても、通信教育は便利な学習形態であった。研修会に出席するとすれば、休暇を取らねばならず、また、一個人で受講するには、費用も高かった。通信教育であれば、そのような問題は解決可能であった。

逆に、日本能率協会や産能大にしても、指導員を派遣することなく、かつ、自らが生み出す知の顧客を広範に獲得する手段として、通信教育を見出したのであろう。産能大や日本能率協会のコンサルティング活動は以前からなされていたが、その通信教育が高度経済成長期、あるいは低成長期に始まったことには、上記のような背景があったのである。

このことは、社会通信教育の知が変質しつつあることを浮き彫りにしていた。文部省認定通信教育が発足した一九四〇年代後半および一九五〇年代であれば、とくにラジオ教育研究所のラジオ工学講座が圧倒的に高い需要を誇っていた。それは、都市と農村の経済的・社会的乖離という状況のもと、ラジオを製作する技術を提供し、あわよくば、受講者がラジオ商に転業することをも可能にする知であった。また、ラジオ工学講座ほどではないにせよ、かなりの人気を誇っていた電気関係の講座にしても、地方電化の必要性を背景にしながら、都市部よりも地方部で需要が高かった。これらは、「地方改良の知」を提供するものであった。

だが、一九六〇年代に入ると、高度経済成長とともにテレビの普及が加速し、ラジオ工学講座の需要は低下した。また、ラジオに比べて、部品点数も多く、複雑な機構を持つテレビは、自ら修理・製作するのは容易ではなかった。さらに、高度経済成長に伴い、第二次産業人口が増加し、農村から都市・工業地帯へ急速な人口移動が生じた。文部省認定通信教育ができたころは、「僻地」でも学ぶことができることが、通信教育の大きなメリットであった。だが、農山村の人口が急速に減少していく一九六〇年代以降であれば、それはすでに通信教育のメリットとして成立し得なかったし、「地方改良の知」の必要性も低下した。

ちなみに、文部省で通信教育行政に携わっていた二宮徳馬は、『社会教育』一九五〇年二月号に寄せた論文「綜合的社会教育の反省」の末尾で、「最後に反省すべきことは、従来説かれている日本の社会通信教育は、殆んど農村社会教育だということである。事実また、日本の社会教育は農村に偏し、他の多くの文化面と反対に、都市が、その生活基盤を異にしているに拘らず、農村社会教育の形態を機械的にとりいれようとしている」と指摘している。(37) これは、「都市化」に乗り遅れた認定通信教育のその後を予見したものでもあった。

むろん、文部省認定通信教育講座はその後も存続しており、また、文部省認定か認定外かを問わず、簿記やビジネス英語など、「現場改善の知」以外の一般実務知識を扱う講座も開講されてきた。だが、社会通信教育のなかで「現場改善の知」が見出され、その位置づけが相対的に大きくなったことは、高度成長期以降の特徴をなすものであった。

「現場改善の知」の戦前と戦後

ただ、見落としてはならないのは、これら「現場改善の知」における戦前と戦後の連続性である。日本能率協会は、一九四二（昭和一七）年三月に日本工業協会と日本能率連合会とが統合されて発足した。これは、商工省・軍需省の補助金で運営された国策機関であった。名誉会長には商工大臣の岸信介、会長には貴族院議員で呉海軍工廠に科学的管理法を導入した海軍造兵中将の伍堂卓雄が就いたほか、理事長には、三菱商事で機械技術者として勤務したのち、企画院で第七部長を務めた森川覚三が着任した。技術系のスタッフとしては、鉄道省工作局長であった山下興家が常任理事を務めたほか、鉄道省車両工場で作業研究を担当していた堀米建一や小野常雄が加わっていた。この日本能率協会は、主として軍需産業を対象とした合理化や能率推進のための普及活動・工場指導を行なう組織であり、日本が中国戦線と南方戦線の両面作戦を遂行するなか、いわば総力戦の効率的な推進をめざすものであった(38)。

ちなみに、山下や堀米、小野が鉄道省で実施した工程管理技術は、商工省内に一九三〇年に設立された臨時産業合理局およびその立案機関である生産管理委員会に受け継がれた。これは、昭和恐慌下、解雇やストライキが続発するなか、経営・生産の合理化を指導する組織であり、第一次大戦後のドイツにおける合理化運動の影響を受けた山下が委員長を務めた。生産管理委員会は、翌一九三一年、日本能率協会の前身である日本工業協会へと改組され、「従業員に対する精神的指導法」「工事用材料ならびに消耗品の節約法」「工場内の整頓法」「工場の消化及び防火」「在庫品の貯蔵方法」などの指導を行なった。そして、これら昭和恐慌を乗り切るための「現場改善」の技術は、さらに精緻化されながら、戦時総動員体制を支えるものとなったのである。

それは戦後にも連続していた。日本能率協会は、CCS（連合軍民間通信局）の指導を受けながら、アメリカ流のマネジメント・システムやQC（品質管理）の技術を紹介していくようになった。日本能率協会の年史には、それらの技術は日本能率協会のコンサルタントたちに「大きな感銘と衝撃」を与え、「ようやく工場全体や企業全体のマネジメント・システムに関心を向けていたコンサルタント約七〇名は、いちはやくそのマネジメント構造を理解」したと記されている(39)。だが、裏を返せば、戦前期からの科学的工程管理・作業管理の技術がなければ、「いちはやくそのマネジメント構造を理解」することは不可能であっただろう。

その点では、産能大も同様だった。産業能率短期大学は一九五〇年に開学したが、その前身は上野陽一によって一九二五年に創設された日本産業能率研究所にさかのぼる。上野は東京帝国大学文科大学で心理学を学び、一九〇八年に卒業した。上野はその後、F・W・テーラー『科学的管理法ノ原理・工場管理法』を訳出し（上野陽一訳編『テーラー全集 第二』同文館、一九三二年）、日本にアメリカ流科学的管理法を紹介するとともに、一九二〇年からライオン歯磨、中山太陽堂、福助足袋で業務指導を行ない、生産工程の流れ作業化や作業改善を進めた。その業績が評価されて、上野は大阪造幣局で臨時能率課長を七年間務め、また、一九三〇年には、生産管理委員会の主査も務めた。一九四二年には各種学校として日本能率学校を設立し、「能率概論」「事務管理」「原価計算」「作業研究」「労務管理」「工程管理」などを講じた(40)。これらの活動をもって、上野は「能率の父」を称されるに至ったが、上野が志向するところは、戦前と戦後をまたぎ得るものであった。上野は一九四五年一二月に『新能率生活』を光文社から出しているが、その「序」には次のように記されている。

戦争をはじめたことの可否は別として、始めた以上は勝たなければならぬ。然るにわれわれは完全に敗けてしまつた。ナゼ敗けたか、一言で言へば、アメリカの「能率」にまけたのである。（中略）私には終戦によつて急に従来の態度や所説をかへる必要を認めない。戦前、戦時から戦後にかけておなじ道を歩んで日本のために尽し得ることを幸福におもつている(41)。

上野は、戦前・戦時に求められた「能率」を戦後も追求し、戦時期に創った日本能率学校を改組して、一九五〇年に産業能率短期大学を創設した。産能大が通信教育で提供しようとした「現場改善の知」は、こうした系譜に連なるものであった。

三　「ノン・クレディットの知」の駆動因

戦後の学制改革と社会通信教育

このように、戦後の社会通信教育が提供する知は、高度成長期をはさんで、「地方改良」から「現場改善」へと変質していった。むろん、高度成長期以降も文部省認定社会通信教育は存続しているし、そこで「地方改良」の要素が皆無であったわけではない。都市部でさまざまなビジネス専門学校やカルチャー・スクールで提供される知を、通信教育は地方にも提供し続けてきた。だが、社会通信教育で扱われる知において、相対的に、「現場改善」の比重が高まっていったことは事実である。

では、これらの社会通信教育は、どのように受容されたのか。その社会的機能はいかなるものだったのか。そのことを、以下に考察したい。だが、そのためには、まず、戦後の学制改革を視野に入れなければならない。職業人にとっての通信教育の意味合いは、学校教育の機能との対比によって、浮かびあがるからである。

戦前期の学制では、義務教育以降は、中等学校、高等学校、大学という学歴エリートの正系コースとは別に、師範学校・高等師範学校、専門学校・高等専門学校、大学予科などさまざまな制度が入り組んでおり、しかも、これらを経由して、大学に入学する道が存在していた。だが、戦後の学制改革では、義務教育が九年に延長されるとともに、中等教育は高等学校、高等教育は短期大学と大学へと一元化された。

こうした制度改革の背後には、「教育の民主化」、つまり、学歴偏重の風潮を排しつつ、多くの国民に平等な教育機会を提供しようとする理念があった。だが、実際のところ、これはむしろ学歴に基づくヒエラルヒーを助長する方向で機能した。学制が入り組んでいた分、さまざまなピラミッドが存在し、多様な階層上昇があり得た戦前期とは異なり、学制が単純化された戦後においては、ピラミッドは一元化され、学歴をめぐる格差はかえって明確化された。

他方で、財閥解体や農地改革は中産階層内部に構造変化をもたらした。天野郁夫によれば、それは「所得と、進学にかかわる文化との相対的な平準化を推し進め、進学を希望し、また進学に必要な教育費負担能力を持つ層を、一挙に拡大」させた(42)。多くの国民にとって、中・高等教育は経済的のみならず、社会・心理的にも接近がより容易なものとなった。しかも、一九四〇年代末はベビーブームとなり、それが日本経済の回復と相まって、彼らの世代の義務教育以降の進学競争を過熱した。当然、そうした状況では、上級学校へ進学しないことを「選択」の問題ではなく、「落伍」として捉える社会認識が醸成された。

かつ、学歴は企業の採用と結びつくことで、その擬似職業資格化が進んだ。戦後の経済回復のなかで、大量の若年労働者を必要とした企業は、その供給源を学校に求めた。つまり、「企業は大衆化した中・高等教育から大量に送り出される新規学卒者を、定期採用して需要を充足する方法をとった(43)」のであり、それは企業と学校を直結させ、学歴が職業資格と重なり合う状況を醸成した。とはいえ、企業が学校卒業者に望んだものは、職業に関する専門知識や技量ではない。むしろ、集団のなかでの協調性や「ハイアラーキカルな組織のなかで、新しい知識や技術を次々に獲得していくのに必要な能力(44)」であった。学校という集団のなかで、事を荒げることなく過ごすことができ、また、要求される知識・技能を次々に吸収する素質――それが、学歴を擬似職業資格とみなす企業が新規採用者に求めたものであった。

では、このように学歴が機能するなか、通信教育の受講はどのような社会的な意味を持ったのだろうか。そこで当初意図されたのは、一九四七年に戸田貞三が通信教育調査委員会で述べたように、「教育の機会均等」を実現し、学歴・学校歴とは異なるキャリア形成を可能ならしめようとすることであった。だが、社会通信教育は、むしろそれとは逆の方向で機能したと考えるべきであろう。

社会通信教育は、非高学歴者にも開かれていたとはいえ、それを修了できた者の比率は二〇パーセント程度と推測されている。[45] それも当然であって、通信教育は学校とは異なる教育を模索しながらも、それは学校以上に刻苦勉励を強いるものであった。誰が講義してくれるわけでもなく、テキスト（＝教科書・参考書）をただ一人で読み、添削課題（＝問題集）に取り組む。それは、典型的な受験勉強のスタイルであった。むろん、テキストの内容について質問することも可能ではあったが、それは質問票の郵送という方法を取らなければならなかったため、回答にはしばしば一ヵ月以上を要した。そのような通信教育を容易にこなすことができたのは、かつての学校エリートであった。学校を「落伍」し、受験勉強のスタイルでの知識吸収に馴染んでいない者にとって、通信教育が学校以上に苦痛であったことは、たやすく想像できよう。

もっとも、修了率が六割以上に及んだラジオ工学講座のようなものも存在した。高度成長期以前においては、都市と農村の隔絶はいまだ大きかった。そのようななかで、これらの講座は、農村の科学青年がラジオの知識を吸収することを可能にし、のみならず、彼らがラジオを修理することで、ナショナルな電波メディアをローカルな地で聴取することを容易にした。農村におけるラジオ商・ラジオ修理工はそうしたなかで、生み出された面もあった。ラジオ工学講座は、受講者に「孤独な学習」（learning alone）を強いつつも、農山村部へのラジオ技術の波及を促進し、「地方改良」を促すものとして機能した。

しかしながら、この時期の文部省認定社会通信教育のすべてが、同様に機能したわけではない。一九五〇年代までの認定社会通信教育であれば、ラジオ工学講座以外に、電気工事講座や英語講座の需要が比較的高かったが、それらの修了率はせいぜい一、二割であった。青年たちは、再勉学の意欲と階層上昇の夢が加熱される一方、働きながら「孤独な学習」をすることの過酷さを痛感し、その夢や意欲は挫折や冷却が促された(46)。

産能大や日本能率協会など、高度経済成長期以降の通信教育においては、その点はさらに顕著であった。これら認定外通信教育は、企業の人事担当者が昇進昇格と絡めて、従業員(の一部)に受講を実質的に義務付けることもあったが、受講者が自らの費用負担で受講を申し込む、あるいは、せいぜい修了した者に企業が受講料の半額を補助するケースが多かった。企業が実質的に受講を義務付けている場合、たしかに修了率は高かったが、逆に最後まで修了できなければ、それは、その後の昇進の道が閉ざされることを意味していた。幾度かの受験勉強を経て、それへの慣れや耐性がある者は、そうでない者に比べると、勤労しながら「孤独な学習」をすることははるかに容易であり、彼らのほうが通信教育、ひいては昇進から落伍する確率は低かった。

また、企業が受講を義務付けていない場合、修了率は二〇パーセントを下回っていたと思われる。前述のように、社会通信教育全体の修了率が二割ほどとすれば、そこから企業が受講を義務付けていたものを除けば、その比率のさらなる低下が見込まれる。それはすなわち、新たな知識を吸収しようとする意欲が加熱されながらも、受講のプロセスのなかで冷却されるケースが圧倒的に多いことを意味する。

とはいえ、なかには通信教育を修了し、新たな知識獲得を実現した人々がいたことも事実である。そこに通信教育の意義や有効性を見出すことも、むろん可能ではある。だが、「例外的」な可能性のみを注視し、「一般的」な不可能性に目をつぶることは公正ではあるまい。

かりに修了できたとしても、それが企業が受講を義務付けた講座でなければ、企業内での昇進昇格に特段結びつくわけではない。通信教育の受講によって、学校エリートとは異なる知識吸収を目指したとしても、それは、彼らに対する自らの屈折を「勉学」でもって穴埋めするものでしかなかった。つまり、企業内において学校エリートたちとは異なるポジションに甘んじなければならないことを正当化し、彼らとの「真っ向勝負」を諦めさせるという意味で、通信教育は冷却装置として機能した。

社会通信教育は、学歴主義の打破という幻想をかきたて、新たな知識習得意欲を助長しつつも、結果的にはその意欲を冷却し、「学歴」が擬似職業資格として流通する状況を促進していったのである。

ビジネス・キャリアの幻想

一九九三年、労働省は「ビジネス・キャリア制度」を立ち上げた。これは、経理・人事・営業・生産管理など、ホワイトカラーも含めた広範な実務知識の検定制度であり、一定の実務経験もしくは、労働省認定の通学教育・通信教育の修了が受験資格要件とされていた（二〇〇七年度より「ビジネス・キャリア検定試験」へと変更）。管轄官庁は労働省ではあったが、文部省社会認定通信教育がたびたび模索した「クレディット化」が、ここにきて、企業実務全般にわたり実現されることとなったのである。

だが、この制度が盛り上がりを見せたとは言い難い。当初、この認定通信教育には、産業能率大学やビジネス出版大手のＰＨＰ研究所などが参入したが、その後、撤退した出版・教育団体は少なくなかった。一九九四年四月二一日の『朝日新聞』では、「ビジネスキャリア制度、関心高いが受講少なめ　定員の二割程度」と報じられていた[47]。

その理由にはさまざまなものが考えられよう。労働省（現・厚生労働省）のＰＲ不足も、その原因のひとつかもしれない。だが、これまでに見てきたように、そもそも、学歴・学校歴とは異なる「ビジネス・キャリア」というクレディットが、企業のなかでさほど求められるものではなかったことが、最大の要因だったのではないだろうか。戦後長らく学歴を擬似職業資格とみなし、ＯＪＴ（職場内教育 on the job training）やＯＦＦ－ＪＴ（職場外教育 off the job training）で現場の職業教育を行なってきた企業にしてみれば、通信講座や通学講座の「教科書」で学んだ知識は現場実務から乖離したものに見えるだろうし、そうした「紙」で得た知識を振りかざす社員がいれば、それは迷惑なものでしかない。

むろん、学歴や学校歴が乏しくとも、実務能力が高い職業人は少なくない。だが、彼らにしても、「ビジネス・キャリア」という資格は不要であろう。これまでに積み重ねてきた自らの実績こそが彼らの自負の源であり、それは何も通信教育やペーパーテストに還元されるべきものでもあるまい。むしろ、学校での「勉強」を疎ましく思っていた彼らにとって、この種の通信講座は不快な存在であったのではないか。

もっとも、ビジネス・キャリア制度の是非を問うことが、ここでの趣旨ではない。戦後、社会通信教育はさまざまな知を提供してきた。また、そこで求められる知そのものも、戦後の社会変容のなかで変化した。だが、その社会的機能は、多分にビジネス・キャリア制度に象徴されるのではないだろうか。「クレディット化」はたしかに受講者にある種の達成感を与える。だが、そこで「ビジネス・キャリア」が得られたとしても、その「クレディット」は実務社会において、彼らが思うように機能しているわけではない。

また、それ以前に、その種の通信講座を修了すること自体、容易なことではあるまい。働きながら通信教育を続けることの困難さもさることながら、受験勉強になじめなかった者にしてみれば、独学で教科書と問題集に向き合わねばならない通信教育を完遂することは至難であろう。

もちろん、ラジオ工学講座のように「地方改良の知」を提供するものとして機能したものもあった。それは都市と農村が大きく隔絶していた戦後の比較的初期の時代においては、有効だった。だが、高度経済成長を経て、都市化や都市部への人口集中が加速すると、「地方改良の知」の必要性は低下した。たしかに、通信教育は、都市と農村の地理的な距離を超え得るものであり、戦後初期においてはひとつの可能性を有するものであった。だが、高度経済成長に伴い、都市化が進むと、距離の超越という通信教育のメディア特性は必要とされなくなってくる。必然的に、残された機能、つまり、加熱と冷却のみが、通信教育において作動することとなった。

社会通信教育は、現状から脱却し、上昇しようとする受講者の意志を「加熱」する。だが、それは、通信教育に取り組むことの困難のなかで冷却され、脱落や挫折を生み出す。また、それを修了したところで、自らの実務環境が大きく変化するわけでもない。たとえ、「ビジネス・キャリア」という「クレディット」が得られたとしても。

ドラマ『ハケンの品格』の主人公は、企業組織のあり方に強烈なフラストレーションを抱く「ハケン」社員であった。その彼女が「資格フリーク」であったことは、どことなく社会通信教育の機能を示唆しているようにも思えてならない。

注

(1) 金子勝「『ハケンの品格』荒唐無稽だが妙なリアルさ」『朝日新聞』二〇〇七年二月一四日。

(2) 茅誠司「この立派な制度にクレジットを」『文部省認定社会通信教育三〇年の歩み』財団法人社会通信教育協会、一九七八年。

(3) 岩田守夫「社会通信教育の現状」『社会教育』第一〇巻九号、一九五五年、五八頁。

(4) 職業人向け通信教育の変遷を扱った研究書・研究論文は、きわめて少ない。文部省認定社会通信教育を扱った新井喜世子「行政からみた三〇年の歩み」(『文部省認定社会通信教育三〇年の歩み』一九七八年)や、戦後初期のラジオ工学通信教育史を扱った高橋雄造「戦後のラジオ・エレクトロニクス技術通信教育の歴史」(『科学技術史』第五号）などが、関連論考としてあげられるが、職業人にとって通信教育がいかなる機能を有したのか、そこで得られる「知」「実力」に何が見出されたのかという、社会学的な視角は見られない。本章は、戦後の職業人通信教育を見渡しながら、そのメディアとしての機能を考えようとするものである。
（5）本間晴・城取直巳・稲崎貞・藤ヶ崎香樹「わが国における社会通信教育――誕生からの道程」『文部省認定社会通信教育三〇年の歩み』（前掲）、九〇頁。
（6）高橋雄造「戦後のラジオ・エレクトロニクス技術通信教育の歴史」『科学技術史』第五号、二〇〇一年、四五頁。
（7）本間晴・城取直巳・稲崎貞・藤ヶ崎香樹「わが国における社会通信教育――誕生からの道程」（前掲）、九一頁。なお、『文部省認定社会通信教育団体財団法人ラジオ教育研究所 通信教育三〇年の歩み 附・日本の通信教育の歴史』（ラジオ教育研究所記念出版、一九六八年頃、校正刷）を参照した前掲・高橋論文によれば、第一回統制では四九講義録、第二回統制では二六講義録、第三回では九講義録が存続したとされており、各統制時期における厳密な講義録存続数は必ずしも定かではない。
また、高橋論文によれば、第三回統制で存続した講義録は、早稲田大学出版部の早稲田中学講義・早稲田高等女学講義、公民教育会（大日本国民中学会）の国民中学講義録・高等女学講義録、帝国教育図書の家庭女学講座、富民協会の実際農業講義録、電機学校の新制電気講義、国民工業学院の測量術講義、晴南社・国民教育学院の最新製図講義（合同残存）、早稲田尚学会・日本通信法制学会の専検受験講座・普通文官養成講義（合同残存）とある。そのうち、国民工業学院は晴南社と合同していた。
（8）安部能成「六・三義務制実施断行に関する声明」一九四七年二月二〇日、教育刷新委員会総会配布資料（国立公文書館蔵）。
（9）戸田貞三「通信教育制度創設に関する答申」一九四七年五月二二日（国立公文書館蔵）。
（10）戸田貞三「通信教育制度創設に関する答申」（前掲）。
（11）戸田貞三「通信教育制度創設に関する答申」（前掲）。本間晴・城取直巳・稲崎貞・藤ヶ崎香樹「わが国における社会通信教育――誕生からの道程」（前掲）、九三頁。ただし、新制教員検定規程に準拠して行なわれる通信教育については、所定の資格を与えるとされていた。

(12) 本間晴・城取直巳・稲崎貞・藤ヶ崎香樹「わが国における社会通信教育――誕生からの道程」(前掲)、九四頁。
(13) 岩田守夫「社会通信教育の現状」(前掲)、五八頁。
(14) 文部省社会通信局編『通信教育の問題点と振興策――社会通信教育研究協議会資料』文部省社会通信局、一九五五年、一〇頁。
(15) 「座談会　回顧三〇年」『文部省認定社会通信教育三〇年の歩み』(前掲)、一一一頁。
(16) 文部省社会教育局編『通信教育の問題点と振興策――社会通信教育研究協議会資料』(前掲)、七頁。
(17) 同、七頁。
(18) 同、七頁。なお、修了率とは、一般に、「入学者総数」から受講中の人数(「受講者数」)を差し引いた数に対する「修了者数」の割合を指す。だが、この統計では、「受講者数」が一定の受講期間内にある受講者の数というよりは、退学届を出していないが、修了もしていない者の数であるように思われるものが少なくない。たとえば、一九五一(昭和二六)年三月に認定された日本電気協会「電気工学指導講座」(標準修業年限六ヵ月)は、一九五四年(昭和二九)年一二月の時点で、入学者総数一〇四〇八、退学者総数四四、修了者総数四一五に対し、受講者総数九九四九となっており、受講者総数が入学者総数の九五パーセントを占めている。一九四七(昭和二二)年一二月に認定された秋田大学鉱山学部の社会通信教育「電気学科」の場合、入学者総数一〇七三、退学者総数三四七、修了者総数ゼロに対し、受講者総数七二六となっている。この講座の標準修業年限が二年程度であることを考慮に入れても、認定から七年が経過した時点で、受講者の数が入学者総数の七割を占めているのは、異常な多さである。おそらく、これらの数値には、添削課題を提出しないまま放置し、挫折した者の数も含まれているように思われる。だとすると、上記のような形で修了率を算出しても、状況を正確には反映しない。そこで、ここではやむを得ず、実際の修了率をおおよそ示唆する数値として、入学者総数に対する修了者の割合を用いることにする。
(19) 『ラジオ』九号(一九四九年二月二〇日)、二八―二九頁(高橋雄造「戦後のラジオ・エレクトロニクス技術通信教育の歴史」『科学技術史』第五号、二〇〇一年、七三‐七四頁より重引)。
(20) 『ラジオ』一〇号(一九四八年三月二〇日)、二四頁(高橋雄造「戦後のラジオ・エレクトロニクス技術通信教育の歴史」七四頁より重引)。
(21) 高橋雄造「戦後のラジオ・エレクトロニクス技術通信教育の歴史」(前掲)、八三頁。
(22) 熊谷清高「僻地における社会通信教育」『北海道教育』六号、一九五二年、三六頁。
(23) 同、三七頁。
(24) 座談会「かゞやく通信教育生」『社会教育』第五巻一一号、一九五〇年、三一頁。
(25) 赤尾好夫「私と社会教育」『社会教育』第一九巻九号、一九六四年、四六頁。なお、日本英語教育協会のホームページ(http://www.eikyo.or.jp/q_eikyo/project_history.html)では、同協会は一九五〇年九月設立とされているが、それは赤尾好夫がこの協会の経営を引き継いだときのことを指していると思われる。赤尾「私と社会教育」(四六頁)でも、「昭和二十五年の秋、当時の社会教育局長の西崎先生の訪問を受け、英語教育協会の経営を引きうけるよう依頼されました」と記されている。
(26) 赤尾好夫と情報官・鈴木庫三の関わり、および『新若人』発刊の経緯については、佐藤卓己『言論統制』(中公新書、二〇〇四年)参照。
(27) 東京帝国大学と文部省・大蔵省・陸軍・海軍・企画院の協議(一九四一年一月三〇日)のなかでは、第二工学部創設に際し必要な資材は、陸海軍が折半して引き受けることが提示されていた。東京大学百年史編集委員会編『東京大学百年史 部局史三』東京大学、一九八七年、五六八頁。
(28) 高橋雄造「戦後のラジオ・エレクトロニクス技術通信教育の歴史」(前掲)、五六頁。
(29) 新井喜世子「社会教育法制定後の歩み」『文部省認定社会通信教育二〇年の歩みと将来』財団法人社会通信教育協会、一九六八年、四六頁。新井喜世子「行政からみた三〇年の歩み」『文部省認定社会通信教育三〇年の歩み』(前掲)、六三頁。
(30) 二宮徳馬「社会通信教育の特質」『文部省認定社会通信教育二〇年の歩みと将来』財団法人社会通信教育協会(前掲)、一一四頁。
(31) 二宮徳馬「社会通信教育の沿革」(前掲)、三八頁、四〇頁。
(32) 新井喜世子「行政からみた三〇年の歩み」『文部省認定社会通信教育三〇年の歩み』(前掲)、六四頁。

(33) 藤ヶ崎香樹「反省と改善の時代　昭和四三年〜現在」『文部省認定社会通信教育三〇年の歩み』(前掲)、一〇二－一〇三頁。
(34) 「座談会　回顧三〇年」(前掲)、一一九頁。
(35) 「実施団体の沿革と教育内容——産業能率短期大学」『文部省認定社会通信教育三〇年の歩み』(前掲)、二〇二頁。
(36) 日本能率協会編『経営と共に——日本能率協会コンサルティング技術四〇年』日本能率協会、一九八二年、一〇八－一〇九頁、一一一頁。
(37) 二宮徳馬「綜合的社会教育の反省」『社会教育』第五巻二号、一九五〇年、二五頁。
(38) 日本能率協会の設立経緯については、日本能率協会編『経営と共に』(前掲)に詳しい。
(39) 日本能率協会編『経営と共に——日本能率協会コンサルティング技術四〇年』(前掲)、六八頁。
(40) 産業能率短期大学編『上野陽一伝』産業能率短期大学出版部、一九六七年、一九七頁。
(41) 上野陽一『新能率生活』光文社、一九四五年、三－四頁。
(42) 天野郁夫『教育と選抜の社会史』ちくま学芸文庫、二〇〇六年、二八四頁。
(43) 同、二九〇頁。
(44) 同、二九三頁。
(45) 大矢息生『通信教育で成功する』林書店、一九六八年、四頁。文部省認定社会通信教育以外のものについては、開講講座や受講者数、修了率などの統計は見当たらない。ここでは、高度経済成長期以降の社会通信教育全般の修了率を推測するにあたって、当時の通信教育の状況を調査した経営法学者・大矢息生の数値を参考にした。
(46) 学校教育や社会的昇進における「加熱」と「冷却」のシステムについては、すでに竹内洋『選抜社会』(メディアファクトリー、一九八七年)をはじめとする竹内の著作の中で詳述されている。そこでは、「加熱」は「選抜の直前までは誰でも努力すればどんなポストも学歴も獲得できる」という認識として、「冷却」は「代替的価値に移行し失敗に適応すること」として定義されている。また、「冷却」と区別して、「次善の達成の満足によって失敗に適応すること」を「縮小」という概念で説明されている。ただ、本章は、「代替的価値に移行する」か「次善の達成の満足」なのかという点を厳密に切り分けてはおらず、両者を包括的に扱っている。

(47) この記事自体は、通信教育ではなく、通学でビジネス・キャリア制度対応講座を学ぶケースについて言及したものである。だが、ここから通信教育の場合についても同様のことが推測されよう。なお、ビジネス・キャリア制度は、二〇〇七年度より、検定試験制度へと改定されたが、二〇一四年現在で、この制度に対応した通信講座を開講しているのは一一団体に留まっている。かつて対応通信講座を開講していた産業能率大学やＰＨＰ研究所も撤退している（二〇一四年九月一九日現在、中央職業能力開発協会ホームページ参照：http://www.javada.or.jp/bc/nbc/gakusyu/h25kouza_bumon.html）。なお、二〇〇九年に行われた内閣府行政刷新会議による「事業仕分け」では、ビジネス・キャリア検定制度は国の委託事業としては「廃止」として結論付けられた。

エピローグ

「内側の住人の実感」への問い

チャップリン『独裁者』

大学ではメディア史やメディア論に関する講義を担当しているが、その最終回には、チャップリンの映画『独裁者』（一九四〇年）を扱うことが多い。

言わずと知れたナチス・ドイツを風刺した映画で、総統ヒンケルに瓜二つのユダヤ人の床屋がドタバタ劇を繰り広げる。製作されて七〇余年が経過しているわけだが、ふだんの授業では退屈そうにしている学生も、このときばかりは、終始、頬をゆるめながらスクリーンを眺めている。

『独裁者』は反ファシズム映画と目されがちだが、メディアや世論・輿論のありようを考えるうえでも興味深い。それは、この映画が「逆さの世界」の描写を基調にしているからである。

冒頭の第一次大戦の場面では、末端の兵士として駆り出された床屋（チャップリン）が高射砲を操作するが、敵機に照準を合わせようとするうちに、誤って高射砲を地面に向けてしまい、自らも砲手座席から転がり落ちてしまう。その後、負傷したドイツ軍（映画ではトメニア）の士官・シュルツを助けて戦闘機に同乗する場面では、太陽の光が下から差したり、鎖時計のチェーンが勝手に上に伸びたり、水筒の水が上方に噴出してチャップリンの顔にかかってしまうさまが描かれる。これは、負傷して気を失いかけたシュルツが操縦を誤って、飛行機を上下逆さで飛行していたためなのだが、ユダヤ人の床屋とシュルツはそのことに気づかない。いずれもコミカルなシーンだが、そこで示唆されるのは、「「逆さの世界」の住人にとっては、逆さの世界が逆さとして意識されない(1)」ということである。

逆さの世界

この映画は、物理的な「逆さの世界」を糸口にしながら、さらに、社会的な「逆さの世界」へと描写を広げていく。

先の飛行機は燃料が切れたこともあり、山野に墜落するが、二人とも奇跡的に一命を取り止める。しかし、床屋はその衝撃で記憶喪失となり、精神病院に入院させられる。そのうち、第二次大戦が勃発し、トメニアではユダヤ人たちが迫害されるが、そうしたことに気付かないままに、床屋は病院を抜け出して、ユダヤ人街にある自分の理髪店に戻ってくる。

戸板を外して、店を開ける準備に取りかかっていると、突撃隊員が窓ガラスに「JEW」と書きつけているのを目にする。床屋は、おもむろにそれを消そうとするが、それを目にした当の突撃隊員から背中を激しく蹴り上げられる。状況を飲み込めない床屋は、突撃隊員の顔にペンキをかけて抵抗したり、逃げ回ったりして、ドタバタ喜劇が展開される。

店の落書きを消したり、異議を申し立てることは、一般の社会では、至って真っ当な行為である。しかし、ナチス政権下という「逆さの世界」では、ユダヤ人は抑圧すべきものでしかない。床屋のごく普通の行為は、「社会規範」を逸脱したとんでもない無鉄砲な行為となってしまう。そして、突撃隊をはじめとする「逆さの世界の住人」は、自らが逆さにあることに気づかない。真っ当な床屋は、言うなればその「逆さの世界」のなかを逆さに生きていることになる。

われわれは誰しも、自分たちの、あるいは社会の規範や常識を自明のものとして生きている。だがその自明の規範や常識で成り立つ社会が、ヒンケルが統治するトメニアのように「逆さの世界」であったとしたら、われわれは、それが逆さであることに気づき得るだろうか。

『独裁者』をこのような視角から読み込んだのは、思想家の丸山眞男である。この映画は、日本では一九六〇年に公開され、話題になったが、丸山のような知識人にとってもインパクトがあるものであった。丸山はこの映画に言及しながら、「現代における人間と政治」（一九六一年）という論考をものしている。先の「「逆さの世界」の住人にとつては、逆さの世界が逆さとして意識されない」という一節も、そこからの引用である。丸山はそれに続けて、こう述べている――「倒錯した世界に知性と感覚を封じ込められ、逆さのイメージが日常化した人間にとつては、正常なイメージがかえつて倒錯と映る。ここでは非常識が常識として通用し、正気は反対に狂気として扱われる。まさに時計は鎖から逆上し、水は水筒から噴出するのである[2]」。

二つの「真実」

丸山は、このことを念頭に置きながら、ナチスをめぐる「二つの「真実」」に着目している。一つは、「異端」としてナチスによる迫害の直接的な標的とされた人々にとっての「真実」である。彼らにとってナチス・ドイツは「いたるところ憎悪と恐怖に満ち、猜疑と不信の嵐がふきすさぶ荒涼とした世界[3]」である。

しかし、体制の同調者すなわち「正統」の立場にある者たちにとっては、同じ社会を眺めながらも、また異なる「真実」が目に映る。彼らは相変わらず幸福であり、何の抗議の必要性も感じない。体制によるさまざまな「臨時措置」は、彼らにとっては日常のなかの単なる「微細な変化」に過ぎない。「異端」の側にしてみれば、個々の「臨時措置」は「巨大な波紋」であり、一人ひとりの全神経が「電流のような衝撃[4]」を受けるわけだが、「正統」の受け止め方は、それとはまったく対照的である。

むろん、「正統」のなかには、ナチ体制下の諸々の「臨時措置」に疑問や違和感を抱く、消極的な同調者に過ぎない者もないではない。しかし、同僚・知人にそれを話したところで、「それほどひどい世の中じゃないよ」「君はおどかし屋だ」とあしらわれるばかりである。すると、当初疑問を抱いた者は、おどかし屋だとかトラブル・メーカーだと言われるのを避けるべく、事態を静観する。そうするうちに、かつてなら違和感を覚えた光景もいつしか慣れ、気がつくと最初思い立っていた地点から遠くに離れてしまっている。さながら、「沈黙の螺旋」（E・ノエル＝ノイマン）である。

そして、この二つの「真実」の乖離こそが、状況の決定的な悪化を生む。

一方の「真実」から見れば、人間や事物のたたずまいは昨日も今日もそれなりの調和を保っているから、自分たちの社会について内外の「原理」的批判者の語ることは、いたずらに事を好む「おどか《アラーミ》し屋《スト》」か、悪意ある誇大な虚構としか映じないし、他方の「真実」から見るならば、なぜこのような荒涼とした世界に平気で住んでいられるのかと、その道徳的不感症をいぶからずにはいられない。もしもこの二つの「真実」が人々のイメージのなかで交わる機会を持つたならば、「中略」「端初に抵抗」することは——すくなくも間に合ううちに行動を起すことはもつと多くの人にとつて可能であり、より容易でもあつたであろう。事実はまさに、その交わりが欠けていたし、ますますそれが不可能になつて行つたのである[5]。

「それほどひどい世の中じゃないよ」と語る者に対して、別の「真実」をどれほど見せつけたとしても、「君はおどかし屋だ」として撥ねつけられるばかりである。そこではときに、「批判者」と「批判の対象」とのある種の共犯関係も成立する。「異端者や亡命者の情報源に多く依存した外国からの対ナチ宣伝」では、その前提になっている「暴圧のもとに喘いでいるドイツ国民」というイメージそのものが、当のドイツ国民の自己イメージとはおそろしく遊離していた。[6]そのために、しばしばかえって独裁者の国内宣伝を裏付けることにもなったのではないか——丸山はこのように述べている。だとすると、認識の歪みを対極的な立場から批判・指摘したところで、その意図は当の受け手に伝わらないどころか、かえって意固地に態度を硬化させる効果さえ生むかもしれない。

歴史認識の問題などは、その典型であろう。戦後七〇年が経過してもなお、「靖国問題」をはじめとした歴史認識の議論はたびたび沸騰を見せる。そこには、「英霊」を顕彰しようとする議論と、戦争責任を考えようとする議論とが、二項対立する状況がある。それに伴い、戦争観をめぐる論説や書籍も量産されている。だが、こうしたメディア状況は、逆にそれをいっそう強固なものにしているように見受けられる。議論がいくら多く生み出されたところで、「英霊顕彰」に惹かれる者は、その心性に合致する議論を消費しているのが実状だろうし、その逆もまた然りである。「戦争責任」や「ナショナリティの脱構築」に関心を有する読者が「殉国」を謳う議論にふれることは、決して多くはあるまい。議論が増えれば増えるほど、異なる立場相互のコミュニケーションが促されるのではなく、逆に両者の断絶が加速される。いわば、「ディスコミュニケーションの螺旋」とでもいうべき状況があるように思う。[7]

境界領域

では、いかなる批判であれば有効であり得るのだろうか。丸山は「内側（正統）」と「外側（異端）」との境界領域に、ひとつの可能性を見出している。

ナチの場合においてもイデオロギー的な分布は、同じ内側（正統）の世界でも中心部と周辺とで均等でなく、異端との（精神的）境界領域の状況はかなり流動的であった。いいかえれば、最初からの明確なイデオロギー的ナチ派はそれほど多くなかった。そうした中心部から遠いところほど、異ったイメージの交錯にさらされ、それだけイメージの自己累積作用ははばまれていたわけである。グライヒシャルトゥング［強制的同一化］の課題は、この境界に至るところ高壁を築いて異端を封じ込め、その近辺の住人を慎重かつ徐々に内側の中心部に近いところに移動させて、異端との交流を遮断することにあった[8]。

「正統」でも「異端」でもない広大な中間的な境界領域は、「異ったイメージの交錯」にさらされているがゆえに、「正統」イメージの累積と固定化を阻む契機ともなり得る。その契機を有効たらしめるうえで重要なのは、「内側の住人と「実感」を頒ち合いながら、しかも不断に「外」との交通を保ち、内側のイメージの自己累積による固定化をたえず積極的につきくずす」ことなのだろう。そうした境界領域に住まうことの意味が積極的に自覚されるとき、それは「初めからの異端」以上に、「正統」の権力にとって危険な存在に映る――丸山は、こう述べている[9]。

『独裁者』のなかでも、この「境界領域」を想起させる場面がある。ヒンケルのもとで高位に上り詰めたシュルツは、命の恩人である床屋に再会したことをきっかけに、ユダヤ人迫害に疑問を抱き、ヒンケルを制止しようとする。ヒンケルはそれに激怒し、シュルツを強制収容所送りにする。だが、シュルツの姿が見えなくなるや、「シュルツ、なぜ私を見捨てたのだ」と泣き崩れる。シュルツは明らかにナチ体制の「正統」「内側」の住人ではあったが、「異端＝ユダヤ人」の実感を理解している点で、「境界領域」的な位置にあると言える。かりに同じことをユダヤ人の床屋（異端）が言ったところで、ヒンケルがひるむことはなかっただろう。だが、境界領域からのシュルツの発話は、少なくともヒンケルが泣き崩れるだけの重みを有していた。

ラストのシーンも、同様のことが言えよう。シュルツとともに収容所を脱出し、国境をめざして逃亡していた床屋は、国境警備隊にヒンケルと間違えられたあげく、オーストリッチ進駐を記念して、全国民に向けた演説をさせられる。いわば、「逆さの世界」で逆さにあった住人が、さらにまた逆さにさせられた場面である。総統に仕立てられた床屋はそこで、従来のヒンケルの独裁を否認し、ユダヤ人の解放と民主主義の擁護を宣言する。聴衆はそれに歓喜し、映画がハッピー・エンドで締めくくられるのは、周知のとおりである。丸山はこのシーンについて、「庶民の床屋チャップリンは、整然と仕組まれたオーストリッチ進駐の政治的演出をそつくり逆用することによって独裁者に見事に復讐する」[10]と述べているが、幾重にも逆さが重なった状況を、さらに逆さにした場面である。だが、これがヒンケルに扮していない床屋であれば、こうはいかなかっただろう。「正統」の衣装を身にまといながら、「異端」の声を代弁したがゆえに、説得力を有することができたとも言える。

むろん、これはあくまで映画の物語での話でしかない。だが、これは異なる立場における議論のありようを考えるとき、示唆的なものを含んでいる。丸山の言葉を借りれば、「外側からのイデオロギー的批判がたとえどんなに当たつていても、まさに外側からの声であるゆえに、内側の住人の実感から遊離し、したがつてそのイメージを変える力に乏しい」[11]。一方で「内側の住人の実感」に立ちつつ、他方で「外側＝異端」との交通を保持する。そこにおいてこそ、ナショナリティが孕む暴力や「他者」への眼差しの政治性を、内在的な形で照射できるのではないだろうか。

本書で扱ったもののなかでも、幾多の「逆さの世界」を見出すことができる。戦後初期の広島の祝祭的な「八・六」イベントや「原子力平和利用」の高揚感は、その好例かもしれない。反原発の輿論が一定の盛りあがりを見せている今日からすれば、「体験から何も汲み取っていない」として批判したくなるむきもあるだろう。

だが、そのときの社会状況を読み解いてみると、これらの知や言説を生起させ、後押しするような磁場があった。その点は見落とすべきではない。先の広島の例で言うならば、過去の体験のおぞましさを直視しがたいほどの体験の重さが、「祝祭」を選択させ、先端科学への憧れとともに、肉親の死や自らの戦後の苦悶を意味づけたいという思いが、「平和利用」への憧れを駆動した。それを、現代の視点から批判することはたやすい。だが、それは見方を変えれば、「祝祭」や「平和利用」を求めざるを得ない「弱さ」を叩く「強者の論理」とも言えなくもない。「イデオロギー批判がたとえどんなに当たっていても、まさに外側からの声であるがゆえに、内側の住人の実感から遊離」する状況は、ここにも見出せるのかもしれない。

換言するならば、社会的な背景や力学を問うことは、「内側の住人の実感」を問うことである。それはすなわち、批判しようとする当の相手に、いかにすれば議論が届くのかを思考することでもある。「正しい」議論を紡ぐことは、ある意味ではたやすい。だが、立場が異なれば、往々にして、別の「正しさ」が存在する。だとすれば、問うべきは、「いずれが正しいか」ということもさることながら、「いかなる正しさがなぜ選び取られているのか」ということであろう。歴史認識をめぐる不毛な二項対立も、淵源はその問いの欠如にあるように思う。あるいは、原発問題にも当てはまるのかもしれない。

丸山は、先の論考の末尾で、「知識人の困難な、しかし光栄ある現代的課題は、このディレンマを回避せず、まるごとのコミットとまるごとの「無責任」のはざまに立ちながら、内側を通じて内側をこえる展望をめざすところにしか存在しない」と述べている。[12] これは何も「知識人」に限るものではなく、メディアに接する「われわれ」の課題でもあるのかもしれない。

注

（1）丸山眞男「現代における人間と政治」『増補版　現代政治の思想と行動』未来社、一九六四年（初出は一九六一年）、四六四頁。
（2）同、四六四頁。
（3）同、四七七頁。
（4）同、四七七頁。
（5）同、四七七－四七八頁。
（6）同、四七九頁。
（7）この点については、拙著『殉国と反逆』（青弓社、二〇〇七年）参照。
（8）丸山眞男「現代における人間と政治」（前掲）、四八八頁。
（9）同、四九一頁、四八九頁。
（10）同、四六四頁。
（11）同、四九二頁。
（12）同、四九二頁。

あとがき

戦後とは、文字通り「戦争の後」の時代である。言い換えれば、戦後の社会や世論（輿論）は、戦争を何らかの形で引きずり、「戦争をどう語るか」に大きく突き動かされてきた。大学の授業でも、こうしたことを念頭に置くことが多いのだが、そのせいか、学生には時折「戦争が好きな先生」と言われることがある。むろん、「好戦的」という意味ではなく、あくまで「戦争に知的関心がある」ということなのだろう（と信じたい）。

もともとは、国民国家形成と知の編成への関心から研究をスタートさせたが、戦時期、そして戦後のメディア文化や戦争体験論を扱うようになった。その間、いくつかの単著をものしたが、それとは別に、学術誌や論集に寄稿したものも少なくない。本書はそのうち、戦時・戦後の知やメディア文化に関する論考を集めたものである。

第Ⅰ部では『はだしのゲン』をはじめとした戦後ポピュラー文化と「戦争」を扱い、第Ⅱ部では、焦土化した広島・沖縄の思想やメディア言説に焦点を当てている。第Ⅲ部は、博覧会のような宣伝メディアや知（民族学・社会教育・日本主義思想）の戦時と戦後を主題としている。

およそ、ここ一〇年間の単著は、戦争体験と関連づけたメディア史・思想史の著作が多かったので、博覧会史や民族学史、社会通信教育史などを扱った第Ⅲ部に、意外な印象を持たれる読者もいるかもしれない。だがこれらは、最初の著作であり、戦前期の知の編成を扱った『辺境に映る日本』(二〇〇三年)の延長上にあるものである。ちなみに、社会通信教育について言えば、かれこれ二〇年近く前のことになるが、かつて編集者として働いていたころに、その種のテキストを制作する仕事に携わったことがある。論考はあくまで、メディア史研究を念頭に置いたものではあるが、編集者時代に考えさせられたことなども、どこかしら投影されているのかもしれない。

本書で扱ったテーマはさまざまではあるが、もし何か通底するものがあるとすれば、エピローグでもふれたような「境界領域から、どのように思考することができるのか」ということへの関心であったように思う。現在の価値規範から過去を問い糾すことはたやすいが、それでは、今日とは異なる「正しさ」や「常識」が、かつて、どのような背景のもとで成立していたのかを内在的に問うことは難しい。

戦後七〇年を経た昨今も、「歴史認識」をめぐって、さまざまな論争が繰り広げられ、かつ、そこでは対話ではなく「ディスコミュニケーション」ばかりが促進されている。だが、こうした言説状況のなかで、「内側の住人の実感」を成立させていた社会的な力学にどれほどの関心が払われているのか、いささか疑問に思うこともないではない。それを見据えたうえで、今日における(複数の、かつ相対立した)「正しさ」が創られたプロセスや欲望を問う必要があるのではないだろうか。いまにして思えば、本書の所収論考を書いていたときには、どこか、そのような疑問というか問題意識があったように思う。

初出は後述のとおりだが、本書収録にあたっては、若干の字句修正を除けば、大きな加筆は施していない。読み返してみると、初出時から問題関心や書き口が変っているものもあり、手を入れたい点もないではない。だが、その一方で、その時の問題意識なればこそ書けたものもあるように思う。なかには、一〇年近く前に書いたものもあるが、その後の先行研究への言及が限られている点は、ご容赦いただきたい。
『「反戦」のメディア史』（二〇〇六年）以降、実質的には単著を書き下ろしでまとめることが多かったが、それとは別に書いたものを論文集のような形でまとめたいという思いは以前からあった。出版不況ということもあり、これまで書かせていただいた論集のなかには、書店で流通しなくなったものもないではない。ただ、それでも思い入れのある論考は少なくはなく、もう一度、読者の目にとまってほしいという気持ちもあった。ことに、『はだしのゲン』を扱った論考は、初めての編著に収めたものであっただけに、その思いは小さくなかった。

ここに、こうして形にすることができたのは、人文書院・松岡隆浩さんのおかげである。個々の論考のテーマもさまざまだっただけに、書き手としては取捨選択や構成も悩ましいところがあったが、松岡さんには構成も含めて諸々の提案をいただき、一書にまとめることができた。心より感謝申し上げます。

初出論集の編者・出版社の方々には、当初の執筆の機会をいただいたうえに、今回の転載も快く了承いただいた。厚く御礼申し上げます。

なお、本書に収めた二〇〇五年以降の論考を眺めていると、私事で恐縮ながら、その時々の長男・次男の様子が思い起こされる。親の仕事というか趣味の影響なのか、『はだしのゲン』をむさぼり読んだり、DVD『アニメンタリー 決断』（全五巻）のどの巻を見るかで、子供たちが言い争いをしていたのは懐かしい。『独裁者』を見せたときには、アンナが誤って突撃隊員とともにチャップリンをフライパンでのしてしまったり、チャップリンがシュルツと一緒に、バタバタと屋根を逃げ回るシーンに腹を抱えて笑い転げていたが、「逆さの世界」の含意を説明しても、なかなか興味を持ってはくれなかった。相手は小学生なので、後から考えれば、面倒な説明を聞かせてしまったことを反省したが、いずれ成長したのちに、彼らなりに「逆さの世界」を読み解いてもらえれば、と思うこともあった。そうした子どもたちの反応も、どこか本書の論考のなかには溶け込んでいるのかもしれない。

二〇一五年一月

福間　良明

初出一覧（タイトルは原題、本書収録にあたり一部改題した）

プロローグ　「「戦争」をめぐる言説変容――体験論とメディアの力学」福間良明・野上元・蘭信三・石原俊編『戦争社会学の構想』勉誠出版、二〇一三年

第1章　「原爆マンガのメディア史」吉村和真・福間良明編『「はだしのゲン」がいた風景』梓出版社、二〇〇六年

第2章　「『男たちの大和』と「感動」のポリティクス――リアリティのメディア論」高井昌吏・谷本奈穂編『メディア文化を社会学する』世界思想社、二〇〇九年

第3章　「「軍神・山本五十六」の変容――映画『太平洋の鷲』から雑誌『プレジデント』まで」高井昌吏編『「反戦」と「好戦」のポピュラー・カルチャー』人文書院、二〇一一年

第4章　「「被爆の明るさ」のゆくえ――戦後初期の「八・六」イベントと広島復興大博覧会」福間良明・山口誠・吉村和真編『複数のヒロシマ』二〇一二年、青弓社

第5章　「戦後沖縄と「終戦の記憶」の変容――「記念日」のメディア・イベント論」高井昌吏・谷本奈穂編『メディア文化を社会学する』世界思想社、二〇〇九年

第6章　「「同祖」のなかの「抵抗」――日琉同祖論の変容と沖縄アイデンティティ」城達也・宋安鍾編『アイデンティティと共同性の再構築』世界思想社、二〇〇五年

第7章　「戦時博覧会と「聖戦」の綻び」福間良明・難波功士・谷本奈穂編『博覧の世紀』梓出版社、二〇〇九年

第8章　「「博覧会のメディア論」の系譜」佐藤卓己・渡辺靖・柴内康文『ソフト・パワーのメディア文化政策』新曜社、二〇一二年

第9章　「民族知の制度化――日本民族学会の成立と変容」、猪木武徳編『戦間期日本の社会集団とネットワーク』ＮＴＴ出版、二〇〇八年

第10章　「英語学の日本主義――松田福松の戦前と戦後」竹内洋・佐藤卓己編『日本主義的教養の時代』柏書房、二〇〇六年

第11章　「社会通信教育の変容と「改善の知」の系譜――「地方改良」から「ビジネス・キャリア」へ」、佐藤卓己・井上義和編『ラーニング・アロン』新曜社、二〇〇八年

エピローグ　書き下ろし（「訳者解題　情報戦争とナショナルな「世論」」（Ｎ・スノー『情報戦争』岩波書店、二〇〇四年）の一部をもとに加筆修正）

な　行

は　行

人名索引

著者略歴

福間良明（ふくま　よしあき）

1969年、熊本市生まれ。京都大学大学院人間・環境学研究科博士課程修了。博士（人間・環境学）。現在、立命館大学産業社会学部教授。専攻は歴史社会学・メディア史。単著に、『二・二六事件の幻影』（筑摩書房、2013年）、『焦土の記憶』（新曜社、2011年）、『「戦争体験」の戦後史』（中公新書、2009年）、『殉国と反逆』（青弓社、2007年）、『「反戦」のメディア史』（世界思想社、2006年）、『辺境に映る日本』（柏書房、2003年）がある。

JIMBUN SHOIN　Ptinted in Japan
ISBN978-4-409-24101-1　C3036

「聖戦」の残像
――知とメディアの歴史社会学

二〇一五年　六月一〇日　初版第一刷印刷
二〇一五年　六月二〇日　初版第一刷発行

著　者　福間良明
発行者　渡辺博史
発行所　人文書院
〒六一二-八四四七
京都市伏見区竹田西内畑町九
電話　〇七五(六〇三)一三四四
振替　〇一〇〇〇-八-一一〇三

印刷　創栄図書印刷株式会社
製本　坂井製本所
装丁　上野かおる